최고의 성과를 내는 1%의 비밀

아웃퍼포머

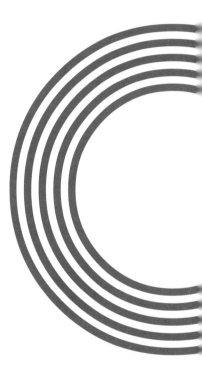

모튼 한센
— 이지연 옮김

최고의 성과를 내는 1%의 비밀

아웃퍼포머

PERFORMER

김영사

아웃퍼포머, 최고의 성과를 내는 1%의 비밀

1판 1쇄 발행 2019. 11. 25.
1판 4쇄 발행 2022. 6. 7.

지은이 모튼 한센
옮긴이 이시연

발행인 고세규
편집 박민수 | 디자인 박주희
발행처 김영사
등록 1979년 5월 17일 (제406-2003-036호)
주소 경기도 파주시 문발로 197(문발동) 우편번호 10881
전화 마케팅부 031)955-3100, 편집부 031)955-3200 | 팩스 031)955-3111

값은 뒤표지에 있습니다. ISBN 978-89-349-9965-2 03190

홈페이지 www.gimmyoung.com   블로그 blog.naver.com/gybook
인스타그램 instagram.com/gimmyoung   이메일 bestbook@gimmyoung.com

좋은 독자가 좋은 책을 만듭니다.
김영사는 독자 여러분의 의견에 항상 귀 기울이고 있습니다.

이 도서의 국립중앙도서관 출판시도서목록(CIP)은 서지정보유통지원시스템 홈페이지(http://seoji.nl.go.kr)와
국가자료공동목록시스템(http://www.nl.go.kr/kolisnet)에서 이용하실 수 있습니다.
(CIP제어번호 : CIP2019045282)

헬레네에게 바칩니다.

차 례

1 업무의 고수
MASTERING YOUR OWN WORK

❶ 일을 줄이고 집요하게 매달려라

❷ 업무를 재설계하라

❸ 순환학습을 실천하라

❹ 열정 X 목적의식

인간관계의 고수
MASTERING WORKING WITH OTHERS

워라밸의 고수
MASTERING YOUR WORK-LIFE

아웃퍼포머의 비결

아홉 번의 피 말리는 인터뷰를 끝으로 나는 오매불망 꿈에 그리던 직장에 들어갔다. 보스턴컨설팅그룹Boston Consulting Group 런던 지부의 경영 컨설턴트가 된 것이다. 첫날 내 옷차림을 평생 잊지 못할 것이다. 입사 기념으로 산 고상한 푸른 양복에 끈으로 묶는 정통 정장 구두를 신고, 손에는 여자친구가 챙겨준, 은행원들이 흔히 갖고 다니는 얇으면서도 폭신한 서류가방을 들고 있었다. 사무실은 피커딜리 바로 옆 으리으리한 데번셔 하우스에 위치했다. 사무실 문을 들어섰을 때 그 주눅 들던 느낌이란.

나는 성공하고 싶었다. 그래서 제 딴에는 영리한 전략이라 여기고 밤낮없이 일만 했다. 나는 유관 업무 경험이 별로 없었다. 실은 전무했다. 제대로 된 직장은 그곳이 처음이었다. 나는 스물네 살이었고, 이제 막 런던정경대학에서 석사학위를 마친 상태였다. 부족한 경험을 사무실에 늦게까지 머무는 것으로 메우려 했다. 이후 3년간 일주일에 60시간, 70시간, 80시간, 심지어 90시간씩 일했다. 희멀건 영국 커피를 계속 들이켜며 서랍 맨 위 칸에 쟁여둔 초콜릿으로 버텼다. 그러다 결국 새벽 5시에 출근하는 사무실 청소부의 이름을 아는 지경이 됐다. 짐작하겠지만 얼마 안 가 여자친구는 선물한 서류가방을 돌려달라고 했다.

　그날도 인수합병 건으로 정신을 못 차리던 나는 우연히 어느 동료(여기서는 '나탈리'라고 부르겠다)가 만든 슬라이드를 보게 됐다. 나탈리가 분석한 내용을 한 장 한 장 넘겨보던 나는 불편한 진실과 마주했다. 나탈리의 결과물이 내 것보다 훌륭했던 것이다. 딱 떨어지는 통찰과 설득력 있는 아이디어가 즐비했다. 슬라이드 레이아웃은 깔끔하고 우아했으며, 보는 눈이 즐겁고 이해하기도 쉬워서 분석 내용을 더 설득력 있게 만들어주고 있었다. 그런데 어느 저녁, 내가 나탈리를 찾아갔을 때 나탈리는 사무실에 없었다. 옆자리 직원에게 행방을 물으니 퇴근했다고 했다. 그 직원 말이, 나탈리는 절대로 야근을 안 한다고 했다. 오전 8시부터 오후 6시까지만 일하고, 야근도 주말 근무도 절대로 하는 법이 없다는 것이다. 나는 화가 났다. 우리 둘 다 유능한 사람들이고, 보스턴컨설팅그룹 컨설턴트로 일할 만큼의 분석 능력을 보유하고 있었다. 나탈리가 나보다 더 이쪽 분야에 경험이 있는 것도 아니었다. 그런데도 나보다 적게 일하면서 더 좋은 결과물을 내고 있었다.

　3년 후 나는 보스턴컨설팅그룹을 그만두고 학계로 진출했다. 스탠퍼드대학교에서 박사학위를 받고 하버드 비즈니스 스쿨 교수가 됐다. 하지만 여전히 이따금씩 나탈리가 생각났다. 나탈리는 어떻게 더 적은 시간을 일하면서 더 좋은 성과를 냈을까? 나는 성과 일반에 관심을 갖게 됐고 내 연구의 초점을 기업 성과에 맞추기로 했다.

　2002년부터 9년간 나는 짐 콜린스Jim Collins와 함께 《위대한 기업의 선택Great by Choice》이라는 책을 집필했다. 짐 콜린스의 전작 《좋은 기업을 넘어… 위대한 기업으로Good to Great》를 잇는 후속작이었다.[1] 두 책 모두 경험적으로 검증된 방식을 통해 **기업**의 위대한 성과를 해명했다. 기업 리더들에게는 훌륭한 책이다. 하지만 나머지 우리에게도 그럴까?《위대한 기업의 선택》을 완성하고 나서 나는 비슷한 방식을 활용해 **개인**의 성과도 한번 해명해보자고 마음먹었다. 나탈리가 어떻게 나보다 더 좋은 결과물을 만들어냈는지, 아니 좀 더 일반적으로 '왜 누구는 회사에서 남보다 더 좋은 성과를 내는지' 이제는 제대로 씨름해보고 싶었다.

사회과학자나 경영 전문가들은 일에서의 성과를 선천적 재능이나 타고난 소질로 설명한다. "그 친구는 영락없는 세일즈맨이야" "그 친구는 엔지니어 머리를 타고났어" 같은 말을 수도 없이 들어보았을 것이다. 많은 이들에게 영향을 끼친 책《인재전쟁The War for Talent》에서는 직원을 영입하고 보유하는 능력이 곧 기업의 성공을 가름한다고 말한다.[2] 갤럽의 유명한 '스트렝스파인더StrengthsFinder'(자신의 강점을 중심으로 직무 적합성을 알아보는 갤럽의 평가 도구 – 옮긴이)식 접근법도 타고난 장점을 활용할 수 있는 직무를 찾아 그 장점을 더 발전시키라고 말한다.[3] '무엇이 성공을 만드는가'에 대한 우리의 인식에는 재능에 기초한 이런 설명이 깊숙이 자리 잡고 있다. 하지만 그런 설명이 과연 맞는 걸까?

재능을 중시하는 시각에 이의를 제기하는 전문가들도 있다. 그들은 개인의 지속적 '노력'이 재능 못지않게, 어쩌면 그보다 더 성공을 결정하는 데 중요한 요인이라고 말한다.[4] 이처럼 '근면성실'을 강조하는 패러다임에서는, 투지가 있으면 장애물을 뚫고 나아가 장기적으로 훌륭한 성과를 내리라는 주장이 나온다.[5] 또 더 많이 일하면 노력을 극대화할 수 있으니 과제를 많이 맡고 쉴 새 없이 회의를 쫓아다니라고 하는 주장도 있다. 바로 내가 보스턴컨설팅그룹에서 취했던 방법이다. 당시 나는 더 많은 것을 이루려고 업무시간을 늘렸다. 열심히 일하는 게 성공의 열쇠라고 믿는 사람들이 많다.[6]

재능, 노력, 운도 누군가의 성공을 설명하는 이유임에 틀림없다. 하지만 나는 그 정도 주장에 만족할 수 없었다. 그런 설명으로는 나탈리가 어떻게 나보다 더 좋은 성과를 냈는지, 그리고 똑같이 재능 있고 열심히 일하는 사람들이 왜 서로 다른 성과를 내는지 설명할 수 없기 때문이다.

그래서 나는 좀 다른 접근법을 취해보기로 했다. 혹시 일하는 **방법**의 차이 때문은 아닐까? 단순한 노력의 '양'이 아니라 일부 사람들의 특정한 '일처리 방식'이 훌륭한 성과를 만들어내는 것은 아닐까? 나는 '업무시간당 결과물'을 극대화할 수 있는 '똑똑하게 일하는 법'을 탐구해보기로 했다. '열심히 일하지 말고, 똑똑하게 일하라'는 말은 진부할 만큼 자주 듣는다. 세상에 멍청하게 일하고 싶은 사람이 누가 있을까? 하지만 실제로는 수많은 사람들이 멍청하게 일하고 있다. 똑똑하게 일하는 게 '정확히' 어떤 것인지 모르기 때문이다. 이것은 그들의 잘못이 아니다. 똑똑하게 일하는 법에 관한 제대로 된 가이드조차 찾아보기 힘들지 않은가.

나는 똑똑하게 일하는 법과 관련해 기존 주장들을 검토해봤다. 하지만 큰 그림을 그리기에는 앞뒤가 맞지 않거나 내용이 너무 방대했다. 하는 얘기가 다 달랐다. 우선순위를 정하라. 다른 사람에게 업무를 위임하라. 일정을 관리하라. 한눈팔 일을 만들지 말라. 분명한 목표를 세우라. 실천에 공을 들여라. 사람들을 움직여라. 의욕을 불러일으켜라. 윗사람과 관계를 잘 맺으라. 아랫사람과 관계를 잘 맺으라. 인맥을 구축하라. 열정을 활용하라. 목적의식을 가져라. 리스트는 끝도 없었다. 적다 보니 100개가 넘었다.

그렇다면 실제로는 뭐가 어떻게 된 걸까? 나탈리가 나보다 더 똑똑하게 일했다고 한다면, 나탈리를 비롯해 최고의 성과를 내는 사람들은 정확히 뭘 어떻게 하는 걸까? 훌륭한 성과에는 대체 무슨 비밀이 숨어 있을까? 나는 이 점을 파헤쳐보기로 했다. 그리고 오랜 연구 끝에 진실을 알고 깜짝 놀랐다. 기존의 고정관념을 산산이 부숴버리는 내용이었다.

성과 측정 연구 프로젝트

2011년 나는 직장에서 개인이 내는 성과와 관련한 가장 종합적인 연구 프로젝트를 출범시켰다. 통계분석 전문가들을 연구원으로 모집해 분석틀을 짜기 시작했다. 구체적으로 어떤 행동이 높은 성과로 이어지는지 일련의 가설을 세웠다. 그때까지 발표된 200여 개 학술연구 결과에서 알아낸 산발적 내용을 고려하고, 기존에 내가 수백 명의 매니저 및 경영진과 대화하며 알게 된 통찰을 결합했다. 120명의 전문가를 대상으로 심층 인터뷰를 진행하고, 300명을 대상으로 파일럿 설문조사도 실시했다. 마지막에는 그렇게 드러난 윤곽을 가지고 5,000명의 관리자와 직원을 대상으로 설문조사를 실시했다.

   그다음은 '똑똑하게 일하는 법'의 비결일지 모를 방대한 잠재 요인을 정리할 차례였다. 나는 학자들이 업무 성과에 중요하다고 보는 몇 가지 카테고리를 중심으로 잠재 요인을 분류했다. '일'이란 직무설계 특징(해야 하는 일의 내용), 능력 개발(능력을 향상시킬 방법), 동기 요소(노력을 기울일 이유), 관계 측면(누구와 어떻게 협업하는가)으로 구성된다고 할 수 있다. 이렇게 큰 카테고리를 정리한 후 각 카테고리 내에서 기존 연구들이 핵심으로 여기던 잠재 요인을 검토했다(자세한 조사 방법에 대해서는 부록 '조사 개요' 참고).

   우리는 이런 잠재 요인 리스트를 가지고 96개 항목으로 구성된 설문조사를 개발했다. 이어 300명의 상사와 직원을 표본 삼아 파일럿 조사를 실시했다. 이를 통해 사람들이 일주일에 몇 시간 일하는지 조사하고, 그들이 동료에 비해 어떤 성과를 내고 있는지 측정했다. 이런 식으로 '일한 시간' 및 '똑똑하게 일하는 법'의 각 요인이 성과에 미치는 영향을 비교할 수 있었다. 우리는 파일럿 조사에서 나온 통계치와 심층 인터뷰에서 알아낸 내용을 가지고 몇 개월간 숙고를 거듭했다. 그리고 가능성 있는 요인을 거르고 걸러 8가지 주요 요인에 도달했다. 추가 분석 결과 8가지 요인 가운데 2가지가 서로 유사하다는 사실을 알게 되어 둘을 하나로 합쳤다(자세한 설명은 부록 '조사 개요' 참고).

   결국 다음의 '똑똑하게 일하는 7가지 방법'이 성과를 상당 부분 설명하는 것처럼 보였다. 똑똑하게 일하는 사람은 몇 가지 우선순위를 정해서 선택한 영역에 어마어마한 노력을 기울인다(나는 이것을 '업무 범위 설정'이라고 부른다). 미리 정해놓은 목표에 도달하는 것보다는 가치 창출에 초점을 맞춘다(타기팅). 생각 없는 단순 반복을 삼가고, 능력을 향상시킨다(질 높은 학습). 강한 목적의식을 가지고 자기 열정에 맞는 역할을 찾는다(내적 동기부여). 남들의 지원을 얻기 위해 영향력 작전을 빈틈없이 실행한다(지지). 시간 낭비성 팀 회의는 줄이고 실제 참석하는 회의에서는 치열한 토론을 벌인다(철저한 팀워크). 크로스유닛 cross-unit 프로젝트의 참여 여부를 신중히 결정하고 비생산적인 프로젝트는 거절한다(원칙이 있는 협업). 이상은 상당히 포괄적인 리스트다. 앞의 4가지는 업무의 고수가 되는 것, 나머지 3가지는 남들과 일하는 데 고수가 되는 것과 관련 있다.

뜻밖의 발견

위와 같은 7가지 방법은 일하는 방식에 관한 기존의 생각을 완전히 뒤집어놓는다. 예컨대 나는 우선순위를 잘 정하는 사람이 성과도 좋을 거라고 생각해왔다. 실제 그렇긴 한데, 최고의 성과를 내는 사람들에게는 그 밖에 무언가가 있었다. 그들은 몇 가지 우선순위에 초점을 맞추고 나면, 질 높은 결과를 내려고 그 몇 가지에 '강박적으로' 매달렸다. 우선순위가 높은 사항에 이렇게 극단적으로 투자하기 때문에 남다른 결과를 만들어낼 수 있었다. 최고의 성과를 내는 사람들은 더 적게 일하면서도 더 많은 일을 해냈다. 활동의 양은 적으나 더 집중적인 노력을 기울였다. 이것은 '집중'에 관한 기존 관념을 완전히 뒤집는다. 그전에는 우선적으로 처리할 몇 가지 사항을 골라내는 게 곧 집중이라고 생각했다. 하지만 고르는 건 공식의 절반일 뿐이고, 강박적으로 매달리는 게 필요했다. 이런 발견을 토대로 우리는 똑똑하게 일하는 법 가운데 '업무 범위 설정'의 표현을 바꿔 '일을 줄이고 집요하게 매달린다'라고 부르게 됐다.

다음으로 기존 관념과 배치되는 내용이 있다. 흔히 '좋아하는 일을 하라'고 한다. 스스로 열정을 발휘할 수 있는 일을 찾으면 의욕이 샘솟고 일도 더 잘할 거라고 말이다. 물론 자기 일에 열정이 많은 사람들은 성과도 좋았다. 하지만 열정이 있는데도 성과가 안 좋은 사람이 있었고, 열정 때문에 오히려 길을 잃은 사람도 있었다(그래픽디자인이라는 열정을 좇다가 결국 직장도 잃고 수입도 없고 퇴직연금을 까먹고 있는 사람도 있었다). 우리가 발견한 바에 따르면 '열정을 따르라'는 조언은 위험할 수 있었다. 반면 최고의 성과를 내는 사람들은 약간 다른 접근 방식을 취했다. 이들은 조직이나 사회의 어떤 가치에 기여할 만한 역할을 찾으려고 애썼다. 그런 다음 그 목적에 열정을 일치시켰다. 열정만 갖고 가는 게 아니라 목적과 열정을 '일치'시키는 게 가장 좋은 결과를 낳았다.

또 하나 우리가 조사한 바와 배치되는 전형적인 관점이 '협업은 반드시 좋은 것이고, 협업을 많이 할수록 좋다'는 생각이다. 전문가들은 조직 내에서 '부서 간 장벽'을 허물고 더 많이 협업하고 더 큰 인맥을 쌓으라고 조언한다. 일할 때도 최첨단 커뮤니케이션 툴을 많이 쓰라고 한다. 하지만 이건 완전히 잘못된 생각이었다. 최고의 성과를 내는 사람들은 협업을 '적게' 했다. 이들은 어떤 프로젝트에 합류하고 어떤 것은 회피할지 신중하게 골랐다. 그리고 자신이 선택한 몇 안 되는 프로젝트에 노력과 자원을 집중시켜 탁월한 성과를 만들어냈다. 이들은 엄격한 '원칙'을 가지고 협업에 임했다.

우리의 연구는 아주 대중적인 생각 하나도 반박했다. '최고의 성과를 내려면 한 가지 기술을 1만 시간 동안 연습해야 한다'는 생각 말이다.[7] 하지만 직장에서 최고의 성과를 내는 사람들은 그와는 다른 행동을 보였다. 그들은 일하면서 이른바 '순환학습learning loop'을 실천했는데 이에 관해서는 3장에서 다시 이야기하겠다.

그 밖에도 우리는 똑똑하게 일하는 데 매우 중요하다고 밝혀진 놀라운 사실을 여럿 확인할 수 있었다. 최고의 성과를 내는 사람들은 전통적인 의미에서만 똑똑하게 일하는 게 아니라 더 섬세하게 일했다. 일을 줄여서 집요하게 매달리고 열정과 목적의식을 일치시키는 것처럼 말이다. 이런 7가지 방법을 비교하면서 이 모두가 **선택**이라는 개념을 구현하고 있음을 알게 됐다. 최고의 성과를 내는 사람들은 기회가 있을 때마다 신중하게 선택했다. 우선순위와 과제, 협업, 팀 회의, 위원회, 분석, 고객, 새로운 아이디어, 프로세스의 단계, 교류 여부, 거절할 것과 등한시할 것 등에 이르기까지 말이다. 그런데 똑똑하게 일하기 위한 이런 섬세한 접근법은 비단 '선택'에만 한정되지 않았다. 최고의 성과를 내는 사람들은 최대의 **가치**(이 용어의 정의는 2장에서 다시 다룬다)를 창출할 수 있도록 자기 업무를 재설계하고, 선택한 업무 활동을 목표로 집중적인 노력을 기울였다.

나는 이런 발견을 토대로 '똑똑하게 일하는 법'을 좀 더 정확히 정의했다. **똑똑하게 일한다는 것은 몇 가지 활동을 선택하고 그것을 목표로 집중적인 노력을 기울임으로써 내 일의 가치를 극대화하는 것이다.**

새 이론의 확인

우리는 '똑똑하게 일하는 7가지 방법'을 테스트하기 위해 설문 내용을 수정한 후, 다양한 업계 및 직종에 걸쳐 5,000명의 관리자와 직원을 대상으로 설문조사를 실시했다. 자가 보고 데이터에만 의존하지 않도록 직원의 직속 부하 및 상사에 대해서도 표본조사를 실시했다. 설문조사 대상에는 영업·판매 종사자, 변호사, 트레이너, 보험설계사, 중개인, 의사, 소프트웨어 프로그래머, 엔지니어, 매장 매니저, 공장 주임, 마케팅 인력, 인사 담당자, 컨설턴트, 간호사, 그리고 내가 개인적으로 가장 좋아하는 라스베이거스의 카지노 딜러까지 포함했다. 여기에는 임원급도 일부 포함되었지만 대부분은 관리자·과장·부장급이거나 하위 직급에 속하는 직원이었다. 설문조사 대상 5,000명은 15개 업종 22개 직무를 대표했다. 그중 거의 절반(45퍼센트)이 여성이었다(7가지 방법 중 2가지가 성별에 따른 차이를 보였다).[8] 연령별로는 밀레니얼 세대부터 50대 이상까지 포함했다. 학력 수준은 학사학위가 없는 사람(표본의 20퍼센트)부터 석사학위 이상 소유자(22퍼센트)까지 다양했다. 우리 조사의 목표는 똑똑하게 일하는 법에 관한 이론을 개발해서 검증하고 공유하는 것이었고, 그 이론을 대부분의 사람들이 개인의 성과 향상에 활용할 수 있기를 바랐다.

　이렇게 수집된 5,000명의 데이터를 가지고 회귀분석^{regression analysis}이라는 엄격한 통계분석을 실시했다. 그 결과 우리가 찾아낸 '똑똑하게 일하는 7가지 방법'은 사람들의 성과 차이를 상당 부분 설명해주는 것으로 밝혀졌다. **실제로 이 7가지 방법은 데이터에 포함된 5,000명의 성**

과 차이를 66퍼센트나 설명해주었다.[9] 다른 분야의 수치와 비교해보면 이게 얼마나 큰 수치인지 알 수 있다. 예를 들어 흡연자는 일찍 죽는다고들 하지만, 한 연구에 따르면 실제로 선진국에서 흡연은 평균 기대수명의 차이를 18퍼센트밖에 설명하지 못한다.[10] 사람들은 평생 쓸 재산을 모으는 데 높은 연봉이 중요한 역할을 한다고 생각하지만, 18세에서 65세까지의 미국인을 연구한 결과를 보면 소득은 사람들이 보유한 순자산의 차이를 33퍼센트밖에 설명하지 못한다.[11] 농구 스타 스테픈 커리Stephen Curry는 골대로부터 22피트 떨어진 곳에서 3점슛을 넣는 것으로 유명했지만, 그가 프로 생활 중에 성공시킨 3점슛은 44퍼센트에 '불과'하다.[12] 다른 분야에서 나온 이런 수치를 참고한다면 '개인의 성과' 같은 어떤 결과를 설명할 때 66퍼센트라는 숫자가 얼마나 큰 수치인지 알 수 있을 것이다.

반면 우리가 테스트한 다른 요인들, 예컨대 교육 수준, 근속기간, 연령, 성별, 노동시간 등을 다 합쳐도 사람들의 성과 차이를 10퍼센트밖에 설명하지 못했다. 주당 노동시간은 중요했지만, 성과와 노동시간의 연관성은 단순히 '열심히 일하라'는 관점에서 보는 것보다 훨씬 복잡했다(2장 참고). 나머지 24퍼센트는 설명이 불가능했는데 운이나 재능 같은 요소가 개입했을 수도 있다.

이 결과는 무엇을 의미할까? 재능과 노력은 개인의 성과를 가르는 데 여전히 중요한 요인이다. **그러나 진짜 핵심은 '똑똑하게 일하는 7가지 방법'이다.**

이제 우리는 훌륭한 성과를 내는 사람들의 비결이 무엇인지 답을 얻었다. 나탈리가 뭘 어떻게 해서 그토록 눈부신 결과를 냈는지는 정

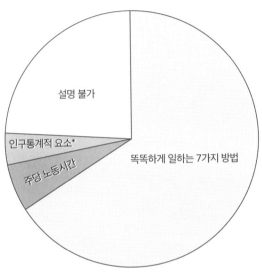

무엇이 개인의 성과를 가름하는가?

5,000명 조사 분석 결과

* 성별, 연령, 교육 수준, 근속기간

확히 알 수 없지만, 나는 그보다 훨씬 더 중요한 것을 알게 됐다. 업종을 불문하고 성과를 높일 수 있는 '체계적이고 경험적으로 검증된' 방법 말이다. 7가지 습관을 향상시킨다면 재능이나 운, 혹은 순전히 노동시간에 의존하는 것보다 훨씬 더 높은 성과를 낼 수 있다. 20쪽의 그래프가 보여주듯이 7가지 방법을 더 많이 채택한 사람일수록 성과가 더 좋았다. 7가지 방법을 사용하는 데서 21백분위수에 해당하는 사람이라면, 성과 역시 하위 21백분위수(그래프의 A지점)에 해당하는 시시한 수준일 가능성이 높다. 반면에 7가지 방법을 능숙하게 사용해 90백분위수가 되면 성과도 89백분위수(그래프의 B지점)가 될 가능성이 크다. 이 정도면 최고의 성과를 내는 사람이다.

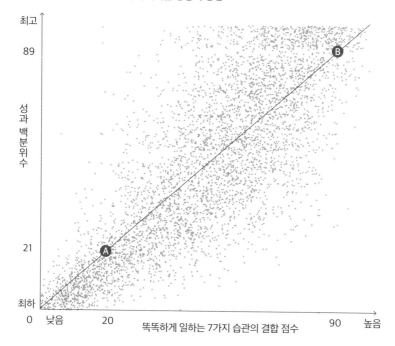

개인의 성과 향상

7가지 습관이 개인의 성과에 미치는 긍정적 영향

이 그래프의 4,964개 점은 우리 조사에 참여한 사람들을 나타내며 하나의 패턴을 보여준다. 그래프에 표시된 직선은 7가지 습관이 다 함께 개인의 성과에 미칠 영향을 회귀분석이라는 통계기법으로 예측한 것이다. 7가지 습관에서 낮은 점수를 기록한 사람(그래프의 A지점)은 성과도 평범할 가능성이 크다. 7가지 습관에서 높은 점수를 기록한 사람(그래프의 B지점)은 탁월한 성과를 낼 가능성이 크다(자세한 내용은 부록 '조사 개요' 참고).

최고의 능력을 발휘하려면

내가 알기로 성과를 다룬 수많은 책 가운데, 개인이 직장에서 최고의 성과를 낼 방법을 실증적이고 포괄적으로 설명한 책은 없었다. 이 책은 그 공백을 메우려는 시도다. 이 책은 여러분이 최고의 능력을 발휘하는 데 활용할 수 있는 간단하고 실용적인 틀을 제공할 것이다. 스티븐 코비Stephen Covey의 《성공하는 사람들의 7가지 습관7 Habits of Highly Effective People》을 보완하는 책으로 봐도 좋다. 오늘날 직장 현실을 반영하면서 유례없는 통계분석으로 뒷받침한 업데이트본이라고 말이다.[13]

이 책은 장마다 '똑똑한' 습관 하나와 함께 그 습관을 직장에서 활용할 수 있는 구체적인 조언을 제시한다. '습관'이라고 표현하는 이유는 여러분이 매일 아침 커피 한잔하거나 이메일을 확인하거나 운동하는 것과 마찬가지로 이 방법들을 여러분의 일상 업무에 통합해 하나의 습관으로 만들기를 바라기 때문이다. 작은 것부터 시작해 이런 습관을 조금씩 쌓아간다면 마침내 7가지 방법의 달인이 되어 있을 것이다.

이 책은 7가지 방법을 어떻게 활용할지 힌트와 가이드를 제시하기 위해 여러 생생한 이야기를 들려준다. 이야기의 주인공들은 온갖 분야 출신으로 7가지 방법 가운데 하나 이상을 사용해 남다른 성과를 얻은 사람들이다. 여기에는 고위 임원으로 소프트웨어 회사 SAP에서 신규 사업을 개척한 스티븐 버즈올도 있고, 호텔 안내원으로 업무에 열정과 목적의식을 주입한 준비에브 귀에도 있다. 뜻밖의 곳에서 힌트를 얻어 망해가던 고등학교를 극적으로 되돌린 교장 그레그 그린을 비롯해, 업무량은 줄이면서 심장마비 환자를 더 많이 구할 수 있게 한 응급실 간호사, 팀 회의에 색다른 방법을 도입해 상위 1퍼센트의 실적을 올린 소비자 제품 CEO도 만나게 될 것이다. 그 밖에도 여러분은 자영업자, 바이오기술 엔지니어, 물리학자, 경영 컨설턴트, 일식 셰프, 세일즈맨, 공장 조립라인 노동자 등 수많은 사람을 만날 것이다. 이들 모두 7가지 방법 가운데 적어도 하나 이상을 실천해 성과를 높일 수 있었다.

(이 책 전반에 걸쳐 인터뷰 대상자의 이름과 상세 정보는 변경했다.)

당신도 워라밸이 가능하다

똑똑하게 일하는 사람들이 직장에서 불행한 것은 아닐까 걱정하는 이도 있을 것이다. 옛날식 '근면성실' 패러다임 아래 높은 성과를 올리는 사람들은 스트레스에 지치고 번아웃 증후군burnout syndrome에 걸리기까지 한다.[14] 열심히 일해 실적은 향상됐지만 삶의 질이 추락한 것이다. 내가 보스턴컨설팅그룹에서 장시간 일할 때도 꼭 그랬다. 하지만 조사해보니 놀라운 결과가 나왔다. '똑똑하게 일하는 7가지 방법'을 실천하는 사람들은 단순히 성과만 향상된 게 아니었다. 직장에서의 행복도 향상됐다. 8장에서 보겠지만 똑똑하게 일하는 사람들은 워라밸work-life balance(일과 생활의 균형)을 더 잘 유지하고, 직업 만족도도 더 높으며, 번아웃 증후군에도 덜 걸렸다.

　나는 직장에서 성공하는 것과 행복한 삶이 양립할 수 없다고 생각하는 사람을 많이 봤다. 그들은 회사 바깥의 삶은 그냥 포기하고 어마어마한 양의 일을 함으로써(오래 일하고 최대치의 노력을 투하) 최고의 실적을 내려고 했다. 전 세계 수백만 명이 이런 식의 희생을 감수하는 이유는 다르게 일하는 법을 모르기 때문이다. 이들은 똑똑하게 일하는 '방법'을 모른다. 하지만 이제 분명한 해답이 있다. 우리 연구 결과가 보여주듯 탁월한 성과를 내면서도, 가족이나 친구와 함께하는 것처럼 일 외에 좋아하는 것을 할 시간을 얼마든지 가질 수 있다. **직장생활을**

잘한다는 것은 맡은 일에 성과를 내고, 열정적으로 일하고, 강한 목적의식을 가지면서, 개인적 삶도 잘 꾸려나간다는 뜻이다. 얼마나 훌륭한가?

이제 막 대학 졸업을 앞둔 사람이든, 커리어의 한복판에 와 있는 사람이든, 회사에서 잘릴까 걱정하는 사람이든, 그냥 자기 일을 좀 더 잘하고 싶은 사람이든 나는 이렇게 권하고 싶다. 일에 대해 갖고 있던 선입견은 잠시 모두 내려놓고 이 책이 제안하는 똑똑하게 일하는 법을 한번 들여다보라. 우선 맡은 업무에서 고수가 되는 법 4가지부터 살펴보고, 다음으로 남들과 일하는 데 고수가 되는 법 3가지를 알아보자.

1 업무의
고수

MASTERING YOUR OWN WORK

최고의 성과를 내는 1%의 비밀

OUT·PER·FORM·ER

❶
일을 줄이고 집요하게 매달려라

무슨 일을 하든 철저히 하라.
하나라도 빠뜨리거나 의심을 남기지 말라.
— 헨리크 입센[1]

1911년 10월, 인류 최초로 남극점을 밟기 위한 두 팀의 긴박한 레이스가 펼쳐지고 있었다. 남극은 지구상 거의 마지막 남은 전인미답의 주요 지점이었다. 첫 번째 팀을 이끄는 사람은 영국 해군 지휘관 로버트 팰컨 스콧Robert Falcon Scott이었다. 스콧은 베테랑 탐험가로 이전에도 남극 대륙 원정대를 이끈 경험이 있었다. 앞선 원정에서 그는 남극점에 도달하는 데 실패했다. 그러나 영국 국민은 그를 영웅으로 떠받들었고, 영국 왕 에드워드 7세는 귀환하는 스콧을 밸모럴성으로 불러 로열 빅토리아 훈장을 하사했다.[2]

두 번째 팀을 이끄는 사람은 노르웨이의 탐험가 로알 아문센Roald Amundsen이었다. 아문센은 대서양에서 캐나다 북부의 북극해 제도를 통과해 태평양에 이르는 물길인 '북서항로'를 최초로 개척한 인물이었다. 역사를 새로 쓰는 일에 잔뜩 고무되어 있던 아문센 역시 오랫동안 남극점에 눈독을 들이고 있었다.

각자 남극 대륙에 도착해 캠프에서 기나긴 겨울을 견딘 스콧과 아문센은 더 남쪽으로 가는 혹독한 여정을 준비하는 데 만전을 기했다. 양 팀은 서로 존재는 알았지만 이동 중에는 상대의 위치를 알 수 없었다. 지도도 없고 연락할 방법도 없으니 어느 한쪽이 조난당하더라도 구조할 방법은 없었을 것이다. 출발 직전 아문센은 일기에 이렇게 썼다. "시야가 좋지 않다. 남풍이 지독하게 분다. 영하 52도. 개들이 추위에 영향을 받고 있다. 대원들은 꽁꽁 언 옷을 입고 하룻밤 서리를 맞았는데도 큰 불만이 없다. 날씨가 좋아질 기미는 보이지 않는다."[3] 쉽지 않을뿐더러 살아 돌아올지도 불확실한 여행이었다.

레이스가 시작됐다. 아문센 팀이 먼저 출발했다. 두 팀 모두 640킬로미터의 얼음 장벽부터 통과해야 했다. 남극 고원 쪽으로 위태위태한 오르막을 3,000미터나 올라야 했다. 그리고 거기서부터 극점을 향해 640킬로미터를 더 가야 했다. 영하 50도의 추위와 방향 감각을 잃게 하는 눈보라, 시속 160킬로미터 속도로 비명을 질러대는 바람을 뚫고서 말이다.

산을 오르던 아문센 팀은 깊은 크레바스crevasse(빙하 속으로 깊이 쩍 갈라진 틈 – 옮긴이)를 만나 고생해야 했다. 눈보라를 뚫고 지나갔고, 먹을 게 없어 개를 잡았다. 52일 후 아문센 팀은 극점에서 88킬로미터 떨어진 곳에 도착했다. 스콧의 흔적을 찾지 못한 아문센은 계속 갈 길을 재촉했다. 이틀 후 아문센 팀은 역사상 최초로 남극점에 선 사람들이 됐다. 팀원들은 노르웨이 국기를 꽂은 후 다시 베이스캠프로 돌아왔다. 터벅터벅 장장 2,600킬로미터를 걸어낸 결과였다.

그로부터 34일 후 제대로 먹지도 못하고 지쳐 쓰러지다시피 한 스콧 팀이 남극점에 도달했다. 그러나 그곳에는 이미 노르웨이 국기가 바람에 휘날리고 있었다. 팀원들은 귀환하기 위해 묵묵히 걸었다. 겨울이 닥치기 전에 어서 빨리 그곳을 벗어나야 했다. 굶주리고 동상에 걸리고 탈진한 상태였지만 대원들은 한 걸음 한 걸음 발을 옮겼다. 희망이 점점 흐릿해졌다. 폭풍이 몰려와 텐트 밖으로 나갈 수 없었다. 스콧의 팀원들은 결국 그곳에서 죽음을 맞았다. 음식과 쉼터가 기다리는 곳까지 겨우 27킬로미터를 남겨둔 지점이었다.

한 리더와 팀원들은 위대한 업적을 이뤘고, 다른 한 팀은 극지의 깊은 밤 속에서 사멸했다. 이유가 뭘까? 두 팀은 뭐가 달랐을까? 오랫동안 많은 사람들이 이에 대해 다양한 설명을 내놓았다. 짐 콜린스와 나는 《위대한 기업의 선택》에서 아문센이 성공한 이유를 페이스 조절과 자제력 덕분이라고 분석했다. 계획성이나 운을 가지고 아문센의 성공과 스콧의 실패를 설명한 이들도 있었다.

그러나 한 편의 드라마 같은 남극 탐험 레이스를 설명하면서 많은 이들이 놓친 중요한 부분이 있다. 바로 원정의 '범위'다. 스콧 팀은 자원의 동원 면에서 훨씬 우월한 위치에 있었다. 스콧 팀은 아문센 팀에 비해 더 큰 배를 갖고 있었고(187피트 대 128피트), 예산도 더 많았으며(4만 파운드 대 2만 파운드), 더 많은 대원을 거느렸다(65명 대 19명).⁴ 이렇게 강력한 상대를 아문센 팀이 대체 무슨 수로 이긴단 말인가? 이건 처음부터 불공평한 시합이었다. 한 가지 점만 빼고 말이다.

아문센 팀은 원정 범위가 더 좁았다. 세 배나 많은 인력과 두 배나 많은 예산을 호령하던 스콧 대장은 이동 수단만 5가지를 사용했다. 개 썰매, 모터 썰매, 시베리아 조랑말, 스키, 인력 썰매. 스콧에게는 하나 가 실패해도 다른 선택지가 있었다. 반면 아문센은 단 하나의 이동 수 단에 의지했다. 개썰매였다. 개썰매가 실패하면 아문센 팀의 원정도 끝이었다. 그러나 아문센의 개썰매는 실패하지 않았고, 그가 바란 일 을 정확히 그대로 수행했다. 어떻게 그럴 수 있었을까?

중요한 것은 개썰매를 사용하기로 한 '선택' 자체가 아니었다. 스콧 역시 개썰매를 사용했기 때문이다. 아문센의 원정이 대성공을 거둔 것 은 그가 다른 선택지를 모두 버리고 '오로지' 개썰매에만 집중한 덕분 이었다. 북서항로를 개척한 3년간 아문센은 개썰매에 도통한 이누이트 족을 보고 배우며 겨울을 두 번 났다. 개들을 묶어 달리게 하는 건 결코 쉬운 일이 아니었다. 썰매 개는 다루기 힘들었고, 눈 속에 쓰러지거나 움직이지 않으려 할 때도 있었다. 아문센은 토착민들에게서 개를 달리 게 하는 방법과 썰매 모는 법, 적절한 페이스를 유지하는 법을 배웠다.

아문센은 뛰어난 개를 확보하는 데에도 강박적으로 매달렸다. 그는 자체 조사를 통해 시베리안 허스키보다는 그린란드 사람들이 모는 개 가 극지방 여행에 더 적합하다는 사실을 알아냈다. 그린란드 개는 몸 집이 더 크고 힘도 더 셀 뿐만 아니라 다리가 길어서 얼음 장벽이나 남극 고원의 눈밭을 달리기에 좋았다.[5] 아문센은 코펜하겐으로 가서 그린란드 북부를 잘 아는 덴마크인에게 도움을 구했다. 편지에는 이렇 게 썼다. "개와 관련해서는 무조건 최고의 개를 확보하는 게 절대적으 로 필요합니다. 그러려면 평소보다 훨씬 더 많은 돈을 치러야 한다는 것도 충분히 알고 있습니다."⁶ 아문센은 자신보다 노련한 전문 개몰이꾼 몇 명을 팀에 합류시키려고 했다. 그는 당시 가장 유명한 개몰이꾼이던 스베레 하셀Sverre Hassel이 제안을 거절하자, 다음으로 유명한 사람을 찾아가는 대신에 하셀을 설득하는 데 매달렸다. 역사가 롤런드 헌트포드Roland Huntford의 말을 들어보자. "아문센은 자신의 인격과 매력을 총동원해 하셀을 회유했고, 어떻게든 그를 배에 태울 작정이었다. 결국 하셀은 아문센의 집요함에 지쳐 합류를 승낙했다."⁷

반면 스콧은 5가지 이동 수단을 모두 조율하느라 정신이 없었고, 어느 하나에도 집중할 수 없었다. 스콧은 조랑말을 구하기 위해 직접 시베리아로 가는 대신, 조수였던 세실 미어스Cecil Meares를 보냈다. 그러나 개 전문가였던 미어스는 조랑말에 대해서는 잘 알지 못했다.⁸ 결국 스콧 팀은 목적에 맞지 않는 조랑말 스무 마리를 갖게 됐고, 이 조랑말들 때문에 오히려 남극으로 가는 길이 더뎌졌다.

얼음밭에 도착하자 스콧은 원정대를 조율하느라 애를 먹어야 했다. 가장 먼저 모터 썰매를 출발시켰다. 모터 썰매가 제일 느렸기 때문이다. 7일 후 조랑말 편대가 출발했다. 가장 빠른 개썰매 편대가 가장 나중에 출발했다. 각 편대가 서로 출발을 조율하고 속도를 맞춰야 했다. 이 복잡한 작전 속에 스콧은 오도 가도 못하게 되고 말았다. 스콧은 일기에 "다소 오합지졸의 원정대"였다고 썼다.⁹ 결국 스콧의 원정대는 가장 느린 이동 수단의 속도에 맞춰 나아갈 수밖에 없었다.

한편 아문센은 이동 수단을 한 가지로 정해놓고 황량한 극지에서 속도를 내고 있었다. 첫 8주 동안 아문센과 네 명의 전문가로 구성된 소규모 팀은 네 대의 썰매와 52마리의 최상급 썰매 개를 데리고 일평균 24킬로미터를 전진했다. 스콧 팀은 하루 겨우 18킬로미터를 전진하고 있었다.[10] 매일매일 아문센은 스콧보다 적어도 6킬로미터를 더 나아간 셈이다. 남극에 도착했을 때 아문센은 스콧보다 480킬로미터 이상을 앞서 있었다. 아문센은 한 가지 방법을 선택했고, 그 방법에 통달했다. 일의 양을 줄인 다음, 강박적으로 매달렸다.

일을 줄이고 집요하게 매달려 성과를 내라

남극 탐험 레이스는 일과 관련해서 우리가 가진 2가지 통념을 깨뜨린다. 첫 번째는 '활동 범위를 늘려야 한다'는 통념이다. 우리는 늘 여러 개의 옵션을 준비하고 여러 직책을 맡아야 한다고 생각한다. 남극점을 향해 가면서 5가지 이동 수단을 준비하는 것처럼 말이다. 우리는 임무를 더 많이 맡으면 더 많은 걸 이루고 실적도 더 향상될 거라고 생각한다. 하지만 앞으로 보게 되듯이, '일을 늘리는 것'은 대부분의 경우 잘못된 전략이다.

두 번째는 '중점 사항에 초점을 맞추는 능력'에 관한 오해다. 대니얼 골먼Daniel Goleman이나 스티븐 코비 같은 저자들은 작업할 아이템 몇 가지를 '선택'하고 나머지는 단호히 거절해야 최고의 성과를 낼 수 있다고 주장한다.[11] 하지만 이것은 불완전한 시각이다. 마치 선택이 만사형통인 것처럼 선택 자체를 지나치게 강조하기 때문이다. 이런 시각은 원칙을 갖고 몇 가지 우선사항을 '선택'하기만 하면 성공이 보장되는 것처럼 오해하게 한다. **몇 가지 우선사항을 고르는 것은 공식의 절반에**

불과하다. 탁월한 결과를 내려면 초점을 맞추기로 선택한 영역에 집요하게 매달리는 혹독한 과정이 필요하다. 이게 바로 공식의 나머지 절반이다.

'초점을 맞춘다'는 말은 2가지 활동을 포함한다. 첫째, 몇 개의 우선사항을 선택한다. 둘째, 선택한 사항에서 탁월한 결과가 나오도록 헌신한다. 많은 사람들이 일할 때 몇 개의 우선사항을 정해두지만, 거기에 집요하게 매달리지는 않는다. 단순히 일만 줄이는 것은 실수다.

아문센이 이긴 것은 이동 수단으로 개썰매를 골랐기 때문이 아니다. 개썰매를 선택한 다음, 어마어마한 노력을 기울여 그 유일한 이동 수단을 완벽하게 만들었기 때문이다. 그가 '괜찮은 수준'의 썰매 개와 개 몰이꾼에 만족했다면 매일 그렇게까지 빠르게 이동하지는 못했을 테고, 레이스에서 졌을지도 모른다.

우리가 5,000명을 대상으로 정량定量조사를 실시한 결과, 몇 개의 핵심적 우선사항을 선택해 막대한 노력을 집중시켜 탁월한 결과물을 만들어내는 직원들이 있었다. 이런 직원은 이것저것 많은 것을 추구하는 직원보다 훨씬 더 뛰어난 성과를 냈다. 우리는 설문 대상자들에게 우선순위를 어디까지 정해두는지 그리고 선택한 우선사항에 대해 얼마나 많은 노력을 투입하는지 물었다. 그런 다음 각 직원에 대해 '일을 줄이고 집요하게 매달린다' 항목 점수를 매기고, 이 점수가 성과에 미치는 영향을 분석했다. 예상대로 영향력은 상당했다. 다른 항목에서 평균을 기록했으나 '일을 줄이고 집요하게 매달린다'에 뛰어난 사람들은 그렇지 않은 사람들보다 성과 순위에서 25퍼센트포인트 더 높은

위치를 차지할 가능성이 컸다.[12]

이게 얼마나 큰 차이인지 한번 생각해보자. 성과 순위가 중간쯤(전체 직원 가운데 50백분위수)인 직원이 있다고 하자. 이 직원의 '일을 줄이고 집요하게 매달린다' 점수가 '낮음'('일을 늘리는' 전략)에서 '높음'으로 바뀌면, 성과는 75백분위수가 된다. 즉 전체 직원의 74퍼센트보다 더 나은 성과를 낸다는 얘기다. 엄청난 차이다. **'일을 줄이고 집요하게 매달린다'는 이 책에 나오는 그 어떤 습관보다 성과에 미치는 영향이 크다.**

이 점은 우리가 조사한 두 사례를 대조해보면 더 잘 알 수 있다(이름과 상세 정보는 변경했다).[13] 50대인 마리아는 대출 전문가로 밀워키에 있는 한 은행에서 근무한다. 상사는 마리아의 '일을 줄이고 집요하게 매달린다' 항목에 낮은 점수를 주면서, '마리아가 일을 버거워한다'고 말했다. "마리아는 일이 너무 많을 때도 다른 사람에게 업무를 나눠주기보다는 직접 다 하려고 합니다." 마리아는 '일을 줄이고 집요하게 매달린다' 점수에서 하위 41퍼센트에 속한다.

반면 캐시는 마리아와 전혀 다른 이야기를 듣는다. 쉰여섯 살인 캐시는 자동차 부품 회사의 품질 담당 기술자다. 캐시는 당면한 가장 중요한 일로 관심의 초점을 좁히고 그 우선순위를 끝까지 고수한다. 한번은 캐시가 프로젝트 시작일에 맞춰 4개 고객사 제품의 출시 우선순위를 정한 적이 있었다. 그러자 어느 고객사가 모두 같은 날 제품을 출시해달라고 캐시를 압박했다. 캐시는 이렇게 설명했다. "안 된다고 할 수밖에 없었어요. 당장 해줄 수가 없었으니까요. 저한테는 먼저 처리해야 할 다른 고객들이 있었어요." 캐시의 상사는 '일을 줄이고 집요하게 매달린다' 항목에서 캐시에게 상위 10퍼센트에 해당하는 점수를 쳤다. 캐시는 마리아보다 성과 순위가 15퍼센트포인트 높다. 이게 바로 '괜찮은' 수준과 '뛰어난' 수준의 차이다.

우리가 조사해보니 일을 하면서 이렇게 몇 가지 중점 사항에 초점을 맞추는 데 애를 먹는 사람은 아주 많았다. '해야 할 일의 종류와 양이 아무리 많아도 핵심 우선사항에 집중하는 능력이 매우 뛰어나다'라는 항목에서 매우 높은 점수를 받은 사람은 5,000명 가운데 16퍼센트에 불과했다. 반면 매우 낮은 점수를 받은 사람은 26퍼센트에 달했다.

우리는 직위가 높으면 중하위직보다는 중점 사항에 초점을 맞추는 능력이 더 뛰어날 줄 알았다. 아무래도 직위가 올라가면 스스로 몇 개의 과제나 프로젝트, 책임을 맡을지 결정할 재량권이 늘어나기 때문이다. 하지만 조사 결과, 중점 사항에 초점을 맞추는 능력이 뛰어난 사람의 비율은 직위가 낮든 높든 거의 같은 수준이었다(각각 15퍼센트와 17퍼센트). 중점 사항에 초점을 맞추는 능력이 부족한 사람의 비율도 하위직이 고위직보다 약간 더 높은 수준이었다(각각 28퍼센트와 23퍼센트).

일하면서 몇 가지 업무 활동에 초점을 맞출 수 있는 정도의 재량권을 가진 사람은 생각보다 훨씬 많다. 물론 업무 활동 가운데 일부는 고정된 것이어서 바꿀 수가 없다. 하지만 그 밖의 활동은 재량권이 있고 수정도 가능하다.

몇 가지 활동에 초점을 맞추는 게 왜 필요한지 가장 잘 알 수 있는 방법은 흔히 하듯이 업무를 계속 쌓기만 할 때 어떤 차질이 벌어지는지 보는 것이다.

어느 하나도 잘해낼 수 없다

고위 경영자 헤드헌팅 전문가인 수전 비숍Susan Bishop은 뉴욕시에 사무
실을 열었다. 비숍은 자신이 성공으로 가는 길을 분명히 안다고 생각
했다. "월등한 업무 수행으로 기존 대형 경쟁자들을 물리치는 게 우리
계획이었어요." 비숍은 그렇게 설명했다. "우리는 들어오는 의뢰는 다
수락하고 모든 클라이언트에게 최대의 만족을 주려고 했죠."[14]

비숍은 클라이언트의 행복을 최우선으로 놓으면 더 큰 고객 만족으
로 이어져 사업이 커질 거라 생각했다. 틀린 말은 아니었다. 적어도 어
느 지점까지는 말이다. 하지만 대부분의 요청을 수락하다 보니 필요
이상의 클라이언트를 확보하게 됐고, 그 일을 모두 훌륭하게 해내기에
는 시간도 에너지도 부족했다. 이후 비숍과 몇 안 되는 직원들은, 보수
가 낮고 상사는 까다로우며 사람들이 파견되길 꺼리는 지역에서 일할
사람들을 찾느라 몇 년을 허비했다. 비숍은 자신의 전문 분야인 미디
어 쪽을 벗어나 금융이나 소비자 제품처럼 잘 알지 못하는 업계에까
지 사업을 확장했다. 그러면서 필요한 배경 지식을 습득하느라 허둥대
야 했다. 너무 많은 분야에 걸쳐 고객을 받으니 아무리 노력해도 성과
가 잘 안 나왔다. 비숍의 회사 마진율은 다른 헤드헌팅 회사의 절반 수
준인 15퍼센트까지 떨어졌다. 비숍은 이렇게 말한다. "스트레스가 엄
청났어요. 사방으로 끌려다니는 기분이었죠." 우리 조사에서 비숍의
'집중' 점수는 5,000명의 표본 중 하위 20퍼센트에 해당했다.[15]

비숍처럼 뭐든 '네'라고 하는 사람은 꽤 많다. 부동산 중개업자는 한
동네만 더 수중에 넣으려고 한다. 엔지니어는 제품 사양을 하나만 더

추가한다. 인사 부서 직원은 업무를 하나만 더 배정받는다. 마케팅 전문가가 동료의 광고 캠페인까지 도와주기로 한다. 그렇게 책임을 더 떠맡다 보면 스스로 미처 깨닫기 전에 비숍처럼 곤란한 상황에 빠져 있다.

그래도 일을 늘리는 데는 나름의 이점이 있지 않을까? 더 많은 일을 맡으면 더 많은 일을 해내게 되고 상사가 기뻐하지 않을까? 여러 클라이언트나 프로젝트에 다리를 걸치고 있으면 선택권이 늘어나지 않을까? 바로 이런 이유 때문에 스콧 대장도 남극점으로 가는 이동 수단을 5가지나 준비했던 것이다. 스콧은 모터 썰매가 고장 나면 개썰매를 이용하려고 했다. 개썰매가 실패하면 조랑말이 있었다. 위험에 미리 대비하는 건 똑똑한 처사 아닌가? 더 많은 걸 이룰 수 있는 좋은 방법 아닐까?

하지만 그런 식으로 노력을 분산시키면 2가지 큰 문제가 발생한다. 첫째는 '어느 하나에도 집중하지 못한다'는 점이다. 비숍도 스콧도 해야 할 일 가운데 어느 하나에도 충분한 시간과 노력을 들일 수 없었다. 비숍은 수많은 클라이언트를 상대하느라 허덕였고, 스콧은 최고의 조랑말을 구하는 데 실패했다. 사람이라면 누구나 신경 쓸 수 있는 범위에 한계가 있다. 노벨 경제학상을 수상한 허버트 사이먼^{Herbert Simon}도 이렇게 말하지 않았던가. "정보가 풍부하면 주의력이 빈곤해진다."[16] 신경 쓸 대상이 늘어날수록 각각에 들일 수 있는 시간은 줄어들고 어느 하나 잘해내기가 힘들다.

문제가 더 복잡해진다

활동 범위를 늘렸을 때 발생하는 두 번째 문제를 나는 '복잡성의 덫'이라고 부른다. 남극 탐험 레이스를 펼치면서 스콧 대장은 여러 이동 수단을 챙겨야 했을 뿐만 아니라 그 수단들 사이의 '상호 관계'에도 신경써야 했다. 결국 밝혀진 것처럼, 속도가 다른 여러 이동 수단을 조율하는 것은 쉬운 일이 아니었다.

중요한 사항을 여러 개 정해놓고 그것들 사이를 조율하는 데는 정신력이 필요하다. 멀티태스킹multitasking이 효율적이라고 생각하는 사람도 많지만, 연구 결과를 보면 멀티태스킹이란 둘 사이를 빠르게 오가는 것에 불과하다. 예컨대 동료의 프레젠테이션을 들으면서 이메일을 읽고 있다면 둘 다 제대로 해내기 힘들다. 둘 사이를 오갈 때마다 뇌는 한 가지를 버리고 다른 것에 적응해야 한다.

이탈리아 밀라노 법정에서 열린 5만 8,280건의 사건을 조사해보았더니 동시에 여러 사건을 처리한(멀티태스킹) 판사는 하나씩 순차로 처리한 판사보다 사건을 완료하는 데 시간이 더 걸렸다고 한다. 그런데 그 격차가 충격적이었다. 가장 느린 판사는 사건 하나를 종결하는 데 평균 398일이 걸렸고, 가장 빠른 판사는 그 절반도 안 되는 '겨우' 178일이 걸렸다(판사들의 업무량은 똑같았고 사건은 무작위로 배당되기 때문에 비교가 가능했다). 연구진은 멀티태스킹이 50퍼센트 증가하면 사건을 종결하는 데 걸리는 시간이 거의 20일 정도 증가하는 것으로 추산했다. 이 사건 저 사건 오가는 것이 판사들의 업무 속도를 늦춘 것이다.[17] 업무 사이를 오갈 경우 생산성이 40퍼센트나 떨어진다는 것을 보여준 다른

연구들도 있다.[18]

복잡성의 덫은 기업 내부를 아수라장으로 만들 수도 있다. 진척이라는 이름으로 우리는 목표와 우선사항, 과제, 지표, 체크포인트, 팀원을 계속 늘려간다. 하지만 이런 게 추가되면 복잡성도 함께 늘어난다. 복잡성이란 항목의 수 및 항목들 간 관계의 수로 정의할 수 있기 때문이다. 우리 조사에서 '회사가 매우 복잡하며, 조율이 필요한 부서와 정책, 프로세스, 계획이 많다'는 데 대해 무려 65퍼센트의 사람들이 '현저히' 또는 '완전히' 그렇다고 답한 것도 결코 무리가 아니다.

업무 활동을 늘려야만 탁월한 성과를 낼 수 있는 것은 아니다. 더 나은 일하기 방식도 있다. 일을 너무 많이 벌여서 뭐 하나 제대로 못하거나 복잡성의 덫에 빠져버리는 일을 막을 방법이 있다. 딱 몇 개의 일만 골라서 그 선택한 일을 뛰어나게 잘하도록 집요하게 매달린다면 최선의 성과를 낼 수 있다. 그렇다면 '집요하게 매달린다'는 건 직장에서 어떤 모습일까?

문어 마사지

아흔한 살의 오노 지로小野二郎는 도쿄의 어느 전철역 지하도에서 '스키야바시 지로すきやばし次郎'라는 초밥집을 운영한다. 나무로 된 문을 밀고 들어가면 허름한 사무실처럼 생긴 복도가 나온다.[19] 메뉴를 보면 실망할 수도 있다. 메뉴랄 게 따로 없기 때문이다. 지로는 작은 카운터에 앉은 손님 열 명에게 초밥 스무 개를 내놓는다. 식전 칵테일도 없

고, 튀김 요리도 없고, 사이드디시도 없다. 아, 그리고 화장실을 가려면 밖으로 나가서 전철역 화장실을 이용해야 한다. '이런 음식점이 무슨 수로 성공하나?' 싶은 생각이 들 것이다.

실제로도 그랬을 것이다. 지로의 초밥이 그렇게까지 끝내주게 맛있지 않았다면! 오노 지로는 세계 최고의 초밥 요리사로 꼽힌다. 미쉐린 별점을 하나도 아니고 둘도 아니고, 만점인 세 개를 받은 셰프이기 때문이다. 하지만 그가 특별한 것은 이렇게 작은 무대를 골랐기 때문이 아니다. 그가 남들과 구별되는 지점은 집중하는 법을 안다는 점이다.

2011년에 나온 경이로운 다큐멘터리 〈스시 장인: 지로의 꿈〉은 하루 장사를 준비하는 지로의 모습으로 시작한다.[20] 30년간 아버지에게 교육받은 지로의 장남은 아침이면 수산시장으로 향한다. 최고의 참치 조각 하나를 고르기 위해서다. 그냥 최상'급'이 아니라, 시장 전체에서 제일 좋은 참치라야 한다. 최고의 참치를 찾지 못하면 그날은 아예 참치를 사지 않는다. 최고의 참치가 없는데 무슨 수로 최고의 초밥을 내놓는단 말인가?

그러고 나면 이제 문어를 준비할 시간이다. 지로는 문어를 부드럽게 만들기 위해 미리 주물러놓는다. 대체 몇 분이나 주무를까? 예전에는 30분간 주물렀다. 하지만 이후 문어가 가장 부드러워지는 순간은 손으로 40분에서 50분간 주무를 때라는 걸 알게 됐다. 이제 이 과정은 제자가 도맡아서 한다.

이 식당에서 10년을 일한 다른 제자도 처음 8년간 생선을 씻고 준비하는 일을 했다. 그리고 지금은 계란 초밥 준비를 맡고 있다. 지로는 이 제자가 계란 지단을 자그마치 200개나 부친 다음에야 손님 앞에 내게 했다. 초밥을 딱 20개만 만들면 그 하나하나에 강박적으로 매달릴 수 있다. 지로는 "내놓을 만한 초밥을 스무 개 팔자"라고 말하지 않는다. 그는 초밥 하나하나에 자신의 모든 에너지를 쏟아붓는다. 그렇게 완벽한 초밥을 만들기 위해 평생을 바쳤다.

탁월한 결과물을 내기 위해 집요하게 매달리는(집착하는) 모습은 일의 종류에 따라 다를 수 있다. 노드스트롬 백화점 점원에게 집착이란 고객이 원하는 정확한 색깔과 사이즈의 스웨터를 찾기 위해 매장 다섯 군데에 전화를 넣고, 스웨터를 고객의 집으로 배송한 후 전화를 걸어 옷이 잘 맞는지 물어보는 데까지다. 부동산 중개업자에게 집착이란 회사 웹사이트에 올릴 완벽한 사진 한 장을 찾기 위해 팔려는 집의 사진 100장을 한 시간 동안 낱낱이 훑어보는 일이다. 초등학교 교사에게 집착이란 이미 20년간 해온 수업이지만 내일 수업을 위해 다시 한 번 수업계획을 리허설하는 것이다.

이들은 비범하게 질 높은 결과물을 내놓기 위해 분투한다. 빛나는 완성도를 달성하려면 기나긴 노력과 디테일에 대한 광적인 주의가 요구된다.[21] 그 완성도를 위해 필요한 것이 바로 '집착'과 '집중'이다.

우리는 종종 일상에서 집착을 위험하거나 나쁜 것으로 폄하한다. 하지만 집착도 일종의 생산력이 될 수 있다.

일에서도, 예술이나 과학에서도 뭔가 위대한 것을 이루려면 완성도에 대한 집착과 디테일에 대한 지독한 관심이 필요하다. 어니스트 헤밍웨이는 이렇게 말했다. "수많은 다른 작가들이 압도적인 비율로 만족하고 말 것을 나는 작은 보석으로 빛나게 한다."[22] 앨프리드 히치콕 감독은 영화 〈싸이코〉에 나오는 샤워 장면을 완벽하게 만들려고 70번 이상을 촬영했다.[23] 제임스 다이슨은 저 유명한 진공청소기를 만들려고 15년에 걸쳐 5,000개 이상의 시제품을 제작했다. 이런 게 바로 집착이다![24]

나는 우리가 모은 자료에서 집착에 가까운 업무 습관과 성과 사이의 양적 연관을 찾을 수 있을지 궁금했다. 우리는 조사 대상 5,000명을 집중과 집착의 정도에 따라 4가지 유형으로 나누었다(노력의 정도를 측정). 이 유형들은 성과 면에서 극단적인 차이를 보였다.

성과가 가장 나빴던 그룹은 우선사항을 많이 정해놓고 노력은 많이 들이지 않는 사람들이었다. 바로 '많이 수락하고 설렁설렁 한다'에 해당했다. 이들은 최하위인 11백분위수에 해당했다.

다음으로 성과가 좋지 않았던 집단은 53백분위수에 해당하는 사람들로 '핵심 우선사항에 집중하는 능력이 매우 뛰어나다' 항목에서 매우 높은 점수를 받았지만 '노력' 점수가 낮은 사람들이었다. 우리는 이들 그룹을 가리켜 '일을 줄이고 스트레스를 받지 않는다'라고 했다. 이들은 몇 가지 우선사항을 선택했지만 이후 집요하게 매달리는 데서 실패했다. 업무 생산성 전문가들이 시키는 것처럼 몇 가지 우선사항에 초점을 맞추기로 '선택'하는 것만으로는 최고의 성과가 나오지 않았다.

그러면 54백분위수에 해당하는 두 번째로 성과가 좋은 그룹은 어떤 사람들일까? 이들은 많은 책임을 수락하고 이를 완수하고자 열심히 노력하지만 결국 감당하지 못하는 사람들이었다. 이들은 집중 면에서는 낮은 점수를, 노력 면에서는 높은 점수를 받았다. 우리는 이들 그룹

집중과 노력, 성과 사이의 관련

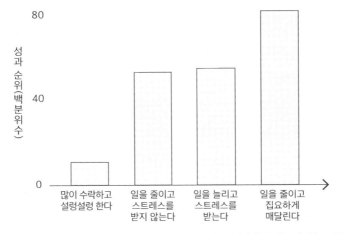

'일을 줄이고 집요하게 매달린다'에 속하는 사람들의 성과가 가장 좋았다

위 추정치는 수정된 회귀분석으로 도출되었다. '일을 줄이고 집요하게 매달린다' 척도를 2개 변수로 대체했는데, 하나는 집중('해야 할 일의 종류와 양이 아무리 많아도 핵심 우선사항에 집중하는 능력이 매우 뛰어나다' 항목 사용)을 측정하고 다른 하나는 노력('직무에 노력을 많이 투입한다' 항목 사용)을 측정하는 내용이었다. 그런 다음 각 변수를 백분위수로 전환하고 두 변수와 상호작용항을 입력해 회귀분석을 돌렸다.

을 '일을 늘리고 스트레스를 받는다'로 분류했다. 헤드헌팅 전문가 수전 비숍이 바로 이 카테고리에 속했다. 비숍은 너무 많은 책임을 떠맡았다('일을 줄인다' 항목에서 7점 만점에 3점이라는 낮은 점수를 받았다). 그러면서도 어마어마한 노력을 퍼부었다(최고점인 7점을 받았다). 그런데 이 그룹의 성과는 '일을 줄이고 스트레스를 받지 않는다' 그룹과 큰 차이가 없었다. '일을 줄인다'와 '집요하게 매달린다'라는 2가지 기준 가운데 하나라도 충족시키지 못하면 성과는 50백분위수를 살짝 넘는 정도로 평균 수준에 머물렀다.

마지막으로 오노 지로나 아문센에 해당하는 사람들이 있었다. 이들은 몇 가지 우선사항을 선택하는 데서도 뛰어난 능력을 발휘했고, 선택한 영역에서 탁월한 결과를 내기 위해 집착에 가까운 노력을 쏟아 부었다. 이들의 성과는 82백분위수로, 두 번째로 성과가 뛰어난 집단 보다 무려 28퍼센트포인트 더 높았다. (이상의 수치는 오직 '일을 줄이고 집요하게 매달린다' 습관의 효과만 반영된 것이다. 이 책에 나오는 다른 6가지 습관은 아직 고려하지 않았다.)

그렇다면 여러분은 어느 그룹인가? 솔직하게! 고백하건대 나도 '일을 늘리고 스트레스를 받는다' 그룹에 속할 때가 많다. 너무 많은 과제를 맡아놓고 나중에 해결하느라 허덕이곤 한다. 하지만 이번 장에서 설명하는 여러 발견을 통해 느낀 바가 있었고, 지금은 '일을 줄이고 집요하게 매달린다' 그룹으로 넘어가려고 노력 중이다. 더 자주 "안 된다"고 말하고, 몇 남은 우선사항에 훨씬 더 에너지를 쏟으려 한다.

그러려면 집중을 흩뜨리는 요인에도 관심을 기울여야 한다. 조사 과정에서 우리는 일을 줄이려고 할 때 방해하는 게 무엇인지 물었다.[25] 나는 대부분의 사람이 집중하지 못하는 이유가 한눈팔기 때문일 거라고 생각했다. 매주 뉴스에서는 사람들이 쏟아지는 정보에 정신 못 차리고, 소셜 미디어에 숱한 시간을 낭비하며, 무언가 놓칠까 불안해서 계속 문자 메시지나 이메일, 알림창을 들여다본다고 보도한다. 하지만 우리 데이터에 따르면 이렇게 한눈파는 것은 문제의 일부에 지나지 않았다.

조사에 참여한 사람들이 집중하기 힘든 이유로 꼽은 것은 크게 3가지였다. 업무 활동 범위가 너무 넓은 것(회의나 업무 가짓수가 너무 많은 경우 포함), 각종 유혹(남들 때문에 한눈팔게 되는 경우와 스스로 유혹을 만들어내는 경우 포함), '일을 늘리기'를 바라는 성가신 상사(명확한 지시가 부

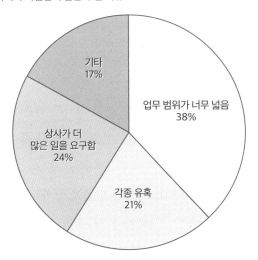

직장에서 집중할 수 없는 이유

5,000명 조사에서 사람들이 꼽은 주된 이유

응답자들이 집중할 수 없는 이유로 꼽은 3가지 주된 이유를 인용 횟수에 따라 비율로 나눔.

족하고 우선사항을 너무 많이 정해주는 상사) 때문이었다. 그렇다면 이 3가지 이유에 따라 일을 줄이고 집요하게 매달리기 위한 작전도 3가지 나올 수 있다. 업무 범위를 좁히는 방법부터 알아보자.

오컴의 면도날

오늘날 심장마비로 병원에 실려 갔는데 눈을 떠보니 노련한 의사가 내 위로 왔다 갔다 하고 있다면 '하느님 감사합니다, 제때 도착했네요!'라고 생각할 것이다. 하지만 2005년 미국 중서부의 스카이라인 병원(가칭)으로 실려 갔다면 꼭 운이 좋은 게 아닐 수도 있었다. 스카이라인 병원은 심근경색 치료와 관련해 형편없는 기록을 보유하고 있었다. 특히 심근경색 중에서도 가장 심각한 병증인 STEMI(ST분절상승 심근경색)의 경우가 그랬다. STEMI는 심장으로 들어가는 대동맥이 완전히 막힌 경우다. 심장근육이 금세 죽어가기 시작하므로 발병 초기의 일분일초가 매우 중요하다. 심혈관수술 전문 의사가 작은 풍선을 동맥 안으로 삽입해서 혈관을 부풀려 막힌 것을 제거해야 한다. 시간이 지체되면 환자는 죽을 수도 있다.

시간이 지체된다는 건 어느 정도를 말하는 걸까?《회복On the Mend》이라는 역작에서 존 투생John Toussaint과 로저 제라드Roger Gerard가 언급한 것처럼, 전에는 환자가 병원에 들어서서 수술로 막힌 것을 제거할 때까지 90분을 황금률로 봤다. 90분이라고 하면 시간이 넉넉한 것 같지만 환자를 진단하고 수술 준비를 하려면 거쳐야 할 과정이 한두 가지가 아니다.

스카이라인 병원이 '병원 입구에서 풍선까지' 90분이라는 목표를 달성한 경우는 65퍼센트에 지나지 않았고, 이것은 최고 수준의 병원들에 비하면 심각하게 낮은 비율이었다. 다시 말해 막힌 동맥을 뚫는 데 걸리는 시간이 90분 '이상'일 확률이 3분의 1이나 됐다. 스카이라인병원에 실려 갔다면 다른 병원으로 갔을 때보다 심근경색 환자가 사망할 확률이 훨씬 높았다.[26] 우리가 인터뷰를 진행한 응급실 수간호사 앤(가명)은 이 수치가 크게 실망스러웠다고 했다. 앤은 응급실 근무만 수년이 넘은 베테랑이었고 프로세스가 더딜 경우 어떤 결과로 이어지는지 잘 알고 있었다. 앤은 자신의 팀이 지금보다 심장마비 환자를 더 잘 치료할 수 있다고 확신했다. 하지만 대체 어떻게?

앤은 응급실 과장을 포함한 여러 동료와 함께 가슴통증을 호소하는 환자가 응급실에 들어왔을 때 무슨 일이 벌어지는지 점검하기 시작했다. 먼저 초진 간호사가 환자를 검사하고, 심장마비 가능성이 진단되면 EKG 등 중요 검사를 할 수 있는 검사실로 환자를 급히 보낸다. 다음에는 응급실 의사가 도착해 "STEMI 같다"라고 판정을 내린다. 몇 가지 검사를 더 시행한다. 그러고 나서 두 번째 의사인 심장전문의가 도착해 STEMI를 확진한다. 만약 심장전문의가 다른 환자를 보고 있었다면 20분이 걸릴 수도 있다. 마지막으로 의사와 간호사가 환자의 수술을 준비한다.

앤은 이렇게 말했다. "단계를 하나도 빠짐없이 이야기했어요. 그리고 '이 단계가 왜 필요한가?'라고 물었죠." 그러자 미친 소리처럼 들릴 수도 있는 아이디어가 나왔다. '심장전문의를 빼자!'

심장전문의들은 가만있지 않았다. '전문가를 배제하라고? 미쳤소?' "심장전문의들은 응급실 의사가 정확한 진단을 내릴 수 없다고 생각했어요." 앤의 말이다. 그렇다면 심장마비 환자의 처치 속도를 높일 수 있게 심장전문의를 한 명 더 고용해야 하나? 하지만 이에 대해서는 앤과 응급실 팀이 반발했다. 응급실 의사가 환자를 보자마자 STEMI 진단을 내릴 수 있게끔 공부를 더 한다면 심장전문의가 두 번째 진단을 내릴 필요가 없다. 진단이라는 절차를 두 번 할 이유가 뭐가 있는가?

그러나 심장전문의들은 완고했다. 돌파구가 마련된 것은 이들이 심장전문의 단계를 이미 생략한 다른 병원을 방문한 뒤였다. 앤은 이 방문 자체가 팀원들에게는 신뢰를 구축하는 계기가 됐다고 회상한다.

"네 시간 동안 같이 차를 타고 나면 서로를 아주 잘 알게 되죠." 이후 심장전문의들은 자신들이 빠진 프로세스를 한번 시도해보는 데 동의했다. 단, 응급실 의사들이 첫번에 옳은 진단을 내리도록 각별한 주의를 기울여야 한다는 조건이었다.

앤의 팀은 심장전문의들과의 협업으로 응급실 의사들이 이용할 수 있는 STEMI 진단 계획을 세웠고, 응급실 의사들은 다시 훈련을 받았다. 새로운 프로세스를 적용한 이후 앤의 팀은 여러 차례 회의를 가졌고, 의사와 간호사, 기술자들이 함께 모여 진단 내용을 검토하면서 정확도를 계속 높여나갔다. 1년 후 응급실의 시간 준수율은 65퍼센트에서 100퍼센트로 올랐다. 의사들은 STEMI 환자를 오진하지 않았다(누락). 환자가 STEMI로 진단받았으나 아니었던 경우는 극소수에 불과했다(최고 수준의 병원에서도 일어나는 정상적 오진).

이 얼마나 놀라운 결과인가. 일을 '줄임'으로써(진단 과정에서 단계를 생략), 앤과 응급실 팀은 오히려 성과를 높일 수 있었다. 진단 속도를 높이기 위해 의사를 추가로 고용하거나 값비싼 장비를 산 것도 아니다. 그저 단계를 하나 없앴더니(심장전문의들은 이제 그 시간에 다른 일을 할 수 있었다) 훨씬 더 좋은 결과를 얻은 것이다.

알고 한 일은 아니겠지만, 스카이라인 병원의 응급실 팀은 700년 전 유럽의 수도사이자 철학자, 신학자였던 윌리엄 오컴^{William Ockham}이 만들어낸 격언을 따른 셈이다. 오컴을 유명하게 한 '오컴의 면도날' 원칙[27]은 과학을 비롯한 여러 영역에서 우리가 최대한 간단한 설명을 추구해야 한다고 규정한다. 이 원칙을 직장에 적용하면 다음과 같이 바꿀 수 있다.

최대한 적게, 꼭 필요한 만큼만.

주어진 업무시간 동안 얼마나 많은 일을 '해낼 수' 있는지 물을 게 아니라, 탁월하게 잘해야 하는 일을 고려해 얼마나 많은 일을 '버릴 수' 있는지 물어보라. 스카이라인 병원 응급실 팀은 그들의 접근법을 '진단하고 재확인하라'에서 '진단은 한 번만 하되 제대로 하라'로 바꿨다.

직장에서 오컴의 면도날은 모든 걸 하나로 단순화시키라는 뜻은 아니다. 활동을 최대한 줄이도록 최선을 다하되(가장 적은 지표, 적은 목표, 적은 단계, 적은 초밥), 맡은 일을 훌륭하게 해내기 위해 필요한 일은 빠짐없이 다 하라는 뜻이다. 프랑스 작가 앙투안 드 생텍쥐페리Antoine de Saint-Exupéry가 말한 것처럼 "완벽함이란 더 이상 추가할 게 없을 때가 아니라 더 이상 뺄 게 없을 때 얻어진다."[28]

여러분도 오컴의 면도날을 사용해 업무 범위를 좁히고 단순화할 수 있다. 목표, 고객, 지표, 과정, 우선사항, 업무, 이메일, 이메일에 쓰는 글자 수, 회의, 화상회의, 의사결정을 위해 확인해야 할 사항의 개수, 기타 수많은 업무 영역에서 많이 하지 말고 적게 하려고 노력하라.

온갖 클라이언트의 요청에 '네' 하던 헤드헌팅 전문가 수전 비숍도 바로 이 방법으로 사업을 되살렸다. 비숍은 오컴의 면도날을 휘둘러 다음과 같은 간단한 규칙을 만들었다. 클라이언트 명단을 일부 지워서 더 적지만 더 좋은 클라이언트들에게 집중하기 위한 규칙이었다.[29]

1. 내가 잘 아는 미디어업계의 클라이언트만 받는다. 금융, 소비자 제품, 소

매업은 제외한다.

2. 수수료 최소액 5만 달러 이상의 고위 경영자 헌팅만 진행한다.

3. 긴급 요청은 거절하고 시장 수준의 연봉을 보장하는 자리만 알선한다.

4. 비합리적이거나 불쾌한 클라이언트는 거절한다.

클라이언트 세그먼트를 하나(미디어업계 고위 경영자)로 좁혀서 질 높은 결과를 내겠다는 전략이었다. **세그먼트는 최대한 적게, 꼭 필요한 만큼만 유지했다.**

오컴의 면도날은 더 작은 업무에도 적용할 수 있다. 원래 나는 프레젠테이션에 슬라이드를 잔뜩 끼워 넣곤 했다. 어쩐지 그래야만 안심이 되었던 것이다. 그러다가 유럽의 어느 대기업 CEO와 미팅이 잡혔는데(우리 회사와 함께 추진 중이던 리더십 개발 프로그램을 의논하는 자리였다), 그 CEO의 비서실장이 회의에서 슬라이드는 딱 한 장만 사용해달라고 요구했다. "한 장요?" 나는 믿기지 않는다는 듯이 물었다.

"네, 한 장요."

맙소사! 열다섯 장짜리 슬라이드를 어떻게 한 장으로 요약하지? 나는 슬라이드 한 장에 네 장을 축약해 넣어보려고 낑낑거렸다. 그러다가 문득 이런 생각이 들었다. '핵심 이슈가 뭐지?' 나는 오컴의 면도날을 적용했고 딱 한 장만 남기고 다른 슬라이드는 모두 잘라냈다. 그 남은 슬라이드란 리더십 개발 프로그램 시간표였다. 나는 이 시간표를 제대로 만드는 작업에 강박적으로 매달렸다. 이전에는 우리 프로그램의 세 가지 화두를 보여주려고 슬라이드 세 장을 썼다. 이제는 같은 정보를 시간표에 색깔로 전달해야 했다. 나는 화두 하나마다 한 가지 색깔씩, 모두 세 가지 색깔을 사용했다. 이런 시각 표현을 통해 CEO는 우리 프로그램의 흐름을 한눈에 파악할 수 있었다.

오컴의 면도날은 정말로 놀라운 결과를 만들었다. 슬라이드를 열다섯 장씩 넘길 필요가 없으니 CEO와 나는 주어진 45분 동안 리더십 개발 프로그램에 관해 훨씬 더 깊이 있는 '논의'를 할 수 있었다. 회의가 끝났을 때 그는 정말로 생산적인 회의였다고 말했다.

이렇게 오컴의 면도날을 사용하는 게 똑똑하게 일하는 법이라면 왜 대부분의 사람은 이 방법을 쓰지 않을까 싶을 것이다. 문제는 우리가 늘 옵션을 열어놓고 싶어 한다는 점이다. 《상식 밖의 경제학Predictably Irrational》을 쓴 댄 애리얼리Dan Ariely와 공동 연구자 신지웅은 일련의 심리 실험을 통해서 사람들이 옵션에 집착한다는 사실을 보여줬다. 해당 옵션이 아무 가치도 없을 때조차 말이다.[30] 애리얼리는 말한다. "우리에게는 문을 열어놓고 싶어 하는 비합리적 강박이 있다."[31] 최고의 성과를 내고 싶다면, 그저 심리적 위안 삼아 버리지 못하고 들고 있는 다른 옵션들을 모두 지우라.

집중하면 '안 되는' 때

일시적이나마 집중이 아니라 '일을 늘리는' 게 나은 상황이 2가지 있다.

1. 새로운 아이디어를 많이 만들어내야 할 때
새로운 임무를 맡으면 뭐가 최선의 옵션이 될지 알 수 없는 경우가 많다. 학계의 연구 결과를 보면 이 단계에서는 아이디어를 많이 내고 고민해보는 게 최선이다. 애덤 그랜트[Adam Grant] 와튼 스쿨 교수가 《오리지널스[Originals]》에서 말하듯 "많은 사람들이 독창성을 발휘하지 못하는 이유는 아이디어를 많이 안 내기 때문이다."[32]

때가 되면 아이디어를 추려서 가장 효과 있는 한 가지에 집중해야 한다. 《위대한 기업의 선택》에서 짐 콜린스와 내가 발견한 바에 따르면, 가장 혁신적인 기업은 먼저 많은 아이디어를 생성한 뒤 나쁜 아이디어는 제거하고 몇 개의 좋은 아이디어에 집요하게 매달렸다.[33] 우리도 사용할 수 있는 방법이다.

2. 옵션이 뭔지는 알지만 어느 쪽을 택할지 확신할 수 없을 때

내가 강의하는 UC버클리 경영자 교육 프로그램에서 어느 매니저가 들려준 이야기다. 그 매니저는 제품 하나를 만드는 데 두 종류 기술 솔루션을 모두 개발한 적이 있다고 했다. 어느 솔루션이 시장에서 승리할지 알 수 없었기 때문이다. 결국 그 팀은 어느 한쪽 솔루션이 성공할 거라는 확신이 커졌고, 그제야 그 솔루션을 선택하며 다른 솔루션은 버렸다고 한다. 그 매니저는 이렇게 말했다. "어느 솔루션을 미리 선택했다면 아마 낭패를 봤을 거예요. 잘못된 솔루션을 골랐을 수도 있으니까요."[34]

돛대에 몸을 묶어라

우리 조사에 참여한 직원들 가운데 21퍼센트는 각종 유혹과 한눈팔

거리가 집중을 방해하는 핵심 장애물이라고 말했다. 그렇다면 집중과 집착을 위한 두 번째 작전은 그렇게 한눈팔 거리로부터 우리 자신을 꽁꽁 봉쇄하는 것이다. 이 책을 쓰는 동안 내가 바로 그랬다. 집필이 얼마나 어려운 작업인지, 스스로 얼마나 미루기를 좋아하는 사람인지 알고 있던 나는 노트북 PC를 하나 사서 인터넷 브라우저와 이메일, 메시징 앱을 다 없애버렸다. 워드프로세서 프로그램만 빼고 다 지워버린 것이다. 그렇게 텅텅 빈 컴퓨터를 가지고 두 시간씩 스타벅스에 갔다. 날마다 그렇게 톨 사이즈 다크로스트 커피 한잔(설탕 없이 블랙)과 함께 스타벅스에 앉아 있었다. 이메일을 확인하고 싶은 마음이 굴뚝같았지만 확인할 길이 없었다. 나는 계속 글을 썼고, 얼마 지나지 않아 원고를 완성했다.

무슨 일이 있었을까? 나는 나도 모르게 그리스 신화에 등장하는 전략을 적용한 셈이었다. 신화 속 오디세우스는 배가 지나갈 때마다 뿌리칠 수 없는 노래를 불러 뱃사람들을 죽였다는, 아리따운 섬의 요물 '사이렌'을 두려워했다. 그래서 그는 부하들에게 밀랍으로 귀를 막도록 하고 자기 몸은 돛대에 묶은 후 아무리 사정해도 절대 풀어주지 말라고 명령했다. 배가 사이렌 곁을 지날 때 오디세우스는 근사한 노랫가락을 들었다. 그리고 당장 사이렌 곁으로 달려가고 싶은 마음에 부하들에게 자신을 풀어달라고 간청했다. 그러나 부하들은 오디세우스를 묶은 밧줄을 더 단단히 붙들어 맸고 오디세우스는 유혹을 벗어날 수 있었다. 인터넷을 쓸 수 없는 특수한 컴퓨터를 사용함으로써 나는 스스로를 21세기식 돛대에 묶은 셈이다.

핵심은 유혹이 일어도 저항할 수 있게끔 '미리' 이런 작전을 마련해

두는 것이다. 유혹은 분명 나타날 것이다. 수전 비숍도 자신이 받지 '않을' 클라이언트 규칙을 명확히 세운 직후 돈 많은 클라이언트가 줄 줄이 사이렌의 노래를 불렀다. 코카콜라는 2년간 비숍의 주요 고객이 었다. 연간 약 200만 달러였던 매출의 무려 10퍼센트를 차지할 정도 였다. 그런 코카콜라가 이번에는 25만 달러짜리 신규 계약을 제안했 다. 그때까지 비숍이 맺은 단일 계약으로는 최대 규모였다. 하지만 안 타깝게도 코카콜라는 미디어업계가 아니었다. 비숍은 불과 얼마 전 전 직원에게 '우리는 미디어업계의 일만 맡을 것'이라고 했다. 하지만 이 렇게 큰 계약까지 거절해도 되는 걸까?

비숍은 이 문제로 몇 주간 끙끙댔다. 하지만 직원들에게 규칙을 공 표한 것은 자신을 돛대에 묶은 행위나 마찬가지였다. 코카콜라와의 미 팅에서 비숍은 그 규칙을 고수했다. "무릎이 덜덜 떨리고 손에 땀이 흥건했지만 싫다고 했어요." 비숍의 회상이다. 비숍은 마주앉아 얼떨 떨한 표정을 짓고 있는 두 사람에게 미디어 관련 인재가 필요한 게 아 니라면 미안하지만 도움을 줄 수 없다고 말했다. 미리 규칙을 만들어 두지 않았다면 비숍은 결코 그렇게 돌아서지 못했을 것이다. 비숍의 '일을 줄이고 집요하게 매달린다' 점수는 하위 20퍼센트에서 상위 25 퍼센트까지 올랐다. 그리고 이렇게 원칙을 고수한 것은 결국 효과가 있었다.

느리기는 했지만 비숍의 사업은 다시 상승세를 타기 시작했다. 영국 의 어느 미디어 기업에 고위 경영자를 영입해주는 대형 계약을 성사시 켰을 때 비숍은 자신이 세운 원칙의 효과를 톡톡히 봤다. "전문 분야도 아니고 돈도 안 되는 일거리에 시간을 낭비하지 않았기 때문이죠." 비숍은 소수의 핵심 거래처를 위해 탁월한 결과를 만들어내는 데만 집요하게 매달릴 수 있었다. 이후 유명 미디어 기업들이 속속 비숍을 찾기 시작했고, 비숍은 경영자를 찾아내는 일을 더 정확하고 깊이 있게 수행할 수 있게 됐다. 사업은 번창했고 매출과 이윤이 동반 상승했다.

우리는 설문조사에서 '일을 줄이는' 습관을 가장 잘 실천하고 있는 응답자 20퍼센트에게 업무를 간소화하고 집중하는 데 도움이 되는 핵심적인 행동이 무엇인지 물었다. 방해받지 않고 일할 수 있게 특별한 조치를 취한다고 답한 사람이 많았다. 그중에는 한 시간 일찍 출근하거나 저녁 늦게까지 일하는 사람도 있었다. 또 조용한 회의실을 찾아 몇 시간 동안 헤드폰을 끼고 일하거나 스마트폰을 두고 간다는 사람도 있었다.

요즘처럼 개방된 사무실에서 일하는 사람들은 이런 조치가 필요하다. 칸막이 몇 개로는 같은 사무실을 쓰는 동료들의 방해를 막아내기가 어렵기 때문이다. 동료들과의 간격이 너무 좁을 수도 있다. 어느 음료수 회사에서 일하는 직원들은 당면 과제에 집중할 수 있도록 칸막이 입구에 낚싯줄을 쳐뒀다. 혼자 있고 싶을 때는 그 낚싯줄 위에 대형 수건을 걸어 커튼처럼 사용했다. 동료들에게 방해하지 말라고 알릴 수 있는 독특한 방법을 개발한 건축 회사도 있었다. 그곳 직원들은 방해받고 싶지 않을 때 팔에 오렌지색 완장을 찼다.[35]

우리 자신을 돛대에 묶는 방법은 많다. 미리 조치를 취하라. 그래야 책상에 앉은 채 딴짓을 하고 싶어 몸이 근질근질할 때에도 한눈팔 방도가 없을 것이다.

상사에게 '안 된다'고 말하라

일을 줄이고 집요하게 매달릴 수 있는 세 번째 작전은 자신의 업무 범
위에 대한 상사의 기대치를 관리하는 것이다. 우리 조사에서 24퍼센
트에 이르는 사람들이 집중할 수 없는 이유로 상사의 지시 부족이나
사내의 복잡한 조직 문제를 들었다. 일반적으로 상사가 '일을 줄이고
집요하게 매달리는' 습관을 가지고 있으면 부하 직원도 그러기가 훨씬
쉽다. 우리 조사에서 최상위의 성과를 낸 사람들은 상사가 명확한 지
시를 내려주고 구체적 목표를 세우며 소수의 우선사항을 갖고 있다고
말하는 경우가 많았다.

그런데 만약 상사가 '일을 늘리는' 유형이라면 어떻게 해야 할까?
여러분은 생각만큼 그렇게 힘이 없지 않다. 상사와의 관계를 잘 정립
해서 '안 된다'고 말할 수도 있다.[36] 우리 조사의 응답자 가운데 말단
경영 컨설턴트인 제임스가 있었다. 하루는 회사 임원이 제임스에게 계
약 유치를 위한 발표 자료 일을 도와달라고 했다.[37] "제가 100퍼센트
집중하고 있던 정말 중요한 인수합병 프로젝트의 마감이 다가오고 있
었어요." 제임스는 임원에게 자신도 정말 돕고 싶지만 발표 자료와 합
병 프로젝트 둘 다를 감당하는 것은 불가능하다고 말했다. 어느 것을
우선으로 한단 말인가?

임원이 물었다. "둘 다 할 수는 없나요?"

제임스가 대답했다. "결과가 훌륭하기를 바라신다면 그럴 수 없습
니다. 합병 프로젝트는 제가 3주 동안 꼼짝없이 매달려야 하고 중간에
뭘 끼워 넣을 틈이 없어요. 중요한 건 최상의 결과물을 내는 거니까,

🔵 내 상사는 어떤 유형일까?

여러분의 상사(혹은 여러분 자신)를 가장 잘 설명하는 칸을 골라라. 3가지 항목 다 오른쪽 칸을 골랐다면 여러분의 상사(혹은 여러분 자신)는 '일을 줄이는' 사람이다.

	일을 늘리는 상사	일을 줄이는 상사
목표와 전략	목표를 많이 세우거나 목표가 모호하다. 예: "우리는 들어오는 의뢰는 다 수락하고 모든 클라이언트에게 최대의 만족을 주려고 했어요." (수전 비숍)	분명한 하나의 목표를 세우고 '하지 말아야' 할 일을 설명한다. 예: 최소한 수수료 5만 달러 이상의 고위 경영자 헌팅만 진행한다. 시장 수준의 연봉을 보장하는 자리만 알선한다. (수전 비숍)
우선순위 목록	우선사항이 아주 많고 계속 늘어난다. 예: "그녀의 상사는 끊임없이 모순되는 요구를 했어요."(조사 참가자)	우선사항이 몇 가지 안 되고, 꼭 필요한 경우가 아니면 우선사항을 추가하지 않는다. 예: "상사는 나에게 기대하는 사항과 마감 및 목표를 분명하게 제시하기 때문에 합리적으로 우선순위를 정할 수 있습니다." (조사 참가자)
의사소통	장황하고 불분명하며 두서없이 말하거나 글을 쓴다. 예: "우리는 지금 업계가 아주 짧은 시간의 기간 동안 보조금 문제가 근본적으로 변화하는 것을 직접 눈으로 볼 수 있는 지점에까지 와 있다고 정말로 생각하고 있습니다." (AT&T CEO)*	단순하고 구체적이며 분명한 방식으로 말하거나 글을 쓴다. 예: "테스코는 실수였어요. 제가 큰 실수를 저지른 겁니다." (워런 버핏)**

* Lucy Kellaway, "And the Golden Flannel of the Year Award Goes to ....," *Financial Times*, January 4, 2015.
** Warren Buffett, "Tesco Shares 'A Huge Mistake'," bbc.com, October 2, 2014, accessed June 6, 2017, http://www.bbc.com/news/business-29457053.

제가 만약 계약 유치건도 도와드린다면 합병 프로젝트에 사람이 더 있어야 합니다."

제임스는 임원에게 한 소리 들을 줄 알았다. 그러지 않아도 이 임원은 직원들을 '머저리'라고 부르는 걸로 유명했다. 하지만 임원은 고개를 끄덕이며 이렇게 말했다. "당신 말이 맞는 것 같군요." 제임스는 임원에게 프로젝트가 거의 끝나가는 다른 동료를 추천했다.

상사에게 내가 게으름 피우려는 게 아니라는 사실을 분명히 알려라. 우리가 우선순위를 정해두는 이유는 모든 노력을 기울여 몇 가지 영역에서 탁월한 결과를 내고 싶기 때문이다. 상사에게 우선순위를 바꿔야 할지 물어보라. 의사결정을 다시 상사에게 넘겨라. 상사 때문에 억지로 '일을 늘리고 스트레스를 받는' 사람이 되지 말라. '일을 줄이고 집요하게 매달려야' 내 성과가 훨씬 좋아질 것이기 때문이다. 상사도 그걸 좋아할 것이다(당연히 그래야 한다).

일을 줄이고 집요하게 매달리려면 배짱이 있어야 한다. 더구나 동료 대부분이 일을 더 많이 맡고 더 열심히 하려고 기를 쓰고 있다면 말이다. 하지만 작은 것부터 시작하면 된다. 오컴의 면도날을 사용해 업무 중 불필요하고 비생산적인 부분부터 몇 가지 잘라내라. '나를 돛대에 묶는' 작전을 몇 가지 찾아내 핵심 우선사항에 집요하게 매달릴 수 있는 환경을 만들라. 어디에 집중하면 좋을지 더 잘 알려면 상사에게 내가 맡은 일 가운데 중요한 것을 몇 가지 정해달라고 하라.

'일을 줄이고 집요하게 매달린다'와 관련해 아직 다루지 않은 몇 가지 중요한 질문이 있다. 우리는 과연 '어디에' 집중해야 하는 걸까? 엉뚱한 과제에 초점을 맞춰 집요하게 매달리는 것이야말로 망하는 지름길이다. 만약 아문센이 남극점까지 가는 데 말을 이용하기로 했다면 그가 아무리 집요하게 매달렸다고 한들 성공하지 못했을 것이다. 극지의 저 얼음 위에서 말은 훨씬 더 열악한 이동 수단이기 때문이다. 수전 비숍이 미디어업계가 아니라 잘 알지도 못하는 금융업계의 클라이언트에게 초점을 맞췄다면 계속 고전했을 것이다. 과연 '어디에' 초점을 맞춰야 할지 다음 장에서 살펴보자.

❶

일을 줄이고 집요하게 매달려라

전통적 '근면성실' 패러다임

전통적 시각에서는 더 열심히 일하고 더 많은 책임을 맡는 사람이 더 많은 것을 이루고 더 좋은 성과를 낸다고 말한다. 하지만 이와는 반대로 경영 전문가들은 몇 가지 업무 분야를 '선택'해서 거기에 집중하라고 권한다.

새로운 시각으로 '똑똑하게 일하는 법'

대부분의 경우 일을 늘리는 것은 잘못된 전략이다. '집중하라'는 말 역시 잘못 이해되고 있다. 집중은 단순히 몇 가지 영역에 전념하기로 '선택'하 는 것을 의미하지 않는다. 집중하기 위해서는 결코 쉽지 않은 두 번째 과 정이 필요하다. 선택한 영역에 '집요하게 매달리는 것' 말이다. 그래야 탁 월한 완성도를 이룰 수 있다. 똑똑하게 일하는 법은 '먼저 일을 줄이고, 그 다음에 집요하게 매달리는 것'이다.

🚀 KEY POINT

• 몇 가지 핵심 우선사항을 선택해 거기서 탁월한 결과물을 내려고 엄청나게 노력하 는 사람은 수많은 우선사항을 추구하는 사람보다 성과 백분위에서 평균적으로 25 퍼센트포인트 높은 점수를 받았다. '일을 줄이고 집요하게 매달린다'는 것은 이 책 의 7가지 습관 가운데서도 가장 강한 영향력을 발휘했다.

- '일을 늘리면' 2가지 덫에 빠진다. '어느 하나에도 집중하지 못하는' 사람들은 많은 과제를 떠안으면서 어느 하나에도 충분한 관심을 기울이지 못한다. '복잡성의 덫'에 빠진 사람은 업무들 사이의 상호 관계를 정리하는 데 에너지가 들기 때문에 시간을 낭비하고 결과도 형편없다.

- 이 장에서는 '일을 줄이고 집요하게 매달린다'는 원칙을 실천하는 방법 3가지에 주목했다.

오컴의 면도날　불필요한 업무와 우선사항, 위원회, 단계, 지표, 절차를 없애라. 남은 활동에서 탁월한 결과를 내기 위해 모든 노력을 쏟아붓고 이렇게 물어보라. '내가 탁월한 성과를 내기 위해 꼭 해야 하는 일을 고려했을 때 줄일 수 있는 업무는 몇 개나 될까?' 기억하라. '최대한 적게, 꼭 필요한 만큼만.'

돛대에 몸을 묶어라　미리 분명한 규칙을 세워서 유혹과 한눈팔 거리를 물리쳐라. '앞으로 한 시간 동안 이메일을 확인하지 않는다' 같은 사소한 규칙을 만들라.

상사에게 '안 된다'고 말하라　내가 해야 할 일이 늘어나면 내 성과가 악화될 것이라는 점을 상사에게 설명하라. 상사를 기쁘게 해야만 훌륭해지는 것은 아니다. 몇 가지 선택한 영역에 집중적인 노력을 기울여 탁월한 결과를 낼 수 있도록 상사에게 '안 된다'고 말하라.

❷
업무를 재설계하라

인생이 우리에게 무엇을 던져주든
그것을 재창조할 수 있다면 시가 될 것이다.
– 나오미 시합 나이[1]

2010년 어느 상쾌한 봄날이었다. 그레그 그린Greg Green은 다 찌그러진 미니밴을 몰아 디트로이트 교외에 위치한 클린턴데일고등학교 주차장으로 들어서고 있었다.[2] 그는 잠시 진저리를 쳤다. 몇 시간 뒤면 이메일이 도착하겠지. 그린은 이 학교 교장이었다. 잠시 후 받아볼 이메일에는 얼마 전 실시한 학생들 시험의 결과가 담겨 있을 것이다. 지난 성적을 생각해볼 때 결코 좋은 숫자일 리는 없었다.

클린턴데일 학생들의 성적은 벌써 몇 년째 곤두박질치고 있었다. 그린이 아무리 애를 써도 소용없는 데는 몇 가지 중요한 문제가 있었다. 우선 주 당국은 졸업 요건을 상향시키면서도 이 학교의 쥐꼬리만 한 예산은 오히려 삭감했다. 그러는 동안 학생들의 여건은 훨씬 열악해졌다. 장기적 인구구성 변화 및 2008년 미국 자동차 산업의 붕괴로 지금 이곳 디트로이트 학생들의 80퍼센트가량은 주정부 보조금 급식자 명단에 오를 만큼 가난했다. 이 지역 실업률은 14퍼센트에 육박했고, 도심 전체가 버려진 건물이 즐비한 유령도시처럼 변했다. 가정이 어려우니 학생들도 숙제나 시험 따위에 신경 쓸 겨를이 없었다. 부모가 일자리를 구하러 다니는 동안 동생을 돌보는 것처럼 더 다급한 걱정거리가 한가득했다.

오전 늦게 이메일이 도착했다. 그린이 걱정한 대로였다. 학교의 암울한 성적은 이제 주 전체에서도 하위 5퍼센트 수준까지 떨어져 있었다. 연방정부는 우수한 주정부에 보조금을 지급하는 '레이스 투 더 탑Race to the Top' 이니셔티브를 통과시켰는데, 그 선별 기준 가운데 하나가 학생들의 성취도 평가 성적이었다. 그러다 보니 주정부들은 성적을 높이는 데 혈안이 됐고, 미시건주 주도 랜싱의 관료들도 일부 학교의 관리자를 교체하기 위해 대상 학교 목록까지 만들었다. 클린턴데일은 아직 그 목록에 올라 있지는 않았으나, 이 정도 성적이면 시간문제인지도 몰랐다.

봄부터 여름에 걸쳐 그린 교장은 학교의 운명을 되돌릴 해결책을 백방으로 모색했다. 이 지역 교육청은 500만 달러의 적자를 내고 있었기 때문에 새로운 교사나 교육 방법에 투자할 돈은 없었다. 기존 교사들은 그 이상이 불가능할 정도로 열심히 학생들을 지도하고 있었다. 학교는 아이들이 학업에 좀 더 관심을 갖게 만들기 위해 알려진 방법이란 방법은 모조리 시도했다. 학업 성적이 좋지 않을 경우 스포츠 수업을 못 듣게 하겠다고 협박도 해봤다. 학부모들과 회의도 열었다. 엄중 경고를 담은 서신을 집으로 부치기도 했다. 하지만 어느 것도 효과가 없었다. 아이들은 오히려 더 좌절했고, 더 문제를 일으켰다. 20주 동안 클린턴데일에는 학칙 위반 사건이 700건을 넘었다. 교사들은 녹초가 됐다. 우리가 클린턴데일을 방문했을 때 그린이 말했다. "손을 쓸 수가 없는 기분이었어요. 밤잠을 못 이룬 날도 많았지요."

그러던 2010년 8월 16일, 상황이 더 악화됐다. 그린의 상사라 할 수 있는 교육청 감독관이 그를 찾아와 클린턴데일이 낙제학교 목록에 올랐다고 알려준 것이다. 당장 뭔가 극단적인 조치를 취하지 않으면 안 되었다. 주정부는 학교 문을 닫고 이곳을 자율형 공립학교로 바꾸거나, 교장을 해고할 것이다(가장 가능성이 높은 시나리오). 그린은 생각했다. '한 달 후면 실업자가 되겠구나.'

그러나 그린은 실업자가 되지 않았다. 2년 후 그린은 여전히 클린턴데일 교장이었고 학교는 번창하고 있었다. 졸업생 수는 기록적으로 증가했다. 그린은 전국에서 찬사를 받았고 TV 인터뷰를 하며 〈뉴욕 타임스〉 기사에도 실렸다.

무슨 일이 있었을까? 워싱턴의 관료들이 내려와 도와줬을까? 하버드대학교가 특별팀이라도 파견해 최신 교육법을 알려줬을까? 아니다. 절망에 빠진 그레그 그린이 힌트를 얻은 곳은 뜻밖에도 '야구'였다.

그린은 몇 년 전 아들의 어린이 야구팀 코치를 맡은 적이 있었다. 그때 유튜브에서 발견한 교육용 영상 가운데 그림과 함께 주석을 달아 야구의 기초를 설명한 것이 있었다. "포지션별로 어떤 역할을 하는지 한눈에 알 수 있어요." 우리와 가진 인터뷰에서 그린은 열정적으로 설명했다. 그린은 해당 영상을 아들의 야구팀에 보여주기로 하고, 스스로도 영상을 몇 개 만들었다. 아이들이 일주일에 한 번 집에서 영상을 공부하고 나면 야구장에 왔을 때 준비가 훨씬 잘되어 있었다. 그린은 이렇게 회상한다. "아이들을 하나씩 붙잡고 같은 말을 계속 반복할 필요가 없다는 걸 알게 됐죠. 그리고 언제든 아이들 스스로 영상을 다시 찾아볼 수도 있고요."

대학에서 야구를 했던 그린은 결국 200개에 가까운 영상을 제작했다. 〈수비: 플라이볼, 1루수와 3루수〉〈투구: 던지는 팔의 회전〉 그리고 후속작 〈투구: 던지는 팔의 회전 2〉 등이었다. 아이들이 무척 좋아했다. 일주일에 몇 시간 야구장에 나와 연습할 때 우두커니 서서 코치의 말을 듣는 게 아니라 정말로 '연습'을 할 수 있었기 때문이다. 그린이 코치를 맡은 팀은 연승을 이어갔고 부모들도 열광했다. 그린은 자신이 뭔가 본질적으로 다른 대단한 것을 발견한 게 아닐까 생각했다.

클린턴데일이 낙제학교 목록에 올랐다는 소식을 듣자마자 그린은 교사들을 모두 회의실에 소집했다. 그리고 인터넷으로 자신의 야구 영상을 보여주며 제안했다. "수업 내용을 녹화하기로 합시다. 인터넷에 올려서 아이들이 볼 수 있게 하는 거예요. 클린턴데일이 이런 걸 시도한다고 해서 누가 뭐라 하겠어요?" 아이들은 집이나 버스에서 이 영상을 보고 수업시간에는 '숙제'를 할 것이다. 이제 교사들은 '강사'가 아니라 '코치'가 될 것이다. 클린턴데일은 수업 과정을 완전히 뒤집을 것이다. 집에서 수업을 듣고, 학교에서 숙제를 할 것이다.

교사들은 고개를 절레절레 저었다. 교장이 정신줄을 놓은 건가? 그린은 그렇지 않다는 걸 보여주려고 데이터를 제시했다. 그해 초 그린은 기술에 밝은 전직 풋볼 코치이자 지금은 사회학을 가르치는 앤디

실Andy Scheel의 도움을 받아 '거꾸로 교실flipped classroom'을 실험했다. 앤디 가 수업하는 학급에는 낙제를 밥 먹듯 하는 아이들이 가득한 학급이 있었다. "아이들이 졸업하려면 이제 한 번밖에 기회가 없었어요." 그 린의 말이다. 앤디의 또 다른 사회 수업 학급은 성적이 좋았다. "잘하 는 반은 뭘 바꿀 생각이 없었어요. 하지만 잘 안 되는 반에는 획기적인 걸 한번 시도해보기로 했죠." 그들은 두 학급에 똑같은 수업 교재와 숙제를 내주었다. 그러면서 잘 안 되는 학급에만 '거꾸로 교실'을 도입 했다. 집에서 영상을 보고 와서 학교에서는 교사의 도움을 받아 숙제 를 하는 것이다. 그린은 이렇게 설명했다. "더 이상 잃을 게 없는데 시 도하지 못할 이유가 없잖아요."

앤디 실의 실험이 시작되고 몇 달 후 그린은 책상에 앉아 학생들의 첫 시험 점수를 보고 있었다. 그린은 데이터가 잘못된 줄 알았다. '거 꾸로 교실'에 참여한 학생들이 기존 학급보다 '좋은' 성적을 받고 있었 다. 제일 낮은 학점이 C였고, 낙제해서 같은 수업을 한 번 더 듣는 학 생들도 수업을 곧잘 따라가고 있었다. 가장 좋았던 점은 낙제율이 '0' 까지 떨어졌다는 사실이다.

대체 어떻게 이런 결과가 나왔을까? 그린은 '거꾸로 교실'에 참여한 앤디 실의 학생들이 이렇게 좋은 점수를 받게 된 것이 수업시간에 숙 제에서 도움을 받은 덕분이 아닐까 생각했다. 아이들은 일단 하교를 하고 나면 집중하기가 어려웠다. 집안은 어지럽고 동네는 위험하고 아 르바이트나 다른 할 일이 많았던 것이다. 이런 학생들은 보통 숙제가 어려워도 도움을 청할 곳이 없다. 부모들도 수업 내용을 이해하지 못 하기 때문이다. 하지만 '거꾸로 교실'에서는 아이들이 어디서나 수업 내용을 볼 수 있었다. 버스에서, 방에서, 마트 휴게실에서도 말이다. 그러다가 수업시간에 더 파고들어 공부할 때는 교사나 옆 학생에게 어려운 부분에 대한 도움을 받을 수 있었다.

그린의 첫 실험 결과는 고무적이었으나 겨우 한 학급의 결과에 불과했다. 어쩌면 결과가 요행이었을지도 모른다. 그린이 제안하는 것처럼 학교 전체에 적용하기에는 위험부담이 따랐다. 많은 교사들은 원칙적으로 그린의 생각에 반대했다. 교사들이 교육받고 배운 모든 내용에 위배될 뿐만 아니라 300년 된 교육 모델을 뒤집는 것이기 때문이다. 클린턴데일을 방문했을 때 어느 직원이 얘기한 것처럼 교사들 중에는 그린의 동기에 의문을 품는 사람도 많았다. 이들은 재정난에 처한 교육청에서 교사를 기술로 대체하려는 첫 단추가 '거꾸로 교실' 아닐지 의심했다.

그린은 교사들에게 뭔가 획기적인 것을 시도할 때라고 얘기했다. 교육이라는 일 자체를 처음부터 다시 생각해서 '교육이 이뤄지는 방식을 재설계하고 탈바꿈시킬' 때라고 말이다. 그린은 교사들에게 물었다. "학생들이 하지도 않을 숙제를 왜 자꾸 집으로 보내는 겁니까?" 구식 모델은 제구실을 못하고 있었다.

그럼에도 처음에는 이런 변화를 탐탁지 않게 생각하는 교사가 더 많았다. 교육청 담당자 한 명은 그린의 접근법 전반에 회의를 품으며 말했다. "절대로 낙제학교 목록에서 못 빠져나올 겁니다."

더는 참을 수 없었다. 승부욕 강한 운동선수였던 그린에게 이제 이 일은 게임이나 다름없었다. 그린은 쓰러지는 한이 있어도, 의구심을 품는 이들에게 그들이 틀렸음을 증명해 보일 참이었다. 클린턴데일은 반드시 반등할 것이다.

그린은 주 당국 담당자들을 만나 자신의 계획을 설명하고 새로운 모델을 시행하는 데 2년의 유예기간을 요청해 받아냈다. 그리고 작업에 착수했다. 2010년 가을 또 다른 실험으로 클린턴데일은 1학년생 4개 수업에 '거꾸로 교실'을 시행했다. 수학, 읽기, 과학, 사회 과목이었다. 낙제율이 훅 떨어졌다. 그린은 말한다. "그제야 저는 '이거다!' 하는 느낌을 받았어요. 성공할 수 있겠다!"

그린이 깨달은 것처럼 '거꾸로 교실' 모델이 효과적이었던 것은 교사와 학생, 학생과 교사 사이에 교류가 훨씬 더 많이 일어날 수 있었던 덕분이다. 그래서 학생들은 자기만의 속도로 발전해갈 수 있었다. 전에는 수업시간의 80퍼센트를 강의 듣는 데 쓰고, 20퍼센트 동안 개별로 혹은 소그룹별로 문제를 풀었다면, 이제는 그 비율이 20대 80으로 바뀌었다. 교사들도 가족과 함께 보낼 수 있는 저녁시간을 되찾았다. 더이상 채점할 숙제를 잔뜩 싸서 퇴근할 필요가 없었다. 학생에게 할애할 시간이 늘어나면서 누가 어려움을 겪는지 찾아내 도와줄 수도 있었다.

개별 수업을 가지고 '거꾸로 교실'을 실험한 학교는 여럿 있었지만 클린턴데일처럼 그다음 단계로 나아간 학교는 없었다. 2011년 1월 그린은 미국에서 처음으로 학교 전체에 '거꾸로 교실'을 시행했다. 전 학년, 700명 학생 모두가 대상이었다. 그리고 다음 해에는 1년 내내 학교 전체에 '거꾸로 교실'을 시행했다.

결과는 놀라웠다. '거꾸로 교실'을 실시하기 전에는 한 과목 이상 낙제한 학생의 비율이 35퍼센트에 달했다. '거꾸로 교실'을 실시한 후에는 그 비율이 10퍼센트 미만으로 줄었다. 졸업률은 80퍼센트에서 2016년 94퍼센트까지 올라갔다(다음 그래프 참고). 대학 입학률은 2011년 63퍼센트에서 2014년 81퍼센트로 올랐다.

 그레그 그린의 '거꾸로 교실' 실시 후 변화

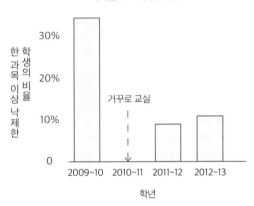

낙제율이 대폭 감소했다

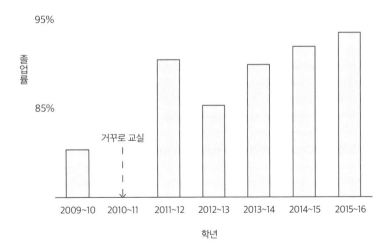

졸업률은 상승했다

성과를 높이고 싶다면 지금 하는 일을 재설계하라

그레그 그린은 교사들을 닦달해서 학교 성적을 높여보려 할 수도 있었다. 숙제를 게을리하는 학생들에게 규율을 엄격하게 적용할 수도 있었다. 학생들이 시험을 더 많이 치르게 하거나 교사들의 월급을 시험 점수와 연계시켜 학교 분위기를 압력솥처럼 숨 막히게 만들 수도 있었다. 그린이 그런 방법을 택했다면 그건 기존 모델 내에서 더 열심히 하도록 몰아붙이는 일이다. 똑같은 일을 더 많이 하게 하는 방법, 이게 바로 전통적인 '근면성실' 패러다임이다. **그러나 그린은 그러지 않고 일 자체를 재설계해 교습 방식을 바꿨다.** 그는 똑같은 노력으로 더 큰 효과를 내는 방법을 찾아냈다. 다시 말해 '똑똑하게' 일했다.

클린턴데일의 사례가 보여주듯이 핵심 업무를 영리하게 재설계하면 똑똑하게 일할 방법이 있을 때가 많다. 5,000명을 대상으로 한 우리 조사 결과도 바로 이런 접근 방식의 이점을 보여줬다. 우리는 5개 항목으로 구성된 '재설계' 점수판을 만들었다. 거기에는 '가치를 높일 수 있게 직무를 재창조한다' '새로운 활동, 새로운 프로젝트, 새로운 일하기 방식 등 업무에서 새로운 기회를 창출한다' '업무 영역을 개척해서 정말로 크고 영향력 있는 무언가를 하고 있다' 등의 항목이 있었다. 재설계 점수판에서 높은 점수를 얻은 사람들은 그렇지 않은 사람들보다 평균적으로 훨씬 더 좋은 성과를 냈다. 최고의 성과를 내고 싶다면 그레그 그린 같은 사람들이 한 일을 여러분도 실천해야 한다. 관행을 깨고 새로운 일하기 방식을 시도해보는 것 말이다.

오렌지 쥐어짜기

기존과는 다르게 새로운 방식으로 일하려면 어떻게 해야 하는지를 알아보기 전에 그게 아니라면 어떤 대안이 있을지 한번 생각해보자. 뻔한 대안은 '더 많은 시간을 투입해 똑같은 방식으로 더 열심히 일하는' 방법이다. 하지만 이미 그렇게들 하고 있을 것이다. 하버드 비즈니스 스쿨의 레슬리 펄로Leslie Perlow 교수와 제시카 포터Jessica Porter 연구교수가 2009년 실시한 조사에 따르면, 설문에 응한 직장인 1,000명 가운데 94퍼센트는 일주일에 50시간 이상 일한다고 답했다. 그리고 놀랍게도 그중 50퍼센트는 일주일에 65시간 이상 일한다고 했다.[3] 후자의 경우 하루 13시간씩 5일을 일한다는 뜻이다. 세상에나! 경영서를 집필한 실비아 앤 휼렛Sylvia Ann Hewlett과 캐럴린 벅 루스Carolyn Buck Luce는 고소득자를 대상으로 한 조사에서 응답자의 35퍼센트가 주당 60시간 이상 일하고 10퍼센트는 80시간 이상 일한다는 사실을 발견했다.[4] 전통적인 주당 40시간 근무가 파트타임처럼 보일 정도였다.

　장시간 일하면 성과가 올라갈까? 지금 만연한 '근면성실'식 사고방식은 '그렇다'고 가정한다. 하지만 실제 현실은 좀 더 복잡하다. 우리는 5,000명의 관리자와 직원을 대상으로 한 조사에서 주당 노동시간과 성과 사이의 관계를 분석했다.[5] '오렌지 쥐어짜기' 그래프가 보여주듯이 노동시간이 늘어나면 성과가 향상되지만 일정 시점까지만이다. 일주일에 30시간에서 50시간 사이를 일할 때는 노동시간이 늘어날 때마다 성과가 향상된다. 하지만 노동시간이 주당 50시간에서 65시간 사이가 되면 추가 시간이 주는 이점은 줄어든다. 그리고 65시간 이상

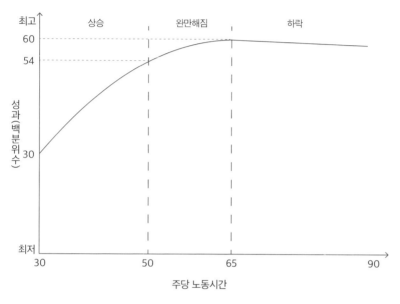

🎵 오렌지 쥐어짜기

노동시간당 성과의 감소

4,964명에 대한 회귀분석에 기초함. 자세한 내용은 부록 '조사 개요' 참고.

일하면 시간이 늘어날수록 전체 성과가 감소한다.[6]

∩ 형태 그래프의 결과를 보고한 다른 조사도 있었다. 스탠퍼드대학교 경제학자 존 펜커벌John Pencavel은 1914년 영국 군수공장 노동자들을 조사했는데, 이들의 성과는 주당 64시간에서 67시간 수준일 때 정점을 이뤘고 이후 성과가 떨어지기 시작했다.[7] 곡선이 완만해지기 시작하는 지점과 정체를 이루는 지점은 직무나 업종에 따라 다를 수 있다.

이것은 마치 오렌지를 쥐어짜는 것과 비슷하다. 처음에는 과즙이 많이 나온다. 하지만 계속 짜다 보면 손가락 마디가 하얗게 되면서 한두 방울 더 떨어질 뿐이다. 결국 아무리 세게 짜도 더 이상 과즙이 나오지 않는 지점에 도달한다. 잘 짠 오렌지는 그냥 가만히 두는 게 나았을 것이다. 노동시간도 마찬가지다. 이미 주당 50시간 이상 일한다면 더 많은 시간을 투자하고 싶은 유혹에 넘어가지 말라. 그리고 이렇게 자문해보라. '똑똑하게' 일할 건가, '많이' 일할 건가?

가치를 높이도록 재설계하라

업무를 재설계하자는 것은 더 오래 일하자는 얘기가 아니다. 일하는 방식을 바꾸자는 얘기다. 그러나 재설계를 한다고 해서 결과가 다 좋은 것은 아니다. 우리 조사에서 어느 매니저는 12개월마다 회사 조직도를 개편했는데 회사 실적은 오히려 '감소'했다. 의약품을 판매하는 어느 직원은 제품 설명 방식을 계속 바꿔보았지만 매출은 제자리걸음이었다. 그렇다면 잘된 재설계와 별로인 재설계의 차이는 뭘까?

데이터를 파고들어 보니 생산적인 재설계는 하나같이 공통점이 있었다. 바로 **가치**였다. 잘된 재설계는 똑같은 일을 해도 더 많은 가치를 생산했다. 그렇다면 자연스레 이런 의문이 들 것이다. 도대체 가치가 정확히 뭔가?

조사 결과를 보면 알 수 있듯이, 일의 가치를 평가할 때는 '남들'이 거기서 얼마나 효용을 얻었는지 측정해야 한다. 즉 **외부 시선**으로 봐야 한다. 그래야 우리가 한 일이 남들에게 줄 효용이 눈에 들어온다. 반면 전형적인 **내부 시선**은 우리가 한 일이 어떤 효용을 만들어냈는지와 무관하게 과제나 목표를 완수했는지를 기준으로 일을 평가한다.

많은 사람들이 '내가 한 일이 가치를 만들어내는지' 질문조차 해보지 않는다. 일전에 나는 휴렛팩커드Hewlett-Packard를 조사하면서 콜로라도주 콜로라도스프링스에 있는 사무실을 방문해 엔지니어를 만났다. 내 소개를 하자 그는 너무 바쁘다며 그만 가달라고 손을 내저었다. 실제로 그는 바빴다. 그의 직무 기술서에 구체적으로 나와 있는 '이번 주 목표'를 완수해야 했기 때문이다. 그 목표라는 게 뭐냐면 분기별 프로젝트 상황 보고서를 본사에 제출하는 일이었다. 분기마다 늘 그랬듯이 그는 제때에 보고서를 보냈다. 목표 완수!

하지만 문제가 하나 있었다. 내가 알기로(그는 몰랐지만) 캘리포니아주 팰로앨토에 있는 휴렛팩커드 R&D 사업부는 더 이상 분기 보고서를 활용하지 않는다는 점이었다. 그가 보낸 보고서는 이메일 수신함 어딘가로 깊숙이 가라앉을 테고 아무도 확인하지 않을 것이다. 그는 직무 기술서에 적힌 목표를 채웠지만 '가치'는 전혀 없었다.

무언가를 할 때 '목표부터 세우라'는 조언은 틀렸다. 우리는 '가치'에서 출발해 '목표'로 나아가야 한다. 스스로 자문해보라. 실제로 나의 다양한 업무 활동은 어떤 **효용**을 만들어내는가?

내가 만난 휴렛팩커드 엔지니어를 비롯해 그토록 많은 사람들이 왜 가치를 전혀 또는 거의 만들어내지 않는 활동에 초점을 맞추는 걸까?

답은 하나다. '지표'가 잘못되었기 때문이다. 우리 조사에서 어느 고객 주문 담당자는 기업 고객에 대한 선적 이행률이 99퍼센트라고 보고했다. 놀라운 수치다. 하지만 그의 상사가 고객들을 대상으로 조사해보니 요청한 것보다 제품이 늦게 도착했다고 불평하는 비율이 35퍼센트에 달했다. 대체 어떻게 된 걸까? 주문 담당자는 고객이 해당 장비를 언제 필요로 하는지(외부 시선)가 아니라 우리 창고에서 물건이 제때 나갔는지(내부 시선)를 기준으로 선적 이행률을 측정하고 있었다.

또 다른 문제는 우리가 '활동의 양'을 '업적'과 동일시하는 왜곡된 성향을 갖고 있다는 점이다. 예컨대 전통적으로 의사들의 실적을 평가할 때 얼마나 자주 정확한 진단을 내렸느냐가 아니라 얼마나 많은 환자를 처리했느냐를 측정한다. 변호사들은 상담 내용이 훌륭했느냐와 상관없이 상담 시간을 기준으로 수임료를 청구한다. 판매 직원들은 제품이 고객에게 도움이 되었느냐와 무관하게 매출에 집착한다. 그래서 활동의 양만 늘려 자랑하듯 바쁘다고 수선을 떠는 사람들을 보게 된다. 마치 바쁜 것이 곧 '가치'인 양 말이다. 사람들은 회의나 TF, 위원회, 고객 문의, 고객 방문, 출장 횟수와 이동 거리를 업적으로 착각한다. 그러나 실제로 이런 활동은 손톱만큼의 가치도 더하지 못할 수 있다. 바쁜 것이 업적은 아니다.

우리 조사 결과를 보면 외부 시선을 취함으로써 남에게 얼마나 효용을 주는가에 초점을 맞춰 실제로 가치를 증가시키는 사람들도 많다(76쪽의 '목표가 아닌 가치를 추구하라' 표 참고). 뉴올리언스의 식품 포장 공장에서 일하는 생산기술자 테리는 캔에 라벨을 붙여 박스에 넣는 기계를 감독한다.[8] 테리의 상사는 테리의 실적을 처리된 박스 개수, 즉

🎯 목표가 아닌 가치를 추구하라[9]

가치 창출과 목표는 어떻게 다른가?

직업	목표 중심(내부 지표)	가치 중심(타인에게 주는 효용)
인사 전문가	매니저 70퍼센트에 대한 연말 평가를 완료할 것	매니저 70퍼센트가 개선에 도움이 되는 피드백을 받도록 할 것
기업 물류 담당자	물량 85퍼센트가 스케줄대로 우리 창고를 떠날 것	물량 85퍼센트가 고객이 필요로 하는 때에 전달될 것
판매원 (소매 의류 매장)	매장 방문객 1명당 1개의 추가 의류를 권유하여 판매할 것	방문객이 추가 의류를 원할 때만 권유하여 판매할 것
초등학교 교사	수학을 3년 가르치면 종신 재직권 취득	학생 90퍼센트가 수학에 능통하도록 도울 것
의사	1월에 환자 160명 진료 실시	환자 80퍼센트에게 정확한 진단 및 적절한 치료 실시
변호사	1분기에 수임 업무시간 비율 80퍼센트 달성	1분기 고객 법률문제 해결률 80퍼센트 달성
대학 교수	5년간 유명 학술저널에 논문 12건 게재	분야 발전에 크게 이바지하는 (그리고 자주 인용되는) 학술 논문 3건 발표
사회복지사	2017년 동안 200건(의뢰인) 진행	의뢰인 70퍼센트가 긍정적 결과(취업, 주거)를 얻도록 진행
콜센터 직원	시간당 전화 10건 진행	고객 90퍼센트가 전화 한 번에 문제를 해결하도록 할 것

스루풋throughput 기준으로 측정한다. 그러나 테리는 그렇게 좁은 측정 방식에 연연하지 않는다. 기계에서 줄줄이 쏟아진 박스는 창고로 가서 선적용 팔레트에 쌓인다. 테리는 이렇게 말했다. "일전에 창고에 가서 우리가 뭘 더 개선하면 좋겠느냐고 물었더니, 창고 직원들 말이 제품 박스가 정사각형이 아니라는 겁니다. 잘 닫혀 있고 그런대로 괜찮지만

완벽한 정사각형은 아니라고요." 이 경우 팔레트를 쌓는 데 시간이 더 걸리고, 그에 따라 박스를 가득 실은 트럭이 출발하는 시간도 늦어진다.

그래서 테리는 박스가 완벽한 정사각형이 되도록 포장 프로세스를 재설계했다. 그 덕분에 창고팀의 스루풋이 개선되고 트럭도 제시간에 떠날 수 있었다. 그 일은 굳이 테리가 나서서 추진해야 할 업무는 아니었다. 그는 내부 시선의 목표에만 초점을 맞춰 자신이 처리한 박스 개수에만 신경 쓸 수도 있었다. 하지만 테리는 직무 기술서에 적힌 일을 수행하는 데 그치지 않고 가치를 더하는 데 초점을 맞춰, 우리 조사 대상자 가운데 성과가 가장 좋은 부류(상위 15퍼센트)에 속할 수 있었다.

가치를 더 정확히 이해하고 싶다면 전통적으로 사람들이 생각하던 '생산성'과 가치를 비교해보면 된다. 전통적 의미의 생산성을 방정식으로 나타내면 아래와 같다.[10]

개인의 업무 생산성 = 일의 결과 / 투입 시간

찰스는 음성 파일을 듣고 분당 60단어를 글로 옮길 수 있다. 베아트리체는 분당 120단어를 처리할 수 있다. 베아트리체가 두 배는 더 생산적이다. 그러면 이제 가치를 강조하는 방정식을 생각해보자.

개인 업무의 가치 = 남들에게 주는 효용 × 완성도 × 효율

가치 방정식의 값은 3가지 요소에 달려 있다. 첫 번째는 앞서 말한 것처럼 나의 일이 남들에게 혹은 회사에 얼마나 많은 효용을 주느냐

와 관련된다. 몇 단어를 옮길 수 있느냐가 중요한 게 아니라 그렇게 옮긴 글이 남들에게 얼마나 도움이 되느냐가 중요하다. 어쩌면 녹취록은 처음부터 필요 없었을 수 있다. 효용이 '0'이면 가치도 '0'이다(위 방정식에 곱셈 기호가 들어간 것은 그 때문이다. 효용이 '0'이면 전체 가치도 '0'이 된다). 타이핑이 아무리 빨라도 읽는 사람이 없다면 아무 소용이 없다.

'남들에게 주는 효용'이란 내 부서에 기여하는 것을 뜻할 수도 있고, 내 사무실, 동료, 회사, 고객, 의뢰인, 혹은 공급자에게 (심지어 공동체나 환경에) 기여하는 것이 될 수도 있다. 효용에는 여러 형태가 있다. 남들이 일을 더 잘하게 해주는 것, 신제품을 만들게 도와주는 것, 일을 더 잘할 수 있는 방법을 새로 고안하는 것도 모두 효용이다. 테리는 창고의 동료들이 박스를 더 편리하게 적재할 수 있도록 도왔다.

가치를 구성하는 두 번째 요소는 작업의 완성도다. 일한 결과물의 정확성, 통찰력, 참신함, 신뢰성 등을 말한다. 예컨대 녹취록이라면 오류가 없으면 좋을 것이다. 그레그 그린의 경우 질 높은 교육을 실시하고 싶었다.

가치를 구성하는 마지막 요소는 얼마나 효율적으로 일하느냐다. 예컨대 녹취록이라면 속도로 생산성을 측정한다. 분당 단어 수 따위 말이다. 속도는 가치 방정식에서도 중요하다. 오류는 없지만 분당 10단어밖에 옮길 수 없다면 그리 많은 가치를 창출할 수는 없을 것이다.

이것들을 모두 합쳐보면 가치에 대해 좀 더 정확한 시각을 얻을 수 있다. 일하면서 큰 **가치**를 생산한다는 것은 남들에게 많은 효용을 주고, 효율적으로 일을 진행하며, 질 높은 결과물을 만들어내는 것이다.

이제 가치 방정식을 알았으니 1장 끝부분에서 제기한 질문에 좀 더 잘 답할 수 있을 것이다. 최고의 성과를 내고 싶다면 몇 가지 핵심 과제를 제대로 해내야 한다. 그러려면 그 과제를 완벽하게 해내는 데 노력을 집중해야 한다. 바로 '일을 줄이고 집요하게 매달린다'는 원칙이다. 하지만 대체 '어떤 활동'에 초점을 맞춰야 할까? 몇 안 되는 활동에 집중할 거라면 제대로 된 것을 골라야 할 텐데 말이다. 그 답은 앞서 가치 방정식이 알려준 대로 '가치를 극대화할 수 있는 활동에 초점을 맞춰 업무를 재설계'하는 것이다. 그런데 정확히 뭘 어떻게 해야 하는 걸까?

가치를 찾아서

유럽에 살고 있다면 여러분이 구매한 중국산 스마트폰이나 텔레비전은 아마 지브롤터 해협을 통과했을 것이다. 지브롤터 해협은 스페인과 모로코를 갈라놓는 좁은 물길로서, 전 세계에서 가장 붐비는 해로 중 하나이자 글로벌 무역의 허브다. 머나먼 항구에서 출발해 이곳에 도착한 화물선들이 닻을 내리고 수백만 개의 컨테이너를 내려놓으려면 터미널이 필요하다. 그렇게 내려진 컨테이너는 다시 다른 배나 트럭에 실려 다른 곳으로 이동한다. 덴마크의 대형 해운사 머스크Maersk의 어느 사업부는 이런 터미널을 50곳 넘게 소유하고 있는데 그중 하나가 모로코 북단의 탕헤르에 위치한다.[11]

지난 몇 년간 이 터미널은 하르트무트 괴리츠Hartmut Goeritz라는 독일인이 관리해왔다. 괴리츠가 처음 이곳에 도착했을 때 이 터미널은 재무적으로만 따지면 그런대로 괜찮은 실적을 내고 있었다.

그러나 앙골라·포르투갈·프랑스·코트디부아르 등 여러 터미널에서 30년을 일한 괴리츠의 눈에는 이 터미널의 실적이 마뜩잖았다. 우리와의 인터뷰에서 괴리츠는 터미널 전체가 "주요 터미널이 갖추고 있을 것으로 기대되는 아주 기초적인 운영 프로세스"조차 결여되어 있었다고 했다.[12]

시설 운영을 개선하기 위해 괴리츠는 먼저 '일을 줄이는' 작업부터 시작했다. 매출에 별 도움이 안 되는 활동을 잘라낸 것이다. 탕헤르 터미널은 터미널을 드나드는 배와 트럭에 컨테이너를 싣고 내리면서 연간 약 90만 개의 컨테이너를 처리했다.[13] 이전 직원들은 매출을 늘리려고 추가적으로 '스트리핑stripping' 서비스를 판매했다. 스트리핑이란 도착한 컨테이너를 열어서 내용물(예컨대 자동차 부품)을 트럭에 실어주는 것을 말한다. 또한 트럭의 중량을 재는 서비스도 판매하고 있었다. 직원들은 이런 서비스 수수료를 통해 터미널의 이익이 개선되기를 바랐지만 실제 효과는 미미했다. 스트리핑과 트럭 중량 측정 서비스를 괜히 신경만 분산시키는 업무라고 판단한 괴리츠는 오컴의 면도날을 휘둘러 이들 서비스를 없애버렸다. 그러자 직원들은 이제 남는 시간과 에너지를 부가가치가 가장 큰 활동의 개선에 쓸 수 있었다. 더 저렴한 비용으로 더 빠르게 배에서 컨테이너를 실어 나르는 일 말이다.

'일을 줄이는' 접근법이 효과를 보이자 괴리츠와 직원들은 이제 '집요하게 매달리기' 시작했다. 자신들이 일하는 방식을 꼼꼼히 들여다본 것이다. 어느 날 괴리츠는 컨테이너 야적장을 돌아다니다가 뭔가 이상한 장면을 발견했다. 터미널 소유의 트럭 일부가 텅 빈 채 돌아다니고 있었다. 괴리츠는 이렇게 회상했다. "선박 옆에서 컨테이너를 받아 야적장 후미에 내려놓은 후 다음 컨테이너를 받으려고 빈 채로 다시 돌아오고 있었어요." 수년간 이 터미널은 그렇게 작업하고 있었다. 괴리츠는 이게 낭비라고 생각했다. 돌아오는 트럭이 근처 선박에 실을 컨테이너를 받아 오면 어떨까? 그러면 빈 채로 돌아오지 않아도 된다. 추가 비용 없이 터미널은 더 효율적으로 운영될 것이다.

괴리츠는 터미널 직원들에게 이 아이디어를 실행에 옮겨보도록 했다. 동료에게 문의해서 배로 돌아오는 트럭이 대기 중인 컨테이너를 싣고 오도록 말이다. 이내 직원들은 무전기를 사용해 배에 실을 컨테이너를 더 물색했다. 그런 다음 IT 시스템을 수정해 픽업을 기다리는 컨테이너를 찾아냈다. 마치 택시 회사가 운전사와 승객을 연결해주듯이 말이다. 이제 트럭 운전사들의 모토는 '절대 빈 차로 움직이지 말라'가 됐다. '듀얼 사이클dual cycle'이라고 하는 이 간단한 재설계를 통해 트럭 운전사들의 효율은 거의 두 배가 됐다.

괴리츠의 팀은 그 밖에도 여러 재설계를 단행했다. 야적장의 배치를 바꾸고 대형 크레인 사용법도 바꿨다. 그게 다가 아니었다. 전 세계 터미널에서 혼잡·노동쟁의·폭풍우 등으로 서비스 지연 문제가 발생했다. 괴리츠와 직원들은 이런 요소를 고려해 배의 경로를 안내할 방법이 없을까 고민했다. 그리고 미리 계획을 세워 컨테이너선들을 회사 시스템 내에서 해당 화물을 가장 잘 처리할 수 있는 항구로 보내는 프로세스를 개발했다. 만약 탕헤르의 여건 때문에 어느 화물을 내리는 데 오래 걸리겠다 싶으면 운항 중인 배들을 알헤시라스 터미널로 보냈다. 이런 네트워킹을 통해 고객들은 2015년에만 약 7,300만 달러를 절약했

🎯 가치를 창출하는 5가지 방법

중심 질문	가치를 높이는 방법	예시
일의 내용이 맞는가?	1. 쓸모없는 일 축소: 기존 활동 중 저부가 가치 활동을 줄이거나 제거하라	- 아무도 읽지 않는 분기별 상황 보고서 (휴렛팩커드 매니저) - 탕헤르 APM 터미널의 스트리핑 서비 스 및 트럭 중량 측정 서비스
	2. 옳은 일 확대: 기존 활동 중 고부가가치 활동에 더 많은 시간을 할애하라	컨테이너 스루풋에 초점을 맞춘 활동 (하르트무트 괴리츠)
	3. '와' 소리가 나는 일 확대: 새로운 고부가 가치 활동을 개발하라	화물선 및 선적 회사를 위한 터미널 안 내 서비스 (괴리츠)
일의 방식이 맞는가?	4. 별점 다섯 개: 선택한 활동의 '완성도'를 향상시킬 수 있는 새로운 방법을 찾아라	- '거꾸로 교실'을 도입해 교수 및 학습 완성도를 바꾼 활동 (그레그 그린) - 터미널 안내 서비스 (괴리츠)
	5. 더 싸고 빠르게: 선택한 활동을 더 효율 적으로 할 수 있는 새로운 방법을 찾아라	'빈 차 금지' 정책 (괴리츠)

다. 머스크는 이런 서비스에 추가 요금을 받았을까? 당연히 그랬을 것
이다. 한편 이렇게 미리 계획을 세우다 보니 컨테이너를 야적장에 더
효과적으로 쌓을 수 있었고, 아래에 있는 컨테이너를 꺼내기 위해 위의
것을 옮기는 횟수가 줄면서 머스크 역시 돈을 절약할 수 있었다.

이런 재설계 작업은 톡톡한 효과를 봤다. 그럭저럭 괜찮은 수준이던
탕헤르 터미널이 훌륭한 터미널이 됐다. 4년 만에 탕헤르 터미널의 컨
테이너 처리 건수는 33퍼센트 늘어나 연간 120만 개의 컨테이너를 처
리하게 됐다. 이전과 똑같은 자원, 똑같은 크기의 야적장으로 일군 성
과였다. 2014년 괴리츠의 팀은 회사 수뇌부로부터 '올해의 컨테이너
터미널' 상을 받았고, 괴리츠는 승진하여 회사의 허브 포트폴리오 전
체를 운영하게 됐다. 말레이시아 · 오만 · 이집트 · 네덜란드 · 모로코 터

미널을 모두 아우르는 규모였다.

이런 재설계를 단행하도록 도움을 준 사람은 많았다. 하지만 가치 창출 작업을 최초로 시작한 사람은 하르트무트 괴리츠였다. 그는 이렇게 설명했다. "저는 일 처리 방식에 의문을 품습니다. 그리고 다른 방법은 없을까 찾죠. 완전히 새로운 방식 말이에요." 처음에 괴리츠는 가치 방정식에 나오는 것처럼 효용이 가장 크겠다 싶은 한 가지 활동에 초점을 맞췄다. 그게 탕헤르 야적장에서 컨테이너를 옮기는 활동이었다. 여기까지가 **제대로 된 일을 고르는** 과정이다. 다음으로 괴리츠는 직원들과 함께 이 한 가지 활동을 재설계해서 더 싸고 빠르게 잘할 수 있는 방법을 찾았다. 즉 **일을 제대로 하는** 단계였다('가치를 창출하는 5가지 방법' 표 참고).[14]

재설계와 아르키메데스의 지렛대

괴리츠는 탕헤르 터미널 운영을 대대적으로 개선했다. 하지만 효과적인 재설계를 위해 반드시 그런 대규모 작업을 벌여야 하는 것은 아니다. 예일 뉴헤이븐 병원Yale New Haven Hospital 직원들은 오랫동안 환자들의 혈액검사를 한밤중에 실시했다. 한밤중 입원실로 쳐들어가 환자를 깨우고 팔에 주사바늘을 꽂았다. 다음 날 아침 의사들이 회진할 때 손쉽게 결과를 보기 위한 조치였다.

그렇지만 자다가 깨는 환자들은 그걸 좋아했을까? 절대 아니다. 그런데도 병원 직원들 가운데 이런 검사 방식에 의문을 제기하는 사람은 거의 없었다. 이 병원의 환자만족팀장을 맡고 있는 의사 마이클 베닉Michael Bennick은 의료보험공단에서 실시한 설문조사 결과를 받아보고 깜짝 놀랐다. 환자들에게 입원실이 밤에 조용한지 물어보는 항목에서 불만이 어마어마했다. 상황을 바로잡기로 마음먹은 베닉은 레지던트들에게 말했다. "새벽 4시에 환자를 깨워 혈액검사를 한다면 꼭 필요한 의학적 이유가 있을 테지요. 그렇다면 나도 깨워주세요. 무슨 일인지 알고 싶으니까요."[15] 이후 누구도 베닉을 깨우지 않았다. 대신에 직원들은 혈액검사 시간을 환자들이 깨어 있는 시간으로 바꿨다. 이 병원의 해당 항목 설문조사 결과는 전국 16백분위수에서 47백분위수로 훌쩍 뛰었다. 환자 치료의 질에는 아무런 특이사항이 없었는데 말이다. '의사들에게 편리한' 관점(내부 시선)이 아니라 환자의 관점(외부 시선)을 취함으로써 베닉은 환자들에게 더 많은 가치를 창출할 수 있었다. 이제 환자들은 밤에도 숙면을 취한다. 이 사례에서 변화는 아주 작은 것이었지만 '조용한 입원실' 점수는 어마어마하게 올랐다.

베닉이 취한 방법은 대단히 의미심장한 깨달음을 준다. 우리가 재설계를 시도할 때 핵심은 **변화의 정도**가 아니라 창출되는 **가치의 크기**라는 점 말이다.[16]

직장 구석구석에서 아주 작은 재설계가 큰 효과를 낼 수 있다. 회의 시간을 줄이고 더 효과적인 회의를 하고 싶다면? 어젠다를 더 잘 만드는 방법도 있고, 참석자들이 장광설을 늘어놓지 못하게 규칙을 정할 수도 있다. 아니면 이런 방법은 어떨까? 회의실에 있는 의자를 모두 치워버리는 것이다. 사람들이 서 있을 수밖에 없도록 말이다. 조사에 따르면 회의를 서서 할 경우, 앉아서 할 때와 효과는 똑같지만 회의시간이 34퍼센트나 줄어든다고 한다.[17]

　콜센터의 성과를 높이고 싶다면 어떻게 해야 할까? 교육에 더 투자하고 야외에서 팀워크 훈련을 실시할 수도 있을 것이다. 하지만 휴식시간을 한 명씩 돌아가며 갖지 않고, 여럿이 함께 쉬는 것(그동안 다른 그룹이 일하는 식)도 방법이 될 수 있다. MIT의 샌디 펜틀랜드Sandy Pentland 가 이 작은 방법을 제안했고 어느 은행 관리자가 시험 삼아 이 방법을 써봤다. 콜센터 직원들에게 여럿이 함께 휴식시간을 갖게 했더니 팀원들은 서로 더 생산적인 관계를 형성하고 발달시키기 시작했다.[18] 직원 참여가 늘어났고, 평균 통화응대 시간도 전체적으로는 8퍼센트, 실적이 낮은 그룹에서는 20퍼센트나 줄었다.

　작지만 강력한 효과를 내는 이런 재설계 사례를 보노라면 그리스 수학자 아르키메데스의 유명한 가르침이 생각난다. "나에게 설 자리와 충분히 긴 지렛대만 준다면 지구를 들어 보이겠다." 뒷마당에 바위가 있으면 어떻게 옮겨야 할까? 물론 힘 좋은 이웃 다섯 명을 불러 다함께 씩씩거리며 들어볼 수도 있다. 하지만 지렛대와 지렛목을 이용한다면 더 적은 노력으로도 같은 결과를 얻을 것이다. 영리한 재설계란 그 유명한 '지렛대'를 찾아서 영리하게 사용하는 것이다. 열심히 일하지 말고 똑똑하게 일하자.

재설계는 누구나 할 수 있을까?

그래, 뭐 재설계라니 좋은 말이다. 하지만 상사들한테나 해당되는 얘기 아닌가? 규칙을 자기 맘대로 바꿀 수 있는 운 좋은 소수 말이다. 그게 불가능한 사람들은? 몇몇 직책을 맡은 관리자급만 재설계를 시도할 수 있는 것인가 궁금해진 나는 우리 자료를 샅샅이 뒤져보았다. 그러나 놀랍게도 재설계 습관을 가진 사람은 넓은 범위에 걸쳐 분포했다. 데이터에 따르면 직위가 높든 낮든 재설계를 탁월하게 잘하는 사람의 비율은 동일했다('재설계 습관의 분포' 그래프 참고).

마찬가지로 나는 근속기간이 길지 않은 사람은 재설계를 할 만큼의 재량권이 없을 거라 생각했다. 하지만 데이터에 따르면 근속기간이 3년 이하인 사람들 가운데서도 근속기간이 10년 이상인 사람들 못지않게 재설계에 뛰어난 능력을 발휘한 경우가 많다. 나는 또 대기업에서는 재설계를 실천하기가 더 어려울 거라 생각했다. 아무래도 대기업은 좀 더 관료주의적인 문화가 있고 재설계를 방해하는 직무 규칙 등이 많기 때문이다. 하지만 이것도 아니었다. 중기업이나 대기업이나 재설계에 뛰어난 사람의 비율은 별로 차이가 없었다.

마지막으로 나는 마케팅처럼 뭔가 '창의적인' 업무를 하는 사람들이 재설계를 잘하는 것은 아닌가 생각해봤다. 그랬다. 마케팅과 세일즈 담당자 가운데 재설계를 잘하는 사람의 비율이 다른 직무에서보다 높았다. 하지만 그보다 덜 창의적이라고 생각되는 고객 서비스나 물류, 제조 등 직무에서도 재설계를 잘하는 사람의 비율은 결코 낮지 않았다.

전체적으로 여러 업무 환경에서 많은 사람들이 재설계를 실천하고 있

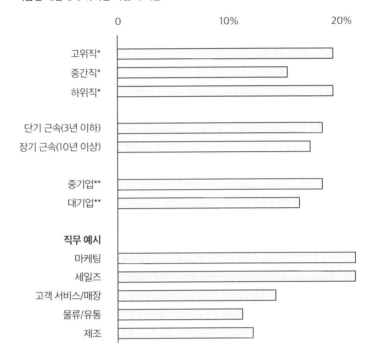

재설계 습관의 분포

직급별 재설계에 뛰어난 사람의 비율

위 그래프는 설문조사의 '새로운 활동, 새로운 프로젝트, 새로운 일하기 방식 등 업무에서 새로운 기회를 창출한다' 항목에서 7점(완전히 그렇다)을 받은 사람들의 비율을 나타낸 것이다. 이 항목은 우리 조사의 측정 척도에서 재설계 숙련도를 평가하는 5개 항목 중 하나에 불과하다는 데 유의하기 바란다.

* 고위직 = CEO, 회장, 전무, 상무, 총지배인, 사업부장. 중간직 = 부장, 과장, 관리자. 하위직 = 판매원, 기술자, 고객 지원, 공장 노동자 등 관리직이 아닌 사람.
** 중기업 = 직원 수 2,000~5,000명. 대기업 = 직원 수 1만 명 이상.

었다. 물론 하위직의 경우 상사보다는 더 작은 범위에서 재설계를 시도할지 모른다. 우리가 만난 직원 가운데 호텔업종에서 직원 교육을 담당하는 스물아홉 살의 재닛이 있었다. 아무도 시키지 않았지만 재닛은 호텔 안내 데스크 및 식당 직원들에게 고객 서비스를 가르치는 워크숍에

'거꾸로 교실' 모델을 도입했다. 워크숍 참석자들은 그룹 토론에 들어가기 전에 영상 강의를 먼저 보고 왔고 수업시간에는 문제 사례를 함께 풀었다. 그레그 그린이 학교 전체에 적용한 것을 재닛은 작지만 나름의 방법으로 시도해본 것이다. 교육 콘텐츠를 전달하는 방식은 상사의 승인 없이도 얼마든지 수정할 수 있었고, 재닛은 바로 실천에 옮겼다. 재닛은 재설계 측면에서 7점 만점을 받아 상위 20퍼센트 성과자에 포함되었다.

물론 모든 사람이 재닛처럼 자율권을 누리는 것은 아니다. 또한 모든 업무 활동이 재설계 가능한 것도 아니다. 어느 직무든 마음대로 삭제할 수 없는 업무가 있다(예컨대 수학 교사라면 정해진 교과과정을 다뤄야 한다). 하지만 대부분의 직무와 역할을 보면 일하는 방식과 내용을 일부 바꿀 수 있는 재량권이 어느 정도는 있다. 그러면 이제 여러분이 업무와 관련해 재설계를 시작하는 데 도움이 될 만한 실용적 팁을 2가지 살펴보자.

가려운 곳을 찾아라

재설계의 여지가 있는 곳을 알려면 '가려운 곳'을 찾아라. 여러 사람을 괴롭히는 골치 아픈 문제 말이다. 카먼은 뉴저지에 위치한 생명보험 회사에서 일하는 마흔다섯 살의 기업 분석가다.[19] 그녀는 전국에 흩어져 있는 보험설계사들의 급여 처리를 담당했다. 오랫동안 그녀가 하던 업무 가운데 보험설계사들이 이른바 '제3자 병가 중 급여'(자세한 내용은 나도 모른다)를 처리할 때 밟아야 하는 복잡한 단계를 안내하고 세금

신고 영향 등을 도와주는 일이 있었다. 이때 서류 작업을 위해 밟아야 하는 미로 같은 수많은 단계에 성난 보험설계사들이 거는 전화가 하루 평균 한 통은 되는 듯했다. 바로 '가려운 곳'이었다.

어느 날 카먼은 이대로는 안 되겠다고 결론 내렸다. 그녀는 회사의 소프트웨어 코딩 담당자에게 연락해서 등록 절차를 간소화할 수 있게 도와달라고 했다. "우리 업계의 특성상 굉장히 복잡하고 어지럽던 것을 이용자 혼자서도 처리할 수 있는 인터페이스로 바꿨어요. (…) 그냥 클릭 몇 번만 하면 되죠. 모든 게 알아서 분류되어 있으니까요." 지금 보험설계사들은 로그인해서 몇 분이면 해당 작업을 끝낼 수 있다. 그리고 카먼은 재설계 점수판에서 7점 만점을 받았고 우리 조사 대상 5,000명 가운데 성과 기준 상위 15퍼센트 안에 들었다.

카먼의 사례에서 보듯 '가려운 곳'은 말 그대로 가렵다. 가려운 곳과 즐거운 곳의 차이는 '형편없네'와 '하고 싶어'의 차이만큼 크다.

실리콘밸리의 벤처 캐피털리스트들은 간단히 고객이 갈망하는 서비스를 제공해 가려운 곳을 긁어주는 스타트업을 찾아다닌다. 구글 설립자 세르게이 브린Sergey Brin과 래리 페이지Larry Page는 부정확한 인터넷 검색으로 좌절하고 있던 소비자의 어려움을 해결하고 싶었다. 페이팔 설립자들은 온라인상에서 모르는 사람에게 송금해야 하는 괴로운 프로세스를 해결해주었다. 실리콘밸리의 격언처럼 "비타민보다는 아스피린이 팔기 쉽다."[20]

여러분의 직장에서 가려운 곳은 어디인가? 사람들이 계속 불평하는 문제는 무엇인가? 사람들이 항상 헷갈려하고 좌절하며 형편없다고 말하는 문제는 무엇인가? 일하다가 늘 턱턱 막히는 부분은 어디인가?

가려운 곳을 찾기란 쉽지 않다. 누군가 불평하는 소리를 들으면 그냥 징징거리는 소리이겠거니 하고 무시해버린다. 카먼도 성난 보험설계 사들을 원망하며 그냥 지나칠 수도 있었다. 하지만 카먼은 그러지 않았고, 자신의 직무 기술서에 있는 내용이 아니더라도 소프트웨어 담당 자들과 힘을 합쳐 더 나은 환경을 만들어냈다. 불평하는 사람을 만나면 짜증날 때도 있지만 실제로 그들은 우리 모두를 도와주고 있는 것이다. 가려운 곳을 공짜로 알려주고 있으니 말이다!

동료나 고객, 공급자가 가장 불만스러워하는 문제를 찾아내 도와준 다면 엄청난 가치를 창출하는 일이 된다. 불편이 크고 그 불편을 겪는 사람이 많을수록 아우성도 더 커질 것이며, 강력한 해결책이 만들어내는 가치도 더 커질 것이다.

바보 같은 질문을 하라

관습이라는 거미줄에 갇혀 훌륭한 재설계를 생각해내지 못할 때가 있다. 우리 눈에는 지금 관행과 프로세스, 방법론밖에 보이지 않는다. 망치가 벽에 못을 박을 때 쓰는 물건이라면, 그게 망치의 용도다. 학교 교실이 수업에 사용된다면, 교실에 있는 교사는 ('거꾸로 교실'에서처럼 학생 개개인을 도와주는 사람이 아니라) 교실에서 강의하는 사람이다. 대니얼 핑크Daniel Pink가 《드라이브Drive》에서 주장하듯 우리는 이른바 학자들이 '기능적 고착functional fixedness'이라고 부르는 것에 빠져 있다. 늘 해

오던 방식에 집착하는 바람에 문제를 해결하지 못하는 것이다.[21]

효과적인 재설계를 위해서는 익숙한 것의 족쇄를 풀고 왜 그렇게 일을 처리하는지, 혹시 더 나은 방법은 없는지 의문을 제기해야 한다. 그런 것을 발견하려면 '왜'라는 '바보 같은' 질문을 시작해야 한다.

왜 호텔 체크인을 리셉션 데스크에서 해야 할까?

왜 우리는 프레젠테이션에 슬라이드를 가득 넣을까?

왜 우리는 월요일 아침에 직원회의를 할까?

왜 아이들은 여름에 두 달 동안 방학이 있을까?

왜 우리는 비용 품의서를 올려야 할까?

왜 환자들은 수술하고 나면 병원 침상에서 이틀을 보내야 할까?

왜 우리는 연말 평가를 실시할까?

이렇게 질문하는 습관을 기르고 나서 '……하면 어떨까?'라는 질문도 한번 생각해보라. 아이들의 여름 방학을 한 달로 줄이고 나머지 한 달은 자원봉사를 하면 어떨까? 수술 후 병원 침상에서 이틀을 보낼 게 아니라 헬스케어 담당자가 집으로 원격 모니터링을 해주도록 하면 어떨까? 회의 때 슬라이드를 사용한 프레젠테이션을 금지하고 논의 주제만 던지게 하면 어떨까? '바보 같은' 질문을 제기하고 '……하면 어떨까?'를 만들어본다면 훌륭한 재설계 아이템을 발견하고 성과도 높일 수 있을 것이다.

지금 사람들이 일하는 방식에는 오래된 게 너무 많다. 산업혁명 초기에 만들어진 방식을 아직 그대로 쓰고 있다. 다들 두려워하는 연말 평가 역시 적어도 1940년대까지 거슬러 올라가는 것으로, 19세기 초 프레더릭 테일러Frederick Taylor가 만든 과학적 경영에서 아이디어를 가져 온 것이다.[22] 윤리적 코드라든가 직업 세계에서 지켜야 할 행동 규칙도 현대적 직업들이 처음 모습을 드러낸 19세기에 만들어졌다.[23]

지금은 기술이 이런 관습을 뒤집어놓고 있다. 사람들은 '늘 하던 방식'을 넘어 일하는 방식에 의문을 제기한다. 이렇게 변화무쌍한 시대에 앞서 나가려면 기업은 제품과 서비스를 혁신해야 한다. 그리고 개인은 업무를 혁신해야 한다.

스스로를 그저 직원으로 보지 말라. 나 자신을 업무의 혁신가라고 생각하라. 가려운 곳을 찾아다니고 해결하라. 바보 같은 질문을 하라. 어떻게 하면 업무를 재설계할 수 있을지, 남들을 위해 가치를 창출할 수 있을지에 초점을 맞춰라.

업무를 재설계하는 사람들은 제대로 된 일에 손을 대고 그 일을 제대로 된 방식으로 해내려 애쓴다. 그런데 우리 조사를 보면 성과가 가장 높았던 사람들은 변화에 대한 근본적 통찰도 하나 가지고 있었다. 바로 '커다란 재설계'만 계속 이어갈 수는 없다는 통찰이다. 큰 변화를 하나 일으키고 나면 한동안은 그 일을 고수하면서 조금씩 다듬어나가야 한다. 그레그 그린 교장은 '거꾸로 교실'이 그저 시작에 불과하다는 사실을 잘 알고 있었다. 그는 '거꾸로 교실'을 도입한 이후 매일매일 교사들과 함께 이 새로운 수업 모델을 더 잘 운영할 수 있는 방법을 배워나가야 했다. 그런데 내가 맡은 일에서 실적을 내면서도 끊임없이 배우고 개선하려면 어떻게 해야 하는 걸까? 이제부터 이 문제를 한번 알아보자.

❷
업무를 재설계하라

전통적 '근면성실' 패러다임

일하는 시간이 늘어나면 성과도 좋아진다. 성과가 좋다는 것은 직무 기술서에 정의된 대로 기존 목표·과제·지표를 달성하는 것이다.

새로운 시각으로 '똑똑하게 일하는 법'

이미 주당 50시간 이상 일하고 있다면 노동시간을 늘린다고 해서 성과가 그리 좋아지지는 않을 것이다. 오히려 성과는 나빠질 수도 있다. 훌륭한 결과를 만들어내고 싶다면 업무를 재설계하라. 현 상태를 뒤집어엎고 업무의 가치를 극대화할 수 있는 새로운 과제와 목표, 지표를 만들어내라.

KEY POINT

- 5,000명의 관리자와 직원을 통계 분석한 결과, 업무를 재설계하는 사람은 그러지 않는 사람보다 훨씬 좋은 성과를 냈다.

- 주당 50시간까지는 노동시간이 늘어날수록 성과도 개선된다. 50시간을 넘어서면 노동시간을 늘린 데 대한 효용이 줄어들기 시작한다. 주당 65시간을 넘기면 업무시간이 늘어날수록 성과가 오히려 줄어든다. 남보다 더 많은 시간을 일하는 것은 영리한 전략이 아니다.

- 훌륭한 재설계란 가치, 즉 업무 활동이 남에게 주는 효용을 늘리는 행위다. 외부 시선 방식은 목표·과제·지표를 세워두는 전통적 내부 시선 방식과는 매우 다르다. 매우 생산적으로 목표를 달성하더라도 창출하는 가치는 '0'일 수 있다.

- 가치 방정식은 3가지 요소를 강조한다. 업무에서 큰 가치를 창출한다는 말은 '남들에게 어마어마한 효용'을 주는 결과물을 '효율적'이고 '완성도 높게' 만들어낸다는 뜻이다.

- 가치를 창출하도록 업무를 재설계하는 5가지 방법은 아래와 같다.

  쓸모없는 일 축소   기존 활동 가운데 부가가치가 낮은 일을 제거하라
  옳은 일 확대   기존 활동 가운데 부가가치가 높은 일을 늘려라
  '와' 소리가 나는 일 확대   새로운 고부가가치 활동을 개발하라
  별점 다섯 개   기존 활동의 '완성도'를 높이라
  더 싸고 빠르게   기존 활동을 더 효율적으로 하라

- 업무를 재설계할 때 어디서부터 시작하면 좋을까? 가려운 곳을 찾아내 해결하는 방법도 있고 과감하게 바보 같은 질문을 해보는 방법도 있다.

❸
순환학습을 실천하라

어제 성공했다고 내일도 충분하리라 생각하는 게 바로 오만이다.
– 윌리엄 폴라드[1]

2010년 4월 오리건주 포틀랜드. 서른 살의 댄 매클로플린^{Dan McLaughlin}
은 포토그래퍼라는 돈 잘 버는 직업을 그만두고 프로 골프선수가 되는
길에 매진하기로 했다. 지난 5년간 벌어둔 돈으로 아껴 살며 풀타임으
로 골프 연습을 할 계획이었다. 문제가 하나 있다면, 댄은 아직 풀 라
운드 한 번 제대로 뛰어본 적이 없다는 점이었다. 골프 연습장에 몇 번
가본 게 댄의 골프 경험 전부였다. 뭔가 경쟁적인 스포츠에 참여해본
경험도 고등학교 때 크로스컨트리를 1년쯤 한 게 다였다. 그의 표현에
따르면 "딱히 소파에 늘어져 TV만 보는 타입이라 할 수는 없지만, 그
래도 우사인 볼트보다는 차라리 그쪽에 가까운" 사람이었던 셈이다.
댄은 정신이 나갔던 걸까?

댄은 그의 여정을 하나의 실험, "인생에서 새로운 것을 추구하기에 늦은 때는 결코 없다는 사실을 남들과 자신 앞에 증명하려는" 시도였다고 말한다.[2]

말콤 글래드웰Malcolm Gladwell의 《아웃라이어Outlier》를 읽은 댄은 1만 시간 연습하면 한 분야에 통달할 수 있다는 사실을 알게 됐다. 그래서 그는 '댄의 계획'이라는 걸 만들었다. 일주일에 30시간씩 7년간 골프를 연습해서 1만 시간을 채우겠다고 말이다.

4년간 5,200시간을 채운 댄은 궤도에 올랐다. 핸디캡 2.6을 달성한 것이다. 골프를 치는 사람이라면 누구든 대단한 실력이라고 인정할 만한 수치였다(숫자가 작을수록 잘하는 것이다).[3] 비교해보자면 골프를 치는 남성의 평균 핸디캡이 14.3이다.[4] 댄 정도면 미국의 2,400만 골프 인구 가운데 상위 5퍼센트 안에 든다.[5] 댄이 끝끝내 프로 선수가 되지 못할 수도 있겠지만 그건 중요하지 않았다. 이미 4년 만에 이토록 놀라운 결과를 얻었기 때문이다.

댄은 대체 어떻게 한 걸까? 먼저 댄은 자신을 뒷받침해줄 팀을 구성했다. 그중에는 프로 골프 강사도 있었고 체력 훈련 트레이너, 개인 상담 코치, 지압사도 있었다. 그리고 짐작하겠지만 댄은 '어마어마하게' 많이 연습했다. 댄은 매일매일, 이번 달도 다음 달도 골프 연습장에 나가 있었다. 폭염이든 폭우든 혹서든 그 무엇이 찾아와도 그는 계속해서 공을 쳤다. 부모님이나 선생님이 그토록 우리에게 주입하던 것처럼 무언가에 통달하려면 끝없는 반복이 필요할 것이다. '연습이 완벽을 만든다'고 하지 않던가?

그런데 아니다. 비결은 반복이 아니었다. 한 가지 기술에 통달하려면

1만 시간이 필요하다는 개념을 흔히 오해한다. 동일한 스케줄로 1년 치 연습을 10년간 반복한다면 완벽에 이를 수 없다. 완벽을 만들어내는 것은 '특별한 유형'의 연습이다. 플로리다주립대학교의 K. 앤더스 에릭슨K. Anders Ericsson 교수 팀은 사람들이 음악이나 과학, 스포츠에 통달하는 방식을 연구했다. 에릭슨과 로버트 풀Robert Pool은 《피크Peak》라는 책에서 통달에는 2가지 요소가 필요하다고 말한다. 물론 오랜 반복도 그중 하나다. 하지만 더 중요한 것은 에릭슨이 '의식적 연습deliberate practice'이라고 부르는 것이다. 가장 많이 발전하는 사람은 결과를 꼼꼼히 평가하고, 사람들이 말하는 '우수함'을 기준으로 피드백을 받아보며, 그 피드백에서 발견된 아주 작은 흠결조차 고치려고 노력한다.[6] 이렇게 목적을 가지고 많은 정보를 동원해 연습하는 것이야말로 남보다 훨씬 빠르게 배우는 사람들의 비결이다.

댄은 바로 이 의식적 연습에 모든 것을 바쳤다. 그는 꼼꼼히 자신의 스윙을 측정하고 공이 어디에 떨어지는지 확인했다. 그냥 '홀의 약간 왼쪽'이 아니라 '왼쪽으로 3.3미터'였다. 댄은 자신의 샷이 페어웨이에 떨어질 확률(40.9퍼센트)과 왼쪽으로 갈 확률(31퍼센트), 오른쪽으로 갈 확률(28.1퍼센트)을 알고 있었다. 그는 라운드를 돌 때마다 드라이브의 정확도를 측정했고 만회 정도를 그래프로 그렸다. 구체적으로 스크램블링scrambling(정상 타수로 그린에 올리지 못했음에도 파 이하의 타수로 해당 홀을 끝내는 것 – 옮긴이)이 41.5퍼센트, 샌드 세이브sand saves(공이 벙커에 빠졌음에도 파 이하의 타수로 해당 홀을 끝내는 것 – 옮긴이)가 23.5퍼센트였다.[7] 그는 애틀랜타 근처에 있는 시설에서 정교한 3D 기술을 이용해 자신의 움직임을 스캔했다. 그리고 이 정보를 코치와 공유하면서 정확한 피드백을 받고, 다음 스윙을 위한 구체적 조언(예컨대 "스탠스를 1인치만 벌려보세요")을 얻었다. 댄은 또 핵심적인 한 가지 성과 지표, 즉 핸디캡 점수를 모니터링하면서 자신의 발전 정도를 기록해나갔다.

그 결과 댄은 같은 연습시간으로도 단순히 스윙을 반복하거나 막연한 지표에 의지할 때보다 훨씬 큰 효과를 보았다. 우리와 가진 인터뷰에서 말한 것처럼 댄은 이렇게까지 세심하지 않고 그냥 공만 계속 쳐대는 골프 선수도 수없이 많이 보았다. 그런 선수들은 자신이 하는 일에 충분히 집중하지 못해서 크게 발전할 수 없었다. 댄은 단 1분의 연습시간도 허투루 보내지 않았다. 댄이 겨우 4년 만에 핸디캡 2.6이라는 성과를 올린 것은 반복의 '양'이 많아서가 아니라 이렇게 학습의 '질'이 높았기 때문이다.

스포츠·음악·체스·철자법 등에서 최고의 성적을 내는 사람들은 이런 의식적 반복을 통해 놀라운 솜씨를 보여준다. 그렇다면 이 방법으로 직무 능력을 완성하는 직장인도 많을 것 같다. 하지만 현실은 그렇지 않다. 대부분 이 방법을 활용하지 않는다. 기업들은 오랫동안 '식스 시그마' 같은 실적 향상 기법을 전개해왔다. 또 기업들이 제조나 물류, 고객 주문, 서비스 등의 질을 개선하도록 도와주기 위해 '조직 학습'이라는 분야가 새로 생겨나기도 했다.[8] 그럼에도 의식적 연습은 조직 프로세스 밖으로 많이 확장되지 못했고 직원 '개개인'에게까지 전파되지는 못했다. 지금 회사를 한번 둘러보라. 댄이 골프 실력을 키운 것 같은 방식으로 자신의 능력을 키우려고 분투하는 사람은 찾기 힘들 것이다. 그렇기 때문에 사람들은 늘 하던 방식으로 회의를 진행하고, 프레젠테이션을 하고, 제품 설명을 한다. 그러다 보면 그 일을 '그런대로 잘하게'는 되지만 결코 훌륭해지지는 않는다.

직장인은 회사에서 어떤 능력을 연습하려고 해도 몇 가지 장애물에 부딪힌다. 전문가들은 일상 업무에서 의식적 연습 같은 지속적 학습 기법을 활용할 방법을 구체적으로 기술해놓지 않았다. 기업들도 대부분 이런 기법을 지원할 준비가 되어 있지 않다. 업적평가만 봐도 그렇다. 의식적 연습을 하려면 매니저나 직원은 도움이 될 만한 피드백을 매일 받아야 한다. 하지만 대개 연말이나 되어야 그런 피드백을 받아볼 수 있다. 테니스 황제 로저 페더러Roger Federer가 코치로부터 자신의 서브에 대한 피드백을 1년에 한 번 받는다고 상상해보라. "로저, 내가 1년간 자네의 서브를 관찰했는데 말이야. 내년에는 살짝 왼쪽으로 서브를 넣어야 할 것 같아." 말도 안 될 일이다. 그런데도 직장에서 우리는 그런 식으로 일을 한다.

의식적 연습은 오늘날처럼 늘 바쁘게 돌아가는 직장 환경과도 잘 맞지 않는다. 스포츠나 예술에서 '연습'이라는 개념은 실전(경기나 콘서트)에 '앞서' 완벽하게 리허설을 한다는 뜻이다. 하지만 직장인은 대부분 너무 바빠서 어느 능력을 연습하기 위해 정규 업무를 미뤄놓기가 어렵다. 운동선수는 결과를 측정하는 부분에서도 직장인보다는 수월한 면이 있다. 댄은 스윙할 때의 움직임과 공이 떨어진 위치(왼쪽으로 3.3미터)를 정확히 기록할 수 있었다. 하지만 과제의 우선순위를 정하고, 제품을 설명하고, 고객 불만을 처리하고, 이메일을 효과적으로 쓰고, 회의에 귀 기울이는 것은 대체 어떻게 측정해야 할까?

바로 이런 이유들 때문에 전문가들 중에는 직장인에게 의식적 연습을 추천하지 않는 사람도 있다. 에릭슨 교수가 말한 것처럼 의식적 연습은 연습하는 사람의 성과를 측정할 명확한 지표가 있을 때에만 도움이 된다. 그리고 연습하는 사람은 좋은 성과를 내기 위해 필요한 능력이 무엇인지 알아야 하고, 그 능력을 분명한 몇 단계로 나눌 수 있어야 한다. 에릭슨은 "이런 조건이 만족되지 않는 분야"의 예를 몇 가지 들었다. 바로 "오늘날 직장의 많은 직업들, 즉 비즈니스 매니저, 교사, 전기 기술자, 엔지니어, 컨설턴트 등이다."

　나는 에릭슨을 높이 평가하지만 이 부분만큼은 동의하지 않는다. 의식적 연습은 의외로 직장에 훨씬 더 잘 녹아날 수 있다. 그러나 유의할 점이 있다. 우리 조사에서 드러났듯이 직장에서는 의식적 연습을 그대로 '복사해서 붙이기' 할 수 없다. 조금 다른 버전의 의식적 연습이 필요한데, 나는 이것을 **순환학습**이라고 부른다. 직장에서 능력을 향상시키는 매니저나 직원은 스포츠나 예술 분야에서 볼 수 있는 전통적 의미의 의식적 연습과는 전혀 다른 몇 가지 요령을 따른다. 그들은 따로 시간 내서 연습하지 않고, 일하는 동시에 학습하기 위해 회의나 프레젠테이션 같은 실제 업무 활동을 학습 기회로 이용한다. 운동선수나 음악가처럼 서너 시간 연습하는 게 아니라 하루 고작 '몇 분'을 학습에 할애한다. 또 코치뿐만 아니라 동료, 부하 직원, 상사로부터 형식에 얽매이지 않은 빠른 피드백을 받아본다. 그리고 직장에 스며든 '소프트 스킬soft skill'을 측정하기 위해 단계적으로 접근한다. 앞으로 자세히 설명하겠지만 순환학습을 실천하는 사람들은 직장에 딱 맞게 설계된 아주 효과적인 6가지 요령을 따른다.

　우리의 조사 대상자 5,000명 가운데 순환학습을 실천하는 사람은 그러지 않는 사람보다 훨씬 더 좋은 성과를 냈다.[9] 우리는 6가지 항목으로 구성된 순환학습 점수판을 만들었다. 거기에는 '더 잘하기 위해 변화를 준다' '새로운 방법을 시도해본다' '실패를 통해 배운다' '호기심이 많다' '자기가 가장 잘 안다고 생각하지 않는다' '실험을 많이 한다' 같은 표현이 있었다(각 항목의 정확한 표현은 부록 '조사 개요' 참고). 결과는 분명했다. 효과적으로 학습하는 사람은 그러지 않는 사람보다 성과 순위에서 15퍼센트포인트 높은 곳을 차지할 수 있었다.[10] 지금 어느 세일즈맨이 자신의 회사 세일즈맨들 가운데 상위 20퍼센트 안에 드는 성과를 내고 있다고 하자. 만약 그 세일즈맨이 순환학습을 익힌다면 성과는 상위 5퍼센트 수준까지 올라가, 뛰어난 세일즈맨으로 거듭날 것이다.

우리 조사에서 순환학습 점수를 높게 받은 사람들은 미친 듯이 열심히 일하거나 똑같은 습관을 계속 반복해서 어느 능력에 통달한 것이 아니다. 이들의 주당 평균 노동시간은 48시간으로 순환학습 점수가 보통인 사람들보다 한 시간밖에 길지 않았다. 대신에 이들은 직장에서 학습할 때 각 순환주기마다 학습의 질에 초점을 맞춰 똑똑하게 일했다. 이들은 과연 어떤 식으로 학습하는지 조사 참가자 한 명을 자세히 관찰하며 이해해보자. 그녀는 직무 능력을 향상시키려 했고, 일하는 방식을 끊임없이 반성했으며 실패에서 배웠다. 그리고 결국 상위 10퍼센트 안에 드는 성과를 냈다.

직장에서의 순환학습

브리트니 개빈^{Brittany Gavin}은 캘리포니아주 라호이아에 위치한 스크립스 메모리얼 병원^{Scripps Memorial Hospital}에서 식품영양 책임자로 일하고 있다. 회의가 끝나자마자 전화가 울렸다. 브리트니의 상사였다. 상사는 어느 환자가 점심 식사의 품질에 불같이 화를 냈다고 전했다. 브리트니가 말했다. "설마, 또요?" 브리트니의 팀은 환자와 그 가족, 방문객, 직원에게 식사를 제공했다. 뜨거운 불 앞에서, 또 건물 뒤편 창고에서 일하는 스물두 명의 직원들은 432개 병상의 환자들이 필요로 하는 영양가 있는 음식을 제공하려고 최선을 다했다. 그런데도 최근 팀 성과가 좋지 않았다. 환자들의 만족도 점수는 실망스러운 수준이었고 직원 참여도 기껏해야 평균 수준이었다. 거의 매주 브리트니는 입원실로 찾아가 자기 팀이 만든 음식의 질과 맛에 대해 사과해야 했다.[11]

브리트니는 약 1년 반 전부터 감독 업무를 맡아왔다. 그러나 팀 성과가 이렇게 형편없는 것을 보며 '내가 과연 관리직을 맡을 수 있긴 한가?'라는 의문이 들기 시작했다. 아직 의욕이 넘쳤지만 어쩐지 불리한 입장이라는 기분이 들었다. 브리트니의 전공은 영양학이지 경영학이 아니었다. 부엌일에 관해서라면 나름 일가견이 있으나 상사로서는 여전히 많이 부족한 느낌이었다. 특히 팀원들의 문제해결 능력을 키우는 게 어려웠다. 브리트니의 팀원들은 매일 똑같은 업무를 반복했다. 그러다 보니 뭔가를 개선하기보다는 현 상태를 유지하는 데 만족했다. "혁신이라든가 아이디어 같은 게 별로 없었어요." 브리트니의 말이다. 브리트니는 어떻게 해야 사람들이 개선안을 내놓을지 도무지 방법을 알 수 없었다. 다른 많은 매니저들처럼 문제가 발생하면 그냥 직접 해결책을 내놓는 것이 오히려 편했다.

브리트니는 새로운 능력을 개발해야 했다. 팀원들과 아이디어 회의를 어떻게 진행할지 배워서, 좀처럼 입을 열지 않는 팀원들이 개선안을 내놓게 해야 했다. 처음 아이디어 회의를 시작했을 때는 대화에 진전이 없었다. 10시 45분 직원회의를 하면 브리트니는 이런 식으로 물었다. "오늘 작업 관련해서 뭔가 걱정되는 것 있나요?" 그러면 팀원들은 으레 멀뚱멀뚱 쳐다만 보거나 작은 소리로 "아니오"라고 했다. 브리트니는 대체 어떻게 질문해야 사람들이 입을 열어 뭔가 의견을 내고 토론에 불이 붙을지 몰랐다.

브리트니는 회사에서 운영하는 정식 교육 프로그램에 등록했다. 그리고 거기서 배운 전략을 하나씩 활용해보기로 했다. 2015년 2월 어느 아침 직원회의에서 브리트니는 새로운 방식으로 질문했다. 전에는 "아이디어 있나요?"라고 물었다면, 이번에는 방식을 조금 바꿔 "환자식을 개선하기 위해 어떤 아이디어가 있나요?"라고 물었다. 브리트니의 코치였던 스티브와 말리스는 사소한 것 같아도 이런 조그만 변화로 사람들이 아이디어를 내놓게 된다고 했다. 정말로 한 직원이 대답했다. "병실에 노크하고 우리 소개를 하면 어떨까요? 식당에서 왔다고 하면서요."

그랬다. 분명 더 나은 결과였다. 아이디어라니! 브리트니는 이렇게 답했다. "그러죠, 좋네요." 회의는 다시 조용해졌다. 대단한 결과까지는 아니었다. 나중에 브리트니가 아침에 있었던 일을 얘기하자 스티브 코치는 달리 답할 수는 없었느냐고 물었다. 브리트니는 후속 질문을

◈ 순환학습의 기본 단계

측정

피드백

수정

실행/재실행

순환학습

생각해내는 게 상당히 어렵다고 말했다. 두 사람은 후속 질문을 잘할 수 있는 새로운 계획을 세웠다.

　서투르게 시도한 이 질문 방식이 브리트니에게는 첫 번째 학습 주기였다. 브리트니는 질문하는 방식을 새롭게 시도했고('실행'), 아이디어를 구한 결과를 측정했고('측정'), 스티브로부터 그에 대한 분석과 제안을 받았으며('피드백'), 후속 질문을 하기 위해 계획을 바꿨다('수정'). 이런 기본 단계는 모든 행동주의 학습 모델에서 발견되는 특징이지만, 댄이 골프를 배울 때와는 근본적으로 다르다. 브리트니에게 필요한 기술은 댄이 필요로 하는 기술보다 훨씬 추상적이었다(팀원들이 아이디어를 내게 한다 vs 관찰 가능한 스윙의 움직임을 개선한다). 브리트니가 바라는 결과는 측정하기도 어려웠다(직원들이 좋은 아이디어를 냈는가 vs '공이 홀의 왼쪽 3.3미터 지점에 떨어졌다'). 건설적인 피드백을 받기도 더 어려웠다(질문을 바꾸라 vs '스탠스를 1인치만 벌려보세요').

댄의 의식적 연습과 브리트니의 상황을 비교해보면 일하며 학습한다는 것이 얼마나 어려운지 극명히 드러난다. 브리트니는 자신이 원하는 추상적 능력을 구체적 행동(좋은 질문하기)으로 쪼갰다. 또한 2가지 지표(제안하고 실행된 아이디어의 수)에 맞춰 자신의 행동을 측정했다. 코치와 밀접히 상의하면서 건설적인 피드백을 얻고, 팀원들에게도 피드백을 받았다. 학습에 초점을 맞춘 시간은 하루 몇 분에 불과했다.

그다음 주에 브리트니는 다시 한 번 직원회의를 열고 물었다. "환자식을 개선하기 위해 어떤 아이디어가 있나요?" 직원 한 명이 이렇게 제안했다. "자리를 뜨기 전에 다른 필요한 건 없는지 환자들에게 물어보면 어떨까요?" 브리트니는 후속 질문을 했다. "네, 좋네요. 언제부터 그렇게 할 수 있을까요?" 또 다른 직원이 작은 소리로 말했다. "언제든지 하면 되죠." 끝이었다. 이번에도 그다지 훌륭한 결과는 아니었다. 나중에 말리스 코치에게 이야기했더니, 사람들이 좀 더 명시적으로 참여할 수밖에 없도록 하라고 했다. 그래서 브리트니는 또 한 번 계획을 수정했고 이게 두 번째 학습 주기였다.

몇 주 후 브리트니는 다시 질문했다. "환자식을 개선하기 위해 어떤 아이디어가 있나요?" 이번에는 직원들도 좀 더 적극적으로 여러 아이디어를 냈다. 그중 이런 제안이 있었다. "품절되는 메뉴가 없도록 계획을 좀 더 잘 세워보면 어떨까요?" 브리트니가 답했다. "그거 좋네요. 이번 주에 소그룹으로 모여서 고민해보기로 해죠." 그리고 직원들은 실제로 그렇게 했다. 사후 보고에서 스티브 코치는 브리트니에게 많이 발전했다며 칭찬해주었다. 그리고 두 사람은 다시 또 수정 계획을 세웠다. 이 세 번째 학습 주기에서 마침내 브리트니는 아이디어를 강구하고 직원들이 반드시 실천하게끔 독려하는 기술을 온전히 익힐 수 있었다.

그 밖에도 브리트니는 수십 번의 순환학습을 통해 수많은 이슈를 해결해나갔다. 브리트니의 상사도 종종 직원회의에 참석해 피드백을 제공했다. 브리트니는 귀중한 회의시간에 공지사항을 줄이고(순환학습을 통해 실행), 데이터에 관한 얘기를 줄이는 대신 문제해결에 더 많은 시간을 쓰고(또 다른 순환학습), 매니저인 자신이 어떤 지원을 해주길 바라는지 물어보고(또 다른 순환학습), 앞서 논의한 아이디어들을 실천했다(또 다른 순환학습).

이렇게 학습하는 동안 브리트니는 겸손함을 보여줬고, 브리트니의 상사는 우리 학습 점수판의 '자기가 가장 잘 안다고 생각하지 않는다' 항목에서 브리트니에게 최고점을 주었다. 브리트니는 실수에서도 배웠다. 실수는 그녀가 개선하기 위해 노력하는 과정의 중요한 일부였다. 브리트니의 상사는 '똑같은 실수를 하지 않도록 실패로부터 배우는 데 뛰어나다' 항목에서도 브리트니에게 최고점('완전히 그렇다')을 주었다. 우리 조사 대상 5,000명 가운데 이렇게 높은 점수를 받은 사람은 17퍼센트뿐이다. 거의 절반에 가까운 사람이 보통 이하나 아주 낮은 점수를 기록했다. 이 말은 곧 실패에서 배우는 법을 익히면 도움이 될 사람이 많다는 뜻이기도 하다.

브리트니의 발전상을 보면 브리트니의 능력 개발에 도움이 된 것은 단순히 순환학습의 횟수가 아니라 각 순환주기의 **질**임을 알 수 있다. 만약 브리트니가 실패로부터 배우지 못하고, 피드백해주는 사람도 없고, 계획을 수정하지도 않으면서 끝없이 같은 시도를 반복했다면 어땠을까? 아마 엄청난 노력을 들이고도 발전은 거의 없었을지 모른다. 일하면서 배울 때 중요한 것은 1만 시간의 연습이 아니다. 순환주기마다 완성도를 높이는 것이다.

브리트니의 노력은 비상한 발전으로 나타났다. 우리는 브리트니의 상사에게 순환학습 전후로 브리트니의 성과 점수를 매겨달라고 했다. 상사는 이렇게 노력하기 전 브리트니에게는 동료들 가운데 상위 30퍼센트에 해당하는 점수를 줬다. 그러나 18개월간 순환학습을 거친 브리트니에게는 동료들 가운데 상위 10퍼센트에 해당하는 '뛰어남' 점수를 줬다.

팀 실적도 향상되었다. 13개월간 팀원들은 104개 개선안을 제안했고 그중 84개를 실행했다. 이런 개선안은 매주 모두가 볼 수 있도록 부서 게시판에 올려졌다. 여기에는 다음과 같은 것도 있었다.

- 쓰레기통 바닥에 차단 칸막이를 설치해 쓰레기를 일정량 이상 못 넣게 한다(직원들의 허리 부상 방지).
- 음식이 남으면 복도에 보관할 수 있는 프로세스를 만들어 환자가 식사 시간 외에 음식을 요구할 때 제공할 수 있게 한다.
- 대형 냉장고에서 우유 꺼내는 방식을 바꿔 식사 준비를 하는 동안에도 우유를 계속 차갑게 보관한다.

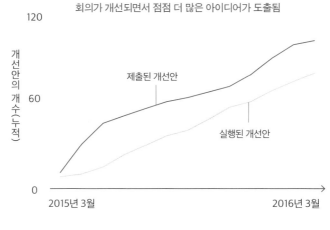

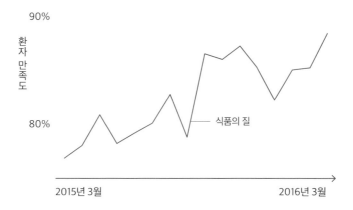

브리트니는 직원들이 아이디어를 내게 하려고 "질문하는 법을 배운 덕분에 모든 게 달라졌다"고 말했다. 실행에 옮긴 84개 아이디어는 중요한 결과로 이어졌다. 음식 온도와 질, 직원 태도에 대한 환자들의 만족도가 일제히 올라갔다. 품절 식품 수도 주당 22가지에서 6가지로 크게 줄었다. 직원들의 허리 부상은 5건에서 0건으로 줄었다. 직원 참여 점수는 63점에서 98점으로 올랐다. 브리트니는 더 이상 자신이 좋은 매니저가 될 수 있을지를 의심하지 않았다. 될 수 있다는 걸 이미 증명했기 때문이다.

능력을 개발하는 동안 브리트니는 운 좋게 상사와 코치들의 지원을 받았다. 하지만 그럴 수 없는 사람은 어떻게 할까? 우리는 공식 지원이 전혀 없을 때도 순환학습을 활용할 수 있음을 발견했다. 브리트니를 비롯해 우리 조사에 포함된 여러 사례를 보니, 일하며 새로운 것도 잘 배우는 사람들은 '똑똑하게 일하는' 요령 6가지를 따르고 있었다.

순환학습 요령 1: 15분만 할애하라

브리트니의 능력 개발 과정을 보고 이렇게 생각하는 사람도 있을 것이다. '저런 식으로 배운다면 예삿일이 아닌걸? 난 그럴 시간이 없어.' 맞다. 순환학습에는 노력이 필요하다. 예컨대 브리트니의 상사는 우리 설문조사 가운데 '더 잘하기 위해 자신이 일하는 방식을 끊임없이 반성하고 변화를 준다' 항목에서 브리트니에게 최고점을 주었다. 설문 참여자 5,000명 중에서 이렇게 높은 점수를 받은 사람은 11퍼센트뿐이었다. 그보다 조금 낮은 점수를 받은 사람이 26퍼센트이고, 3분의 1은 중간 이하 점수를 받았다.

브리트니의 학습 과정은 대부분 공식 교육이 아니라 일상 업무 중에 일어났다. 브리트니가 맡은 일은 직원회의를 주도하고 개선안을 부서에서 실행하는 것이다. 피드백을 받고 순환학습을 하려면 추가적으로 시간이 필요하지만 그렇게 긴 시간이 필요한 것은 아니다. 브리트니가 코치와 얘기를 나누는 시간은 한 번에 30분 정도였다. 매일 코치와 상담한 것은 아니기 때문에 브리트니가 능력 개발을 위해 추가로 사용한 시간은 평균적으로 고작 하루에 15분에서 20분 정도였다.

내가 컨설팅 업무를 하면서 혹은 개인적으로 경험한 바에 따르면, 순환학습을 이용해 능력을 향상시키는 데 필요한 시간은 매일 업무시간의 15분 정도다. 한때 나는 사람들 앞에서 말하는 능력을 끌어올리고 싶었다. 그래서 콘퍼런스에서 기조연설을 하는 과정에 순환학습을 적용했다. 내가 했던 기조연설은 모두 실제 내 업무였다. 여기서 순환학습을 위해 한 일이라고는 해당 행사를 녹화하고, 매번 집으로 돌아오는 비행기 안에서 그 내용 중 몇 부분을 꼼꼼히 들여다보고, 다른 사람에게 그중 10분 정도를 봐달라고 해서 내가 개선할 수 있는 행동을 하나만 알려달라고 한 것이 전부였다. 기조연설을 할 때마다 나는 추가로 30분 정도를 더 투자했다. 이틀짜리 출장이면 하루 15분이었다. 중요한 것은 그렇게 짧게라도 꾸준히 노력하는 것이다.

하루 고작 15분 투자해서 큰 진전을 볼 수 있을까? 물론이다. '한 번에 하나씩', 즉 개발할 능력을 한 번에 하나, 오직 하나만 고르면 된다. 한 번에 10가지씩 개발하려고 하면 한 가지 역량도 통달하기가 어렵다. 이 책에서 다루는 그 어떤 행동도 마찬가지다. 어느 날 아침 업무를 시작하며 이렇게 결심한다고 생각해보라. '오늘 나는 우선순위를 더 잘 정하고, 더 많은 가치를 창출할 새로운 과제를 찾아내고, 내 일에 열정을 불어넣고, 동료들을 감화하고, 아침 회의 때 토론을 격려해야지.'

이 모든 걸 다 잘해낼 시간은 없을 것이다. 스스로 이렇게 물어보라. '내가 어느 역량을 개발하면 내 성과가 가장 많이 향상될까?' 바로 그걸 선택해서 가장 먼저 실천하라. 하루 15분이다. 15분이면 된다.

순환학습 요령 2: 작게 잘라서 공략하라

직장에서 효과적으로 학습하는 사람들은 어느 능력을 개발하려고 할 때 그 능력을 소화하기 쉬운 크기로 자른다. 이 작은 행동들을 나는 '마이크로 행동micro-behavior'이라고 부른다.

마이크로 행동이란 어느 능력을 개발하기 위해 매일 실천할 수 있는 작고 구체적인 행동이다. 실행하고 검토하는 데 15분 이상 걸리지 않고 능력 개발에 확실한 효과가 있어야 한다.

브리트니는 '팀원들이 아이디어를 내게 하는' 능력을 여러 개의 마이크로 행동으로 쪼갰다. '사람들이 아이디어를 제안하게 하는 질문을 한다' '더 자세히 얘기하게 하는 후속 질문을 한다' '팀원들에게 참여에 대한 확답을 받는다' 등이다. 내 경우에는 '기조연설 능력 향상'을 몇 개의 영역으로 나눴다. 오프닝, 클로징, 무대 이동, 슬라이드마다 인상적인 한마디 등이다. 그런 다음 '한 번에 하나씩'을 원칙으로 한 가지씩 개발해나갔다. 무대 이동이라면 '처음에는 발바닥에 못이 박힌 것처럼 서 있는다(우리에 갇힌 호랑이처럼 부산하게 움직이지 않는다)' '몇 걸음 걷고 다시 멈춘다' '한 사람과 눈을 맞추고 다시 다른 사람과 눈을 맞춘다' '두 팔을 넓게 뻗는다' 등을 연습했다. 사소해 보일지라도 이렇게 하면 무대에 올라가서 한 번에 하나씩 기억해내기가 쉬웠다. 구체적이고 실천 가능했다.

나는 스칸디나비아의 미디어 기업 십스테드Schibsted를 위해 리더십 개발 프로그램을 운영한 적이 있다. "매니저들이 회사가 원하는 리더십 역량을 매일 적극적으로 받아들이고 실천하게 만든다"라는 흔하지만 쉽지 않은 과제를 목표로 삼았다. 많은 기업이 회사에서 바라는 리더십 역량을 구체적으로 명시해두지만 이를 적극적으로 받아들이지 못하는 사람이 많다. 십스테드는 '속도와 유연성을 기른다' '실행하고 결과까지 챙긴다' '사실을 기반으로 한 의사결정을 추진한다' 등 12개의 리더십 역량을 채택하고 있었다. 매니저들은 이게 무슨 말인지는 알고 있었지만, 일상의 구체적 행동으로 옮길 필요가 있었다. 그 과정을 돕고자 우리는 각 역량별로 10개의 마이크로 행동을 만들었다. 매니저들은 360도 평가를 통해 자신이 개발해야 할 구체적 역량을 확인했다. 그런 다음 '한 번에 하나씩'을 원칙으로 단 하나의 역량을 선택했다. 이를 지원하기 위해 우리는 스마트폰 앱을 만들고 매주 업무 중 활용할 수 있는 마이크로 행동 2가지를 보내줬다.

노르웨이에서 온라인 가입 업무를 맡고 있는 서른한 살의 매니저 보르 비켄Bård Viken은 '실행하고 결과까지 챙긴다'를 개발할 역량으로 선택했다. 월요일 아침 8시 보르가 사무실에 들어서면 스마트폰에 알림으로 마이크로 행동이 떴다. "오늘은 우선순위를 정하는 데 문제가 있다고 생각되는 직원 한 명을 골라 짧은 대화를 나누고, 가장 중요한

과제를 제일 먼저 처리하라고 하세요." 그날 오후 보르는 10분간 짬을
내어 부하 직원 두 명과 우선순위를 정할 필요성에 관해 얘기를 나눴
다. 이 짧은 대화에서 보르는 직원들에게 현재 가장 중요한 우선순위
는 온라인 고객 유출 방지 대책을 마련하는 것이라고 일러줬다.

5주간 보르는 이 역량과 관련해 9개의 마이크로 행동을 더 안내받
았다. 거기에는 '하나의 업무를 완료하고 나서 그다음 업무로 넘어가
는 습관을 들여라. 업무 목록을 보고 새로운 업무를 시작하기 전에 금
방 끝낼 수 있는 업무를 하나 고르라' '나 때문에 다른 사람의 업무가
지연되지 않도록 하라. 내 답을 기다리고 있는 동료는 없는지 메시지
를 당장 확인하고 회신하라' 같은 내용이 들어 있었다. 이런 마이크로
행동을 실천하면서 보르는 '실행하고 결과까지 챙긴다'는 추상적 원
칙을 매일 실천할 수 있는 구체적 행동으로 옮길 수 있었다. 당연히 그
의 역량도 향상됐다.

순환학습 요령 3: 소프트 스킬을 측정하라

식이요법을 진행할 때는 먹는 것을 늘 모니터링하고 아침마다 저울에
올라간다. 의식적 연습에 관한 K. 앤더스 에릭슨의 연구 역시 측정 가
능한 활동에 초점을 맞췄다. 《피크》에서 로버트 풀과 에릭슨은 의식적
연습을 통해 임의의 82자리 숫자를 외운 남자 이야기를 한다. 10자리
전화번호도 외우기 힘든데 82자리라니! 놀랍기도 하지만 이 암기 천
재에게는 한 가지 수월한 면이 있었다. 시도를 할 때마다 결과를 측정

하기가 매우 쉬웠다는 점이다. 82자리를 다시 제대로 외려고 할 때 그는 자신이 맞는지 틀렸는지 즉각 알 수 있었다. 하지만 '회의에서 귀기울이기'나 '업무 우선순위 정하기'처럼 직장에서의 '소프트 스킬'을 측정하는 것은 훨씬 더 어렵다.

이 문제를 해결하려면 소프트 스킬과 관련된 마이크로 행동 및 그 마이크로 행동의 결과를 측정하면 된다. 브리트니가 매일 본인이 주도하는 토론의 전체 질을 측정하기는 쉽지 않았다. 하지만 자신이 특정 마이크로 행동을 했는지 여부는 측정할 수 있었다. 예컨대 효과적이지 않은 "아이디어 있나요?"라는 질문 대신에 "어떤 아이디어가 있나요?"라고 묻는 것처럼 말이다. 그리고 이 마이크로 행동의 결과를 추적하는 것도 가능했다. 직원들이 몇 개의 아이디어를 제시하고 실천하기로 했는지 세어보면 됐다.

요즘 같은 '빅데이터' 시대에는 소프트 행동을 측정하기가 더 쉬워졌다. 우리는 옐프Yelp 같은 웹사이트에 모여 자기가 만난 의사·배관공·전기기사·변호사의 점수를 매긴다. 피부과 의사가 환자에 대한 행동을 개선하고 싶다면 이미 접근할 수 있는 보석 같은 데이터가 준비되어 있다(물론 그중에는 편향된 내용도 있을 것이다). 지금은 또 '자가측정quantified self'의 시대이기도 하다. 단순히 체중 목표를 모니터링하는 것만이 아니라 직장에서 뭘 잘하고 못하는지까지 모니터링할 수 있게 도와주는 툴이 얼마든지 있다. 단점이 있다면 오히려 너무 많은 데이터에 압도되기 쉽다는 점이다. '근면성실' 패러다임에서는 업무 활동과 관련해 온갖 데이터를 다 수집하라고 했을 것이다. 하지만 그럴 필요가 없다. 이렇게 물어보라. 업무 성과를 향상시키기 위해 한두 가지

지표를 모니터링할 거라면 어느 것이 가장 효과적일까? 예컨대 브리트니는 직원들이 제안하고 실행하는 '개선안'에 초점을 맞추고 이 지표를 계속 모니터링했다.

순환학습 요령 4: 빠른 피드백을 받아라

측정과 피드백은 함께 진행되는 경우가 많다. 하지만 주의할 것이 있다. 피드백은 '질'이 중요하다는 점이다. 옐프에서 어느 식당에 별점 넷을 주고 추천사를 쓰는 것은 어렵지 않다. 하지만 유용한 피드백에는 단순한 점수 이상의 것이 필요하다. 지금 얼마나 잘했고 행동을 어떻게 수정하면 더 좋을지에 대한 의견이 포함되어야 한다. 〈파이낸셜 타임스〉 칼럼니스트 루시 켈러웨이Lucy Kellaway는 이렇게 말했다. "'훌륭한 글이에요!' '제 말이 그 말이에요!' 같은 코멘트는 '이런 허섭스레기를 쓰고도 돈을 받다니!'만큼이나 내가 글을 더 잘 쓰는 데 아무 도움이 되지 않는다."[12] 마찬가지로 "회의가 형편없었어요"는 회의를 더 잘 운영하는 데 아무 도움이 되지 않는다. 도움이 되는 코멘트는 "회의 때 토론이 피상적이었어요. 다음에는 더 구체적으로 물어보세요"처럼 평가(회의가 잘 진행되지 않았다)와 함께 유용한 팁이 들어 있어야 한다.

물론 가장 좋은 것은 코치·상사·멘토 같은 전문가들이 직원의 행동을 면밀히 관찰해 개선안을 제시하고 즉각적인 피드백을 주는 것이다. 하지만 운동경기장이나 음악실과 달리 직장에서는 전문가에게 기대기가 좀처럼 쉽지 않다. 회사에서 공식 피드백은 대개 산발적으로

(보통 1년 단위) 주어지고 코치를 구하기도 쉽지 않다. 스크립스에서 일한 브리트니와 달리 코치를 구할 수 없는 사람은 어떻게 해야 할까?

바로 기술을 활용하면 된다. 십스테드의 보르 비켄은 우리가 개발한 앱 덕분에 동료들에게 '140자'(영문)로 된 피드백을 요청할 수 있었다. 직원들에게 온라인 고객 유출 문제가 1순위라고 알려준 보르는 한 주 뒤 앱에 접속해 해당 직원들 및 다른 두 직원에게 피드백을 요청했다. 보르는 이렇게 적었다. "나는 기대 사항을 좀 더 분명히 표현하는 연습을 하고 있어요. 우선순위에 대해 분명하게 소통하려고 했는데 도움이 됐나요? 내가 개선할 수 있는 게 있다면 하나만 말해주세요." 하루가 지나고 그가 처음 받은 짧은 피드백에는 이렇게 쓰여 있었다. "소통은 분명했는데 본인도 실천하는 모습을 보여주셔야 해요."(영문 68자) 이런 것도 있었다. "더 좋아진 건 분명한데 무슨 일을 하고 뭘 측정해야 하는지 시간을 갖고 팀원들과 얘기해주세요."(영문 104자) 팀원들은 앱을 이용해 빠르고 정직하고 건설적인 피드백을 보내주었다.

코치가 없어도 1분만 시간을 내면 팀원들은 자신의 의견이나 조언을 공유할 수 있었다. 보르는 팀원들의 피드백을 검토하면서 스스로도 종종 가장 중요한 일을 추진하지 못했다는 사실을 깨달았다. 그리고 시간을 내서 팀원들이 이 중요한 문제를 잘 해결할 수 있게 돕는 일을 최우선순위로 삼아야겠다고 생각했다. 꼭 이런 앱이 아니더라도 이메일이나 문자 메시지를 활용하는 방법도 있다. 아니면 그냥 옛날식으로 동료의 자리에 잠깐 들러서 회의가 어땠는지 30초 정도 피드백을 달라고 해도 된다.

순환학습 요령 5: 초기 어려움을 견뎌라

난임치료 의사들은 환자가 방문했을 때 선택이 가능하다. 치료가 너무 어려운 환자라면 가려서 받을 수도 있다. 만 35세 이상이라거나 난자 수가 얼마 되지 않거나 이미 체외수정에 실패한 경험이 있는 여성 등의 경우가 그렇다. 이렇게 위험부담이 높은 환자를 배제하면 해당 의사는 성공률(최종적으로 출산에 성공한 환자의 비율)이 높아지고, 그러면 자연히 의사의 명성도 올라간다. 까다로운 환자를 거절함으로써 성과를 높일 수 있는 셈이다. 그러나 문제가 하나 있다. 어려운 환자를 맡지 않으면 새로운 걸 배울 수 없고, 따라서 실력도 늘지 않는다.

미하엘라 스탠Mihaela Stan 유니버시티 칼리지 런던 교수와 프리크 페르묄런Freek Vermeulen 런던경영대학원 교수는 1991년부터 2006년까지 영국에서 30만 명의 여성을 치료한 116개 난임치료 병원의 데이터를 수집했다.[13] 연구팀은 쉬운 환자만 치료한 병원·의사와 어려운 환자도 받았던 병원·의사를 구분했다. 당연히 주로 쉬운 환자만 받은 병원·의사는 성공률이 10퍼센트가량 더 높았다. 환자를 더 많이 끌어들이기에 충분한 정도의 차이였다.

하지만 정말로 그렇게 됐을까? 시간이 지나면서 무슨 일이 벌어졌을까? 어려운 환자를 맡으면 단기적으로는 실적이 하락한다. 어려운 환자는 치료가 더 힘들기 때문이다. 하지만 이것은 지식을 확장할 수 있는 계기가 된다. 조사에 포함된 한 의사는 이렇게 말했다. "병리학적으로 복잡한 어려운 환자를 맡으면 (…) 치료법에 변화를 주게 됩니다. 안 하던 것도 해보고 새로운 걸 추가하고 투여량과 순서도 조절해보지요. 딱 맞는 치료법을 찾을 때까지 말이에요." 게다가 복잡한 환자를 치료하면서 얻은 지혜는 좀 더 쉬운 환자를 치료할 때도 큰 도움이 된다. "그러면 쉬운 환자들도 치료법을 조금씩 바꾸게 되고, 어려운 환자를 통해 알게 된 것을 쉬운 환자한테도 적용하게 돼요."

실제로 그랬다. 시간이 지나자 어려운 환자를 치료한 의사들은 계속해서 뛰어난 실력을 발휘했다. 어느 병원에서 100번째 환자까지는 어렵지 않은 환자만 치료한 의사들의 성공률이 더 높았다. 하지만 100번째 환자 이후에는 어려운 환자를 치료한 의사들이 앞서 나가기 시작했다. 어려운 환자를 치료하며 배운 바가 효과를 내기 시작한 것이다. 400번째 환자에 이르자 쉬운 환자만 치료한 의사보다 성공률이 3.3퍼센트 더 높았다. 이 의사들은 계속 배우고 있었다. 순환학습 덕분에 최고의 성과를 내는 의사가 된 것이다.

기업의 '품질 경영' 기법은 성과에 기복을 만들어내는 각종 결함과 낭비를 제거하라고 촉구한다. 이런 기법은 변형과 실패를 몰아내려 한다. 이것은 큰 실수다. 변형(새로운 아이디어를 시도하는 것)은 학습에 반드시 필요하다. 또 어려운 문제와 씨름하다 보면 풍부한 학습 기회가 생긴다. 순환학습을 추구하는 사람들은 흔히 단기적으로는 실적 하락을 경험한다. 새로운 과제를 도입하고 이를 해결하고자 실험을 감행하기 때문이다. 하지만 시간이 지나면 그게 오히려 득이었음을 알게 된다. 그렇다면 관건은 단기적 실패를 인내하는 법을 배우는 것이다.

우리 조사를 보면 수많은 사람들이 실패에 대해 건강한 태도를 갖고 있었다. 댈러스에 있는 한 보험회사의 애널리스트인 크리스티는 실수를 많이 저지를수록 "정확히 어떤 일이 벌어지고 있는지, 내가 하는 일의 다양한 측면을 알게 된다"고 했다.[14] 실수 덕분에, 새로운 문제를 만났을 때도 "어디서부터 시작할지, 문제를 어떻게 직시할지 더 잘 알 수 있다"는 것이다. 매번 완벽하기를 바란다면 위험부담이 있는 환자, 새로운 환자, 어려운 환자는 맡지 않을 것이다. 제품 설명 방식을 바꿔보지도 못할 것이다. '잘못되면 어쩌지?'라고 생각하기 때문이다. 이것은 스스로 성장을 옭죄는 일이다.

우리가 5,000명을 조사해보니 실험에 대한 사람들의 성향에는 어마어마한 차이가 있었다. '종종 새로운 방법을 시도해 효과가 있는지 본다' 항목에서 낮은 점수를 기록한 사람이 무려 32퍼센트였다. 이 지표에서 높은 점수를 기록한 사람은 11퍼센트밖에 되지 않았다.[15]

> 조사 결과, 단기적 성과 하락의 위험을 과감히 감수한 사람들은 오히려 그게 성과에 도움이 되었다. 실험 정신과 뛰어난 성과 사이에 통계적으로 강한 양의 관계가 있음을 알 수 있다.

그런데 실험을 하는 데도 똑똑한 방법과 멍청한 방법이 있다. 어떤 아이디어를 시험 삼아 한번 실행에 옮길 때는 큰 위험을 감수하고 싶지 않을 것이다. 그랬다가는 단순히 실적이 하락하는 게 아니라 절벽에서 떨어지는 수가 있기 때문이다. 2장에서 본 것처럼 그레그 그린 교장이 클린턴데일고등학교에서 '거꾸로 교실'이라는 교육 모델을 실험할 때도 처음에는 작게 시작했다. 학교 전체에 이 모델을 도입한 것이 아니라 사회 과목 수업 하나에 파일럿으로 시도해보았다. 그리고 또 다른 수업에는 예전 모델을 유지하면서 결과를 서로 비교했다. 이

른바 A-B 테스트다. 새로운 아이디어를 A그룹에 시험한 후 결과를 대
조군(B그룹)과 비교하는 것이다. '거꾸로 교실'을 도입한 사회 수업이
잘 안 되었다면 이 모델을 그냥 버리면 됐다. 몇 번의 실험으로 새로운
모델의 힘을 깨달은 그린 교장은 '올인'하기로 했고 학교 전체에 '거꾸
로 교실'을 도입했다. 첫 번째 실험을 통해 비교적 작은 위험부담을 갖
고 더 큰 후속 재설계를 추진할 수 있는 증거를 수집했다.

순환학습 요령 6: 정체기에 맞서라

망누스 칼센Magnus Carlsen은 평범한 체스 플레이어가 아니다. 노르웨이
작은 마을에서 나고 자란 그는 여덟 살에 정식으로 체스를 두기 시작
했다. 열세 살 때는 역대 두 번째로 어린 나이에 그랜드마스터가 됐고,
열아홉 살 때는 역대 최연소로 세계 랭킹 1위가 됐다. 2년 후 그는
2,882점으로 최고점을 찍었다. 러시아의 위대한 챔피언 가리 카스파
로프Garry Kasparov를 넘어서는 역대 최고 점수였다. 2013년 스물세 살에
는 전 세계 체스 챔피언이 되었고, 이듬해와 2016년 다시 한 번 챔피
언 지위를 방어했다.

 칼센은 재능을 타고난 대표적 사례다. 그는 체스에 소질이 있었고,
누구든 연습만 충분히 하면 잘할 수 있다고 생각하는 이들에게 반대
증거로 자주 거론됐다. 다른 그랜드마스터들은 칼센을 천재라고 불렀
다. 1만 시간이 아니라 10만 시간을 연습해도 칼센만큼 체스를 잘 둘
수는 없을 것이다. 체스 경기는 칼센의 타고난 장점을 잘 활용한 분야

였다.

그런데 칼센에게는 천재적인 체스 재능 말고도 다른 것이 있다. 단순히 그를 평범한 사람과 비교하며 평범한 이들에게는 없는 특별한 재능을 가졌다고 말해서는 안 된다. 우리는 칼센을 다른 체스 마스터와 비교해야 한다. 그리고 그가 왜 '다른 마스터보다' 더 좋은 성적을 내는지 물어야 한다. 다른 마스터들도 천재이니까 말이다. 칼센의 커리어를 더 깊이 파고들어 보면, 그가 동료들보다도 경기를 잘하는 데에는 독특한 학습 태도가 한몫한다는 사실을 알 수 있다. 2013년 세계 챔피언이 된 후 그는 이렇게 말했다. "저는 정말이지 아직 체스를 안다고 말하기에는 너무도 부족합니다. 여전히 배울 게 많고, 이해하지 못하는 게 많습니다. 그게 바로 저를 계속 나아가게 만드는 동력입니다. 더 많은 걸 이해하고 스스로를 더 발전시키고 싶습니다."[16]

정말일까? 지구상에서 체스를 가장 잘 두는데 아직도 체스를 잘 모른다고? 정말로 겸손한 배움의 자세다. 칼센은 캐럴 드웩Carol Dweck 스탠퍼드대학교 교수의 성장형 사고방식론growth mindset theory을 지지하는 게 틀림없다. 비록 그가 드웩 교수의 연구를 전혀 모르더라도 말이다. 드웩의 이론을 보면 자신에게 재능이 있다고 혹은 없다고 믿는 사람(고정된 사고방식)은 굳이 훨씬 더 잘해보려고 노력하지 않는다. 반면 재능이라는 게 바뀔 수도 있다고 생각하는 사람(성장형 사고방식)은 실제로 무언가에 뛰어날 때조차 남보다 더 많은 노력을 쏟아붓는다.[17]

칼센은 이뤄놓은 성과에 연연하지 않고 더 나아가려 채찍질하는 사고방식을 갖고 있기 때문에, 흔히들 경험하는 '정체기'에 빠지지 않았다. 한 가지 활동에서 전문지식과 기술을 개발하는 사람은 그 일을 아

🌊 정체기를 넘어서라

아무 생각 없는 반복보다는 순환학습이 더 좋은 결과를 낸다. 그러나 정체기를 돌파하려면 스스로 채찍질이 필요하다.

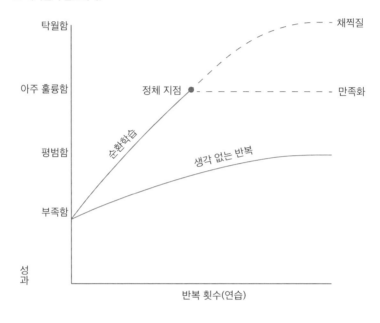

주 잘하게 되고 뛰어난 모습을 보이기도 하지만 그 뒤로 어떤 일이 발생한다. 바로 정체기에 접어드는 것이다. 예컨대 노스캐롤라이나대학교에서 실시한 대규모 연구를 보면, 학교 교사들은 수업을 시작한 지 2년까지는 실력이 향상되다가 그다음부터 정체하는 모습을 보였다.[18] 영어와 수학을 기준으로 조사해보니 27년(4만 시간이 넘는다)[19] 경력의 교사라고 해서 2년 경력의 교사보다 학생의 성취도를 높이는 데 특별히 뛰어나지는 않았다. 대체 1만 시간의 법칙은 어쩌고! 사람들은 무언가를 개발하고 싶어 하나 일정 수준의 만족에 도달할 때까지만이다. 그다음에는 발전을 멈추고 '이만하면 됐어'라고 생각한다. 노벨 경제학상을 받은 허버트 사이먼은 이런 현상을 가리켜 '만족화^{satisficing}'라고 불렀다(만족^{satisfying}과 충분^{sufficing}의 합성어).[20]

사람들은 왜 '그만하면 훌륭하다'에서 멈추는 걸까? 연구자들에 따르면 많은 경우 사람들은 자신의 기술을 '자동화'한다고 한다.[21] 처음에는 제품을 많이 팔 수 있는 설명법을 개발하느라 끙끙대지만, 시간이 지나면 잠꼬대로도 할 수 있게 된다. 그래서 우리는 피나는 노력으로 습득한 기술이 그저 '습관'이 되도록 내버려둔다. 때로는 이게 좋은 일이다. 일하면서 행동 하나하나를 고민해야 한다면 제대로 일할 수 없을 것이다. 하지만 '행동'이 '자동'이 되는 순간 우리의 '학습'은 정체된다. 최고의 위치에 있더라도 망누스 칼센의 조언대로 부단히 한계를 넓혀가지 않는다면 말이다.

우리 조사에서 최고의 성과를 낸 사람들은 칼센의 교훈을 따랐다. 최고의 성과를 낸 사람들 가운데 무려 74퍼센트가 무언가를 배우고 개선하기 위해 자신이 한 일을 끊임없이 검토했다. 반면 성과가 좋지 않은 사람들 가운데서는 17퍼센트만이 그렇게 했다.[22]

최고의 성과를 내는 사람들은 쉬지 않는다. 계속해서 배운다. 1장에 등장한 초밥 요리사 지로를 기억할 것이다. 그는 여든다섯의 나이에도 스스로를 채찍질하고 있었다. "바라는 게 있다면 더 맛있는 초밥을 만드는 거예요." 영화에서 그는 그렇게 말했다. "같은 일을 계속하니 조금씩 나아지고 있어요. 수십 년 해왔지만 지금 이 나이에도 완벽하다는 생각은 안 들어요."

구닥다리가 되지 않으려면

지금까지 성과를 높이기 위해 업무를 재설계하는 방법과 학습하는 방법에 관해 이야기했다. 하지만 재설계와 순환학습을 실천해야 할 이유는 또 있다. **직장에서 변화에 더 잘 적응하기 위해서다.** 수많은 업종에서 신기술 도입으로 자동화와 업무 방식 혁신이 촉진되고 있다.[23] 그래픽 디자인 기술은 신문사 식자공의 업무에 파괴적 혁신을 몰고 왔다. 보이스메일과 스마트폰 때문에 수많은 비서 업무가 사라졌다. 온라인 여행 사이트가 여행사를 대신하고 있다. 로봇이 전통적인 공장 노동자의 일자리를 조금씩 갉아먹고 있다. 이런 일은 돌이킬 수 없는 변화로서 노동의 구조를 파괴하고 누군가의 기술을 쓸모없게 만든다. 파괴적 혁신은 계속된다. 따라서 쓸모없는 사람이 되지 않고 일자리를 보전하려면 일하는 방식을 혁신해야 할지 모른다.

최고의 성과를 내는 사람들은 재설계와 순환학습을 결합해 파괴적 혁신에도 성공적으로 적응한다. 하버드 비즈니스 스쿨의 에이미 에드먼슨Amy Edmondson, 리처드 보머Richard Bohmer, 개리 피사노Gary Pisano 교수가 내놓은 중요한 연구가 있다. 이들은 외과 팀 중에서 자신들의 직업에 파괴적 혁신을 불러오는 새로운 기술에 성공적으로 적응한 사례를 연구했다. 가슴을 열어 시행하던 개심수술에서 상처 부위를 최소화하는 최소침습 심장수술MICS로 성공적으로 이행한 사람들이었다. 다른 외과 팀은 이렇게 이행하는 데 어려움이 많았다.[24] 성공적으로 수술 기법을 바꾼 외과 팀의 특징은 2가지였다. 첫째, 재설계를 적극적으로 받아들였다. 이들은 최소침습 심장수술이 전통적 수술 기법과 근본적으

🔀 추가 질문: 직장에서 순환학습을 방해하는 장애물은 무엇입니까?

장애물	전략적 순환학습을 위한 솔루션
"업무가 너무 바빠서 훈련이나 연습을 할 수 없어요."	#1. 하루에 딱 15분만 시간을 내라. 한 번에 한 가지 핵심 역량에 초점을 맞추라(한 번에 하나씩).
"어디서부터 시작해야 할지 모르겠어요. '우선순위를 잘 정한다' 같은 광범위한 능력은 개선하기가 너무 어려워요."	#2. 작게 살라서 공략하라. 원하는 능력을 작고 구체적이며 매일 할 수 있는 마이크로 행동으로 나눠라.
"내가 하는 일의 결과를 어떻게 측정할지 모르겠어요. 예를 들어 내가 회의에서 귀를 잘 기울이고 있는지 어떻게 아나요?"	#3. 마이크로 행동을 모니터링하는 데 초점을 맞춰라. 귀를 더욱 잘 기울이고 싶다면 말하는 사람과 눈을 맞추었는지 생각해보라(예/아니오).
"연말 평가로는 필요할 때 피드백을 얻을 수 없어요. 피드백이 너무 드문드문 있어요."	#4. 빠른 피드백을 요청하라. 동료들로부터 형식에 구애되지 않는 짧고 즉각적인 코멘트를 받아라. 장황한 설문조사는 삼가길!
"일하는 방식을 바꿨다가 실패할까 봐 도전하기 두려워요. 지금 방식으로 해도 문제없어요."	#5. 혹시 있을지 모를 부작용을 최소화할 수 있도록 작은 실험부터 한 다음, 효과가 있는 것을 실행하라.
"루틴에 익숙해졌고 더는 별 발전이 없어요."	#6. '자동화'된 루틴을 깨고 '정체기'를 넘어서도록 채찍질하라.

로 이별하는 것임을 있는 그대로 이해했다. 반면 성공적으로 이행하지 못한 외과 팀은 최소침습 심장수술을 단순히 기존 방법의 연장선으로 이해하려 했다. 둘째, 성공적인 외과 팀은 순환학습을 실시했다. 시험적으로 적용해보고 팀원들에게 피드백을 받아 그 내용을 다시 반영하는 식이었다. 성공적으로 이행하지 못한 외과 팀은 이 과정이 부족하거나 전혀 없었으며 적극적으로 피드백을 구하지도 않았다.

우리 조사의 성과 부분에서 높은 점수를 기록한 사람들도 위 두 방법을 적극적으로 받아들였다. 그들은 재설계와 순환학습이라는 2가지 습관 '모두'에서 높은 점수를 기록했다. 이 2가지를 모두 통달한 사람

들은 성과에서 83백분위수를 차지한 반면, 둘 다 이행하지 않은 사람들은 23백분위수에 머물렀다.[25]

변화하는 업무 환경에서 성공하고 싶다면 현실을 직시하는 데서부터 출발하라. 새로운 기술이나 트렌드를 별것 아닌 유행으로 치부하고 넘어가지 말라. 직업이 교사라면 온라인 교육이 당신의 직업에 파괴적 혁신을 일으키고 있다는 사실을 인정하라. 그에 따른 변화를 일상 업무에 적극 수용하라. 그리고 순환학습을 이용해 조금씩 능력을 업그레이드하라. 재설계와 순환학습을 동시에 실천하라.

물론 업무를 재설계하고 새로운 것을 배우기 위해 이렇게 집중적이고 지속적인 노력을 기울이려면 대단한 동기부여가 필요할 것이다. 최고의 성과를 내는 사람들은 어쩌면 그렇게 열정적이고 에너지 넘치는 모습을 유지하는 걸까? 그들이 오늘도 내일도, 올해도 내년에도 계속 변화하고 개선하게끔 동기를 부여하는 원동력은 뭘까? 다음 장에서는 바로 이 점에 대해 알아보자.

❸
순환학습을 실천하라

전통적 '근면성실' 패러다임

한 가지 직무 능력에 통달하려면 1만 시간의 연습이 필요하다. 연습(반복)
이 완벽을 만든다.

새로운 시각으로 '똑똑하게 일하는 법'

몇 시간을 연습하느냐는 중요하지 않다. 중요한 것은 배우는 '방식'이다.
직장인이 배우는 방식은 운동선수나 음악가가 실천하는 의도적 연습과는
차이가 있다. 직장에서 최고의 성과를 내는 사람들은 순환학습을 실시한
다. 한 주기를 돌 때마다 '양'이 아닌 '질'에 집중하자.

🚀 KEY POINT

- 5,000명을 통계 분석한 결과, 순환학습을 이용한 사람은 그러지 않은 사람보다 훨
  씬 좋은 성과를 냈다.

- 스포츠, 음악, 체스, 기억력 테스트 등과 관련해 의식적 연습에 대한 연구는 많다.
  그러나 직장에서 학습을 잘하려면 위 영역을 통달할 때 겪지 않아도 될 여러 중요
  한 장애물을 극복해야 한다.

- 순환학습은 일상 업무를 수행하면서 학습하기 위한 방법이다. 새로운 방식을 소규

모로 한번 시험해보라(예컨대 '회의 때 나는 질문을 어떻게 하는가?'). 그런 다음 결과를 측정하고 빠른 피드백을 받아보라. 그 피드백에 맞춰 방식을 조금 바꿔보라(예컨대 질문 방식을 바꿔보라).

• 직무에서 순환학습을 실천할 때 적용할 수 있는 요령 6가지는 아래와 같다.

15분만 할애하라
작게 잘라서 공략하라
소프트 스킬을 측정하라
빠른 피드백을 받아라
초기 어려움을 견뎌라
정체기에 맞서라

• 효과적으로 학습하는 사람들은 전반적 역량을 여러 개의 '마이크로 행동'으로 나눈다. 마이크로 행동이란 어느 역량을 향상시키기 위해 일상적으로 실천할 수 있는 작고 구체적인 행동이다. 이 행동을 실천하고 반성하는 데 15분 이상 걸려서는 안 되며, 역량 개발에 확실한 효과가 있어야 한다.

• 기술 등 여러 요소가 전통적 직무 능력을 구닥다리로 만드는 시대에 어떻게 하면 훌륭한 커리어를 이어갈 수 있을까? 순환학습과 재설계(2장)를 결합하라.

❹
열정 × 목적의식

인생에서 중요한 것은 우리가 살았다는 사실 자체가 아니다.
남들의 삶에 어떤 영향을 미쳤는지가
우리가 얼마나 중요한 삶을 살았는지 결정한다.
– 넬슨 만델라[1]

2008년 눈부시게 화창한 어느 날, 오프라 윈프리Oprah Winfrey는 캘리포니아주 팰로앨토에서 스탠퍼드대학교 졸업축하 연설을 하고 있었다. 자신이 스타덤에 오르고 부자가 된 과정을 회상하며 그 과정에서 감정이 얼마나 중요한 역할을 했는지 칭송했다. 그리고 직감을 믿으라고 했다. 특히 직업을 선택할 때는 반드시 열정을 느낄 수 있는 일을 고르라고 했다. 강당에 모인 2만 5,000명에게 오프라 윈프리는 이렇게 말했다. "자신에게 딱 맞는 일을 하면 스스로 잘하고 있다는 느낌이 들 겁니다. 그 일로 벌어들이는 돈이 얼마가 되었든 여러분에게는 하루하루가 보너스일 거예요." 그러고는 핵심을 말했다. "그러니 감히 말씀드리겠습니다. 지름길을 찾지 마세요. 정말로 날아오르고 싶다면, 여러분의 모든 능력을 열정에 투자하세요. 소명을 감사히 받으세요. 누구에게나 소명이 있습니다. 자신의 마음을 믿으세요. 그러면 성공은 알아서 여러분을 찾아올 겁니다!"[2]

동기부여 강연가, 자기계발의 대가, 성공한 기업가, 인사 부서 임원, 브랜드 전략 전문가 할 것 없이 한목소리로 열정을 찬양한다. 마치 자신이 하는 일을 사랑하는 것이 최고의 성과를 내기 위한 유일한 요건인 것처럼 말이다. 사우스웨스트 항공의 슬로건 "사랑으로 세운 항공"[3]을 생각해보라. 아니면 리처드 브랜슨Richard Branson이 한 말도 있다. "인생의 80퍼센트를 일에 쓰게 될 테니 열정이 있는 일을 가지고 사업을 차려야 할 것이다."[4] 〈허핑턴 포스트〉는 우리 시대의 주문을 이렇게 요약했다. "성공으로 가는 열쇠: 자신이 하는 일을 사랑하라."[5]

하지만 정말로 열정이 성공으로 가는 열쇠일까? LA의 수많은 실패한 배우들에게 물어보라. 열정을 좇다가는 실업자가 될 수도 있다고 말해줄 것이다. 오프라 윈프리 식의 성공 스토리가 듣기에는 좋지만 오해를 불러일으킬 소지도 다분하다. 스탠퍼드대학교가 성공하지 못했거나 힘든 시기를 겪는 동문을 연단에 올리지는 않을 것이다. 오프라 윈프리처럼 엄청난 성공을 거둔 사람만이 열광하는 관중 앞에서 '나는 열정을 따라왔노라'고 말이라도 해볼 기회를 가진다. 유명한 벤처 캐피털리스트 마크 앤드리슨Marc Andreessen이 트위터에 쓴 것처럼 "문제는 좋아하는 일을 했다가 성공하지 못한 사람들의 얘기는 들을 기회조차 없다는 점이다."[6] 오프라 윈프리가 성공하는 데는 열정이 한몫했을 수 있다. 하지만 열정 때문에 제대로 날개를 펴보지 못한 사람도 수없이 많을지 모른다.

만약 프리랜서인 데이비드 소벌David Sobel이 오프라 윈프리의 스탠퍼드 연설을 듣고 있었다면 박수 치지 않았을지도 모른다. 뉴스 사이트〈살롱Salon〉에 밝힌 것처럼 소벌은 오랫동안 "존경받는 사회정책 연구소"의 "창문 없는 사무실"에 앉아 보고서 정리하는 일을 했다. 그러다가 마흔두 살이 됐을 때 경제학 교수 래리 스미스Larry Smith의 유명한 TED 강연 '열정을 따라서'를 보았고, 이제 행동에 나서기로 결심했다. 그는 직장을 그만두고 자신이 좋아한다고 여긴 새로운 커리어에 몸을 던졌다. "나는 디지털 카피라이터로 거듭나겠다는 생각이 확고했어요."

하지만 소벌은 성공적인 커리어로 삶이 윤택해지기는커녕 몇 달간 일이 없어 고생해야 했다. 아무리 애써도 일감을 찾을 수 없던 소벌은 건강보험료를 내기 위해 은퇴 자금을 헐어야 했고 부모님에게까지 손을 벌렸다. 반려견 돌보미 일을 구했지만 금세 일자리를 잃어버렸다. 결국 그는 정신병원까지 가게 됐고 "중독자들과 함께 그룹 치료 시간에 앉아 있었다." 소벌은 이렇게 결론 내렸다. "절대로 꿈을 좇지 말았어야 했어요."[7]

열정을 좇으라는 조언, 다시 말해 열정이 시키는 일을 하라는 조언은 위험할 수 있다. 하지만 그렇다면 대안은 무엇인가? 열정을 무시하는 것도 그리 멋지지 않기는 마찬가지다. 그저 월급을 받기 위해 지루하고 공허한 일을 꾸역꾸역 할 수밖에 없기 때문이다. 코미디언 짐 캐리Jim Carrey는 마하리시경영대학교 졸업축하 연설에서 아버지 얘기를 했다. 아버지도 재능 있는 코미디언이었지만 실패를 두려워했다고 말이다. 짐 캐리의 아버지는 '안전한' 길(회계)을 택했으나, 짐 캐리가 열두 살 때 실직했고 집안은 극도로 궁핍해졌다. 짐 캐리는 이렇게 회고

했다. "저는 아버지한테서 훌륭한 교훈을 많이 얻었습니다. 그중 하나가 이거예요. 원하지 않는 일을 해도 실패할 수 있다. 그러니 좋아하는 일을 시도해보는 편이 나을지도!"(박수갈채)[8] 금전적 안정성도, 열정도 얻지 못한 아버지를 회상하며 짐 캐리는 언뜻 슬픈 표정을 지었다.

우리는 늘 커리어와 열정의 관계를 잘못 생각하고 있었다. 어떤 이들은 성공 가능성과 무관하게 열정을 따라야 한다고 믿는다. 또 어떤 이들은 열정이 있건 말건 안정적으로 돈 벌 수 있는 커리어를 추구해야 한다고 믿는다. 어느 쪽도 그리 매력적이지는 않다. 그래서 우리는 뭘 해야 할지 확신하지 못하는 채로 둘 사이를 왔다 갔다 하며 조금이라도 나은 길을 찾아 더듬더듬 앞으로 나아간다.

열정을 '따른다'와 '무시한다'라는 상충하는 듯한 두 옵션 사이에서 과연 해결책은 있는 걸까? 있다. 우리 조사 결과 세 번째 옵션이 있었다. 바로 '일치시키기'다. 커리어를 만들어가면서 열정도 함께 추구하는 사람들이 있다. 그들은 그 열정을 직업에 대한 분명한 목적의식과 연결한다. 무언가에 공헌하고, 남에게 봉사하며, 세상을 좋게 바꾸는 것 말이다. **이 사람들은 열정을 목적의식과 일치시켰다.**

열정과 목적의식이 무슨 뜻인지부터 분명히 짚고 넘어가자. 일에 열정이 있다는 말은 그 일을 생각하면 힘이 솟는다는 뜻이다. 흥분과 열의를 느끼는 것이다. 누구에게는 열정이 조용한 내적 만족과 자족일 수 있다. 또 누구에게는 열정이 '가자!' 식의 더 큰 스릴일 수도 있다.[9] 목적의식과 관련해 학자나 자기계발의 대가들은 우리가 사회의 행복에 헌신하는 것을 중심으로 삶을 꾸려가야 한다고 조언한다. 하지만 이것은 목적의식을 지나치게 좁게 본 것이다. 2장에서 말한 것처럼 기업을 위해 가치를 창출하는 것도 목적의식이 될 수 있다. 아프리카의 아이들을 구제하거나 시카고 거리의 노숙자들을 돕는 일이 아니라고 해서 내 직업에 목적의식이 결여됐다고 말할 수는 없다. 조사 결과 우리는 목적의식을 다음과 같이 좀 더 넓게 정의할 수 있었다. **우리는 개인적으로 의미 있고 누구에게도 해가 되지 않는 방식으로 남들(개인 또는 조직)에게 혹은 사회에 가치 있는 기여를 할 때 목적의식을 느낀다.**

열정과 목적의식이 동일한 것은 아니다. 열정은 '좋아하는 일을 하는 것'이고, 목적의식은 '기여하는 일을 하는 것'이다. 열정은 '세상이 나에게 뭘 해줄 수 있는가'를 묻지만, 목적의식은 '내가 세상에 뭘 해줄 수 있는가'를 묻는다.[10]

어느 직업에 강한 목적의식을 느끼지만 깊은 열정은 느끼지 '못할' 수도 있고, 그 반대도 가능하다. 우리는 조사를 진행하며 마흔 살의 생체의학 엔지니어 테레사를 만났다. 테레사는 매사추세츠주 보스턴에 위치한 어느 대형 교정기구 회사에서 10년을 일했다.[11] 테레사가 맡은 일은 식품의약국FDA 심의를 통과하는 데 필요한 제품 테스트 데이터를 수집하는 일이었다. 테레사는 강한 목적의식을 보고했지만('사회에 기여한다' 항목에서 7점 만점에 6점을 기록), 자신의 일이 매우 흥미진진하다고 말하지는 않았다(열정 부문에서는 겨우 2점을 기록). 테레사는 세상에 기여하고 있었으나 자신이 하는 일을 좋아하지는 않았다. 반면 자신의 일을 좋아하는 매리언도 있었다. 매리언은 어느 가전 회사에서 '린 식스 시그마 블랙벨트' 프로그램의 매니저로 일하며 지속적 개선

프로젝트를 추진했다. 그러나 매리언은 자신이 하는 일에서 큰 의미를 찾아내지는 못했다. 그녀는 깊은 열정을 느끼고 있었으나(6점을 기록), 강한 목적의식은 전혀 느끼지 못했다(겨우 1점을 기록).

  테레사와 매리언 모두 열정과 목적의식을 '일치시킬' 수 있었다면 좋았을 것이다. 우리가 5,000명을 통계 분석해보니 열정과 목적의식을 일치시키는 사람들은 둘 중 하나 혹은 둘 다 부족한 사람에 비해 평균적으로 훨씬 나은 성과를 냈다. 이 책에 나오는, 성과를 내기 위한 7가지 요인 가운데 '열정과 목적의식이 둘 다 높은 수준일 것(나는 이것을 '열정×목적의식'이라고 부른다)'은 두 번째로 중요한 것이었다. 둘 다를 가진 사람은 둘 중 하나 혹은 둘 다 갖고 있지 않은 사람보다 성과 백분위 순위가 18퍼센트포인트 더 높았다.[12] 둘 중 하나만 가진 사람은, 그 하나가 열정이든 목적의식이든 성과 수준이 낮았다. 따라서 핵심은 '열정×목적의식'을 목표로 삼아 자신의 일에 열정과 목적의식 둘 다를 불어넣는 것이다.

열정×목적의식과 성과의 관계

열정과 목적의식을 일치시키는 것이 그토록 효과적인 이유는 뭘까? 처음에 나는 이 조합이 단순히 사람들을 더 오래 일하게 해서 성과를 높이는 것인 줄 알았다. 좋아하는 일을 하고 목적까지 있다면 그 누구보다 일찍 출근하고 늦게 퇴근하지 않겠는가? 하지만 데이터는 이런 설명을 무참히 뭉개버렸다. 설문조사 참가자 5,000명 중에 열정과 목적의식에서 높은 점수를 기록한 사람들은 주당 평균 50시간 일했다. 열정과 목적의식에서 낮은 점수를 기록한 사람들은 평균 43시간 일했다. 7시간 더 일한다면 우습게 볼 일은 아니지만 아주 많은 시간이라고 할 수는 없다. 열정과 목적의식은 사람들이 주당 70시간, 80시간 일하게 만들지는 않았다.[13] 분석해보니 7시간 더 일하는 것으로 성과가 그리 높아지는 것은 아니었다. 겨우 1.5퍼센트 상승하는 정도였다.[14]

우리는 미궁에 빠졌다. 열정과 목적의식은 왜 성과와 상관관계를 보이는가? 이 문제를 풀기 위해 우리는 사례연구 내용을 더 깊이 파고들었다.

우리 조사 참여자 가운데 준비에브 귀에Genevieve Guay가 있었다. 준비에브는 캐나다 퀘벡에 있는 고급 호텔 오베르주 생앙투안Auberge Saint Antoine의 안내 데스크에서 일했다. 돈 많은 고객의 뻔한 요청을 수행하는 일이 업무의 대부분이었다. 식당을 추천하고, 극장 티켓을 예매하고, 쇼핑 팁을 제공했다. 찬바람이 쌩쌩 불던 2010년 어느 아침, 다큐멘터리 포토그래퍼가 데스크로 전화를 걸어왔다. 그는 이 호텔에 머물고 있었는데 이 지역의 독특한 사람과 문화를 대표하는, 찾기 힘든 물건 10여 가지를 구해달라고 했다. 준비에브는 도움을 줄 수 있었을까?

여느 안내 데스크 직원이라면 이런 요청은 가볍게 무시했을 것이다. 포토그래퍼에게 기념품 가게를 알려주고 스노볼이나 열쇠고리, '맞아요, 캐나다인 맞다니까요' 티셔츠 따위를 사게 했을 것이다. 하지만 준비에브는 포토그래퍼가 호텔에 머무는 며칠 동안 희귀한 물건을 찾아 퀘벡 시내를 직접 돌아다녔다. 그리고 흰올빼미 봉제인형, 불곰 발톱

(오른쪽과 왼쪽), 옛날식 축음기, 오래된 거울, 나무를 깎아 만든 물고기, 조그만 나무 집 모형을 가져왔다. 준비에브는 심지어 또렷한 붉은색과 주황색 줄이 특징인 이 지역 맷누에나방의 표본까지 구해 왔다. 이 표본을 구하려고 여기저기 전화해서 결국 인근 라발대학교의 어느 연구원까지 찾아내 표본을 빌려 조심조심 손수 가지고 왔다.

흰올빼미 봉제인형을 찾아내는 것은 준비에브의 직무 기술서에 나와 있는 내용을 한참 벗어난다. 그런데도 왜 준비에브는 그토록 힘든 노력을 마다하지 않았을까? 내게 들려준 이야기로는, 준비에브는 투숙객과 교감할 때 열의를 느낀다고 했다. 준비에브에게 이 일은 여느 직업과 달랐다. "저는 제 손을 거쳐 남들의 삶이 윤택해지는 게 너무 좋아요. 이 일은 저에게 이 데스크를 떠나지 않고서도 세상 곳곳에서 온 수많은 사람을 만나게 해주죠. 그리고 제가 하는 일은 결과가 바로 보여요. 제가 추천한 식당을 손님이 마음에 들어 하는 것처럼 별것 아닌 일도 내가 뭘 도왔는지 한눈에 알 수 있죠." 지금의 직업이 어떤 의미냐고 물었더니 준비에브는 "훌륭한 러브 스토리" 같다고 말했다. 그녀는 '소중하다'는 말을 여러 번 되풀이했다. "저한테는 제 고객들이 소중해요. 소중하면 에너지가 발휘되죠. 제가 에너지를 발산하면 손님도 제게 에너지를 돌려줘요."

호텔 직원들은 자리를 자주 옮긴다. 그들에게 일자리는 학비를 충당하기 위한 수단이다. 하지만 준비에브에게는 그렇지 않다. 손님을 돕는 것이 자신의 소명이다. 나와 대화할 때 준비에브는 이미 해당 업무를 9년째 하고 있었다. 준비에브의 상사는 그녀를 호텔의 안내 팀장으로 승진시켰고, 우리 설문에서 그녀에게 성과 부문 최고점을 주었다. 또 준비에브는 업계에서도 나름 인정받아 "불가능을 가능으로"[15] 만드는 데 헌신하는 호텔 안내 직원들의 국제연합 '레클레도르Les Clefs d'Or'에 입회 허가를 받았다. 레클레도르 회원이 되는 것은 업계에서 대단한 성취다. 준비에브는 여러 테스트를 통과해야 했는데, 평가하러 온 여섯 명의 '미스터리 투숙객'을 감동시켜야 하는 특별 과제도 있었다.

준비에브의 열정('사람들과 교감하는 게 정말 좋아요')은 목적의식(호텔 투숙객을 돌보고 도와주는 것)에 이바지했다. 많은 이들과 달리 커리어에서 마법을 찾았고, 열정과 목적의식이 서로 겹치는 바로 그 지점에 안착했다. 그 결과 준비에브는 자신의 일을 남다른 '열의'로 추진할 수 있었다. 준비에브는 얼른 호텔에 가고 싶은 심정으로 매일 아침 눈을 떴다. 호텔에 도착하면 손님을 따뜻하게 맞았고 기억에 남는 투숙이 될 수 있게 자신이 할 수 있는 모든 일을 했다. 꽁꽁 얼어붙은 퀘벡에서 어둑어둑한 1월 아침 지친 몸으로 추위와 싸우며 일하고 있을 때조차 말이다. 그렇다. 준비에브는 타고난 재능을 잘 활용했다. 게다가 장시간 일한 것도 사실이다. 두 요인 모두 준비에브의 성공에 이바지했다. 하지만 탁월한 성과를 낸 것은 일에 '에너지'를 불어넣을 수 있었기 때문이다. 열정과 목적의식에서 나온 에너지 말이다.

열정×목적의식이 발휘하는 진짜 마법은 뭘까? 열정과 목적의식이 합해지면 일에 더 많은 '에너지'를 쏟아부을 수 있다. 근면성실 패러다임에서 단순히 더 오래 일하는 게 아니라 **업무시간당 에너지**가 늘어난다. 이게 바로 똑똑하게 일하는 법이다.

🎵 열정과 목적의식을 일치시키기

열정×목적의식을 가진 사람은 일에 더 많은 에너지를 집중시키고 더 좋은 성과를 낸다

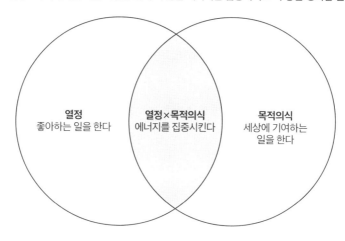

열정
좋아하는 일을 한다

열정×목적의식
에너지를 집중시킨다

목적의식
세상에 기여하는
일을 한다

데이터를 분석하면서 우리는 '열정과 목적의식을 둘 다 가진 것'과 '노력의 정도' 사이에 강한 연관이 있음을 알게 됐다. 그래서 '구조방정식 모델링^{SEM}'이라고 하는 기법을 이용해 추가 분석을 실시했다. 여기서는 노력을 '주당 노동시간'과 '해당 시간 동안 들이는 노력' 2가지 유형으로 나누었다. 분석에 따르면 열정과 목적의식은 '주당 노동시간'이 아니라 '노동시간당 들이는 노력'을 강하게 예측했다(자세한 내용은 부록 '조사 개요' 3.2 마지막 항목 참고).

다른 연구들도 이런 내용을 확인해주었다. 보험회사에서 일하는 509명을 연구한 자료에 따르면, 자기 일에 열정적인 사람은 노동시간 동안 더 많은 에너지를 쏟아붓는다고 한다. 이들은 업무에 더 몰입했고('일하는 동안에는 완전히 업무에 몰두해요'), 맡은 과제에 더 많은 주의를 기울였다.[16] 그런 몰입과 주의로 성과가 향상됐다.[17]

자신이 하는 일을 좋아하면 활력이 생긴다. 또 스스로 남들을 돕고 있다(사람들이 나를 필요로 하고 나에게 의지하고 있다)고 생각하면, 더 잘하고 싶은 동기가 훨씬 커진다. 그러면 사람은 자기 목적에 이바지하기 위해 노력을 집중시키게 된다. 우리 연구가 보여주듯 기쁨·흥분·자부심·의욕·희망 같은 온갖 긍정적 감정이 활성화되고, 이것이 더 많은 에너지로 이어진다. 회의에 주의를 더 집중하고, 동료나 고객과의 관계가 더 깊어진다. 사소한 것도 눈에 보이고 새로운 아이디어를 시도한다. '모든 것'을 더 잘하게 된다.

웬만하면 누구나 일치시킬 수 있다

안타깝게도 준비에브 같은 열의나 흥분을 전혀 경험하지 못하면서 어쩔 수 없이 지루하고 의미 없는 일을 꾸역꾸역 하고 있다고 느끼는 사람이 많다. 그렇다면 준비에브는 그저 운 좋은 소수인 걸까? 대체 '나'는 열정과 목적의식을 주는 일을 어디서 찾아야 하는 걸까? 이에 답하기 위해 우리는 다시 데이터로 돌아갔다. 그리고 사람들이 높은 수준의 열정과 목적의식을 보고한 특별한 직장이 어딘지 찾아봤다. 결과는 어땠을까? '특별한' 직장은 전혀 없었다. 거의 '모든' 업종과 직종에서 적어도 일부의 사람은 많은 열정과 목적의식을 느끼고 있었다. 특정 업종이나 직종만이 열정과 목적의식을 허락한다는 생각은 신화일 뿐이었다.

열정을 한번 생각해보자. 다음 그래프는 직종에 따라 열정적인 사람

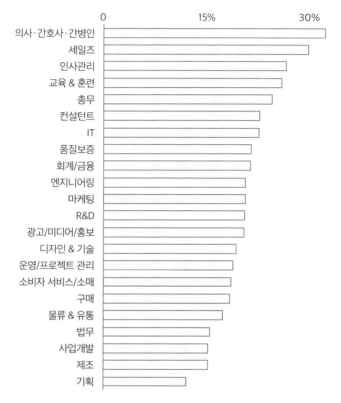

열정적인 사람은 어느 직종에나 분포한다

'업무에 극도로 열정적'이라고 평가된 사람의 비율

조사 표본 4,964명. 부록 '조사 개요' 참고.

이 얼마나 분포하는지 보여준다. 물론 큰 차이도 일부 있다. 예컨대 건설 노동자보다는 의료 종사자가 일에 흥미를 더 느끼고, 전략 기획가보다는 판매 직원이 자기 업무를 좋아하는 경향이 있었다. 그러나 우리는 '모든 직종과 업종'에서 열정적인 사람을 찾을 수 있었다. 열정적인 사람의 비율이 10퍼센트 미만인 업종이나 직종은 하나도 없었다.

트럭 운전사나 매장 점원 혹은 콜센터 직원이 열정적이라는 소리는 잘 못 들어봤겠지만, 실제로 데이터를 보면 그런 사람은 존재했다.

마찬가지로 관료주의적 문화가 있는 대기업에서 일하는 사람은 중소기업에서 일하는 사람보다 일에서 열정을 찾기가 더 어려울 거라 생각할 것이다. 또 한 직종에서 오래 근무할수록 열정이 줄어든다고 생각할 것이다. 하지만 그렇지 않다! 회사의 크기도, 근무 연수도 자기 일을 얼마나 좋아하는지에 별 영향을 주지 않았다.

직업의 목적성에 대한 생각도 처음의 우리 예상을 빗나갔다. 사람들은 지루하고 시시한 일에서는 목적의식을 느낄 수 없다고 생각한다. 실제로 많은 사람들이 저임금 서비스직을 의미 없게 생각한다는 연구 결과도 있다.[18] 그러나 정반대의 결과를 보여주는 연구도 있다. 가장 하찮다고 생각하는 업무에서도 일부 사람들은 목적의식을 끌어낼 수 있고, 실제로 목적의식을 느낀다. 병원 잡역부를 조사한 에이미 프제스니에프스키[Amy Wrzesniewski] 예일대학교 경영대학원 교수는 잡역부 가운데서 자기 일을 매우 의미 있게 여기는 사람들이 있음을 발견했다. 그들의 눈에 자신들은 그저 병원 바닥이나 닦는 사람이 아니었다. 환자를 돌보고 환자 가족이 필요로 할 때 돕는 사람이었다.[19]

우리 조사를 보면 업종에 따라 스스로 사회에 기여하고 있다고 느끼는 사람의 비율에 큰 차이가 있었다. 예컨대 의료업계 종사자는 그 비율이 약 40퍼센트에 이르는 반면, 산업용 제품 및 서비스 종사자는 3퍼센트에 불과했다. 그럼에도 '명백히 의미 있는' 분야에 종사하지 않으면서 강한 목적의식을 느끼는 사람이 많았다. 건설업 종사자의 28퍼센트가 '내 일이 단순히 돈 버는 것을 넘어 사회에 기여한다고 느낀

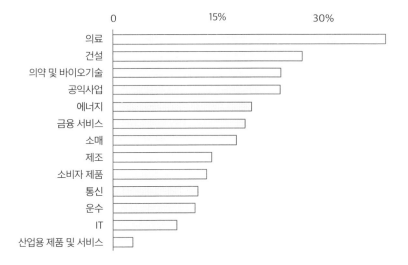

일에서 느끼는 목적의식

'사회에 기여한다' 항목에서 높은 점수를 기록한 사람의 비율

조사 표본 4,964명. 부록 '조사 개요' 참고.

다' 항목에서 '완전히 그렇다'고 답했다. 그중에는 주택을 짓는 사람도 있었고, 병원이나 학교 등 공공시설을 짓는 사람도 있었다.

이 모든 데이터를 종합해보면 꽤 좋은 소식이다. 거의 모든 경제 부문에서 사람들이 열정과 목적의식을 발견한다고 하면, 여러분도 자신이 하는 일에서 열정과 목적의식을 발견할 가능성이 높기 때문이다. 열정과 목적의식을 찾아 직업을 바꾸거나 회사를 떠나는 위험을 감수하지 않아도 된다. 실제로 우리가 실시한 사례연구를 보면 현 직장에 머물면서도 열정과 목적의식을 찾아내고 또 키울 수 있는 구체적 방법이 3가지 있다.

새로운 역할을 찾아라

스티븐 버즈올Steven Birdsall은 220억 달러의 매출을 자랑하는 독일의 거대 소프트웨어 회사 SAP에서 일했다.[20] 그는 2001년부터 2011년까지 고속 승진을 거듭했지만, 2011년 여름이 되자 왠지 마음이 뒤숭숭했다. 그는 여러 사업부에서 최고운영책임자COO 역할을 수행했고, 이후 기업 전체의 판매를 담당하는 최고운영책임자를 맡았다. 후방에서 관리하는 현 직책에 불만은 없지만 버즈올은 뭔가 빠진 듯한 기분이었다. 벌써 1년째 그는 다음 커리어를 고민하고 있었다. 물론 지금 자리에서 조금씩 개선해볼 수도 있다. 아니면 지역 책임자로 자리를 옮겨 SAP 소프트웨어를 판매할 수도 있다. 그렇게 해도 잘할 자신이 있었다.

버즈올은 업무의 어떤 면에 흥미를 느끼는지 정확히 알아보기로 했다. 그가 갈망하는 것은 고객과 마주 앉아 이야기를 나누며 고객에게 딱 맞는 소프트웨어를 찾아내고, 협상하고, 공감대를 형성하고, 좀 웃고, 마침내 계약이 성사됐을 때 흥분하고, 뒷일을 잘 챙겨 고객을 기쁘게 하고, 오래 지속될 관계를 형성하는 것이었다. 그리고 그에게는 충족하고 싶은 또 다른 열정이 있었다. 예전부터 그는 맨땅에서 출발해 새로운 사업을 개발하고 성공시키는 데 소질이 있었다. 커리어 초창기 ATM 제조업체인 디볼드Diebold에서 세일즈를 담당할 때 핵심 시장인 은행 외에 새로운 상업 시장에 기존 제품을 적용한 적이 있었다. 기업가적 기질이 필요했던 그 업무가 돌이켜보니 아주 짜릿했다. 지금은 그런 열정을 쏟을 일이 없었다. 전통적인 세일즈 업무로 옮긴다고 해도 마찬가지였다.

SAP에서 이런 고민을 계속하면서 버즈올은 오도 가도 못하는 심정이었다. 지금 회사에서는 세일즈에 대한 자신의 열정과 기업가적 열정을 둘 다 활용할 수 있는 직무를 찾을 수 없을 것이다. 그러나 SAP를 그만두고 스타트업으로 옮긴다면 어마어마한 리스크를 감수해야 한다. 현실적으로 성공할 가능성 없이 '열정을 따르라'는 오프라 윈프리의 주문을 좇는 격이었다. 그렇다고 지금 자리에 계속 머문다면 자신의 열정을 무시하는 것이었다. 버즈올에게는 어느 쪽도 매력적이지 않았다.

날마다 이런 딜레마를 곱씹으며 몇 주가 흘렀다. 그는 자신이 선택할 수 있는 옵션을 끈덕지게 생각해보았다. 그래도 무슨 해결책이 있겠지. 그러다가 마침내 무릎을 탁 쳤다. SAP에 있으면서 신사업을 개발해보면 어떨까?

당시 SAP 고객들은, 온라인에 올리는 데 몇 년씩 걸리면서 1,000만 달러나 드는 소프트웨어 시스템을 바꾸길 원했다. 그래서 SAP가 개발한 것이 RDS^Rapid Deployment Solutions라고 하는 기성품 형식의 단순화된 소프트웨어 제품이었다. 이 제품에 대한 수요는 있었지만 세일즈 팀은 아직 적극적으로 움직이지 않았다. 이 제품으로 사업을 제대로 일으킨다면 회사에 막대한 기여를 하게 될 것이다. 버즈올은 자신이 적임자라고 생각했다. 물론 버즈올도 현재의 글로벌 최고운영책임자 자리를 선뜻 내놓을 만큼 가치 있는 위험부담일지 고민하지 않은 것은 아니었다. 하지만 얼마간 숙고 후 그는 충분히 위험을 감수할 만하다고 결론 내렸다. 우리와 가진 인터뷰에서 그는 이렇게 말했다. "솔직히 말해서 그게 제가 열정을 가진 분야거든요. 저는 완전히 처음부터 새로운

🎯 열정×목적의식

스티븐 버즈올의 사례. 마지막 칸에서는 현재 여러분이 하는 일을 평가해보라.

	스티븐 버즈올의 대안				여러분의 평가
	지금의 자리 (COO)	전통적 세일즈	스타트업	신사업	지금의 일 (또는 대안)
목적의식: 가치를 창출하고 기여하는가?	예	예	불확실	예	목적의식?
열정: 고객과 소통하는가? 기업가 정신이 필요한가?	아니오 아니오	예 아니오	예 예	예 예	열정?
열정과 목적의식이 일치하는가?	아니오	일부	아니오	탁월한 일치	일치?

사업을 시작해서 제품을 시장에 소개하는 게 정말 즐거워요. 고등학교 때부터 줄곧 그랬어요."

버즈올은 정말 오랫동안 괴로워하다가 결국 결심을 굳혔다. 그리고 RDS 사업을 어떻게 전개할지 기획안을 만들어 SAP 이사회에 제출했다. 이사회는 버즈올의 기획안을 지지했다. 그의 상사인 SAP 회장은 버즈올에게 RDS를 한번 자기 사업처럼 키워보라고 했다. 최고운영책임자 자리를 던져버린 버즈올은 오직 한 가지 목표, 즉 RDS를 성공시키는 데만 자신의 온 에너지를 집중시켰다. 그는 위험을 감수할 줄 아는 경험 많은 사람들로 새로운 팀을 꾸리고 전 세계 국가의 고객 수백 명을 만나고 다녔다. 출장으로 쌓인 항공 마일리지만 수십만 마일이 넘을 정도였다. 이렇게 '올인'한 그의 노력은 결과로 되돌아왔다. 2년 반 만에 RDS는 누구도 예상치 못한 규모로 폭발적으로 성장했고 연매출 13억 달러(약 1조 5,000억 원)를 달성했다.

버즈올처럼 여러분도 기존 회사 내에서 자신의 열정과 강한 목적의식을 결합할 기회를 찾을 수 있다. 하지만 미리 준비해야 한다. 노력이 필요한 일이기 때문이다. 지나고 나니 버즈올의 커리어 행보가 단순해 보일지 몰라도, 그 입장에서는 몇 개월 심사숙고를 통해 나온 결단이었다. 그는 수십 가지 옵션을 생각한 뒤에야 자신에게 딱 맞는 선택을 할 수 있었다. 그는 선택하기까지 결코 안주하지 않았다.

일하면서 열정이나 목적의식을 발견할 수 있는 유일한 방법은 버즈올처럼 '딱 맞는' 역할을 찾아내는 것뿐이라고 생각하는 사람이 많다. 한 연구에 따르면, 직업을 가진 성인 가운데 70퍼센트가 일에서 열정을 느끼기 위해서는 처음부터 그 직업이 완벽하게 '들어맞아야' 한다고 여긴다. 이들은 '현재의 직업'에서 열정을 '개발'할 가능성은 등한시했다.[21] 이미 가진 직업에서 열정과 목적의식을 더 잘 일치시킬 수 있는 방법은 없을까?

열정의 범위를 키워라

짧은 퀴즈. 다음 진술을 읽고 1점에서 7점까지 자기 점수를 매겨보라.

- 나는 매일 내 업무를 수행하는 것이 무척 즐겁기 때문에, 내 직업에 열정적이다.

완전히 그렇다 (7점)	현저히 그렇다 (6점)	약간 그렇다 (5점)	보통이다 (4점)	약간 아니다 (3점)	거의 아니다 (2점)	전혀 아니다 (1점)

여러분은 몇 점을 주었는가? 우리 조사 결과, 직무의 일환으로 수행하는 특정 업무(환자를 돕거나 물건을 팔거나 전략을 고안하는 일)를 열정과 동일시하는 사람도 있었다. 이들에게는 맡은 업무를 얼마나 잘하느냐는 별로 중요하지 않았다. 업무 자체의 즐거움이 중요했다. 이런 사람은 학자들이 말하는 '내적 동기'를 느낀다. 그러나 유감스럽게도 내적 동기는 흔하지 않다. 데이터를 분석해보니 '내가 실제로 하는 업무는 그 자체로 보람 있다' 항목에 '완전히 그렇다'고 답한 사람은 참여자의 15퍼센트도 되지 않았다. 대부분의 경우 실제 업무가 어느 정도 보람은 있을지 몰라도 '그다지' 큰 보람은 아닌 셈이다.

그렇다면 대부분의 사람은 아무 자극도 없고 행복하지 않은 지금의 일을 꾸역꾸역 해야 하는 불운에 빠진 걸까? 전혀 아니다. 구체적 업무 외에도 열정을 일으키는 다른 원천이 있다. 다음의 진술에 대해서도 1점에서 7점 척도로 평가해보라.

- 나는 결과를 얻고 성공하는 경험을 즐기기 때문에, 내 직업에 열정적이다. (성취 열정)
- 나는 내 일의 창의적 측면에서 힘을 얻기 때문에, 내 직업에 열정적이다. (창작 열정)
- 나는 동료들과 함께 일하며 교류하는 것이 정말 좋기 때문에, 내 직업에 열정적이다. (사람 열정)

- 직업적으로 그리고 개인적으로 배우고 성장할 수 있는 기회가 주어지기 때문에, 내 직업에 열정적이다. (학습 열정)
- 매일 내가 가장 잘하는 일을 할 기회가 주어지기 때문에, 내 직업에 열정적이다. (능력 열정)

성공했을 때 느끼는 짜릿함이 중요한 사람도 있다. 우리 조사에서 거의 20퍼센트에 가까운 사람들이 '나는 내 직업이 성공을 경험하게 해주기 때문에 좋다고 느낀다'라는 진술에 '완전히 그렇다'고 답했다. 당연하게도 세일즈처럼 전통적으로 경쟁이 더 치열한 분야에서 일하는 사람들은 성취에서 더 많은 즐거움을 느꼈다.

무언가를 만들어낼 수 있다는 사실에 열광하는 사람도 있었다. 기업들에 인사관리 소프트웨어 솔루션을 제공하는 회사의 팀장인 마흔여섯 살 캐런은 자신의 직업이 혁신을 가져올 수 있기 때문에 깊은 열정을 느낀다고 했다. "정말 아무것도 없이 바닥부터 무언가를 만들어본 경험이 있다면 아실 거예요. 그게 얼마나 놀라운 경험인지요. 그런 작업을 할 때는 우리가 당연시하던 모든 게 당연하지 않습니다. 처음부터 한 조각 한 조각 직접 쌓아나가야 하죠. 어마어마한 융통성의 여지가 있고요. 얼마든지 예술성과 창의성을 발휘하며 일할 수 있습니다."

직장 내 또 다른 열정의 근원은 사람이다. 우리는 직장에서 형성되는 깊은 인간관계와 서로를 챙겨주는 느낌을 좋아한다.[22] 조사에 참여한 서른 살의 금융 애널리스트 소피아는 사무실에 있는 동료들이 "정말로 친절하고 인심이 후하다"고 했다. "제가 개인적으로 좀 큰일을 겪었는데 동료들 모두 더할 나위 없이 저를 응원해줬어요. 날마다 저에게 와서 괜찮은지 확인하고 어떻게 지내는지 보고 가더군요. 사람들이 저를 챙겨준다는 마음이 들었어요."[23]

조사하며 알게 된 또 다른 측면의 열정은 직업적으로 배우고 발전하는 데서 느끼는 열정이다. 무려 56퍼센트의 사람들이 배우고 성장할 기회를 주기 때문에 자신의 직업에 열의를 가진다고 답했다.

마지막으로 능력을 기초로 한 열정이 있다. 자신의 강점을 활용할 수 있기 때문에 자기 일을 좋아하는 경우다(알아챈 사람도 있겠지만 앞 인용문의 마지막 진술은 갤럽의 '스트렝스파인더'식 접근법에서 사람의 강점과 직업을 서로 짝지어줄 때 사용하는 진술이기도 하다).[24] 이런 열정은 서서히 드러날 수도 있다. 어떤 일을 아주 잘하게 되면 그게 다시 열정에 불을 붙이는 식이다. 차갑던 난로가 뜨거워지듯이 말이다.[25]

직장에서의 열정은 다음 6가지를 모두 아우르는 개념이다. 업무의 즐거움, 성공할 때의 흥분, 창의적 에너지를 발휘할 때의 스릴, 사람들과 함께하는 데서 느끼는 열의, 배우고 성장하는 기쁨, 일을 잘할 때 느끼는 짜릿함.

우리는 이런 열정의 근원을 한 가지 이상 활용해서 업무 활동을 할 수 있다. 《위대한 기업의 선택》을 집필하던 2년간 짐 콜린스와 나는 매주 전화회의를 했는데 이 순간이 무척 좋았다. 돌이켜보면 이 전화회의에서 열정의 근원 4가지를 활용했기 때문인 듯하다. 내적 열정(우리가 다룬 주제를 논의하고 브레인스토밍하는 작업 자체가 즐거웠다), 창작 열정(새로운 통찰을 만들어내는 게 행복했다), 학습 열정(나는 배우고 있었다),

사람 열정(짐이라는 훌륭한 사람과 작업하는 게 즐거웠다)이 그것이다.

　다시 앞으로 돌아가 여러분의 답변을 확인해보라. 6가지 차원에 걸쳐 어떻게 하면 여러분의 열정을 북돋울 수 있을지 생각해보라. 창의적인 문제해결이 필요한 업무를 찾아보라. 고객 대면 활동을 찾아서 성공의 스릴을 경험하라. 교육 세미나에 참석해 새로운 기술을 배우라. 브레인스토밍 회의에 꼭 참석하라. 제품 설명 경진대회처럼 경쟁적인 프로젝트에 참여하라(아니면 부서 내 소프트볼 팀이라도 가입하라). 상사에게 내가 도전의식을 불태울 수 있는 추가 도전 목표를 제시해달라고 하라. 내가 좋아하고 동경하는 사람들과 더 많은 시간 함께 일할 수 있는 방법을 찾아라. 나를 힘 빠지게 만드는 동료를 피하라. 내 열정을 가장 많이 앗아가는 업무가 뭔지 알아내 거기서 빠져나오라. 어느 한 가지 업무 활동을 정말로 잘할 때까지 연습하라. 더 많은 열정을 찾아내고 더 깊이 파고든다면 일하는 매 시간 더 많은 동기부여가 되고 힘이 날 것이다. 그러면 그것은 다시 성과 향상으로 이어지고 열정과 목적의식을 일치시키기는 더 쉬워질 것이다.

목적의 피라미드를 올라가라

열정과 목적의식을 최대한 일치시킬 수 있는 또 다른 방법은 지금의 일에 목적이 있는 활동을 더 많이 끼워 넣는 것이다. 열정과 목적의식의 핵심적 차이를 기억할 것이다. 열정은 내가 좋아하는 일을 하는 것이고, 목적의식은 무언가에 기여하는 일을 하는 것이다. 그렇다면 남

🌀 목적의 피라미드

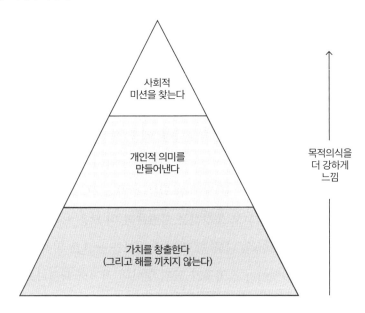

들에게 더 많이 기여할 수 있는 방법은 뭘까? 우리 조사에 따르면 직
장에서 목적의식에 접근하는 방법은 3가지가 있었다. 순서가 있기 때
문에 나는 이것을 '목적의 피라미드'라고 부른다. 이 피라미드 구조에
서는 1단계를 충족시켜야만 다음 단계로 이동할 수 있다. 더 높이 올
라갈수록 직장에서 느끼는 목적의식도 더 강해진다.

가치를 창출하라(해를 끼치지 말라)

가치 창출은 목적의 피라미드의 토대다. 2장에서 업무 재설계를 이야기하며 직무에서 가치를 창출해야 한다고 했다. 회사나 동료, 공급자, 고객 등 남에게 어떤 기여를 하는 것이 가치 창출이다. 가치를 거의 창출하지 않는다면 목적이 있는 일을 하고 있는 게 아니다. 예외는 없다. 휴렛팩커드의 엔지니어를 떠올려보자. 그는 매번 제때에 분기 보고서를 제출했지만 회사 본부에서는 이미 오래전부터 아무도 그 보고서를 읽지 않았다. 그 엔지니어는 일에 열정을 느꼈을지 몰라도 아무런 가치를 창출하지 못했으므로 그 어느 목적에도 이바지하지 못했다.

목적을 사회적 기여로만 여겨 '가치 창출'은 목적이 아니라고 보는 사람이 많다. 그러나 다시 생각할 필요가 있다. 회사에 가치를 창출한다면 기여가 맞고, 자기 일에는 목적이 생긴다. 2장에 나온 하르트무트 괴리츠를 떠올려보라. 모로코 탕헤르에 있는 컨테이너 터미널을 바꿔놓았던 사람 말이다. 괴리츠의 행동은 터미널의 효율성, 작업의 질, 회사의 이익에 기여했다. 그는 가치를 창출했다. 이게 바로 목적이다.

다만 가치를 창출하는 '방법'에는 주의해야 한다. 만약 내 업무가 다른 사람에게 해를 끼친다면, 그 해악이 내가 만든 가치를 상쇄할 것이고 내 일은 목적성을 잃을 것이다.

제너럴모터스General Motors를 예로 들어보자. 2003년 제너럴모터스 엔지니어들은 신형 모델 코발트Cobalt의 마무리 작업을 하고 있었다. 그런데 점화 스위치라는 아주 작은 금속 하나가 주행 중 오작동을 일으켰다. 이게 오작동하면 자동차가 무언가에 충돌해도 에어백이 터지지 않을 것이다. 시스템상으로는 엔진이 꺼져 있다고 인식되기 때문이다. 엔지니어들은 이 문제를 2004년부터 알았다. 그런데도 아무런 조치를 취하지 않았고 결과는 끔찍했다. 엔지니어들이 오작동 문제를 알고 난

1년 뒤인 2005년 7월 29일 열여섯 살 앰버 마리 로즈는 운전하던 빨간색 코발트가 나무에 부딪혔는데 에어백이 터지지 않아 사망했다.[26] 마리가 죽고도 9년이 지난 2014년이 되어서야 제너럴모터스은 코발트를 리콜했다. 2015년까지 점화 스위치 오작동과 관련해 사망한 사람은 124명에 이르렀다.[27]

제너럴모터스 직원과 매니저들은 2004년 당시 긍정적 기여를 했을까? 엄밀히 경제적 의미로만 따지면 기여를 했다. 큰돈 드는 리콜을 수년간 포기함으로써 비용을 낮춰 이익에 기여했으니 말이다. 그들은 경제적 가치를 창출했다. 하지만 이 '가치'는 자동차 운전자의 희생을 대가로 한 것이었다.

목적의식을 단순히 '남에게 주는 것'으로 정의하면 중요한 차이를 놓칠 수 있다. 어느 한 집단에 기여하더라도 다른 집단에 손해를 줄 수 있기 때문이다. 제너럴모터스에는 기여했으나 어린 앰버 마리 로즈에게 해를 가한 것처럼 말이다. 강한 목적의식이 생기려면 아무에게도 해를 끼치지 않아야 한다. 고객, 공급자, 상사, 조직, 직원, 지역사회, 환경 할 것 없이 모두에게 말이다.[28]

일에서 좀 더 목적의식을 느끼고 싶다면 남에게 해를 끼치는 제품·서비스·영업에 얽히지 말라. 아주 조금이라도 다른 사람들에게 해를 끼치는 제품이나 영업이라면 바꾸도록 노력하라. 의사라면 혹시라도 해를 끼칠 수 있는 검사를 지시할 때는 특별한 주의를 기울여라. 세일즈맨이라면 필요하지 않은 사람에게 무리하게 제품을 팔지 말라. 상사라면 직원들을 질책하지 말라(나의 질책이 직원들의 정서 건강에 미칠 해악을 인식하라).

작은 변화로도 남을 도울 수 있고 그게 다시 일에 대한 목적의식을 찾게 도와준다. 우리 조사에서 인터뷰한 오퍼 콜턴Ofer Kolton이라는 사람이 있다. 그는 샌프란시스코에서 가정집의 카펫 청소를 해주는 1인 회사를 운영했다. 몇 년 전 콜턴은 자신이 하는 일로 환경을 해치는 게 싫어서 청소 용품을 독성이 없고 친환경적인 것으로 바꿨다. 해악을 줄이기 위한 작은 조치였다. 그는 이제 고객의 카펫을 청소할 뿐만 아니라 고객 가정에 독성 물질을 없애고 환경까지 건강하게 유지함으로써 고객에게 이바지하게 됐다. 그의 일은 이제 더 큰 목적성을 띠기에 이르렀다.

개인적 의미를 만들어내라

목적의 피라미드에서 첫 단계에 멈춰버리는 사람이 많다. 우리가 조사한 사람들 가운데 36퍼센트는 일하면서 가치를 기여했으나 목적의 피라미드를 더 오르지는 않았다. 안타까운 일이다. 이미 상당한 가치를 창출하고 있고 더 넓은 세상에 해를 끼치고 싶지 않다면, 이제는 더 높은 단계의 목적을 향해 올라갈 차례다. 다음 단계를 통해 열정과 목적의식을 더 많이 일치시킬 수 있을 것이다. 바로 개인적 의미를 만들어내는 일이다.

사람마다 직업에 부여하는 의미가 아주 다르다. 같은 직업을 가진 두 사람이 있어도 한 사람만 자신의 일을 중요하게 여길 수 있다. 2009년 동물원 사육사를 조사한 연구에 따르면, 사육장 청소와 먹이주기를 더럽고 별 볼 일 없는 일로 생각한 이들이 있는 반면, 동물을 보호하고 동물에게 적절한 보살핌을 제공하는 도덕적 의무라고 생각한 이들도 있었다. 직업은 같으나 목적의식이 전혀 다른 경우다.[29]

렌터카 회사 직원도 마찬가지다. 우리 조사에 참여한 마흔세 살의 서맨사는 위스콘신주 그린베이에 위치한 어느 렌터카 회사에서 일했다.[30] 서맨사는 '내 일이 단순히 돈 버는 것을 넘어 사회에 기여한다고 느낀다' 항목에 7점(완전히 그렇다)을 매겼다. 이상하게 들리지 않는가? 자동차를 빌려주는 일이 사회에 도움이 된다고 느끼다니 말이다. 흠, 그렇지만 서맨사의 시각은 달랐다. 인터뷰에서 서맨사는 그 일이 자신에게는 목적성이 있다고 말했다. 사고가 나서 차를 수리하는 사람들을 도와줄 수 있기 때문이다. 서맨사는 이렇게 말했다. "다시 운전할 차가 생겼으니 발이 묶여 꼼짝 못할 일은 없잖아요. 그런 도움을 줄 수 있어서 기분이 좋아요." 다른 수많은 렌터카 직원들은 아마 자신의 일이 힘들고 지겹다고 생각하며 업무시간이 끝나기만을 기다릴 것이다. 역시나 직업은 같은데 체감하는 목적의식이 다른 경우다.

직업에서 느끼는 목적의식에 관한 한, 중요한 것은 '각 개인이 자신의 일을 어떻게 느끼느냐'다. 일을 통해 어떤 가치에 기여하고 있다면, 그 일이 중요한 목적에 이바지한다고 생각할 것이냐 아니냐는 전적으로 개인에게 달려 있다.

목적의 피라미드에서 더 위로 올라가려면 자신이 기여하는 일을 의미 있게 느끼도록 적극 노력해야 한다. 의미의 '프레임'을 바꾼다면 지금 하는 일을 그대로 하면서 더 많은 목적의식을 느낄 수 있다. 프제스니에프스키의 연구에서 병원 잡역부들은 일할 때 의미 있는 순간이 언제인지 알고 있었다.[31] 제이슨이라는 잡역부는 환자들에게 말을 걸어 기분을 밝게 해주는 것을 자신의 의무라고 느꼈다. 그는 이렇게 말했다. "보통 매일 아침 병실 문을 노크해야 하죠. 저는 그냥 이렇게 말해요. '청소예요. 지금 병실 청소를 해도 될까요?' 환자가 말할 수 있다면 '네'라고 하겠죠. 그러면 그중 대화를 원하는 일부에게 말을 걸어요. 그냥 말할 사람이 필요한 사람들요. 그러면 누군가 이렇게 말할 때도 있죠. '아저씨 웃는 모습을 보니 좋네요.'" 제이슨은 청소하면서 환자의 기분에도 생기를 불어넣는다. 그러고 나면 스스로 무언가에 기여했다는 기분을 느낄 수 있다. 자신에게 목적을 주는 것이다.

강력한 사회적 미션을 찾아라

낭포성섬유증CF에 걸리는 것만큼 끔찍한 죽음도 드물다. 낭포성섬유증은 치료가 불가능하다. 환자는 주로 어린이가 많고 폐에 끈적끈적한 점액이 차면서 서서히 사망한다. 이 병에 걸린 사람은 결국 숨이 막혀 죽는 셈이다. 한동안 낭포성섬유증 진단을 받는다는 것은 임박한 사형선고를 받는 것이나 다름없었다. 하지만 지난 수십 년간 의사들은 환자의 수명을 수십 년 이상 늘려줄 치료법을 개발했다.

2004년 《뉴요커The New Yorker》에 '종형 곡선The Bell Curve'이라는 제목의 기사가 실렸다. 아툴 가완디Atul Gawande는 낭포성섬유증 치료에 한 획을 그은 미네소타대학교 소아호흡기과 의사 워런 워릭Warren Warwick의 업적을 소개했다. 1960년대에 워릭은 낭포성섬유증으로 진단받은 아이라도 폐를 청소할 방법만 있으면 수명을 늘릴 수 있음을 알아냈다. 그런데 워릭은 당시 나와 있던 기술로 최선을 다해 치료할 생각이 아니었다. 그는 가능한 모든 각도에서 새로운 방법을 찾아볼 작정이었다. 그렇게 수십 년 매달린 끝에 그는 낭포성섬유증을 위한 새로운 치료법 종합세트를 개발했다. 증상을 파악할 수 있게 특수한 종이 달린 청진기와 폐에 있는 점액을 잘게 부숴서 기침으로 토해낼 수 있게 해주는 조끼 모양의 특수 장치를 만들고, 심지어 환자가 폐에서 점액을 더 잘 배출할 수 있는 새로운 기침법까지 개발했다.

워릭은 별것 아니게 보이는 작은 부분에 변화를 주는 일로도 환자 한 명 한 명의 폐활량을 늘릴 수 있다는 사실을 점차 알게 됐다. 언뜻 환자의 폐활량을 99.5퍼센트에서 99.95퍼센트로 늘리는 게 뭐 그리 대단할까 싶을 것이다. 하지만 실제로는 어마어마한 차이가 있다. 이 정도의 개선으로도 환자가 병에 걸릴 확률은 83퍼센트에서 16퍼센트로 감소한다. 낭포성섬유증을 가진 아이가 병에 걸릴 확률이 이만큼 낮아지면 기대 수명이 늘어날 수 있다. 워릭의 방법은 이 분야 다른 의사들에게까지 확산됐고, 그의 공헌으로 환자의 기대 수명은 1960년대에 10년이던 것이 2013년에는 거의 40년으로 늘었다.[32]

워릭은 의사로 일하는 내내 사회적 미션(목적의 피라미드에서 최고 수준)에 대한 생각이 투철했다. 목적의 피라미드에서 스스로 높은 곳까지 올라왔는지 점검하고 싶다면 '내 일이 단순히 돈 버는 것을 넘어 사회에 기여한다고 느낀다'라는 말에 어느 정도 동의하는지 생각해보면 된다. 우리 조사에서 자가 보고를 한 2,000명 가운데 이 항목에 '완전히 그렇다'고 답한 사람은 소수였다(17퍼센트). 그러나 그렇게 답한 사람들은 그 밖의 사람들보다 더 나은 성과를 냈다. 이들은 더 큰 사회적 미션에 자기 에너지를 쏟아붓고 더 공들여 일했다. 그 덕분에 일하는 하루하루 남보다 더 많은 것을 성취했다.

언제든 기회만 된다면 사회적으로 기여할 만한 과제나 업무를 찾아보라. 아주 작은 것도 좋다. 상사들이 놓치고 있는, 세상을 더 좋게 만들 방법이 있다면 그들에게 알려라. 그리고 본인이 매니저라면 팀이 봉사할 수 있는 기회를 찾아보라. 2005년 허리케인 카트리나가 멕시코만을 덮쳤을 때 위기에 처한 허리케인 사상자들을 돕기 위해 수많은 의료기관이 직원들을 파견했다. 캘리포니아에 위치한 스크립스 헬스Scripps Health도 그중 하나다. 스크립스 헬스는 기존에 없던 응급의료팀을 일부러 꾸려 보냈다. 이곳의 CEO 크리스 반 고더Chris Van Gorder는 당시의 노력이 조직 전체에 활기를 불어넣었다며, 직원들이 스크립스 헬스에서 일하는 데 자부심을 느끼는 계기가 됐다고 말한다. 이렇게 크고 잘 갖춰진 의료기관의 직원들조차 이전에는 자신의 일에서 강한 목적의식을 느끼지 못했다고, 하지만 지금은 느끼고 있다고 했다. 어느 비서는 "스크립스 헬스 재난구호팀 전원의 용기 있고 이타적인 노력이 눈물 날 만큼 고맙고 자랑스러웠다"고 말했다.[33] 스크립스 헬스 관리자들은 직원들이 목적의 피라미드 꼭대기까지 오를 수 있게 도와준 셈이다.

많은 사람들이 일에서 어떤 공허함을 경험하는 이유는 자신의 일이 분명한 사회적 목적에 기여하는 것처럼 보이지 않기 때문이다. 하지만 목적의 피라미드가 보여주듯이 직장에서 목적이란 단순히 최고 수준으로 사회에 기여하는 것만을 의미하지 않는다. 거기에는 가치를 창조하고 개인적 의미를 찾는 것까지가 포함된다. 직장에서 사회적 목적이 뚜렷하지 않더라도 피라미드의 좀 더 아래쪽을 살펴보면 여전히 자신의 직업에서 목적의식을 발견할 수 있을 것이다. 더 많은 가치를 창출하고 개인적으로도 의미 있는 활동을 만들어내려고 노력하라.

자신과 남에게 영감을 불어넣어라

열정과 목적의식을 일치시키는 것은 똑똑하게 일하는 방법이다. 내가 하는 일에 열정을 느끼고 가치 있는 기여를 한다면 동기부여도 높아진다. 그러면 일하는 동안 일분일초를 최대한 보람되게 보낼 수 있다. 이런 추가적 에너지가 다시 더 나은 성과로 이어진다.

앞서 설명한 3가지 요령을 활용하면, 즉 새로운 역할을 고르고, 열정의 범위를 넓히고, 목적의 피라미드를 올라가면, 업무 활동에 열정과 목적의식을 동시에 불어넣을 수 있다. 일에서 더 많은 열정과 목적의식을 만들어내며 머릿속 지표를 바꾸려고 노력하라. '주당 업무시간'이 아니라 '시간당 들이는 에너지'로 지표를 바꾸는 것이다. 이 지표가 올라갈수록 여러분의 열정과 목적의식도 함께 커짐을 느낄 것이다.

시간당 결과물도 늘어날 것이다. 특히 1~3장에서 이야기한 다른 습관도 함께 키운다면 말이다. 일에 열정과 목적의식을 불어넣을 때는, 가치를 창출할 수 있고(가치를 위한 재설계) 계속해서 개선할 수 있는(순환학습) 소수의 집중된 영역(일을 줄이고 집요하게 매달리기)에 에너지를 쏟아부어라.

열정×목적의식은 '연료' 즉 에너지다. 열정×목적의식이 이 모든 힘든 노력과 집중을 가능하게 해준다. 그런 과정을 통해 일을 정말로 잘하고 싶은 마음이 생긴다. 나에게 그런 마음이 생기고 나면, 나의 계획과 목표를 지지하도록 '남들'을 감화할 수 있다. 다음 장에서 바로 이 부분을 알아보자.

❹
열정 × 목적의식

전통적 '근면성실' 패러다임

무슨 일이 있든, 얼마나 열심히 일하든 간에 '열정을 좇아라.' 좋아하는 일을 하면 성공은 절로 따라올 것이다. 반대로 '열정을 무시한다면' 암울하고, 불만스럽고, 고되기만 한 커리어를 준비하는 것이나 다름없다.

새로운 시각으로 '똑똑하게 일하는 법'

열정이 열쇠이기는 하지만 '좋아하는 일만 하라'는 것은 좋은 조언이 아니다. 그런 조언은 실패와 몰락으로 이어질 수도 있다. 최선의 방도는 열정을 강한 목적의식과 일치시키도록 노력하는 것이다. 열정×목적의식을 목표로 삼아라. 그러면 일하는 일분일초 어마어마한 양의 에너지를 일에 쏟게 될 것이다. 가장 오래 일한다고 가장 열정적인 것은 아니다. '일하는 시간당 노력'의 극대화를 목표로 똑똑하게 일하라.

KEY POINT

- 열정을 좇거나, 아니면 아예 무시하는 사람이 많다. 하지만 일에서 열정을 성취하는 것은 '좇거나 무시하는' 문제가 아니라 '일치시키는' 게 관건이다.

- 열정과 목적의식을 일치시킨 매니저나 직원은 그러지 않은 사람보다 훨씬 더 좋은

성과를 냈다. 우리의 조사 표본 5,000명 가운데 그런 매니저나 직원은 그러지 않은 사람보다 성과 순위에서 18퍼센트포인트 더 높은 위치를 차지할 가능성이 컸다.

- 열정과 목적의식을 둘 다 강하게 느끼는 사람은 더 에너지가 넘치고 '일하는 시간 당' 더 많은 일을 해낸다(그리고 야근을 많이 하지 않는다).

- 열정과 목적의식을 확장하는 3가지 방법이 있다.

새로운 역할을 발견하라 지금 일하는 바로 그곳에서도 열정과 목적의식이 일치하는 일을 찾을 수 있다. 꼭 직업을 바꿔야 하는 것은 아니다. 기존 조직 내에서 나의 열정을 더 잘 활용할 수 있고 더 강한 목적의식을 느끼게 하는 새로운 역할을 찾아보라.

열정의 범위를 확장하라 일에서 열정을 느낀다는 것이 꼭 일 자체가 즐겁다는 뜻은 아니다. 열정은 성공, 창의성, 사회적 교류, 학습, 능력에서도 올 수 있다. 이런 다양한 차원을 활용해 열정의 범위를 확장하라.

목적의 피라미드를 올라가라 첫째, 더 많은 '가치'(2장 참고)를 창출할 방법을 찾아라. 나의 기여가 누군가에게 해가 되지 않도록 유의하라. 둘째, 남들이 어떻게 생각하든 '개인적으로 의미 있는' 활동을 추구하라. 일에 대한 '프레임'을 바꿔 오직 나만이 느낄 수 있는 '의미'를 경험할 것이다. 셋째, 분명한 '사회적 미션'이 있는 활동을 추구하라.

2 인간관계의 고수

MASTERING WORKING WITH OTHERS

최고의 성과를 내는 1%의 비밀

OUT·PER·FORM·ER

❺

강력한 대변자

사람들은 내가 한 말도 내가 한 행동도 잊어버리지만,
나로 인해 느꼈던 기분은 결코 잊지 않는다.
– 마야 안젤루[1]

줄을 서다가 샤워하다가 번뜩이는 아이디어가 떠오른 경험이 있을 것
이다. 1999년 닷컴 붐이 절정이던 때에 다우케미컬Dow Chemical의 젊은
세일즈 매니저 이언 텔퍼드Ian Telford가 바로 그런 경험을 했다. 당시 다
른 매니저들은 옷, 콘서트 티켓, 호텔 방 같은 것을 온라인으로 팔아보
려고 했다. 하지만 텔퍼드는 아니었다. 그는 에폭시epoxy라는 산업용 자
재를 온라인으로 팔고 싶었다. 다우케미컬은 오랫동안 에폭시를 톤 단
위로 대기업에 팔고 있었다. 하지만 온라인 시장이 새롭게 떠오르고
있었고, 그렇다면 고객들은 값싼 에폭시 공급자를 찾을 것이다. 기업
간 거래의 아마존닷컴 같은 곳 말이다. 텔퍼드는 다우케미컬이 '이에
폭시닷컴e-epoxy.com'이라는 이름으로 그런 사이트를 만들 수 있다고 생

각했다. 그곳에서 에폭시를 '실속 있게' 저가에 판매한다면 신규 시장의 소규모 고객 세그먼트에 어필할 수 있을 거라 생각했다.

그런데 달리 보면 이 전략은 무모함을 넘어 미친 생각 같기도 했다. 똑같은 에폭시를 온라인에서 더 싸게 구입할 수 있는데, 다우케미컬의 기존 고객이 다른 온라인 사이트에서 에폭시를 구입하지 말란 법이 있을까? 하지만 그렇지는 않을 거라고 텔퍼드는 생각했다. 텔퍼드가 우리와 가진 인터뷰나 스위스 IMD 경영대학원의 발라 차크라바티[Bala Chakravarthy] 교수의 사례연구에서 얘기한 것처럼, 대형 고객들은 다우케미컬의 기존 방식대로 세일즈 매니저와 직접 마주하는 방식의 구매를 선호하기 때문이다.[2] 그들은 기술 지원이 필요하거나 기존 주문을 바꿔야 할 때 담당 세일즈 매니저에게 전화 한 통 걸면 됐다. 반면 새로운 온라인 비즈니스는 아무런 부가 서비스가 없고 엄격한 비즈니스 규칙에 위약금까지 있었다. 다우케미컬은 서로 다른 두 유형의 고객을 위해 두 가지 사업모형을 추구할 수 있었다. 하나는 일등석, 하나는 이코노미석처럼 말이다.

텔퍼드는 회사 경영진에게 자신의 이런 아이디어를 제시했다. 그는 자신의 주장이 지극히 타당하다고 생각했다. 그러나 경영진은 텔퍼드의 아이디어를 싫어했다. 열두 명 가운데 아홉 명이 '반대표'를 던졌다. 텔퍼드의 설명을 들어보자. "경영진은 밀착 서비스를 해준다고 해서 우리의 대형 거래처들이 돈을 더 낼 거라고 생각지 않았어요. 온라인의 싼 가격을 택할 거라 본 거죠." 텔퍼드는 경영진의 거절이 기업들의 전형적인 리스크 회피 문화라고 생각했다. "기존 방식도 별문제 없는데 굳이 바꾸고 싶지 않았던 거죠. 왜 바꾸겠어요? 흔히 말하잖아요. '다우케미컬에서는 누구나 안 된다는 말은 할 수 있어도 된다는 말은 못한다.'"

가라테와 암벽등반을 즐기던 텔퍼드는 장애물이 있다고 해서 포기하지 않았다. 그는 상사에게 기회를 한 번만 더 달라고 하고 석 달 안에 더 좋은 기획안을 만들어 오기로 했다. 텔퍼드는 경영진의 반응을 곱씹으며 자신의 제안이 회사 리더들 입장에서 어떻게 보였을지 생각해봤다. 경영진은 가격을 걱정했다. 어쩌면 그 말이 맞을지 모른다. 만약 대형 고객이 온라인의 싼값을 본다면 속아 넘어간 기분이 들 것이다. 비행기를 밥 먹듯 타는 사람이 있다고 하자. 비행기를 처음 탄 옆자리 승객이 그 반값에 항공권을 산 사실을 알면 어떤 반응을 보이겠는가.

한참을 고민하던 텔퍼드는 묘안을 생각해냈다. 기존 핵심 고객이 지불하는 가격보다 온라인 가격이 더 높아 보이게 하면 어떨까? 그러면 대형 고객도 불만을 갖기는커녕 이렇게 말할 것이다. "흠, 인터넷에서는 에폭시를 엄청 비싸게 주고 사는군. 나는 1등급 서비스를 받고 있는데 말이야." 이에 더해 텔퍼드는 이에폭시닷컴에서는 새로운 소규모 고객을 온라인으로 끌어들일 수 있게 판촉 쿠폰을 제시하자고 했다. 고객이 더 싼값에 에폭시나 행사상품을 살 수 있게 말이다. 그러면 아무도 불만이 없을 것이다.

텔퍼드는 자신의 첫 제안을 무위로 만들었던 가격 문제를 해결했다. 하지만 그는 미몽에 사로잡힌 사람은 아니었다. 새로운 아이디어를 어떤 식으로 제시한다 한들 회사 경영진은 '이해'하지 못할 것이다. 경영진은 스위스 취리히나 미시건주 미들랜드에 위치한 편안한 사무실에 앉아 있는 노땅들이었다. 디지털 혁명의 진원지인 실리콘밸리와는 거리가 먼 분위기였다. 누군가는 그들의 전통적 사고방식을 흔들어줘야 했다. 그리고 텔퍼드는 다우케미컬 내에서 바로 그 점으로 명성을 쌓아온 사람이었다.

새로운 가격 정책을 발표할 중대한 프레젠테이션을 몇 주 앞두고 텔퍼드는 경영진을 설득할 대담한(누군가는 무모하다고 할) 계획을 세웠다. 텔퍼드는 가짜 이메일을 썼다. 경쟁사에서 곧 발표할 내용을 경영진에게 미리 알려주는 형식이었다. 루머에 따르면 대형 화학제품 유통업체 한 곳과 경쟁사 두 곳과 대형 인터넷 기업이 서로 힘을 합쳐 '에폭시즈아어스닷컴Epoxies-R-Us.com'이라는 이름의 새로운 온라인 사이트를 만든다는 내용이었다. 텔퍼드는 경영진이 이 이메일을 보면 새로 출현할 온라인 사이트를 다우케미컬에 대한 중대한 위협으로 인식하고, 자신의 온라인 아이디어에 동의해줄 거라고 생각했다. 이메일이 가짜라는 건 중요하지 않았다. 텔퍼드의 주장은 이미 설득력을 얻었을 테니 말이다.

이메일이 발송됐다. 텔퍼드는 이메일의 신뢰성을 높이려고 가짜 TV 인터뷰를 만들었다. 저널리스트·애널리스트·유통업자(실제로는 모두 텔퍼드의 지인)가 이 소식을 전하며 다우케미컬의 주가가 10퍼센트 폭락했다고 발표하는 내용이었다. 텔퍼드는 앞으로 방송될 TV 인터뷰를 지인을 통해 미리 입수했다며 경영진에게 미리 보여주고자 본사로 보낸다고 말했다.

영상이 도착한 날 텔퍼드는 멀찌감치 회의실에 숨어 드라마가 펼쳐지는 광경을 구경했다. 대부분의 경영진은 텔퍼드의 책략을 눈치채지 못하고 영상을 끝까지 시청했다. 그러나 '왕회장'은 영상을 본 지 30

초 만에 "텔퍼드!" 하고 고함을 지르며 문을 박차고 나왔다. 왕회장은 화가 나서 한 달간 텔퍼드에게 말도 걸지 않았지만, 이 광대놀이가 "경종을 울리는 역할은 제대로 했다"고 인정했다. 경영진에게 시장을 잃을 수도 있다는 공포를 일깨우는 데 성공한 텔퍼드는 이에폭시닷컴 벤처를 세우는 데 필요한 종잣돈 100만 달러를 얻었다. 텔퍼드는 자신이 내놓은 가격 정책이 마음에 들지는 않았으나 판촉 쿠폰으로 그럭저럭 만족하기로 했다.

그러고 있는데 조직에 지각변동이 일어났다. 조직 개편으로 새로운 사업부장 밥 우드^{Bob Wood}가 부임한 것이다. 우드는 텔퍼드의 프로젝트 검토를 미루며 보류시켰다(끝났다는 뜻이나 마찬가지다). 처음부터 다시 지지를 끌어내지 않는 이상 희망은 없어 보였다. 그것도 서둘러야 했다. 패배를 모르는 텔퍼드는 본격 작업에 돌입했다. 그는 우드의 고위 임원들에게 자신의 아이디어를 보여주면서 이에폭시닷컴을 사업부의 가장 중요한 프로젝트 추진 목록에 올리게 만들었다. 그런 다음 우드와 긴급회의를 열어야 한다며 상사를 설득했다. 이 회의에서 텔퍼드는 자신이 추진하는 벤처의 이점을 극도로 치켜세웠다. "이언의 열의가 핵심이었어요. 그의 사업가 기질에 배팅한 거지요. 그의 눈을 똑바로 보고 뱃속에 불길이 이글거리는지 확인해야 했어요."[3] 우드의 말이다. 그는 프로젝트를 승인했다.

텔퍼드는 다시 사업을 추진하게 됐다. 자신이 직접 뽑은 우수한 팀원 셋을 데리고 발빠르게 움직였다. 그러나 장애물이 하나 더 남아 있었다. 다우케미컬의 IT부서가 텔퍼드의 벤처를 옥죄려 했다. IT부서는 텔퍼드 같은 하찮은 에폭시 담당자가 자체 온라인 시스템을 구축하는 것을 원치 않았다. 어느 매니저는 이렇게 말했다. "시스템이 파편화되고 서로 호환이 안 될까 봐 걱정이 컸죠."[4] 텔퍼드는 IT부서 때문에 사업 추진이 가로막히지 않도록 가장 모범적인 '내부 고객'이 되기로 했다. 그는 표준화를 비롯해 IT부서가 바라는 모든 요구사항을, 그것도 제때에 맞춰 해주었다. 새로운 온라인 에폭시 사업의 첫 고객이 주문을 넣었을 때 텔퍼드는 IT부서로 전화를 걸어 이렇게 축하했다. "오늘 일은 저뿐만 아니라 여러분 모두의 성공입니다." 텔퍼드가 이렇게 손을 내민 덕분에 IT부서에서도 자신들이 이 프로젝트에서 중요한 역할을 담당했다고 생각하게 됐다.

14개월 후 이에폭시닷컴은 미국과 유럽 전역에서 사업을 하고 있었다. 온라인 사이트는 기한에 맞춰 예산 내에서 구축됐다. 이에폭시닷컴은 다우케미컬에서 가장 성공한 온라인 비즈니스가 됐고, 1년도 안되어 긍정적인 현금 흐름을 창출하고 있었다. 텔퍼드는 승진하여 다우케미컬의 전 세계 리더 200명 가운데 한 명이 됐다. 그리고 2008년 또다른 사업을 찾아 다우케미컬을 떠났다.

남들을 설득하라

텔퍼드의 사례가 증명하듯이 우리가 맡은 일을 해낼 수 있느냐는 남들의 지원을 얻어내는 능력에 달려 있다. 상사, 부하 직원, 동료, 타 부서 직원, 협력사까지 말이다. 이들은 정보, 전문지식, 돈, 직원, 정치적 지원 등 내가 필요로 하는 자원을 틀어쥐고 있다. 그런 그들이 나를 도와주지 않으려 할 수도 있고, 심지어 내 노력을 가로막을 수도 있다. 만약 텔퍼드가 자신의 프로젝트를 반대하는 고위 임원이나 IT부서를 소외시키지 않으면서 장애물을 극복할 방법을 제대로 이해하지 못했다면 그는 사업을 성공시키지 못했을 것이다. 남들의 걱정을 이해하고 그들을 설득할 능력이 있었기에 텔퍼드는 막대한 영향력을 끼칠 수 있었다.

자신의 목표를 대변하고 필요한 지원을 얻어내는 능력은 현대인의 직장생활에 필요한, 더 넓은 의미의 소통능력 중 하나다. 1,709명의 CEO를 조사한 IBM의 연구는 다음과 같이 결론 내렸다. "CEO들은 기존 지휘통제 정신에 강력한 개방성과 투명성, 직원 위임을 추가함으로써 업무의 본질을 바꾸고 있다."[5] 이제 조직은 위계질서가 줄고 이전보다 수평적이게 됐다. 그 결과 직원이나 매니저는 다른 부서와 교류할 일도 많고 다른 부서 소속 사람들과 팀으로 일해야 할 때도 많다.

이에 따라 업무를 성공적으로 해내는 데 필요한 능력도 달라졌다. IBM 연구에서 CEO 가운데 3분의 2는 협업과 소통능력을 "복잡하고 서로 연결된 환경에서 직원들이 성공적으로 작업하기 위한 핵심 동인"이라고 여겼다. 작업의 복잡성 때문에 더 중요해진 능력이 있다는 사실은 우리 조사에서도 확인할 수 있었다. 응답자들은 이제 자신에게 정식 지휘권이 없는 타 부서 사람들과 일하는 데 능숙해져야 한다고 말했다. '회사의 다른 영역에서 온 사람들과 함께 일하는 게 중요하다'는 진술에 '완전히 그렇다' 또는 '현저히 그렇다'고 답한 사람이 무려 69퍼센트였다.

데이터를 분석하면서 우리는 최고의 성과를 올리는 사람들은 3가지 영역에서 남들과 함께 일하는 데 아주 능숙하다는 사실을 발견했다. 그 3가지란 바로 대변자 역할, 팀워크, 협업이었다. 6장에서는 팀으로 작업할 때 성과를 올리는 법에 관해 집중적으로 알아보고, 7장에서는 경계를 넘어 효과적으로 협업하는 방법에 관해 이야기할 것이다. 이번 장에서는 나의 목표를 대변해 남들의 지원을 얻어내는 방법에 관해 살펴보자.

강력한 대변자

내 프로젝트나 목표를 위해 남들의 지원을 얻어내려면 그들의 합리적 이성에 호소해야 한다고 생각하는 사람이 많다. 논리와 데이터를 활용해 프로젝트의 장점을 '설명'하기만 하면 남들이 기꺼이 지원해줄 거라고 말이다. 그래서 장문의 이메일로 논리적인 주장을 펴고 파워포인트 프레젠테이션으로 사람들을 설득해보려 한다. 이메일 한 통으로 관심을 끌지 못하면 메일을 보내고 또 보낸다. 남들이 '이해'를 못 하니, 더 세게 내 주장을 펼친다. 하지만 이것은 또 한 번 '근면성실' 패러다임에 빠져 사람들을 너무나 익숙한 이메일·슬라이드·텍스트·보고서·데이터의 바닷속에 허우적거리게 만드는 일이다. 남들이 들으려 하지 않거나 내 메시지를 받아들일 생각이 없는데 똑같은 내용을 더 많이 전달하는 것은 똑똑하게 일하는 방법 같지 않다.

사례연구를 분석하다 보니 놀랍게도 최고의 성과를 내는 사람들은 논리적 주장을 넘어 다양한 작전을 활용해 자신의 프로젝트를 대변하고

있었다. 내가 **강력한 대변자**라고 부르는 최고의 옹호자들은 직장에서
자신의 목표를 효과적으로 추진하기 위해 사람들의 지지를 얻어내는
기술 2가지를 자유자재로 쓰고 있었다. 그들은 감성을 자극해 남들을
감화하고, '똑똑한 투지grit'를 전개해 저항을 피해 갔다.

먼저 우리 조사에서 강력한 대변자들은 지지를 얻어내기 위해 이성
적 생각뿐만 아니라 정서에도 호소하며 사람들을 감화했다. 마야 안젤
루가 말했듯이 사람들은 나로 인해 느꼈던 기분은 결코 잊어버리지
않는다. 리더는 자신의 비전이나 목표, 계획에 대해 사람들이 열광하
게 만들어 지지를 이끌어낸다는 리더십 연구자들의 설명도 마야 안젤
루가 하려는 얘기와 일맥상통한다.[6] 리더십 이론은 개인의 카리스마
가 그런 감정을 끌어낸다는 점을 강조하는 경우가 많지만, 남들을 감
화하기 위해 반드시 카리스마가 있어야 하는 것은 아니다.[7] 우리 조사
에서 강력한 대변자들은 직책에 관계없이 누구나 받아들일 수 있는
감정을 휘저어놓으려고 다양한 실용적 테크닉을 사용했다.

우리 조사의 강력한 대변자들이 사용한 두 번째 기술은 '똑똑한 투지'
다. 똑똑한 투지를 가진 사람은 어려움에 직면해도 굴하지 않고 정교
하게 맞춤식으로 수립한 작전을 전개함으로써 반대를 극복한다.

앤절라 더크워스Angela Duckworth 펜실베이니아대학교 교수 같은 심리
학자들은 바로 그 투지(더크워스가 장기적 목표에 대한 끈기와 열정이라고
정의한 것)가 성공한 사람을 다른 이들과 구별해준다고 말한다.[8] 우리

조사에서 강력한 대변자들이 자신의 목표를 추구할 때도 그런 투지로 반대를 극복했다. 그러나 단순히 앞으로만 터벅터벅 나아간 게 아니라 끝없는 에너지와 언변을 발휘해 장애물을 극복했다. 그리고 동료들의 구체적 근심을 해결하고자 똑똑한 작전을 전개했다. 이들은 이언 텔퍼드처럼 반대자의 의도를 찾아내고 '읽었으며' 타협이나 포섭 등을 통해 자신의 대의를 지지하게끔 설득했다.

남들을 감화하고 똑똑한 투지를 활용하는 것은 자신의 목표에 대한 지지를 끌어내는 데 아주 효과적이다. 5,000명을 조사한 우리 연구에서 강력한 대변자 기질을 가장 많이 가진 사람은 이런 기술을 사용하지 않는 사람보다 성과 순위에서 15퍼센트포인트 더 높은 곳에 위치할 가능성이 컸다.[9] 이언 텔퍼드는 두 영역 모두에서 높은 순위에 올랐는데 감화 점수는 7점 만점에 6.3점, 똑똑한 투지 점수는 6.8점이었다. 텔퍼드의 '강력한 대변자' 총점은 조사 대상 5,000명 가운데 97백분위수를 차지했고, 그의 성과는 에폭시 사업에서 보았듯이 탁월했다. 우리 조사에서 텔퍼드처럼 감화 및 똑똑한 투지 둘 다 높은 점수를 받은 사람은 둘 중 하나만 보유한 사람보다 훨씬 더 좋은 성과를 냈다.

흥미롭게도 강력한 대변자 점수가 높을 때의 영향력은 여성보다는 남성에게서 훨씬 크게 나타났다. 우리 자료만 가지고 이유를 가려낼 수는 없지만 몇 가지 짐작이 가능하다. 어쩌면 남성들은 남에게 영향을 미치려는 시도를 오랫동안 훨씬 자주 해왔고 이를 '정상'으로 느끼기 때문에, 그런 시도를 할 때 좀 더 자신감이 있어서 더 효과적으로 작전을 펴는 것일 수도 있다. 아니면 성별에 대한 고정관념이 어떤 영향을 미쳐서 남성이 강력한 대변자 전략을 펼칠 때는 더 우러러보고,

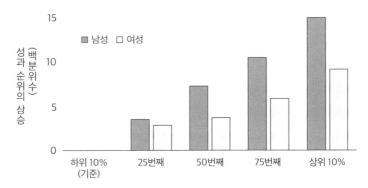

🔵 강력한 대변자는 높은 성과를 낸다

강력한 대변자 원칙을 더 많이 채택한 사람일수록 성과도 더 좋다
(그리고 이 점은 남성에게 더 두드러진다)

위 그래프는 더 강력한 대변자가 될 때 성과에 미치는 영향을 보여준다. 예를 들어 어느 남성이 '강력히 대변하지 않는다'(하위 10%)에서 '아주 강력히 대변한다'(상위 10%)로 바뀔 경우 성과 순위가 15백분위수 더 높아질 가능성이 크다(70번째에서 85번째로 상승).

여성이 그런 전략을 펼칠 때는 폄하하는 것일 수도 있다. 여러 연구가 보여준 것처럼 사람들은 직장에서 여성을 '유능하다' 아니면 '호감이다'라고는 생각하지만 '유능하면서 동시에 호감이다'라고는 생각하지 않는 경우가 흔하다.[10] 강력한 대변자들이 하는 것처럼 유능한 여성이 자신의 주장을 강하게 내세울 경우 제재를 받거나 강등될 위험이 있다는 연구 결과도 있다.[11]

일례로 한 연구는 미국 서남부에 있는 경찰서에서 상사와 직원의 관계 76개를 분석했다. 여성 직원이 '업무 수행을 방해하는 사람이 있을 경우 단호히 대처한다' 같은 전략을 통해 자신의 주장을 강력히 펼칠 경우 이런 전략을 사용하지 않은 여성보다 성과에서 오히려 '낮은' 점수를 받았다. 반면 남성 동료는 똑같은 행동을 보였을 때 '더 높은'

점수를 받았다.[12] 남자 부하 직원이 강력한 대변자 작전을 쓰면 상사가 '오, 똑똑한 친구군' 하면서, 유능한 여자 부하 직원이 같은 행동을 보이면 '정말 공격적인 여자군' 하며 오히려 성과를 폄하할 수도 있다는 얘기다. 우리 조사 결과에는 그런 젠더 선입견의 영향도 일부 있을지 모른다. 사람들은 강력한 대변자가 남성일 때보다 여성일 때 성과를 낮춰 보지만, 이는 실제와 다르다.

성별의 차이가 있긴 해도 우리 조사에서는 강력한 대변자가 되면 누구나 득을 보았다. 이제 강력한 대변자 작전을 좀 더 상세히 알아보자. 그 첫 번째는 다른 사람의 감정에 호소해 그들이 나의 노력을 '지지하고 싶게' 만드는 방법이다.

화낸 다음 열광하게 하라

남들을 감화하는 좋은 방법 한 가지는 부정적 감정과 긍정적 감정을 둘 다 일으키는 것이다. 현재에 대해 분노하게 하고 미래에 대해 열광하게 하라. 이언 텔퍼드는 처음에는 이것을 거꾸로 했다. 그는 온라인 사업에 대한 아이디어를 제시하면서 상사들의 부정적인 감정을 일깨웠다. 텔퍼드의 상사들은 미래의 온라인 사업이 자신들의 기존 사업을 갉아먹지 않을까 걱정했다. 그리고 그들은 현 상태에 만족하고 있었다. 기존 사업에서도 이미 충분한 이익이 나고 있었기 때문이다.

텔퍼드의 가짜 영상이 그 감정을 바꿔 놓았다. 상사들은 현재 상태(경쟁에 뒤지는 것)를 '두려워하게' 됐고, 기존 고객을 유지하면서 새로운 온라인 고객을 통해 매출을 더 얻을 수 있다는 사실에 '기뻐했다.' 이제야 상사들의 감정은 텔퍼드에게 유리한 쪽으로 조성됐고, 그들은 텔퍼드의 제안을 지지했다. 물론 왕회장이 텔퍼드에게 분노한 데서 알 수 있듯이 텔퍼드의 장난은 자칫 비윤리적인 것이 될 수도 있었다.

　텔퍼드의 전략은 감정에 관해 중요한 사항 하나를 알려준다. 설득을 목표로 삼으면 모든 감정이 동등하지는 않다는 사실이다. 조나 버거 Jonah Berger 와튼 스쿨 교수는 저서 《컨테이저스: 전략적 입소문 Contagious》에서 온라인 메시지, 특히 강한 각성 효과를 일으키는 감정의 중요성을 면밀히 연구했다. 이런 감정은 "활성 상태와 행동 준비를 촉발한다. 심장박동이 빨라지고 혈압이 상승한다."[13] 흥분과 기쁨은 각성 효과가 강한 감정이다. 불안이나 분노도 마찬가지다. 만족이나 슬픔은 그렇지 않다. 버거와 그의 공동 저자 캐서린 밀크먼 Katherine Milkman 은 〈뉴욕 타임스〉 기사 석 달 치를 분석했다. 그리고 각성 효과가 강한 감정을 일으키는 기사가 다른 기사보다 "이메일 전송 횟수가 가장 많은" 기사 목록에 오를 확률이 24퍼센트에서 38퍼센트가량 더 높다는 사실을 알아냈다.[14] 사람들은 그렇게 각성 효과가 강한 감정에 반응했다. 버거의 결론은 이렇다. "사람들을 슬프게 하지 말고, 화나게 하라."

　사람들을 감화해 지원을 얻고 싶다면 각성 효과가 큰 감정을 자신에게 유리하게 준비하라. 상대가 현재에 화나고 겁나게 하라. 그리고 여러분이 제시한 미래의 목표에 열광하고 기쁘게 하라. 다음 표에는 남들이 나를 따라오도록 설득할 때 도움이 되는, 각성 효과가 큰 감정이 나열되어 있다.

　각성 효과가 큰 감정을 부정확하게 사용해 낭패를 보는 사람도 많

🔵 올바른 감정을 조성하라

현 상태에 대한 부정적 감정 일으키기	미래 상태(나의 목표)에 대한 긍정적 감정 일으키기
공포	열광
분노	기쁨
좌절	열정
원망	스릴
혐오	황홀
불안	즐거움

다. 우리 조사에 참여한 마흔다섯 살의 매니저 마이크 런던$^{Mike\ Lunden}$은 자신이 관리하는 세일즈 팀에 적용할 만한 근사한 비용 절감 아이디어가 있었다. 사무실에서 공짜 커피 없애기.[15] 하지만 이 정책은 역풍을 맞아 비용 절감 효과는 쥐꼬리만큼이었고 직원들의 불만은 그득했다. 이유가 뭘까? 바뀐 정책이 직원들에게 미래 상태(공짜 커피는 없음)에 대한 분노를 야기하고 현재 상태(아침이면 다크로스트 커피의 그윽한 향이 풍기는 것)에 대한 향수를 자극했기 때문이다. 런던은 얼마든지 다른 식으로 접근할 수도 있었다. 지난해 보너스가 형편없었다는 점을 지적하면서 팀원들을 자극한 다음, 운영비를 줄이면 얼마큼 보너스를 더 받을 수 있는지 제시해 팀원들이 열의를 보이게 할 수도 있었다. 팀원들이 지금 상태에 화를 내고 미래 상태에 열광하게 만들 수도 있었는데, 그는 거꾸로 갔던 것이다.

말하지 말고 보여줘라

2009년 유명 셰프 제이미 올리버Jamie Oliver는 힘든 과제를 하나 맡았다. 미국에서 가장 건강하지 못한 웨스트버지니아주 헌팅턴 주민들을 더 건강하게 먹도록 설득하는 일이었다.[16] 초등학교에 도착한 그는 맛있고 건강한 닭과 채소 요리를 준비해서 아이들에게 물었다. "치킨 먹을래, 피자 먹을래?"

"피자요!" 아이들은 비명을 질렀다.

올리버는 이 피자를 좋아하는 아이들의 행동을 바꾸도록 부모들을 이성적으로 설득할 수도 있었다. '이 동네 주민의 32퍼센트는 비만이고, 아이들 다섯 명 가운데 세 명은 과체중입니다.' 이렇게 엄중한 현실을 들이대면서 말이다.[17] 그러나 합리적 논증은 아마도 효과가 없을 터였다. 특히나 이곳 주민들은 올리버를 보는 시선이 회의적이었다. 웨스트버지니아주는 오랫동안 미국의 잘사는 지역 주민들의 농담 소재였는데, 영국 출신 셰프가 와서 음식을 어떻게 만들라고 가르친다니 어불성설이었다.[18]

올리버는 이성적인 주장은 진작 포기했다. 그 대신 부모와 아이들을 주차장에 소집했다. 사람들이 도착해보니 올리버가 손에 확성기를 들고 커다란 트럭을 주차장으로 인도하고 있었다. 부모와 아이들이 있는 쪽으로 후진한 트럭은 사람들 바로 앞에 있는 대형 쓰레기통에 거대한 비계 덩어리를 쏟았다. 허옇게 역겨운 비계가 산처럼 쌓였다. 거대한 비계 덩어리가 눈앞에서 부들부들 흔들렸다.

"이 학교에서 1년간 먹는 기름입니다!" 올리버가 큰 소리로 말했다.

그리고 비계로 된 산 위에 올라서더니 덩어리 하나를 집어 들고 다시 외쳤다. "와서 만져보세요!"

"싫—어요!" 아이들은 역겨워서 뒷걸음을 치며 소리 질렀다.

부모들은 경악했다.

올리버는 비계 덩어리 하나를 번쩍 들고 부모들에게 말했다. "이래도 되겠습니까?"

"절대 안 돼요!" 부모들도 고함쳤다.

올리버는 사람들을 쭉 둘러봤다. 그리고 말했다. "저는 여러분 편이에요. 부모님들, 저를 도와주실 건가요?"

"네!" 부모들이 악을 쓰듯 답했다.

올리버는 감정을 자극해야 한다는 사실을 알고 있었다. 또한 그 어떤 미사여구나 생생한 말로도 자신이 원하는 효과는 얻지 못하리라는 점도 알고 있었다. 그래서 그는 아이들이 학교에서 뭘 먹고 있는지 '말하는 대신 보여주었다.' 산처럼 쌓인 비계 덩어리는 추해 보였다. 정말 추했다. 그 광경에 부모들은 뱃속이 울렁거렸고 분노와 혐오를 느꼈다(분명 죄책감도 느꼈을 것이다). 올리버는 현 상태에 대해 부정적인 감정을 일으킨 다음, 더 건강한 식사에 대한 열정으로 이끌었다.

올리버와 마찬가지로 우리 조사 참여자들 중에도 사진·물건·영상·시연 등을 활용해 자신의 주장을 극적으로 보여주고 상대의 감정을 휘저어놓는 사람이 많았다. 1장에서 이야기한 스카이라인 병원의 앤을 기억할 것이다. 앤은 심장마비 환자의 치료 과정에서 심장전문의 단계를 생략하도록 의사들을 설득하려고 단순히 숫자만 들이대지 않았다. 앤은 의사들을 데리고 이미 그렇게 시행하고 있는 병원으로 가서 직접 '보여줬다.' 의사들은 말 그대로 거기 서서 다른 병원 직원들이 심장전문의 없이도 단계를 밟아가는 '시연' 과정을 지켜보았다.

그런데도 '말하는 대신 보여주는' 전략은 결코 흔히 볼 수 없다. 우리 조사에 참여한 5,000명 가운데 '자주 감정을 활용해 사람들이 일에 흥미를 느끼게 한다' 항목에서 높은 점수를 기록한 사람은 18퍼센트에 지나지 않았다. 참으로 안타까운 일이다. 조사에서 드러났듯이 말단 직원이더라도 정서적 반응을 일깨워 효과를 볼 수 있다. 실제로 고위직(사업부장)이든 하위직(기술자)이든 약 19퍼센트의 사람들이 감정을 자극하는 능력에서 매우 높은 점수를 받았다.

대형 글로벌 제조기업의 구매팀에서 사원으로 일하는 서른세 살의 엘리스를 보자. 엘리스는 종이 문서를 전자 문서로 전환하는 프로젝트를 앞장서서 추진했다.[19] 엘리스는 이렇게 하면 비용을 절감할 수 있다고 확신했지만 그런 소소한 운동에 사람들이 열광하게 만드는 것은 쉽지 않았다. 회사 CEO가 스위스 지사를 직접 방문한다는 얘기를 들은 엘리스는 온갖 규제 등이 가득한 서류 더미와 수십 개의 두꺼운 바인더를 대회의실 테이블로 가져왔다. 수천 장의 종이가 1미터 가까운 높이로 쌓여 있었다. CEO가 도착하자 엘리스는 그를 대회의실로 데려가 이 광경에 대해 설명했다. "세상에!" CEO는 망연자실한 표정으로 탄성을 뱉었다. "우리가 왜 이렇게 많은 종이를 쓰는 겁니까?" 그때부터 엘리스가 추진하는 프로젝트는 회사의 지원을 받을 수 있었다.

목적을 '느낄 수 있게' 하라

강력한 대변자들이 사람들을 감화하기 위해 사용하는 세 번째 기술은
우리 조사를 통해 드러났다. 바로 일상 업무를 더 큰 목적과 연결시키
는 방법이다. 수많은 기업들이 '목적'이나 '미션 선언문' 같은 것을 가
지고 있다. 아마도 가장 잘 알려진 것은 "사람들을 행복하게"라는 디
즈니의 목적일 것이다.[20] 그러나 목적이 꼭 회사나 CEO만을 위한 것
은 아니다. 목적은 우리 모두를 위한 것이다. 4장에서 본 것처럼 일에
대해 강한 목적의식이 있으면 개인의 성과도 더 좋아진다. 그리고 목
적을 사용하면 '남들'을 감화해 나의 프로젝트나 목표에 적극 동조하
게 만들 수도 있다.

  2015년 나는 생명과학 첨단기술 기업인 애질런트 테크놀로지Agilent
Technologies의 고위 경영자들을 상대로 기조연설을 했다.[21] 프레젠테이션
을 앞두고 나는 강당 뒤편에 서서 내 앞 순서였던 제이컵 타이슨Jacob
Thaysen이라는 경영자의 사업부 전략 발표를 지켜보았다. 그의 사업부
는 과학자들이 새로운 약물 치료법을 개발하거나 질병을 진단할 때
쓸 수 있는 장비를 개발했다. 그는 전략의 개요를 설명하고 뒷받침할
수 있는 숫자와 사실로 슬라이드를 빼곡히 채워놓았다. 청중 가운데는
의자에 축 늘어진 채 타이슨이 설명하는 숫자와 논리를 따라가려고
안간힘을 쓰는 사람들도 있었다.

  마무리 발언을 하면서 타이슨은 이렇게 말했다. "저희 장비가 어떤
효과를 가져오는지 확실히 보여드리고 싶습니다." 나는 슬라이드가
더 남은 줄 알았다. 하지만 그는 '포브스 헬스케어 서밋Forbes Healthcare

Summit'에서 나온 영상 하나를 틀었다.[22] 영상에는 폐암에 걸린 코리 우드라는 이름의 스물두 살 여성 운동선수가 등장했다. 우드는 발전된 장비와 DNA 염기서열화 덕분에 의사들이 자신의 질병을 분자 단위까지 잘 이해하게 됐다고 했다. 그 덕에 원래 같으면 치명적이었을 그녀의 암이 실은 특정한 유전적 기형에서 유래한다는 사실을 알게 됐고, 의사들은 거기에 딱 맞는 약물 치료법을 설계해 병을 치유할 수 있었다. 우드는 지금 살아 있고 건강하다고 했다. 젊은 목숨을 구할 수 있게 도와준 모든 이들에게 감사하다고 말할 때 그 두 눈에 눈물이 차올랐다.

우드가 말하는 동안 청중은 허리를 곧추세우고 앉았고 스마트폰을 흘끗거리지도 않았다. 모두들 그녀의 이야기에 사로잡혀 있었다. 영상이 끝난 후 타이슨은 그 연관성을 이렇게 설명했다. "저희가 개발한 장비와 시약이 아니었다면 우드의 병은 치료할 수 없었을 겁니다." 침묵이 흘렀다. 그러나 회의실에는 마치 이런 말풍선이 거대하게 떠 있는 듯했다. '그래서 우리가 이 일을 하는 거지.'

타이슨이 심혈을 기울여 만들어낸 그 짧은 순간에 사람들의 일은 더 깊은 목적과 연결됐다. 6개월 후 나는 애질런트 테크놀로지의 CEO 마이크 맥멀런Mike Mcmullen 및 인사 담당 부사장 도미니크 그라우Dominique Grau와 점심을 함께했다. 두 사람은 아직도 회사 사람들이 그 순간의 감동을 이야기한다고 했다.

타이슨이 청중에게 알려준 것은 아주 고귀한 목적이었는데, 우리 조사 참여자들을 보면 극히 지루한 업무도 중요한 목적과 연결시키는 것이 가능했다.[23] 페르난도 로페즈Fernando Lopez는 뉴저지주에 있는 의료기기 회사에서 일하는 서른일곱 살의 공급망 관리 전문가였다.[24] 그는 회사가 만드는 투석 제품을 위한 외부 업체의 모든 제조 공정을 관리했다. 그는 자신의 일상 업무가 투석 환자를 돕는 중요한 목적과 직접적으로 연결되어 있다고 느꼈다. 그런데 문제는 아웃소싱 공장에서 일하는 사람들은 전혀 그런 느낌을 갖고 있지 않다는 점이었다. "말하자면 그 사람들은 저희를 위해 파이 한 조각을 만드는 것일 뿐이라 전체 파이가 어떻게 생겼는지는 굳이 알지 못했죠." 로페즈의 말이다. 그 결과 이 업체들은 해당 제품의 제조나 선적에 그리 열정적이지 않았다.

공장 노동자들에게 의욕을 불어넣기로 결심한 로페즈는 직접 공장을 찾아 사람들을 만났다. "실제로 그 사람들이 하는 일이 뭔지, 그들이 작업하고 난 다음 우리가 뭘 하는지, 그게 왜 중요한지 배경 설명을 많이 해줬어요. 그들이 하는 일이 신장질환 환자에게 도움이 되는 모습을 보여줬죠. 그게 반향을 일으켰어요. 피드백이 정말 많이 오더라고요. 그 영상 덕분에 좀 더 노력을 기울이게 됐다고요. 중요한 일이라는 것을 안 거죠." 정말로 제조팀은 로페즈가 스케줄과 품질 목표를 맞출 수 있도록 더 적극적으로 도왔고, 결과적으로 로페즈 개인의 성과도 올라갔다. 로페즈는 강력한 대변자 부문에서 상위 15퍼센트에 해당하는 점수를 받았고, 성과 순위에서도 상위 20퍼센트에 안착했다.

일상 업무를 목적과 연결시킬 때 어떤 힘이 발휘되는지 보여주는 연구가 또 있다. 와튼 스쿨의 애덤 그랜트 교수는 장학금 모집을 위해 대학 동문들에게 기부금 모금 전화를 돌리는 콜센터 직원들을 조사했다.[25] 전화를 거는 직원들은 자신이 모금한 돈으로 어떤 일이 벌어지는지 직접 목격할 일이 없었고 잦은 거절을 당해야 했기 때문에 점점 지쳐갔다. 안 되겠다고 생각한 매니저는 그들의 노력으로 조성된 장학금을 받은 학생들이 보내온 감사 편지를 직원들에게 보여줬다. 이어 장학생 한 명과 미팅을 주선했고, 이 학생은 콜센터 직원들 덕분에 자기 삶이 어떻게 변했는지 직접 설명했다. 미팅이 끝나자 매니저는 이렇게 말했다. "앞으로 전화를 걸 때 오늘 일을 기억해주세요. 여러분은 이 학생들을 지원하고 있는 겁니다." 한 달 후 콜센터 직원들의 주간 평균 모금액은 185.94달러에서 503.22달러로 급등했다. 이렇게 목적을 '느낄 수 있게' 해주면 상대는 그만큼 더 노력해 여러분이 목표를 달성할 수 있도록 도와준다.

> 적절한 감정을 동원하고, 말하는 대신 직접 보여주며, 목적을 느끼게끔 함으로써 사람들이 나의 노력을 지원하도록 감화할 수 있다. 이런 것은 누구나 활용 가능한 작전이다. 직장 동료를 감화하기 위해 반드시 카리스마가 철철 넘쳐야 하는 것은 아니다.

하지만 감화 작전만으로는 내 계획과 목표에 반대하는 사람들을 극복하기 어려울 때도 있다. 우리 조사 결과를 보면 강력한 대변자들은 끊임없이 등장하는 장애물에도 굴하지 않고 자신의 목표를 추진한다.

똑똑한 투지

1998년 인도의 타밀나두주 코임바토르의 시골 마을에 살고 있던 아루

나칼람 무루가난탐Arunachalam Muruganantham은 신부인 샨티가 자신에게 무언가 숨기는 장면을 목격했다. 샨티는 더러운 넝마를 주위 모으고 있었다. 무루가난탐이 추궁하자 샨티는 생리대로 사용하려 했다고 시인했다. "제 오토바이조차 닦지 못할 더러운 천이었어요." 무루가난탐의 말이다. 그가 샨티에게 왜 생리대를 사용하지 않느냐고 묻자 샨티는 그러려면 "가족들이 먹을 우유를 살 수 없다"고 답했다.

무루가난탐은 이 문제를 그냥 넘기지 않기로 했다. 그는 아내를 비롯해 많은 사람들이 값싸게 사용할 수 있는 생리대를 개발하기 시작했다. 처음에 그는 그 지역 특산품인 면을 이용해 생리대 시제품을 만든 다음 아내에게 한번 써보라고 했다. 시제품은 소용이 없었고 아내는 금세 다시 넝마를 사용하기 시작했다. 무루가난탐은 한 달에 한 번 아내를 통해서만 테스트가 가능하다면 상용 제품을 개발하는 데 몇 년이 걸리겠다는 생각이 들었다. 그는 먼저 처제에게 도움을 구하려 했지만 거절당했다. 그다음 번에는 그 지역 의대에 다니는 여학생들에게 도움을 받으려 했으나 역시 거절당했다. 전통 사회의 모습이 남아 있는 이곳에서는 교육받지 못한 시골 무지렁이(무루가난탐은 가족을 먹여 살리기 위해 열네 살에 학교를 그만두었다)를 도와주려는 사람은 아무도 없었다.

결국 무루가난탐은 의대생 스무 명을 설득해 그가 직접 만든 생리대를 사용해보게 하고 설문조사를 완료했다. 하지만 어느 날 그는 여학생들이 설문지에 가짜 데이터를 채워 넣는 것을 목격했다. 그의 '조사'는 실패였다.[26] 실험용 생리대를 테스트해줄 사람이 없자 무루가난탐은 좌절했다.

그때 아이디어가 하나 떠올랐다. 무루가난탐은 어쩌면 자신이 직접 테스트할 수 있겠다는 생각이 들었다. 그는 푸줏간을 하는 친구에게서 염소 피를 얻어 축구공 주머니에 가득 채웠다. 그리고 그 주머니를 옷 밑에 묶고 생리대를 착용했다. 마치 주머니가 자궁이라도 되는 것처럼 이리저리 깔고 앉으며 뿜어져 나오는 피를 자신의 발명품이 잘 흡수하는지 관찰했다. 안타깝게도 열기 탓에 염소 피는 이내 고약한 냄새를 풍기기 시작했고, 어떤 마을 사람은 무루가난탐이 미친 것 아닌가 의심했다.

상황은 더 악화됐다. 몇 달째 그가 이런 기이한 행동을 보이자 아내는 사람들의 시선을 참지 못하고 집을 나가버렸다. 그렇다면 실험도 중단되어야 했겠으나 무루가난탐은 멈추지 않았다. 사용한 생리대를 연구하기로 작심한 그는 다시 한 번 의대생들을 찾아가 생리대를 나눠주고 나중에 회수했다. 어느 일요일, 뒷마당에 피 묻은 생리대를 늘어놓고 조사 중인 그를 발견한 그의 어머니는 울음을 터뜨렸다. 그리고 어머니마저 집을 나가버렸다.

마을 사람들은 그에게 악령이 씌었다고 단정하고 그를 나무에 거꾸로 매달아 씻김굿을 하겠다며 위협했다. 무루가난탐은 마을 떠나겠다고 약속하고서야 사람들에게서 풀려날 수 있었다. "이제 저에겐 아무도 없었어요." 무루가난탐의 회상이다. 그러나 그는 단념하지 않았다.

면은 눌릴 경우 액체를 뱉어낸다는 사실에 주목한 그는 P&G나 존슨앤존슨 같은 다국적 기업은 대체 생리대에 뭘 사용하기에 액체를 붙잡아둘 수 있는 걸까 궁금했다. 무루가난탐은 생리대 원재료를 손에 넣고서야 자신이 해결할 문제가 뭔지 깨달았다. 대기업들은 값비싼 기계를 이용해 나무껍질을 셀룰로스^{cellulose}로 가공했는데, 셀룰로스는 쥐어짜도 흡수한 액체를 뱉어내지 않았다. 이쯤에서 포기해야 하는 건가?

그러나 무루가난탐은 멈추지 않았다. 그는 자신에게 필요한 게 작은 셀룰로스 공장이라는 사실을 알았다. 우선 맨바닥부터 시작하기로 하고 과제를 섬유 분리, 싸기, 포장 및 마무리, 살균 등 네 단계로 나눴다. 각 단계에 필요한 간단한 장치를 제작하고 전기를 공급하기 위해 어디서든 틈날 때마다 발로 페달을 돌렸다.

4년 반이 흐른 후 그는 기계를 완성했다. 보기에는 허술해도 간단하고 저렴하며 적은 비용으로 셀룰로스를 생리대로 바꿔주는 기계였다. 마침내 그는 생리대를 완성했다.

무루가난탐은 자신을 버렸던 마을 사람들에게 공짜 생리대를 나눠줬다. 다음 날 그는 동네 아이들이 생리대를 가지고 노는 모습을 보게 됐다. 남자들은 생리대로 오토바이 헤드라이트를 닦고 있었다. 그런데 여자들은 그걸 사용하지 않았다. 무루가난탐은 생리대를 완성했으나 아무도 그 생리대를 찾지 않았다. 2장에서 다룬 내용처럼 그는 자신의 목적(기계를 만드는 것)은 이루었으나 기계가 의도한 당초의 수혜자들(생리대를 사용할 여성)에게는 아무런 가치도 창출하지 못했다.

투지로 따진다면 무루가난탐을 따라올 사람이 없었다. 그는 수많은 장애물에 부닥치면서도 꿋꿋이 '7년간' 앞으로만 정진했다. 그런데 그의 끈기가 지독하긴 했지만, 그렇게 드문 경우는 아니다. 우리 조사에서 4분의 1(27퍼센트)에 해당하는 사람들이 '어떤 장애물을 만나든 본인의 목표를 부단히 추구한다' 항목에서 매우 높은 점수를 받았다. 다우케미컬의 이언 텔퍼드는 이 항목에서 7점(최고점)을 기록했다. 처음에는 저항에 부딪히고 나중에는 상사가 바뀌어 프로젝트가 거의 무산 될 뻔했음에도 벤처 사업을 계속 추진했다. 우리 조사에서 텔퍼드처럼 투지가 강한 사람은 그런 투지를 보여주지 못한 사람보다 더 좋은 성 과를 기록했다. 투지만으로도 사람들이 목표를 달성하고 성과를 내는 데 도움이 된다는 일반적 가정을 확인한 셈이다. 그러나 무루가난탐의 사례처럼 이런 전통적 투지에는 한계가 있다. 무루가난탐은 부단히 목 표를 추구했으나 결국 아무것도 이루지 못했다.

직장에서 반대를 이겨내려면 끈기만으로는 안 된다. 반대를 무력화 할 수 있는 딱 맞는 작전을 세워야 한다. 무루가난탐은 저렴한 생리대 를 만드는 데는 성공했지만 그가 도우려는 사람들(아내, 어머니, 처제, 가 난한 동네 사람들)과 오히려 멀어졌다. 그 결과 사람들은 그의 생리대를 사용하지도, 그에 관한 얘기를 퍼뜨려주지도 않았다. 그는 부단한 노 력과 투지로 생산 전략이나 운영 전략(어디서 생리대를 구하고, 어떻게 자 신의 아이디어를 테스트하고, 어떻게 기계를 만들지)을 수정했지만 사람들에 대한 접근법은 여전히 융통성이 부족했다. 사람들의 걱정에 귀 기울이 지 않고 무작정 앞으로 내달리기만 했다. 그의 투지가 오히려 사람들 을 겁주어 쫓아버린 것이다.

직장에서 투지는 그저 머리를 푹 숙인 채 저항의 벽을 향해 불도저처 럼 들이받는 것이 아니다. '똑똑한' 투지는 단순한 끈기가 아니라, 내 가 영향을 미치고 싶은 사람들의 입장을 고려해 그들을 설득할 수 있 는 작전을 고안하는 것이다.

반대 의견에 공감하라

볼피 푸드^{Volpi Foods}의 창가에 따뜻한 햇볕이 들고 있었다. 세인트루이스에 위치한 볼피 푸드는 살라미와 프로슈토(향이 강한 이탈리아 햄의 일종 - 옮긴이) 같은 이탈리아식 절임 고기를 판매하는 작은 회사였다.[27] 아버지에게 곧 가업을 물려받을 로렌차 파세티^{Lorenza Pasetti}는 푸드쇼 때문에 출장 중이었다. 사무실에 남은 직원들은 밀린 서류 작업을 하기에 딱 좋았다.

그런데 그때 사무실 팩스 기계가 종이를 한 장 뱉어냈다. 볼피의 가장 큰 고객 중 하나인 거대 유통업체 코스트코^{Costco}에서 보낸 메시지였다. 파세티는 푸드쇼에서 어느 고객과 한창 대화를 나누고 있었는데 사무실에서 걸려온 전화가 계속 울렸다. 전화를 받아보니 직원은 정신 나간 사람처럼 흥분한 목소리로 팩스 내용을 들려줬다. 그건 코스트코가 받은 편지를 볼피에 재전송한 것이었는데, 원 작성자는 글로벌 음식 상표권을 보유한 이탈리아 파르마 지역 프로슈토 조합의 미국 담당 변호사였고 내용은 사실상 협박이었다. 우리와 가진 인터뷰에서 파세티는 이렇게 설명했다. "우리 프로슈토 제품을 깎아내리면서 볼피를 미국 상표권법 위반으로 고소하겠다는 내용이었어요. 그야말로 비상사태였죠. 100년간 쌓아올린 볼피의 명성을 공격하고 있었으니까요."

기습 공격은 이제 겨우 시작이었다. 프로슈토 조합은 볼피가 라벨에 '이탈리안' '정통' '프로슈토' 같은 단어를 사용한 것이 상표권법 위반이라면서, 볼피는 고기를 절일 때 정통 이탈리아식 방법을 사용하지 않고 있다고 주장했다. 이러면 미국 농무부^{USDA}에서 조사에 들어갈 수밖에 없다. 그리고 코스트코 같은 볼피의 클라이언트들은 선반에서 볼피 제품을 빼버릴 수도 있었다. 볼피 제품을 취급한다는 이유로 이탈리아 프로슈토 조합에 소송당할 우려가 있기 때문이다.

미국 농무부와 전화 통화를 한 파세티는 자신이 놓인 입장을 듣고 펄쩍 뛰었다. 당국이 상황을 오히려 악화시키고 있었다. 미국 농무부는 자신들이 볼피 제품의 상표권을 승인하기는 했으나 지금 보니 실수라고 했다. 그러면서 볼피 제품의 라벨에서 '이탈리안' 같은 단어를 빼라고 지시했다. '이탈리안'은 볼피의 브랜드 정체성 자체나 마찬가지인데 어떻게 그 말을 뺀단 말인가?

파세티는 앞이 다 캄캄했다. 공세를 취하고 싶었지만 회사가 오랜 법적 다툼에 휘말리는 것은 모두가 꺼려했다. 이 사업을 45년이나 운영해온 파세티의 아버지도 방법을 찾지 못했다. 파세티는 당시 상황을 이렇게 설명했다. "아버지는 변호사 말이라면 무조건 믿고 따르는 세대예요. 변호사의 말을 거스를 수 있다고는 생각 못 하죠. 당시 사업을 함께하던 형부도 우리가 항복해야 한다고 봤어요."

파세티는 즉각 반박하는 대신 상황을 곰곰이 곱씹어봤다. 프로슈토 조합의 입장에서 문제가 무엇인지 생각해보려고 했다. 저들이 왜 갑자기 볼피를 괴롭히기로 했을까?

조사해보니 이탈리아 프로슈토 조합은 미국 내에서 이탈리아산 제품의 점유율을 늘리려고 그러는 게 아니었다. 프로슈토 조합은 그들이 이탈리아의 유산이라고 생각하는 자신들의 제조법을 보호하는 데 집착하는 듯했다. 그들이 싸움을 걸어온 것은 '이탈리안'이 정말로 '이탈리안'이어야 한다는 뜻이었다.

이 점을 깨닫고 나니 파세티도 전략을 세울 수 있었다. 미국 담당 변호사나 미국 농무부 따위는 중요하지 않았다. 파세티는 본국에 가서 싸워야 했다. 이탈리아계 미국인 1세대인 파세티는 이탈리아어가 유창했다. 또 여행이나 출장으로 이탈리아를 방문한 것만도 수백 번이었다. 파세티는 이렇게 설명했다. "저는 이탈리아에서 수많은 장비를 사들이고 있었어요. 그 제조사 대부분이 이탈리아 북부 파르마 지역 근처에 있었죠. (…) 저는 그중 가장 오래되고 존경받는 장비 제조업체에 부탁해서 프로슈토 조합과 제가 만날 수 있게 미팅을 좀 주선해달라고 했어요. 조합을 만나 우리가 누구이며 어떻게 전통을 지켜가고 있는지 설명한다면 그들이 미국 담당 변호사에게 얘기해줄 거라 생각했거든요. 볼피를 건들지 말라고요."

8월의 어느 무더운 여름날 파르마에 도착한 파세티는 장비 제조업체의 본사 회의실로 성큼성큼 걸어 들어갔다. 300년 된 육중한 테이블을 사이에 두고 마주 앉은 두 신사는 파세티보다 나이가 두 배는 될 듯한 이탈리아 사업가들이었다. 파세티는 두 사람에게 볼피에 관해 설명했다. 가업을 이어온 이 회사가 대대로 이탈리아식 절임법을 지켜나가기 위해 어떤 노력을 하고 있는지 얘기했다. 파세티는 프로슈토 조합 리더들에게 풍부한 이탈리아 유산을 간직하고 있는 이 회사의 사정을 좀 헤아려달라고 간청했다. "좀 극적이긴 했지만 효과는 있었어요." 파세티는 웃으며 말했다. 파세티는 할아버지들을 설득해냈고 조합은 결국 물러섰다.

파세티의 이야기는 일하면서 똑똑한 투지를 전개하는 방법을 잘 보여준다. 반대를 극복하기 위한 첫 단계로 파세티가 한 일은 이탈리아에 있는 사람들이 왜 자신의 사업을 위협하는지 그 '이유'를 이해해보려고 애쓴 것이다. 그 사람들의 시각에서 상황을 바라보니 문제의 근원은 '이탈리아의 유산'에 있었다. 이 부분이 아주 중요한 통찰인데, 심리학자들은 바로 이런 접근법을 '인지적 공감cognitive empathy'이라고 부른다. 인지적 공감이란 다른 사람의 관점이나 정신 상태를 이해할 수 있는 능력이다.[28]

제프리 페퍼Jeffrey Pfeffer 스탠퍼드대학교 경영대학원 교수는 《권력의 기술Power》에서 "다른 사람의 입장에서 생각해보는 것이야말로 나의 어젠다를 진전시킬 수 있는 최고의 방법"이라고 말했다.[29] 그러나 흔히 자신의 걱정거리와 목표에 사로잡혀 상대방의 입장을 잘 헤아리지 못한다. 우리는 상대가 그냥 '이해를 못 한다'고 생각한다. 그러고는 상대를 '이해'시키기 위해 더 많은 사실과 논증을 줄기차게 퍼붓는다. 이것은 열심히 일하는 것이지, 똑똑하게 일하는 게 아니다.

동료는 대체 왜 나에게 반대하는 걸까? 어쩌면 동료는 내 것과 충돌할 만한 다른 어젠다나 우선사항을 가졌을 수도 있다. 동료는 자신의 마케팅 프로젝트에 자원을 동원해야 하는데 내 프로젝트 때문에 그게 어려워질까 봐 내가 세운 목표를 반대하는 것일 수도 있다. 또 조직에도 '편애'라는 게 있어서 어쩌면 내가 그 '편애 대상'에 들지 못한 것일 수도 있다. 혹은 동료가 우리 부서를 적으로 보고 있어서 개인적으로 아무 적대감도 없으면서 내 노력을 허물어뜨리려는 것일 수도 있다.

또 사람들은 변화에 위협을 느끼는데 저들이 보기에는 내 제안이 너무 위험해서 그러는 것일 수도 있다. 다우케미컬 경영진이 이언 텔퍼드의 아이디어에 보였던 반응처럼 말이다. 아니면 그냥 사람들은 단순히 나를 지원하기 위해 빌려줄 시간이 없는 것일 수도 있다. 혹은 불과 얼마 전 예산이 삭감되어 내 프로젝트가 우선순위에서 바닥으로 밀려난 것인지도 모른다.

시간을 들여 상대방 입장에서 문제를 바라보면, 사람들이 반대하는 데는 이유가 있다고 종종 느낄 것이다. 그들이 걱정하는 게 뭔지 알아내라. 그래야 그걸 극복할 조치를 취할 수 있다.

맞서거나 양보하거나

똑똑한 투지는 단순한 공감에서 끝나지 않는다. 행동도 중요하다. 파세티는 상대의 입장을 이해한 후 이탈리아 조합을 직접 대면하기로 결심했다. 파세티에게는 효과적인 작전이었다. 하지만 때로는 정면으로 맞서는 게 위험할 수도 있다.

다른 형태의 옵션인 '양보'는 위험이 훨씬 덜하다. 이언 텔퍼드는 이에폭시닷컴 사업에 대한 반대를 극복하기 위해 자신의 계획 일부를 양보했다. 첫 시도가 실패한 후 텔퍼드는 회사 지도부에 공감하면서 인터넷에 가격을 노출하는 데 대한 경영진의 불안을 이해했다. 반대하는 사람들을 달래기 위해 텔퍼드는 인터넷상에 아주 높은 가격을 제시해놓고, 대신에 '판촉 쿠폰'을 이용해서 고객들에게는 진짜 가격을 적용하겠다고 했다. 이런 양보가 없었다면 고위 지도부는 또다시 반대했을 테고 텔퍼드의 벤처 사업은 전혀 진전을 보지 못했을 것이다. 판촉 쿠폰이 딱히 마음에 들진 않았지만 텔퍼드는 용인하기로 했다. 볼피 푸드의 파세티에게 라벨 표기가 그랬던 것처럼, 이런 가격 조정도 텔퍼드에게 '죽어도 고수해야 할' 문제는 아니었다. 텔퍼드는 충분히 절충점을 찾을 수 있었다. 가능하다면 언제나 조금씩만 양보해서 반대 의견을 잠재워라.

반대자를 나의 텐트로 초대하라

도저히 아무것도 양보할 수 없을 때는 상대를 같은 편으로 만들라. 학자들은 이것을 '포섭'이라고 부른다. 이언 텔퍼드는 자신의 벤처를 무력화하려는 IT부서에 바로 이 작전을 펼쳤다.

텔퍼드는 먼저 상대의 걱정거리(전사적으로 IT 시스템을 표준화하고 싶은 욕망)를 이해하려고 노력했다. 그런 다음 이 걱정거리를 완화하고 최고의 내부 고객이 되려고 했다. 그는 복잡한 IT 문제를 이해하기 위해 몇 시간씩 엑센처Accenture 같은 외부 IT 기업과 얘기를 나눴다. 텔퍼드는 IT부서의 '언어'를 알아듣기 위해 IT 용어를 배웠다. 다우케미컬의 다른 매니저들은 무리한 요구도 종종 했지만 텔퍼드는 IT부서의 제약이 무엇인지 이해했기에 그런 요구를 하지 않았다. 새로 출범한 온라인 에폭시 사업에 첫 주문이 들어왔을 때 텔퍼드는 전화를 걸어 IT부서에 축하의 말을 건넸다. 텔퍼드는 이렇게 설명한다. "그런 제스처가 큰 효과를 냈어요. IT부서 동료들이 이 프로젝트를 공동 소유물

처럼 생각하게 됐으니까요. 그들이 그렇게 느낄수록 내 편으로 만들기
가 쉬워졌지요."

반대자를 만나면 우리는 당장 칼을 뽑아 대적하려고 한다. 하지만
때로는 사람들을 내 프로젝트의 일부로 만드는 게 나의 이익에 더 부
합한다. 그럴 수만 있다면 말이다. 언젠가 린든 존슨Lyndon B. Johnson 대통
령은 반대자에 관해 이렇게 말했다고 한다. "텐트 안에서 밖으로 소변
을 누게 하는 편이 낫다. 밖에서 안으로 누는 것보다야."[30] 할 수만 있
다면 반대자를 나의 텐트 안으로 초대하라. 똑똑하게 일하라.

사람들을 동원하라(혼자 하지 말라)

'생리대 연구남' 무루가난탐 이야기의 마지막 장이 남았다.[31] 기계를
완성해 생리대를 생산했으나 여성들이 사용하지 않자 무루가난탐의
프로젝트는 더 이상 진전이 없었다. 7년간 그 고생을 했는데도 그의
노력은 그가 돕고자 했던 여성들에게 아무런 가치를 만들어내지 못했
다. 그러나 무루가난탐은 포기하지 않았다. 자신의 실수를 깨닫고 그
실수를 만회하려 했다. 그는 자신이 도우려 했던 가난한 여성들의 참
여 없이 전진하는 수밖에 없었다. 그래서 이번에는 전략을 전면 수정
해 '다른 여성들을 동원'했다. 그들이 또 다른 여성에게 생리대 사용을
권하도록 말이다.

무루가난탐은 약간의 원조금을 지원받아 몇 개 마을에 기계를 설치
했다. 그리고 동네 여성들이 생리대를 만들고, 팔고, 사용할 수 있도록

교육했다. 이제 여성들은 기계를 설치하고 사업을 시작하기 위해 힘을 모았다. 이 여성들이 다른 여성들을 교육해 그들에게 생리대를 팔기 시작했다. 여성들은 단순히 건강과 위생만 증진한 것이 아니라 생리대를 팔아 생계를 유지하고 사업가가 될 기회를 얻었다. 여성을 동원해 더 많은 여성을 설득함으로써 무루가난탐은 영향력을 끝없이 증대할 수 있는 연합체를 얻었다.

마침내 무루가난탐은 결실을 얻었다. 아내와 어머니가 돌아왔고 마을 사람들도 다시 그를 받아주었다. 투지만으로 일관한 것이 아니라 이렇게 똑똑한 투지 작전을 전개함으로써 그는 결국 성공할 수 있었다.

남들을 변화시키고자 온갖 설득을 하는 사람들이 너무 많다. 이들은 추구하는 것을 위해 기꺼이 홀로 십자군이 되었다가 결국 지치고 만다.

단 몇 사람이라도 동원해서 남들을 설득하는 작업에 도움을 받는 것이 좋다. 우리 조사를 보면 일종의 사절단을 만들어내는 사람들이 있었다. 조사 참여자들 가운데 29퍼센트가 '사람들을 동원해 아주 효과적으로 변화를 만들어낸다' 항목에서 높은 점수를 기록했다. 이언 텔퍼드는 이 항목에서 7점 만점을 받았다.

기억나겠지만 텔퍼드는 온라인 벤처 사업을 위해 상사를 동원해서 새로 온 사업부장 밥 우드와 긴급회의를 잡았다. 텔퍼드는 혼자서 대변인을 맡지 않았다. 우리 데이터를 보면 알 수 있듯이 텔퍼드처럼 남들을 동원하는 사람이 더 좋은 성과를 낸다(동원과 성과 사이의 상관관계는 무려 0.66이나 됐다).

더 좋은 직장 만들기

이언 텔퍼드, 로렌차 파세터, 제이미 올리버, 아루나칼람 무루가난탐은 모두 남들의 지원을 얻어내는 데 상당한 에너지와 지혜를 쏟아부었다. 이들은 설득하려는 상대에게 공식적인 권한을 들이대지 않았다. 개인적 카리스마에 기대어 동료들을 굴복시킨 것도 아니었다. 오히려 그들은 감화 작전을 펼치고 똑똑한 투지를 전개해 반대를 극복했다. 이들의 작전은 행동일 뿐, 어떤 성격적 특성이 아니다.

따라서 여러분도 이런 작전을 효과적으로 사용하는 법을 배울 수 있고, 이로써 상당한 도움을 얻을 수 있다. 강력한 대변자는 자신의 성과를 높일 뿐만 아니라 동료·상사·고객 등 다른 사람들과 긍정적인 관계를 형성한다. 강력한 대변자 기술을 적재적소에 사용하면 이 중요한 사회적 자본을 축적해서 미래에는 더 쉽게 지원을 강화할 수 있다.

강력한 대변자 기술은 직장 분위기를 바꾸는 데도 도움이 된다. 남들을 감화하고 똑똑한 투지를 전개함으로써 모두가 일에 더 열심히 적극적으로 참여하도록 할 수 있다. 적이 친구가 되고 직장은 더 즐거운 무대가 될 수 있다. 그렇다고 해서 직장 내 갈등이 사라지게 된다거나 사라져야 한다는 얘기는 아니다. 팀에 어려운 문제가 생겨 의사결정을 해야 한다면 동료들 사이에 어느 정도 충돌은 있는 게 좋다. 다음

장에서 보듯이 팀으로 작업하려면 갈등은 불가피하며, 오히려 훌륭하게 일하는 데 필수불가결하다.

❺
강력한 대변자

전통적 '근면성실' 패러다임

내 주장의 엄청난 이점을 계속 설명하면 상사나 동료 직원이 당연히 나를 지지해줄 거라 생각한다. 투지(장기적 목표를 위한 끈기와 열정)만 있으면 내가 추진하는 일의 반대 세력을 극복할 수 있을 거라 믿는다. 이런 관행 때문에 우리는 일을 '열심히' 하게 된다. 이미 했던 얘기를 하고 또 하며 장애물을 극복하고자 장기간 어마어마한 노력을 기울인다.

새로운 시각으로 '똑똑하게 일하는 법'

최고의 성과를 내는 사람은 자신의 아이디어를 관철시키기 위해 합리적 논증만 펼치지 않는다. 그는 사람들이 지지할 수밖에 없게 하는 강력한 원투 펀치를 갖고 있다. 첫째, 나를 지원해줘야 할 사람의 감정을 자극해서 감화한다. 둘째, '똑똑한 투지'를 발휘해서 반대에 부닥쳤을 때 내 작전을 상황에 맞게 조절한다. 남들을 감화하고 똑똑한 투지를 발휘하는 강력한 대변자는 일하면서 난관에 굴하지 않고 목표를 달성할 가능성이 크다.

 KEY POINT

- 5,000명을 조사한 결과, 강력한 대변자는 남들을 감화하거나 똑똑한 투지를 발휘

하지 않는 사람들보다 성과 순위에서 15퍼센트포인트나 높은 점수를 기록할 가능성이 컸다.

• 강력한 대변자는 다양한 행동으로 감정을 불러일으키고 동료를 **감화**해 자신이 추진하는 일을 지원하게 한다.

  • 강력한 대변자는 사람들이 현재에 화를 내고 미래에 열광하게 만든다.
  • 강력한 대변자는 '말하는 대신 보여준다.' 충격적인 사진이나 시연을 통해 격렬한 감정을 일깨운다.
  • 강력한 대변자는 사람들이 목적을 '느끼게' 한다. 일상의 지루한 업무를 더 큰 목적과 연결시킨다.

• 강력한 대변자는 **똑똑한 투지**를 발휘해 자신의 프로젝트에 대한 반대를 와해시키고 지원을 얻어낸다.

  • 강력한 대변자는 반대자의 관점을 고려해('상대의 입장에 서본다') 그 사람의 구체적인 걱정거리나 어젠다에 맞춰 작전을 변경한다.
  • 강력한 대변자는 필요하면 반대자에게 맞선다.
  • 강력한 대변자는 반대자를 달래기 위해 참을 만한 사항은 양보한다.
  • 강력한 대변자는 반대자를 포섭해 그 사람도 일종의 소유권을 느끼게 한다.
  • 강력한 대변자는 자신을 옹호해줄 사람들을 동원해 압박 작전을 펼친다.

❻
싸우고 결속하라

조언은 다양하게 듣고 지휘는 통일성 있게 하라.
– 키루스 2세[1]

울리시스 카보Ulises Carbo는 역사를 만들 참이었다.[2] 그를 비롯한 쿠바인 망명자 1,400명은 1961년 미국이 피델 카스트로Fidel Castro의 공산당 정권에 맞서 세웠던 침공 계획의 일부였다. 육해공군 모두 훈련에 참여하고 동원됐다. 이들은 쿠바 해변에 착륙해 소규모에 불과한 쿠바 방어군을 물리친 다음, 수만 명의 쿠바 주민들을 봉기하도록 설득해 다함께 카스트로의 군대를 향해 전진할 작정이었다.

카보는 휴스턴호라는 미국 화물선에 타고 있었다. 네 척의 수송선 중 하나였던 휴스턴호는 연료·탄환과 사람들을 싣고 가장 먼저 출발해 4월 16일 밤 피그스만에서 상륙용 주정과 합류하기로 되어 있었다. 전투 계획이 어긋나기 시작한 것은 약속된 상륙정들이 제때 나타나지 않으면서부터였다. 미국 침공군은 하는 수 없이 해안 정찰용 모터보트를 내려서 써야 했다. 모터보트를 내릴 때 사용하는 크레인처럼 생긴 대빗 장치가 소음을 냈고, 이것은 결국 쿠바 방어군에게 침공군이 접근하고 있음을 알려준 꼴이 됐다.

원래는 상륙정이 한 시간 반 내에 탑승자 전원을 해안에 내리기로 되어 있었다. 하지만 해가 뜰 때까지 실제로 해안에 내린 인원은 절반밖에 되지 않았다. 해가 뜨자 쿠바군의 T-33 전투기와 호커 시 퓨리Hawker Sea Fury 전투기가 휴스턴호를 비롯한 수송선들을 공격해 왔다. 아침 8시경 카스트로 군대는 두 대의 로켓을 발사했고 휴스턴호는 중앙에 커다란 구멍이 났다. 배를 수리할 가망이 없다고 판단한 루이스 모스Luis Morse 선장은 휴스턴호를 해안에 대기 위해 뭍으로 다가갔다. 배는 해안에서 800미터 떨어진 곳에서 가라앉았고 배 상부의 1미터 남짓만이 물 밖으로 간신히 나와 있었다. 배의 구멍 난 곳에서는 기름이 새어 나와 사람들이 탈출하는 데 애를 먹었다. 수영을 못하는 사람들은 30인용 구명정 두 정에 빼곡히 나눠 탔고, 카보를 비롯해 수영을 할 줄 아는 사람들은 가까스로 해안까지 직접 헤엄쳐 갔다. 카보는 가라앉지 않으려고 바지와 신발까지 벗었으며 해안에 도착했을 때는 속옷만 입고 있었다.

그럼에도 카보를 비롯한 침공군은 해안에 있던 몇 안 되는 쿠바 방어군을 밀고 지나가는 데 성공했다. 다만 이후 사흘간 2만 명의 카스트로 군대가 다시 이곳을 장악했고, 침공군은 모두 생포되거나 죽었다. 봉기는 현실화되지 않았다. 나중에 카스트로는 이 생존자들을 미국의 식량 및 의약품과 맞바꾸었다. 역사를 만들기는 했으나 카보를 비롯한 사람들이 꿈꾼 역사는 아니었다.

그렇다면 이런 참사를 계획하고 실행한 사람은 과연 누굴까? 틀림없이 B팀이었을 것이다. 누구라도 당연히 그렇게 생각할 것이다. 하지만 실제로 이 계획을 수립하고 실천한 사람들은 케네디^{John F. Kennedy} 행정부의 최정예 멤버였다.[3]

하버드대학교 역사학 교수 아서 슐레진저^{Arthur Schlesinger}가 케네디의 특별고문 자격으로 그 회의에 참석했다. 회의에서 리더들은 피그스만이라고 알려진 지역으로 비밀군을 상륙시킬지 여부를 논의했다. 슐레진저는 이렇게 회상한다. "무시무시한 사람들이 모여 있었다. 국무부 장관, 국방부 장관, CIA 국장, 휘황찬란한 제복을 입은 합참 소속 군인 셋."[4] CIA 수장인 앨런 덜레스^{Allen Dulles}와 부국장 리처드 비셀^{Richard M. Bissell}이 피그스만 작전의 전체 계획을 짰다. 비셀은 백악관 참석자들에게 지도를 보여주며 설명했다. 슐레진저에 따르면 비셀은 생각이 "빠르고 날카로우며 타의 추종을 불허하는 명민한 분석력과 유창한 설명력을 가진 사람"이었다고 한다.[5] 그 밖에도 참석자 면면을 보면 포드자동차 회장을 지낸 국방부 장관 로버트 맥나마라^{Robert McNamara}, 서른네 살에 하버드대학교 최연소 인문대학장이 되었던 국가안보보좌관 맥조지 번디^{McGeorge Bundy} 등 유능한 인재들이었다.

이날 회의의 문제점은 정보 부족이 아니었다. 계획과 그 밑에 깔린 가정, 허술한 부분 등에 대한 비판적 사고나 철저한 토론이 결여됐다는 점이다. 아마 일하면서 여러분도 다들 고개만 끄덕이고 아무도 용기 내어 반대 의견을 말하지 않는 딱딱한 회의에 참석해본 경험이 있을 것이다. 이날 회의가 바로 그랬다. 결정을 내리기 전에 케네디 대통령은 자문들에게 의견을 물었다. 그중에는 국무부 차관 토머스 만 Thomas Mann 도 있었다. 만과 그의 상사였던 국무부 장관은 둘만 있을 때 는 이 계획에 반대했다. 하지만 만은 이렇게 말했다. "참석자 모두 지 지 의사를 표명했기 때문에 나도 똑같이 했다."[6] 국방부 장관 맥나마 라는 이렇게 회상했다. "국무부 장관 딘 러스크 Dean Rusk 와 나는 이 계획 에 열정적이지 않았다. 하지만 계획을 시행하지 말라며 반대하지는 않 았다."[7] 국가안보보좌관 맥조지 번디는 다음의 말로 책임을 회피했다. "대통령의 의견에 대놓고 반대하는 건 내 임무가 아니었다. 대통령이 지지 쪽으로 기울었기 때문에 나는 대통령을 지지했다." 슐레진저는 회의가 시작됐을 때 의구심을 표명했고, 케네디 대통령에게 위험 요소 를 정리한 보고서를 여러 번 올리기도 했다. 그러나 결정을 내리기 직 전 중요한 며칠 동안은 슐레진저 역시 자신의 반대 의견을 스스로 검 열해버렸다. 그는 그 점을 두고두고 후회했다. "나는 백악관 각료회의 실에서 그 중요한 논의가 펼쳐지는 동안 내가 입 다물고 있었다는 사 실을 뼈저리게 자책했다."[8]

피그스만 참사는 팀 내부의 끔찍한 의사결정 과정을 보여주는 기념 비적 사건이다. 이날 회의의 리더였던 케네디 대통령은 참석자들 사이 에서 격렬한 토론을 끌어내지 못했다. 그 점은 다른 참석자들도 마찬 가지였다. 참석자들은 제시된 계획의 약점을 지적하고 반대 목소리를 낼 책임이 있었다. 가장 똑똑하다는 사람들만 모아놓은 회의였지만 실 패한 회의였다.

회의, 회의, 또 회의

이날의 참사가 보여주는 것처럼 팀 내에서 리더나 참석자가 어떻게 행동하느냐는 그들의 개인 성과에도 큰 영향을 미친다. 사람은 혼자서만 무언가를 성취하는 게 아니라 팀을 이뤄 노력함으로써 성취하기도 한다. 우리가 5,000명을 조사해보니 무려 80퍼센트의 사람들이 팀을 잘 이끄는 게 자기 업무에서 '정말로 중요하다'고 답했다. 팀워크란 업무를 분담하고, 그 업무를 조율하고, 회의에서 토론하고, 의사결정을 내리고, 결정된 사항을 시행하는 것을 모두 포함하는 개념이다.

팀 업무의 상당 부분은 회의를 통해 이뤄진다. 그렇다면 팀 성과 및 개인의 성과를 팀 회의의 질이 좌우한다는 얘기다. 이슈를 얼마나 잘 토론하는지, 결정된 사항을 얼마나 적극적으로 시행하는지가 중요하다.

이처럼 팀 회의는 팀워크의 중요한 일부지만, 효과적이지 못한 회의가 많다. 또 회의 자체도 얼마나 많은가. 여러 연구 결과를 종합한 어느 자료에서 계산한 바에 따르면, 미국에서는 하루에 3,600만 건에서 5,600만 건의 회의가 열린다고 한다.[9] 그런데도 마이크로소프트에서 전 세계 3만 8,000명을 대상으로 실시한 설문조사에 따르면 69퍼센트의 사람들이 회의가 생산적이지 않다고 답했다.[10] 해리스Harris에서 2,066명의 직원들을 대상으로 실시한 실문조사를 보면 응답자의 거의 절반이 "상황 회의에 참석하느니 뭐든 다른 일을 하고 싶다"고 답했다. 회의에 참석하느니 페인트가 마르는 것을 지켜보겠느냐는 질문

에도 17퍼센트가 그렇다고 답했다. 차라리 치아 신경치료를 받는 건? 8퍼센트가 그러겠다고 답했다.[11]

회의가 형편없어서 이슈를 해결하지 못했을 때 어떻게 하는가? 회의를 다시 연다! 우리 조사에서 중간 규모 제조회사의 금융부서에서 일하던 어느 참여자는 마흔두 살인 자신의 상사를 이렇게 비난했다. "우리 상사는 불필요한 회의를 너무 많이 잡아요. 결론도 거의 내지 못하면서 말이죠. 회의의 결론이 또 다른 회의예요."[12] 효과적이지 못한 그 많은 팀 회의의 부작용 중 하나는 더 많은 회의를 양산한다는 점이다. 결국 우리가 수많은 업무 활동('근면성실' 패러다임)을 하게 되는 이유는 당초에 충분히 엄격한 논의가 이뤄지지 않았기 때문이다.

수많은 회의를 열어야 팀이 일할 수 있는 건 아니다. 오히려 우리에게 필요한 것은 '똑똑한' 팀 회의다. 참석자들이 철저하게 토론하고, 결정된 사항을 적극 이행하는 회의 말이다. 대체 어떻게 하면 그런 회의를 할 수 있을까?

치열하게 싸워라

우수한 팀 성과의 비결을 알고 싶었던 나는 어쩌다 보니 2009년 런던 히드로 공항 부근 산업지대인 슬라우까지 가게 됐다. 당시 나는 이 책과 무관한 어느 연구의 일환으로 동료인 허마이니아 아이바라[Herminia Ibarra], 어스 파이어[Urs Peyer]와 함께 주요 상장 기업에서 최고의 실적을 내는 CEO 순위를 매겨보고 있었다(연구 결과는 2010년과 2013년《하버드 비즈니스 리뷰*Harvard Business Review*》에 실렸다).[13] 우리는 1995년 이래 전 세계 기업 CEO 2,000명에 대한 데이터를 끌어모았다. 그리고 수많은 스프레드시트에 흩어진 데이터를 서로 연결해 주식시장 실적을 기준으로 1등부터 2,000등까지 CEO 등수를 매겼다.

책상에 앉아 최종 스프레드시트를 받아 보던 날 아침, 나는 기대감에 두 손을 비비며 파일을 열었다. 그리고 1등부터 시작해 아래로 훑어나갔다. 최고의 실적을 낸 CEO는 이변 없이 애플의 스티브 잡스였다. 그다음 몇 명도 익숙한 이름이었다. 아마존의 제프 베조스를 비롯해 급성장한 하이테크 기업 내지는 에너지 기업의 CEO들이었다. 5등, 6등, 7등, 8등은 흥미롭기는 했으나 놀랍지는 않았다. 9등, 10등, 11등, 12등, 13등, 14등, 15등…… 나는 하품하며 창밖을 내다보았다.

그렇게 16등 차례가 됐다. 나는 들고 있던 커피 잔을 내려놓았다. 이게 뭐야? 영국에 있는 레킷벤키저*Reckitt Benckiser*라는 회사의 바트 베흐트*Bart Becht*라는 CEO였다. 한 번도 들어보지 못한 회사와 사람 이름이었다. 나는 인터넷에서 레킷벤키저를 검색해봤다. 근사한 하이테크 기업이거나 성장 시장에서 활동하는 에너지 기업이겠지. 이 회사 홈페이지가 펼쳐진 순간 나는 의자에서 굴러떨어질 뻔했다. 세제를 파는 회사였다. 식기세척기용 세제.

식기세척기용 세제 산업은 딱히 고성장 사업이라고 보기 어렵다. 대체 세제를 팔면서 2,000개 기업 가운데 실적 최상위 1퍼센트에 들어가려면 어떻게 해야 하는 걸까? 그래, 뭐, 레킷벤키저가 꼭 세제만 파는 것은 아니다. 하지만 아무리 그래도.

나는 이유가 궁금해서 참을 수 없었다. 그래서 바트 베흐트에게 전화를 걸어 우리 연구의 일환으로 당신네 기업을 좀 분석해도 괜찮을까 하고 물어보았다.[14] 베흐트는 좋다고 했고, 나는 연구팀과 함께 슬라우에 있는 레킷벤키저 본사로 날아갔다. 작은 방에 들어서니, 늘어선 선반에 이 회사 세제들이 가지런히 놓여 있었다. 그곳은 근사한 중역회의실이나 바닥부터 천장까지 유리로 된 그런 방이 아니라, 옷장보다 약간 큰 크기의 방이었다. 이사회 구성원의 초상화 같은 것도 걸려 있지 않았다. 거기서 우리는 베흐트와 일곱 명의 경영진을 차례로 인터뷰했다. 그리하여 이 회사의 뛰어난 실적이 그들의 팀 회의 운영 방식과 큰 관련이 있다는 사실을 알아냈다.

특히 눈에 띄는 규칙이 2가지 있었다. 첫 번째는 사람들이 대체로 안 좋아하는 것, 바로 '싸움'이었다.

> 회의할 때 **싸움**을 잘하는 팀의 팀원들은 이슈를 토론하고, 대안을 고려하고, 서로 이의를 제기하고, 소수 의견에 귀 기울이고, 가정을 꼼꼼히 검토한다. 이런 팀에서는 모든 참여자가 나중 결과에 대한 두려움 없이 자기 목소리를 낼 수 있다.

베흐트는 단조로운 회의를 좋아하지 않는다고 했다. 서로 맞장구치고 상대의 기분을 맞춰주는 회의는 좋아하지 않으며, 긴장감 넘치는 회의가 좋다고 했다. 사람들이 서로 다른 의견을 내고, 근거를 대며 계속 주장하고, 심지어 싸우기까지 하는 그런 회의 말이다. 그는 이렇게 말했다. "저희는 사실 '건설적 충돌'을 권장합니다! 열정적인 여러 아이디어를 가진 사람들이 한자리에 모여 있다면 당연히 그런 아이디어들이 빛을 발해야죠. 다수가 어떤 의견에 동조한다고 해서 입을 다물면 안 됩니다. 팩트로 무장하고 주장을 펼칠 준비가 되어 있다면 당연히 격려해줘야 하고요. (…) 그러다 보면 회의가 생동감 넘치는 건 당연합니다."[15]

맞는 말이다. 2001년 이 회사에 처음 합류한 경영자 프레디 캐스퍼스Freddy Caspers는 회의실에 들어서다가 방 안에 있는 모든 사람이 방방뛰며 자기 주장을 내세우는 모습에 깜짝 놀랐다고 했다. "뭐, 정말로 치고 박고 싸웠다는 얘기는 아니고요. 정신적 싸움이랄까요." 한번은 마케팅 팀의 중간직 직원이 '에어 웍 프레시매틱Air Wick Freshmatic'이라는 제품을 위해 싸운 적이 있었다. '에어 웍 프레시매틱'은 배터리로 돌아가면서 일정 시간 간격으로 방향제를 내뿜는 제품이었다. 지난 5년간 회사는 이 제품을 사무실 용도로 한국에밖에 팔지 못했다. 마케팅 직원은 사무실용 외에 가정용으로도, 한국 외의 국가에도 팔아야 한다고 여겼다. 동료들은 이를 '미친' 아이디어라고 봤다.《블룸버그 비즈니스위크Bloomberg Businessweek》에 따르면 동료들은 그렇게 생각만 한 게 아니라 실제로 그렇게 '말했다'고 한다.[16] 보통 회사라면 그걸로 끝이었을 것이다. 하지만 격렬한 토론 끝에 소수 의견이던 마케팅 직원의 아이디어가 이겼고, '에어 웍 프레시매틱'은 69개국에 출시됐다.

인터뷰 내용을 바탕으로 나는 레킷벤키저에서 좋은 싸움이 일어날 수 있는 '무언의 규칙'(사회과학자들이 '묵시적 규범'이라 부르는 것)이 무엇일지 생각해봤다.

- 회의에 참석할 때는 반드시 100퍼센트 준비된 상태로 온다.

- 의견을 공들여 내고 확신을 갖고 (데이터와 함께) 설명한다.
- 내 의견뿐만 아니라 남들의 의견에도 열린 마음을 유지한다.
- 비록 내 것이 아니더라도(그런 때가 자주 있을 것이다) 최선의 의견이 이기도록 만든다.
- 자리에서 일어나 고함치는 것을 두려워하지 않는다. 다만 절대로 개인적 감정은 싣지 않는다.
- 소수 의견에 언제나 귀 기울인다(정말로 귀를 기울인다).
- 합의를 위한 합의는 절대로 추구하지 않는다.

레킷벤키저에서는 팀원들이 여러 의견을 두루 살펴보고 장단점을 모두 확인하기 전까지는 절대로 의사결정을 내리지 않았다. 맞다. 그래서 회의가 종종 과열되기도 한다. 하지만 결국에는 이렇게 저돌적인 의사소통을 통해 질 높고 신중한 의사결정이 나온다. 우리가 인터뷰한 직원들은 다들 이 방식이 훨씬 더 좋은 성과를 낸다고 입을 모았다.

결속하라

그런데 이런 규범은 그 자체로 위험도 안고 있다. 회의가 끝없는 토론으로 이어질 수 있기 때문이다. 그래서 레킷벤키저에는 또 다른 규범을 만들어낸 두 번째 원칙이 있었다. 바로 '결속 증진'이다. 이 회사는 간부들에게 회의에서 빠르게 결정하고 그 결정을 적극적으로 추진하라고 한다. 베흐트는 암스테르담에서 있었던 회의를 예로 들어주었다.

당시 합병한 지 얼마 안 된 네덜란드 벤키저(베흐트가 CEO였다)와 영국 레킷앤콜먼^{Reckitt & Colman}의 간부들이 한자리에 모였다. 회의는 진통을 계속했고 남은 시간이 별로 없었다. 점심을 먹은 후 레킷앤콜먼의 한 간부는 자신들이 런던으로 돌아가는 비행기를 놓치지 않으려면 그만 회의를 접어야 한다고 했다. 아직 양측은 합의에 도달하지 못한 상태였다. 벤키저 측은 다들 초조해졌다. 이들은 분명한 합의에 도달해서 팀 결속이 깨지지 않았음을 확인하기 전까지는 회의실을 떠나지 않는 데 익숙했기 때문이다.

내가 베흐트에게 물었다. "그래서 어떻게 됐나요? 벤키저 사람들이 회의실 문을 잠가버렸나요?"

베흐트는 씩 웃어 보였다. "네, 그렇게 했어요. '결정을 내리기 전에는 아무도 못 나갑니다'라고 했죠."

팀에서 이슈를 토론하고 나면 마무리 짓고 빠르게 움직인다. 레킷벤키저에서는 어느 팀이 적절한 시간 내에 의사결정을 하지 못했을 경우, 보통 의장 역할을 맡은 방 안의 최고참자가 최종 결정을 내린다. 모든 회의의 끝에 판단이 내려지고, 그 판단을 기반으로 빠르게 행동에 들어간다. "빛의 속도로 반대편 끝까지 가죠. 그리고 다시 다음 문제로 옮겨가는 거예요." 어느 경영진이 회사의 회의에 관해 한 말이다.

또한 모든 사람은 내려진 결정을 '실행'하는 데 적극적이다. 뒤늦게 비판하거나 사내 공작을 펼쳐서 이미 결정된 사안을 뒤집는 일은 없다. 베흐트는 결정된 사안을 위협하는 "(사내 정치공작은) 독약이나 마찬가지"라고 말했다.

레킷벤키저가 그토록 좋은 실적을 내는 것은 싸울 뿐 아니라 결속하는 직원이 아주 많기 때문이다.

> **결속**된 팀에서는 팀원들이 이미 결정된 사항을 (동의하지 않더라도) 적극 받아들인다. 뒤늦게 비난하거나 방해하는 일 없이 결정된 사항을 실행하기 위해 노력한다.

높은 성과를 내는 다른 기업도 비슷한 팀워크 문화가 있다. 아마존은 직원들에게 "불편하고 피곤하더라도 의견이 다를 때는 이의를 제기해라" "일단 결정되면 전적으로 받아들여라"라고 말한다.[17] 실리콘밸리의 투자자 마크 앤드리슨은 한 임원이 거래를 제안했을 때 투자팀이 토론하는 방식을 이렇게 설명했다. "내놓은 생각에 대해 스트레스 테스트를 해주는 게 그 방에 모인 모든 사람의 책임입니다. (저와 회사를 함께 창업한 벤 호로위츠[Ben Horowitz]가) 어느 거래를 제안하면 저는 지독하리만큼 그를 몰아붙입니다. 들어본 아이디어 중에서 최고다 싶을 때조차 혹평을 퍼부어서 남들도 가세하게 만들죠." 그러다가 호로위츠의 의견이 승리하면 그들은 논쟁을 멈춘다. "그때 저는 이렇게 말합니다. '그럽시다, 다 같이 올인하자고요. 적극 밀어줄게요.'"[18]

이런 사례는 흔치 않다. 그래서 이런 방식은 개인의 행동이 아니라 회사 전체를 관통하는 기업 문화의 특징이 된다. 전면에 나서서 싸우고 결속하기를 반복하는 직원이 그러지 않는 직원보다 더 좋은 성과를 내는지 궁금해진 나는 우리 조사 결과를 분석해봤다. 그랬더니 팀 내에서 싸움과 결속 모두 잘하는 직원은 그렇지 않은 직원보다 전체적으로 나은 성과를 보였다.

　남성들은 팀 회의에서 싸움이라는 '터프한' 작업을 더 잘하고, 여성들은 결속을 다지는 대인관계에 더 능하다는 게 우리가 성별에 대해 갖고 있는 고질적 고정관념이다. 하지만 우리가 실시한 정량조사 결과를 보면 이런 관념은 옳지 않았다. 조사 참가자들 가운데 토론에서 싸우는 능력에 높은 점수를 얻은 남성은 전체 남성 가운데 30퍼센트가 채 안 된 반면, 여성은 전체 여성 가운데 32퍼센트였다. 또 결속에서 높은 점수를 받은 여성의 비율은 38퍼센트로, 34퍼센트인 남성의 비율보다 약간 더 높았다. 이건 큰 차이는 아니다.

　한편 우리 조사에 따르면 교육을 더 받는다고 해서 싸움과 결속을 더 잘하게 되지는 않았으며, 오히려 이는 최고의 팀 전략을 세우는 데 마이너스 요인이었다. 고위 간부라고 해서 말단 직원보다 싸움과 결속을 더 잘하지도 않았다. 이 부분은 다소 의외였다. 나는 권한을 가진 사람들이 결속을 더 잘 종용할 거라고 생각했다. 그러나 결속은 '종용' 할 수 있는 성질의 것이 아니었다. 결속하기 위해서는 단순한 복종으로는 안 되고 진심으로 그 결정을 받아들여야 한다.

　그렇다면 어떻게 해야 싸움과 결속을 더 잘할 수 있을까? 회의에 참석했을 때 생산적인 싸움을 할 수 있는 몇 가지 작전부터 살펴보자.

재능보다 다양성

팀이 잘 싸우기 위해 반드시 필요한 것이 '다양한 관점'이다. 사회과학 분야의 수십 년 연구가 확인해주는 것처럼 다양성을 가진 집단은 더 창의적이고 토론을 더 잘한다. 캐서린 필립스^{Katherine Phillips} 컬럼비아대학교 경영대학원 교수는 다양성이 "참신한 정보와 시각을 찾게 함으로써 의사결정과 문제해결을 더 잘하게 해준다"고 결론 내렸다.[19] 마찬가지로 스콧 페이지^{Scott Page} 미시건대학교 교수도 유익한 토론의 핵심은 "인지 다양성"이라면서 이슈에 대한 이질적 시각이 필요하다고 말했다.[20] 그는 전문지식이 서로 다르고 인구통계상 다양한 사람들이 모였을 때, 서로 다른 정보를 가지고 다른 관점에서 세상을 보게 된다고 주장했다.

회의에 참석하거나 팀을 짤 때 다양성을 염두에 두는 사람은 많지 않다. 대개 비슷한 사람들끼리 어울린다. 사회학자들은 이를 '동종 선호^{homophily}'라고 부른다. 가장 똑똑한 인재를 찾을 때도 멀리 보지 못하고 자신과 비슷한 배경을 가진 이들을 모아 팀을 꾸리는 경향이 있다. 케네디 대통령의 국가안보팀에 속한 사람들은 비범하게 똑똑했을지 몰라도, 그 회의실에 둘러앉은 사람들은 놀랄 만큼 서로 유사했다. 하나같이 엘리트 대학을 나온 40~50대 백인 남성이었다.

게다가 케네디 대통령이 꾸린 팀에 있던 '최고의 두뇌들' 어느 누구도 외부의 반대 관점을 토론에 끌어들이려 하지 않았다. 아서 슐레진저에 따르면 피그스만 침공 작전을 계획할 당시 CIA는 "작전팀이 섬에 도착하기만 하면 쿠바 국민의 최소 4분의 1이 적극적으로 동조할 것"이라고 추정했다.[21] 케네디 대통령이 카스트로의 2만 군대에 맞선다며 고작 1,400명을 보낸 이유다. 그 계획에서는 쿠바 국민이 봉기해 혁명을 일으키리라는 가정이 아주 중요했다. 하지만 아무도 국무부 내 쿠바 담당팀에 연락해보지 않았다. 연락했더라면 쿠바 담당팀은 카스트로가 아직도 널리 존경받고 있고, 아마 봉기가 일어나지는 않을 것 같다는 정보를 줬을 것이다. 케네디 팀(만, 슐레진저, 맥나마라, 러스크)의 어느 한 사람이라도 다른 의견을 찾아보거나 제공했다면 이 중요한 가정을 더 정확히 따져볼 수 있었을 것이다.

싸움을 '잘'하고 싶다면 다양한 배경과 관점을 가진 사람을 영입하라. 레킷벤키저의 바트 베흐트는 이렇게 말했다. "방에 모인 사람이 파키스탄인이냐 중국인이냐, 영국인이냐 터키인이냐, 남자냐 여자냐는 중요하지 않다. 세일즈 등을 해본 사람이 있느냐도 중요하지 않다. 그저 경험이 다른 사람들이 있기만 하면 된다. 서로 다른 배경을 가진 사람들이 있으면 새로운 아이디어가 나올 가능성이 훨씬 커지기 때문이다."[22]

회의에 들어올 사람을 꼭 내가 뽑으란 법은 없다. 나는 그저 참석자에 불과할 때도 있다. 하지만 그럴 때에도 다른 데서 나온 정보나 관점을 찾아내 다양성을 추가할 방법이 있다. 우리 팀이 아닌 사람을 찾아가 자문을 구하라. 아무도 찾지 않은 새로운 시장 보고서를 살펴보라. 언제나 반대되는 생각을 가진 '미친' 엔지니어를 찾아보라. 그런 다음 그들을 초대하든, 아니면 그들의 관점을 제시하든 어떤 방법으로든 그 다른 관점을 다음번 팀 회의에 가져오면 된다.

우리 조사에서도 이렇게 하는 사람들이 있었다. 서른여덟 살의 엔지니어인 건서는 사우스캐롤라이나주에 있는 전기 회사에서 일했다. 그는 자기네 발전소의 하청업체 하나가 잘못된 솔루션을 사용한다는 생각이 들었다.[23] 건서는 자신의 팀과 상사, 해당 업체, 그리고 같은 회사지만 이 업무와 무관해 오히려 새로운 관점을 제시해줄 만한 엔지니어 두 명을 초대해 회의를 열었다. 회의 도중 한 엔지니어가 솔루션을 제시했다. 하청업체와는 아주 다른 의견이지만 더 우수해보였다. 건서는 이렇게 말한다. "하청업체는 그 사람 말을 귀담아듣지 않았어요. 하지만 제 상사가 그 의견을 열심히 옹호했고 다들 귀 기울이게 됐죠." 건서는 말단 직원에 불과했지만 직접 회의를 소집했고, 회의실의 지적 다양성을 높였다. 그는 우리 조사의 '싸우고 결속하라' 항목에서 98백분위수를 차지했고 성과 점수에서는 상위 6퍼센트 안에 들었다.

편안한 분위기를 만들라

2009년 하이네켄Heineken은 미국 판매실적이 계속 감소세였다. 회사는 실적을 되살리기 위해 서른여섯 살의 네덜란드 출신 젊은 인재 돌프 판덴브링크Dolf van den Brink를 뉴욕주 화이트플레인스에 위치한 지역 본부로 데려왔다. 판덴브링크의 이전 근무지는 아프리카 콩고였는데, 그는 그곳에서 몇 년도 안 되는 짧은 기간에 시장 점유율을 두 배로 올려놓았다. 나와 얘기를 나누면서 판덴브링크는 지역 본부에 "공포가 만연"했다고 회상했다. "아무도 속마음을 얘기하지 않았어요."[24]

토론을 끌어내기 위해 단순히 판덴브링크가 "여러분, 말 좀 하세요!"라고 외칠 수는 없는 노릇이었다. 오히려 그는 회의에서 자신이 바라는 게 뭔지 정확한 기대치를 설정해야 했다. 판덴브링크는 소품을 활용해 새로운 회의 규칙을 정립하기로 했다. 어느 날 아침 그의 팀원들이 회의실에 와보니 테이블에 2×3인치 카드가 놓여 있었다. 빨간색 카드에는 이렇게 쓰여 있었다. "이의 있습니다. 다른 해결책이 있어요." 녹색 카드에는 이렇게 쓰여 있었다. "전적으로 동감합니다. 이유를 설명할게요!" 마지막 회색 카드에는 이런 경고가 쓰여 있었다. "옆길로 새고 있습니다. 주제로 돌아가 주세요." 팀원들은 의견이 다르거나(빨간색), 어느 의견을 지지하거나(녹색), 옆길로 새고 있는 동료를 다시 집중시키려면(회색) 카드를 하나 집어 들면 됐다. 테이블에는 장난감 말도 하나 있었는데, 발언자가 너무 오래 떠들 경우 그 말 인형을 들이밀면 됐다.

바보 같은 아이디어였을까? 물론이다! 하지만 거기에는 의도가 있었다. 판덴브링크는 이렇게 설명했다. "공포가 만연해서 다들 저 아니면 회의실의 최고참자만 쳐다봤어요. 빨간색 카드가 있다는 건 누구든 정당하게 이의를 제기할 수 있다는 뜻이었죠. 웃기긴 하지만 그 카드를 거기에 둠으로써 일종의 신호를 보낸 거예요. '우리는 당신이 이의를 제기하기 바랍니다, 당신의 의견을 듣고 싶어요'라고 말이에요." 기대치를 알려주고 사람들의 발언을 독려함으로써 판덴브링크는 심리적으로 편안한 분위기를 조성했다. 에이미 에드먼슨 하버드 비즈니스스쿨 교수가 "일과 관련된 생각이나 감정을 자유롭게 표현할 수 있는 분위기"라고 한 게 바로 이것이다.[25] 우리 조사에서는 참가자의 약 5분의 1(19퍼센트)이 이런 분위기를 조성하는 데 능숙하다고 답했다. '회의에서 사람들이 편안하게 발언할 수 있는 분위기를 조성하는 데 매우 뛰어나다' 항목에서 높은 점수를 받은 사람들이었다. 여기서 높은 점수를 받은 사람들은 성과도 좋았다(상관성이 무려 0.63).

하이네켄에서 판덴브링크의 작전은 효과가 있었다. 팀원들은 점차 입을 열었고, 얼마 안 가 카드는 더 이상 쓸모없어져 회의실에서 사라졌다. 당시 전략기획팀에서 일하던 알레한드라 데오베소^{Alejandra de Obeso}는 새로운 기대치 덕분에 조용하던 사람까지 토론에 활발히 참여하게 됐다며 이렇게 말했다. "아주 내성적이던 한 분이 정말 많이 변했어요. 그분은 항상 회의 진행 내용에 대해 아주 미묘한 관점을 갖고 있으면서 그 의견을 무척 공유하고 싶어 했거든요." 시간이 지나면서 모두가 참여하는 분위기가 조성되고 토론의 분명한 규칙이 생겼다. 그러자 그 조용하던 사람도 목소리를 제대로 내기 시작했고 "의견들을 조정하고 대화를 한 단계 더 멀리 끌고 가는 주체"가 됐다.

판덴브링크는 토론이 활발해진 덕분에 그의 팀이 더 많은 신제품을 도입할 수 있었다고 믿는다. 2015년 그는 이런 말을 했다. "4년 전에 저희는 혁신율이 거의 정체 중이었습니다. 지금은 저희 매출의 6퍼센트가 최근 3년 내에 출시한 제품에서 나오고 있죠. 토론의 질을 높일수록 결과의 질도 더 좋아집니다."[26] 혁신이 늘어난 것은 회사에도 판덴브링크에게도 플러스가 됐다. 판덴브링크는 다시 또 승진해서 모두가 탐내는 하이네켄 최대 지사인 멕시코 지사로 자리를 옮겼다.

조용한 이들의 입을 열어라

기대치를 분명히 표시하더라도 수줍음 많고 조용한 사람들은 여전히 입을 열지 않는다. 수전 케인^{Susan Cain}은 《콰이어트^{Quiet}》에서 내성적인 사람들(내적인 정신생활과 혼자서 하는 활동을 선호하는 사람들)은 목소리 큰 사람들이 손짓 발짓하며 경쟁적으로 주장하는 시끄럽고 과열된 회의에 참여하는 것을 힘겨워한다고 했다.[27] 그런 사람들은 종종 토론에서 소외감을 느낀다.

데이터 분석 회사에서 일하는 마흔아홉 살의 변호사 태미는 조용한 동료들도 의견을 내도록 이끈다. "어떤 때는 회의를 시작하기 전에 미리 말합니다. '지금부터 회의를 할 건데 각자 의견이 있다는 걸 알고 있어요. 저는 그 의견을 들어보는 게 아주 중요하다고 생각합니다. 그러니 다들 꼭 의견을 공유해주시길 바랍니다.'" 태미는 토론을 자극한다는 항목에서 우리 조사에 참여한 5,000명 가운데 상위 10퍼센트에 포함되었고 성과 순위에서는 상위 20퍼센트 안에 들었다.

도널드는 마흔네 살의 엔지니어로 원자력발전소에 들어가는 부품을 디자인한다. 그는 조용한 동료들을 자극해서 입을 열게 하곤 한다.[28] "저는 종종 말도 안 되는 답을 해요. 그러면 사람들이 얼른 '그건 전혀 말이 안 돼요'라고 입을 열거든요." 이어 도널드는 상대의 생각을 물어본다. "조용히 앉아서 창밖을 쳐다보고 있는 친구들을 쿡쿡 찌릅니다. 답을 내는 데 팀원 전체가 참여하게 하는 거죠." 우리 조사에서 도널드는 토론을 장려한다는 항목에서는 상위 20퍼센트, 전체 성과에서는 상위 14퍼센트 안에 들었다.

정확한 목소리를 내라

팀원으로 회의에 참여한다면 스스로 목소리를 냄으로써 남들에게 모범을 보이는 방법도 있다. 하지만 기억할 점이 있다. 참여라고 해서 다 같은 참여는 아니다. 도움이 되는 참여가 있고, 도움이 안 되는 참여가 있다. 팀 토론에서 가질 수 있는 아래의 1~4번 사고방식 가운데 토론을 증진시키는 사고방식은 하나뿐이다. 어느 것일까?

1. 나는 그냥 들으러 왔어.
2. 다들 내 의견에 동조하게 만들고야 말겠어.
3. 나는 회의에서 절대적으로 공정을 유지할 거야.
4. 나는 내 의견을 대변하겠어.

4번을 골랐다면 성과가 높은 사람에 속할 가능성이 크다. 회의에 갔다면 그냥 '듣기만' 해서는 안 된다. 참석한 이상 무언가 의견을 내고 '기여'해야 한다. 높은 성과를 내는 사람은 불편부당한 학자 같은 태도("한편으로는 ……인 것 같지만, 또 한편으로는……")를 취하지 않는다. 자기 의견을 설득하러 회의에 참석하는 것도 아니다. 중요한 것은 자기 의견이 받아들여지느냐가 아니라 팀이 최고의 해결책을 만들어내느냐다. 거기에 내 의견은 포함될 수도 있고 포함되지 않을 수도 있다.

CIA 부국장 리처드 비셀은 피그스만 침공 작전을 논의할 때 이 점을 제대로 이해하지 못했다. 그는 '자신'의 계획을 승인받는 게 자기 일이라고 생각했다. 그러나 실제로 그의 계획은 그룹 전체가 '최선'의 의사결정을 하는 데 도움을 주기 위한 것이었을 뿐이다. 비셀도 나중에는 이렇게 고백했다. "내가 너무 감정적으로 개입해, 몇몇 문제에서는 계획을 진행하고 싶은 마음이 훌륭한 판단보다 앞섰던 것 같다."[29] 바로 그런 감정 때문에 그는 대통령에게 작전의 위험 요소에 대해 좀 더 솔직히 털어놓지 못했고 그 계획은 강행됐다. "CIA가 부족한 부분에 대해서 대통령에게 충분히 솔직하지 못했을 가능성도 있다." 비셀은 훌륭한 대변자가 되기 위해서는 해결책을 단순히 추천만 할 것이 아니라, 그 해결책의 바탕이 되는 가정이 무엇이고 약점은 무엇인지 분명히 이야기해야 한다는 점을 제대로 이해하지 못했다. 자기 의견을 제대로 대변하지 못한 책임은 비셀에게 돌아왔다. 참사 후 그는 CIA에서 쫓겨났다.

최고의 성과를 내는 사람은 적절히 대변하는 법을 안다. 그들은 공들여 의견을 내놓고, 열정적으로 주장하며, 약점과 가정을 설명하고, 남들의 관점에 귀를 기울이고, 이슈를 토론하고, 이유가 있다면 마음을 바꿔먹는다. (수백 명과의 대화를 통해 도출한 '토론 잘하는 법'과 '의견 청취 잘하는 법'에 관해서는 다음에 나올 박스 글 참고.)

유도신문을 하지 말라

2003년 2월 1일 미국 항공우주국NASA의 우주왕복선 '컬럼비아호'가 대기권에 재진입하다가 산산조각 났다. 탑승했던 우주비행사 일곱 명이 전원 사망했다. 그에 앞서 컬럼비아호가 우주에 떠 있을 당시 미션 관리자였던 린다 햄Linda Ham은 여러 이슈를 다루기 위한 팀 회의를 예정해두고 있었다. 그 이슈들 중에는 이륙할 때 우주선의 외부 탱크에서 떨어져 나와 왼쪽 날개에 가서 붙었던 거품 문제도 있었다. 이 거품은 단순한 유지관리상의 문제였을까, 아니면 안전과 관련된 문제였을까? 햄은 그게 유지관리상의 문제이기를 바랐다. 만약 안전과 관련된 문제라면 지금 궤도를 돌고 있는 우주왕복선에 뭔가 대대적인 조치를 취해야 하기 때문이었다.

회의에서 햄은 엔지니어에게 그 거품이 보호막을 태우고 들어가 심각한 손상을 유발했는지 물었다.[30] "보호막을 모두 태우지 않았다는 건 참사가 될 만한 손상은 없다는 거고, 부분적인 열손상은 타일만 교체하면 해결되는 거죠?"

엔지니어는 비행 안전과 관련된 문제는 아닌 것으로 보인다고 대답했다. 그게 햄이 원한 답이었다.

햄은 이렇게 말했다. "안전 문제가 아니라면 이번 미션과는 상관없고, 우리가 뭘 바꿀 필요는 없는 거죠? 해결될 문제인 거죠?"

엔지니어는 이번에는 애매모호한 설명을 내놓았다.

햄은 다시 물었다. "해결될 문제인 거죠?"

햄은 자신이 원하는 답, 즉 거품 손상이 오직 유지관리 문제라는 답을 들으려고 같은 질문을 하고 또 했다.

햄처럼 사람들은 종종 '확증 편향'을 갖고 있다. 내가 듣고 싶은 내용을 뒷받침하는 정보를 요구하는 것이다.[31] 햄은 답을 들었지만 엔지니어들은 여전히 거품 손상의 상태에 대해 확신하지 못했다(나중에 알고 보니 이 부분이 재앙의 원인이었다). 사고 이후 청문회에서 햄은 해당 이슈를 제대로 파고들지 못한 점에 대해 혹독한 비난을 들었다.[32]

"관리자로서 반대 의견을 어떻게 청취하십니까?"

"흠, 의견을 들을 때는……."

"하지만 햄 씨, 사람들이 얘기를 잘 안 하려 들 때도 있어요."

"흠, 누가 나서서 얘기를 해주면요."

"하지만 햄 씨, 의견을 끌어내려고 어떤 방법을 쓰나요?"

햄은 대답하지 않았다.

어느 이슈에 대해 진실을 알고자 하는 사람은 유도신문을 하지 않는다. 자신의 의견이나 편향이 섞이지 않은, 대답이 열려 있는 질문을 한다. 햄은 이런 식으로 물어봤더라면 좋았을 것이다. "거품 손상을 어떻게 생각하나요?" 아니면 이렇게 물을 수도 있었다. "다른 의견 가진 분 있나요?" "혹시 정반대로 생각하는 분 있나요?"

토론을 잘하기 위한 팁

- 새로운 데이터를 제시하라: "애틀랜타에서 흥미로운 시장 데이터를 좀 가져왔는데요……."
- 질문 세 가지를 미리 적어두라(특히 핵심 가정과 관련된 것): "저 수치는 고객들이 추가 상품을 구매할 거라는 가정에서 나온 건가요?"
- 기꺼이 반대 의견을 제시하라: "논의를 위해 제가 대안을 하나 이야기해볼게요……."
- 다른 사람의 관점에 살을 덧붙여라: "그 의견을 대형 시장으로 확장해보면……."
- 가끔 마음을 바꾸라. 내 의견을 위해 싸우지 말고 최선의 의견을 위해 싸워라.

의견을 잘 듣기 위한 팁
(잘 들어야 내 의견을 덧붙일 수 있다)

- 끼어들지 말라. 다른 사람이 끝까지 말할 수 있게 하라(장황하게 말하는 습관이 있는 동료는 예외).
- 답을 정해놓고 듣지 말라. 먼저 듣고 '이해'하라(스티븐 코비의 '성공하는 사람들의 7가지 습관' 중 하나).
- 다른 사람이 한 말을 다른 식으로 표현함으로써 내가 이해한 게 맞는지 확인하라("제가 제대로 이해한 건가요?").
- 발언자와 눈을 맞춰라.
- 졸지 말라. 딴짓하지 말라. 팔짱 끼지 말라. 그런 행동을 하면 듣고 있어도 듣고 있지 않는 것처럼 보일 수 있다.
- 유도신문은 하지 말라. 내 의견에 대한 동의가 아니라 진실을 구하라.
- 스마트폰은 치워두라(멀티태스킹은 효과적이지 않다).

공정하게 결정하고 적극적으로 받아들여라

싸운 뒤에는 결속해야 한다. 결정된 사항을 팀원들이 적극적으로 받아들여야 한다는 뜻이다. 결정된 의견에 동의하고 이를 실행하려는 노력을 기울여야 한다. 그렇다면 결정된 사항을 적극 받아들이지 못하는데는 이유가 뭘까? 공정한 절차에 관한 연구를 보면, 사람들은 절차가 공정하지 않다고 느낄 때 결정된 사항을 잘 받아들이지 못했다. 요치

코언카라시Yochi Cohen-Charash 교수와 폴 스펙터Paul E. Spector 교수는 5만 6,531명의 직원이 포함된 148건의 현장 조사에 대한 메타연구를 진행했다. 두 교수의 결론에 따르면 직원들은 어떤 사항이 결정되기 전에 자기 의견을 충분히 이야기하지 못했을 때 절차가 '불공정'하다고 생각했다. 그러면 부정적 태도를 갖게 되고 비생산적인 행동을 보였다(루머를 퍼뜨리거나, 일을 제대로 처리하지 않거나, 심지어 장비를 훔치거나 파괴하는 일도 있었다).33 사람들이 결정된 의견을 적극 받아들이게 하려면, 모든 사람이 의견을 피력할 기회를 갖고 그 의견을 서로 나누고 토론하도록 해야 한다. 그래야만 사람들은 스스로 동의하지 않더라도 결정된 사항을 적극적으로 받아들일 가능성이 높다.

우리 조사에서 직원들은 본인이 반대했으나 결정된 뒤에는 적극적으로 받아들인 사례를 설명해주었다. 크리스틴은 피부과 의사들에게 피부치료 제품을 판매하는 제약 회사에서 일했다.34 그녀는 손톱 무좀을 치료하는 신제품(여기서는 '무좀약'이라고 부르자)을 추가하자는 팀원들의 결정에 반대했다고 한다. 크리스틴의 생각에는 세일즈 팀이 가진 전문지식으로는 의사들에게 이 무좀약을 제대로 이해시킬 수 없을 것 같았다. 논의는 과열됐고 상사는 모두의 의견을 물었다. 크리스틴은 강력히 반대 의견을 냈고 그래서 토론은 더 활발해졌다. 결국 크리스틴의 의견은 받아들여지지 않았고, 무좀약은 이 회사의 라인업에 포함됐다.

그러나 크리스틴은 침울하게 손 놓아버리지 않았다. 팀원들이 자신의 반대 의견도 충분히 귀담아들어 줬다고 느낀 게 한 이유였다. 이후 크리스틴은 이 어려운 과제를 달성하기 위해 최선을 다했다. 제품 정보를 모조리 숙지하고, 가장 먼저 교육받았으며, 회사의 전문가에게 전화해서 이 무좀약에 관해 알아낼 수 있는 것은 다 알아냈다. 클라이언트들에게는 이메일을 보내 시제품에 관해 알려주고 직접 방문해서 제품을 설명하겠다고 했다. 크리스틴은 자신이 알게 된 것을 동료들에게도 전파했다. 요컨대 크리스틴은 이미 결정된 사항을 전적으로 지지했고 그 결정을 성공작으로 만들기 위해 최선을 다했다.

사내 정치놀음을 그만둬라

사내 정치는 결속을 해친다. 사람들은 팀의 결정이 자신의 이기적 어젠다와 상충할 경우 어깃장을 놓기도 한다. 우리 조사에 따르면 '결정된 사항이 사내 정치 때문에 실행에 방해받지 않도록 심혈을 기울인다' 항목에서 높은 점수를 기록한 사람들은 성과도 훨씬 좋았다(상관성 0.61). 사내 정치놀음을 그만두고 결속을 다지려면 아래와 같이 행동하라.

- 팀의 결정이 나의 개인적 이해에 반한다고 해서 뒤늦게 비판하지 말라. 복도를 걸어가면서 "우리가 정말로 ……해야 하는지 나는 잘 모르겠어" 같은 말은 하지 말라.
- 나의 개인적 어젠다와 상충하는 팀의 의사결정을 더 높은 상부에 어필하지 말라. 받아들이고 넘어가라.
- 혹시라도 나의 개인적 목표와 팀 목표 사이에 어떤 충돌이 생길 수 있다면 상사에게 분명히 밝혀라. "팀의 이번 목표 때문에 제가 주택 담보대출 판매까지 도와야 한다면 이전처럼 보험 판매에 제 시간을 100퍼센트 쓸 수는 없게 됩니다."
- 팀의 결정을 지지한다는 뜻을 분명히 밝히는 이메일을 보내라. "저도 추진합니다."

- 나의 이해관계에 반하더라도 빠르게 할 수 있는 한 가지를 실천해서 내가 팀의 결정을 이행하고 있음을 보여라. "벌써 공급사와 미팅을 잡았어요."
- 사내 정치를 시도하는 동료가 있다면 맞서라. "이미 결정을 내렸으니 뒤늦은 후회는 하지 말자고. 일단 한번 해보자!"

슈퍼스타에 맞서라

1994년 시카고 불스와 뉴욕 닉스가 동부지구 준결승 경기를 하고 있었다. 두 농구팀은 102대 102로 동점이었고 시간은 1.8초 남아 있었다. 7전 4선승제에서 불스는 이미 첫 두 경기를 졌다. 희망의 불씨를 이어가려면 이번 경기만큼은 반드시 이겨야 했다.

공을 갖고 있던 불스는 타임아웃을 부르고 코트 밖으로 나가 필 잭슨Phil Jackson 감독과 작전회의를 가졌다. 1.8초란 마지막으로 딱 한 번 슛할 시간밖에 되지 않는다. 슈퍼스타 스코티 피펜Scottie Pippen은 지금까지 불스의 55승을 이끌었고, 이것은 이전 시즌에 전설의 마이클 조던이 기록한 것보다 딱 2승 모자란 수치였다. 조던이 은퇴한 후 지금은 피펜이 팀의 스타로 부상해 있었다. 피펜은 감독이 자신에게 마지막 슈팅과 함께 슈퍼스타가 될 기회를 줄 거라고 생각했다. 그러나 잭슨 감독은 루키인 토니 쿠코치Toni Kukoč가 마지막 슈팅을 할 수 있게 플레이를 짰다. 작전회의가 끝나고 피펜은 벤치 한쪽 끝에 가서 부루퉁하게 앉아 있었다. "들어갈 거야, 말 거야?" 잭슨 감독이 물었다.

"빠질게요."

게임이 끝난 후 잭슨 감독은 간단히 사실을 확인해줬다. "피펜이 게임에서 빠지고 싶다고 했고, 그래서 빠지게 했습니다."[35] 그렇다. 가장 중요한 순간에 감독이 공을 주지 않았다는 이유로 팀의 스타 선수는 플레이를 하고 싶지 않다고 했다. 이것은 팀보다 개인을 앞세운 행동이었고, 이기적인 행동의 극치였다. 이 일로 피펜은 "스포츠 역사상 가장 스포츠맨답지 않은 행동 50"에 이름을 올렸다.[36] 그러나 피펜의 나쁜 행동을 그냥 넘길 수는 없었다. 경기가 끝나고 라커룸에서 팀 동료 빌 카트라이트^{Bill Cartwright}는 두 눈에 눈물이 그렁그렁한 채로 피펜을 나무랐다. "이봐, 스코티. 아까 그건 정말 아니었어. 누가 뭐래도 우리는 이 팀을 함께했잖아. 마이클 없이도 우리 힘으로 해낼 수 있는 기회였다고. 그런데 네 이기심으로 그걸 망쳐버렸어. 내 평생 이렇게 실망해보기는 처음이야."[37] 팀원들 모두 말없이 두 사람을 지켜보았다. 피펜은 팀원들을 실망시킨 데 대해 사과했다. 잊지 못할 상실감을 경험한 순간이었다. 하지만 쿠코치는 마지막 슈팅을 성공시켰고 시카고 불스는 게임을 104대 102로 이겼다.

누군가가 팀에 무엇이 최선인지 아랑곳하지 않고 피펜처럼 이기적으로 행동할 때가 있다. 이렇게 자기 잘난 줄만 아는 사람은 자기 뜻대로 안 될 때 더 이상 팀에 기여하지 않으려고 한다. 이미 결정이 내려져 다들 그 결정을 열심히 실행할 때도 계속 이의를 제기한다.

이렇게 이기적인 행동은 팀의 결속을 불가능하게 한다. 해결책은 카트라이트와 똑같이 하는 것이다. 팀원들 앞에서 그 잘난 사람을 지적하라. 동료의 압박은 가장 이기적인 스타조차 규율을 따르게 만들 때가 있다.

우리 조사에 참여한 신시아는 서른여덟 살의 '린 식스 시그마 블랙벨트' 관리자였다. 신시아는 팀원들이 합의에 도달하지 못하면 동료압박을 활용했다.[38] 신시아의 팀은 프로젝트 초기에 다음과 같은 분명한 기본 원칙을 세워두었다. '일단 결정이 내려지면 팀원들은 동의하지 않더라도 이에 100퍼센트 따른다.' "'나는 그런 식으로 하고 싶지 않은데'라고 말하는 팀원들도 있어요. 하지만 팀의 방향이 그쪽이라면 모두가 지원해야 한다는 게 핵심이죠." 한번은 고집스러운 팀원 몇 명이 이 규칙을 깨고 자신들의 어젠다를 추구했다. 신시아는 일대일로 그들과 맞섰다. "그들의 행동이 팀의 결정을 뒷받침하지 않고 훼손하고 있다는 사실을 알려줬어요." 신시아는 그들에게 "100퍼센트 따를 것"을 요구했다. 방향을 못 잡고 있던 팀원들도 동의했다. 신시아는 '일단 결정되면 모두가 받아들이게 한다' 항목에서 최고점에 가까운 점수(7점 만점에 6점)를 기록했고, 성과 순위에서도 상위 16퍼센트 안에 들었다.

때로는 리더가 이기적인 스타에게 단호히 대처하는 모습을 보여야 한다. 내가 인터뷰한 어느 CEO도 그런 안타까운 순간이 있었다고 했다. 당시 그는 피츠버그에서 위기에 빠진 철강 공장의 회생 계획을 수립해놓고 있었다.[39] 어마어마한 비용 절감과 정리해고 계획이 포함된 안이었다. 그의 팀원 전체가 이 계획을 적극 실천하려 했지만 최고재무책임자CFO만은 비용 절감이 너무 과하다고 생각했다. 팀원들이 모여 어떻게 하면 비용을 절감할 수 있을지 논의할 때마다 최고재무책임자는 그렇게까지 많은 비용을 절감해야 하느냐며 이미 결정된 사항에 대해 자꾸 딴지를 걸었다. CEO는 최고재무책임자를 따로 불러 경고까지 줬지만 그의 행동은 바뀌지 않았다. 5개월 후 CEO는 최고재무책임자와 마주앉아 이렇게 말했다. "알겠지만 이대로는 안 되겠네. 갈라서세." 골칫덩어리 최고재무책임자는 불같이 화를 내며 자리를 박차고 나가버렸다. CEO는 내게 이렇게 말했다. "회생 계획 전체에서 그게 가장 어려운 결정이었지만 가장 잘한 일이라고 생각해요."

이미 충분히 논의된 사항에 대해 팀원 전체가 결정 사항을 추진하려고 하는데 미꾸라지 한 명이 물을 흐린다면 그대로 두지 말라. 많은 사람들이 이런 상황을 제대로 정리하지 못한다. 하지만 정면으로 부딪친다면 피펜의 동료 빌 카트라이트, 신시아, 철강 회사 CEO처럼 팀 전체와 여러분 자신의 성과를 향상시키게 될 것이다.

팀 목표를 분명히 제시하라

수많은 팀에서 개인적 목표나 내분이 득세하는 이유는 설득력 있는 공동 목표가 없기 때문이다. 팀원들이 각자의 이해관계를 찾아 뒷걸음질하면 머지않아 팀의 결속은 깨진다. 팀을 하나로 만들고 싶다면 팀 목표를 분명하게 제시하라.

나는 유명 산악인이자 영화제작자인 데이비드 브리시어즈David Breashears 및 인시아드INSEAD 교수 루도 반데어헤이든Ludo Van der Heyden과 경영대학원에서 공동 논문을 쓴 일이 있다. 논문에서는 1996년 5월 브리시어즈가 팀을 이끌고 에베레스트산에 올라 아이맥스 카메라로 영상을 촬영한 과정을 상세히 설명했다.[40] 당시 아이맥스 팀의 세 명은 에베레스트 등정이 처음이었다. 그런 상황이라면 누구라도 정상에 서보려는 마음이 굴뚝같을 것이다. 팀의 목표가 아닌 이기적인 목표를 갖게 되는 것이다. 하지만 아이맥스 팀은 분명하고 간절한 공통의 목표가 있었다. 40킬로그램이나 나가는 카메라(그들은 애정을 담아 '돼지'라고 불렀다)를 산 정상까지 가져가 정상에서 사진을 찍어야 했다. 에베레스트를 오르는 걸음마다 이 카메라가 얼마나 무거웠을지 한번 상상해보라. 공기마저 희박한 고산지대를 오르는 고된 여정에 팀원들은 무게를 줄이려고 칫솔도 반으로 잘랐다. 그러니 돼지처럼 무거운 카메라를 산 정상까지 끌고 가는 일은 어마어마했을 것이다.

팀의 목표('돼지를 정상에 올리자')가 모든 의사 결정 하나하나를 지배했고 팀을 하나로 결속시켰다. 정상에 오르는 것 같은 개인적 목표는 부차적이었다. '돼지가 사람보다 우선이다.' 한번은 브리시어즈가 일원이었던 일본인 등산가 스미요에게 정상에 오르는 날 뒤에 머물라고 지시했다. 스미요가 다른 팀원들보다 조금 느렸기 때문에 내린 결정이었다. 개인으로 보면 스미요 역시 강인한 등산가였지만 팀원들은 조금도 뒤처질 여유가 없었다.

결국 브리시어즈 팀은 목표를 이뤘다. 팀원들은 에베레스트 정상에서 영상을 찍었다. 그들이 이런 대업적을 이룬 것은 모두를 한마음으로 만들어준 분명한 목표가 있었던 덕분이기도 하다. 여러분도 팀 목표를 분명히 할 방도를 생각해보라. 그리고 그 목표를 팀원 전원에게 가장 중요한 우선순위로 만들 방법을 고민하라. 그렇게 되면 팀원들은 이기적인 개인의 어젠다를 제쳐두고 팀의 결정에 헌신할 것이다.

싸우고 결속하는가

내 의견을 강력히 주장하다가도 최종적으로는 최선의 의견이 이기게 끔 하는가? 마지막에 가면 싸움은 치워두고 이슈를 끝내며 결정된 사항을 중심으로 하나가 되는가? 내가 팀장이라면 모든 팀원이 격렬한 논쟁에 참여한 후 결속을 다질 수 있게 하는가?

싸우고 결속하는 능력을 측정하고 싶다면 다음에 나오는 평가를 풀 어보라. 당신이 팀원일 경우 그래프상 위치는 당신이 팀에 미치는 행동의 유형을 나타낸다. 예컨대 '집단사고'에 위치한다면 당신은 결속을 위해 노력하지만, 토론에서 다른 사람에게 이의를 제기하지는 않는 사람이다. 즉 그냥 좋은 게 좋은 거라고 생각하는 유형이다. '무정부 상태'에 속한다면 당신은 문제에 대한 건설적 해결책은 내놓지 않으면서 남들이 생각해낸 해결책은 절대로 지원하지 않는 성가신 동료다.

당신이 팀장일 경우 그래프상 위치는 팀원들이 취하는 행동의 유형을 나타낸다. '싸우고 불화'에 속한다면 당신의 팀원들은 토론에는 매우 뛰어나지만, 최종 결정이 내려진 후 결속을 다지는 데 문제가 있다. 그러면 결정 사항을 실행할 때 어려움이 생길 수 있다. '집단사고'에 속한다면 당신의 팀은 아주 친절한 분위기다(모든 팀원이 함께 어울리기 위해 서로 동조한다). 하지만 최선의 의사결정을 할 만큼 팀원들이 충분

내가 팀원일 때

다음 두 진술은 팀 환경에서 당신을 얼마나 잘 묘사하는가?
1점에서 7점까지 점수를 매겨보라.

1. 회의에서 나는 언제나 토론에 크게 기여하며 정말로 내가 생각하는 대로 말한다.
2. 나는 언제나 팀이 내린 결정을 온전히 받아들이며 그 결정을 실행하기 위해 열심히
   노력한다.

완전히 그렇다 7	현저히 그렇다 6	약간 그렇다 5	보통 이다 4	약간 아니다 3	거의 아니다 2	전혀 아니다 1

아래 그래프에서 1번에 대한 답은 가로축, 2번에 대한 답은 세로축에 표시하라.

내가 팀장일 때

다음 두 진술은 당신의 팀을 얼마나 잘 묘사하는가?
위와 같이 1점에서 7점까지 점수를 매겨보라.

3. 우리 팀은 회의에서 이슈 토론을 아주 잘하며 모든 팀원 각자 생각하는 대로 말한다.
4. 모든 팀원이 결정 사항을 받아들이며 그 결정을 실행하기 위해 열심히 노력한다.

아래 그래프에서 3번에 대한 답은 가로축, 4번에 대한 답은 세로축에 표시하라.
1번부터 4번까지 항목별 점수를 아래 그래프에 표시하라.

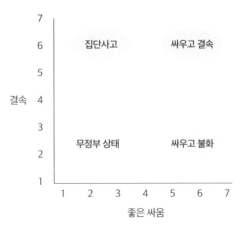

히 자극받지는 못하고 있다.

싸우고 결속하는 능력을 더 키우고 싶다면 그래프에서 현 위치를 정확히 확인하라. 그런 다음 이번 장에서 소개한 작전 가운데 관련된 것을 골라 '싸우고 결속' 쪽으로 옮겨갈 수 있게 행동하라. 더 잘 싸우고 결속할 수 있게 되면 개인의 성과가 올라갈 뿐만 아니라 팀의 성과도 올라갈 것이며, 그 결과는 여러분에게도 긍정적인 영향을 미칠 것이다.

싸우고 결속하게 되면 집단 지성을 끌어내고 팀 능력을 최대한 활용할 수 있다. 하지만 기억해둘 것이 있다. '훌륭한 팀도 함정에 빠질 수 있다'는 점이다. 함께 일하는 데 너무나 익숙해져서 나머지 세상과 벽을 쌓는 경우다. 이렇게 되면 훌륭하게 일하기 위해서는 단절된 단일 팀만으로는 부족하고 '여러 팀' 사이의 협업이 필요하다는 사실을 잊어버린다. 다음 장에서는 팀 경계를 넘어 효과적으로 협업함으로써 성과를 높이는 방법에 관해 알아보자.

❻
싸우고 결속하라

전통적 '근면성실' 패러다임

팀의 성과를 (그리고 이를 통해 개인의 성과까지) 극대화하려면 최고의 두뇌를 참여시켜야 한다. 그런 다음 회의를 많이 해서 팀의 노력을 극대화해야 한다. 한 번의 회의로 효과가 없으면 회의를 잡고 또 잡는다.

새로운 시각으로 '똑똑하게 일하는 법'

성과를 극대화하려면 팀의 토론과 결속을 극대화해야 한다. 팀 내에 '좋은 싸움'이 일어나게 하려면 개인의 재능보다는 구성원의 '다양성'을 우선시하라. 잘 싸우고 결속하면 후속 회의가 필요 없다. 팀원들은 이미 첫 회의에서 충분히 논의했을 것이다. 똑똑하게 회의하라.

❖ KEY POINT

- 우리 조사에서 무려 80퍼센트의 사람들이 "팀을 효과적으로 이끄는 일이 내 업무에서 정말로 중요하다"고 인정했다. 리더든 팀원이든 성과는 혼자서 내는 게 아니라 팀 단위로 만들어진다.

- 팀의 합동 업무는 회의에서 이뤄질 때가 많다. 따라서 회의의 '질'이 팀의 효과적 업무 수행과 개인의 성과를 결정한다.

- 그런데 대부분의 사람들(우리 조사에서는 69퍼센트)이 회의가 비생산적이라고 불평한다.

- 조사 결과, 회의의 두 측면에서 어려움을 겪는 사람이 많았다. 첫째, 아이디어를 탐색하고 가정을 확인하는 토론 혹은 '싸움'을 치열하게 벌이지 못하는 사람이 있다. 둘째, 이미 내려진 결정을 전적으로 받아들이고 결정된 사항을 실행하기 위해(팀의 결속을 위해) 열심히 노력하지 못하는 사람이 있다. 어느 쪽이든 팀 회의가 제대로 운영되기 힘들며 팀원 개인의 성과도 줄어들 것이다.

- 팀장이든 팀원이든 회의에서 생산적인 '싸움'을 하고 싶다면 아래 전략을 추구하라.

  - 재능이 아니라 다양성을 극대화하라.
  - 편안하게 발언할 수 있는 분위기를 만들어라.
  - 조용한 사람이 입을 열게 하라.
  - 회의에 참여할 때는 세일즈맨이 아니라 대변자가 되어라.
  - 유도신문을 하지 말라.

- 팀의 결속을 다지고 싶다면 아래 사항에 노력하라.

  - 모든 구성원이 목소리를 내게 하라(목소리를 충분히 내야 최종 결과도 받아들일 수 있다).
  - 전혀 다른 생각을 갖고 있더라도 최종 결정을 적극 받아들여라.
  - 슈퍼스타에게 맞서라.
  - 팀 목표를 분명히 제시하라.
  - 사내 정치놀음을 그만두고 결정된 사항을 지지하라.

❼
'콜라보'는 다 좋은가?

나뭇가지도 묶어놓으면 부러지지 않는다.
– 케냐 속담

2012년 11월 톰 윌슨(가명)은 또 병원 신세였다. 예순여덟 살의 이혼한 퇴역군인 윌슨은 여러 질병을 앓고 있었다. 질병 목록은 끝이 없었다. 그는 국소 빈혈성 심근병증으로 심장박동 능력이 쇠약해졌다. 만성 폐쇄성 폐질환 때문에 숨 쉬기도 어려웠다. 울혈성 심부전, 당뇨, 신장질환, 우울증, 폐동맥고혈압, 허리 통증도 있었다. 14개월 동안 응급실만 여섯 번을 찾았다.

윌슨은 아이오와주에 있는 인구 2만 5,000명의 시골 농촌 포트다지에 혼자 살았다. 의사를 자주 볼 수 있는 것은 좋았지만, 그를 돌봐주는 사람들이 서로 소통하고 조율하는 것은 불가능해 보였다. 윌슨은 포트다지 병원Fort Dodge Hospital에 한번 입원하면 2주 정도 머물렀는데 그사이

주치의인 내과 의사와 호흡기내과 의사, 신장전문의, 심장전문의, 소화기과 전문의뿐만 아니라 외래팀, 응급실, 전문 치료팀, 입원환자 담당팀 등 총 9개 팀 사이를 왔다 갔다 해야 했다. 그리고 어디를 가나 다른 팀에서 윌슨에게 뭘 했는지 모르는 듯했다. 윌슨은 자신이 여러 만성질환 관리에 필요한 치료를 제대로 받고 있는 것인지 걱정됐다.

안타깝게도 이렇게 조율 부족을 경험한 사람은 윌슨만이 아니다. 하버드 비즈니스 스쿨에서 내가 에이미 에드먼슨 교수 및 박사과정 학생 애슐리케이 프라이어Ashley-Kay Fryer와 함께 논문을 쓸 때도 같은 현상을 발견했다.[1] 어느 병원 직원은 이렇게 설명했다. "환자가 퇴원하고 2~3주 후에 주치의 내과 의사를 찾아왔는데 의사는 이 환자가 입원 경력이 있는지조차 모르는 경우도 많아요." 또 다른 직원은 이렇게 불평했다. "큰 그림을 보면서 환자를 책임지는 사람이 아무도 없어요. (…) 전문의 모두 자기가 맡은 부분만 들여다봐요." 치료의 조율이 이뤄지지 않기 때문에 의사·간호사·물리치료사·간병인이 똑같은 테스트나 검사를 여러 번 주문한다든지 본인이 추천한 치료 과정이 미칠 전체적인 영향을 잘 이해하지 못하는 경우도 생긴다. 그러면 환자는 질 낮은 치료를 받게 되고, 병원 입장에서는 더 많은 비용이 발생한다.

협업의 양극단

앞서 말한 의료인들이 저지른 듯한 문제 유형에 이름을 붙인다면 **과소협업**undercollaboration이라 할 수 있을 것이다. 포트다지 병원 시스템은 사람들 간 의사결정을 조율하고 정보 공유를 돕도록 설계되어 있지 않았다. 미국 내 대부분의 병원과 마찬가지로 포트다지 병원도 여러 부서로 이루어져 있었고 그 부서들 사이에는 높다란 벽이 있었다. 이른바 '담벼락을 쌓는 문화'였던 것이다. 이렇게 자기 진료과목밖에 모르는 치료 현상은 최근 몇 년 새 더 심해졌다. 병원 진료과목의 특화는 폭발적으로 이루어졌는데, 미국 의료분과위원회American Board of Medical Specialties에 따르면 1985년 65개이던 특수과목이 2000년 124개, 2017년 136개로 증가했다고 한다.[2] 그러는 사이 의료의 분절화는 심각한 문제를 야기했다. 미국 9개 병원 1만 740명의 입원환자를 조사한 대규모 연구 결과를 보면, 환자가 이리저리 옮겨 다닐 때 소통 부족으로 수많은 의료 오류가 발생했다. 그러나 직원들이 간단한 소통 툴을 배워두면 의료 오류에 따른 피해가 30퍼센트 줄어들었다.[3] 부서 간 소통에 실패하면 안 좋은 일이 생긴다.

6장에서 보았듯이 '팀 내'에서 일하기도 충분히 힘들다. 그러나 부서들 사이에 높은 담벼락이 쌓이면 경계를 넘어 협업해야 하는 수많은 개인도 고생하게 된다. 협업이란 '다른 집단 사람들과 연결되어 정보를 주고받으며 합동 프로젝트에 참여하는 것'이다. 여기서 다른 집단은 다른 팀일 수도 있고 다른 사업부·판매소·부서·지점·사업총괄이 될 수도 있다.

전문가들이 말하는 해결책은 간단하다. '담벼락을 부숴라!'[4] 모든 벽을 허물어서 개인과 팀이 아무런 방해 없이 조율할 수 있게 하라. 그

담벼락을 부수기 위해 전문가들이 추천하는 방법은 상호 소통, 위원회, 부서 간 합동 TF를 늘리는 것이다. 말하자면 제너럴일렉트릭General Electric의 전 CEO 잭 웰치Jack Welch가 말한 "경계 없는 회사"로 대표되는 사고방식이다.[5] 이런 이상적 사고방식이 직원들에게까지 전파되어 협업은 무조건 좋고 많을수록 좋다는 믿음이 팽배해졌다.

이런 믿음 때문에 많은 사람들이 빠지는 협업의 두 번째 문제 유형이 바로 **과다 협업**overcollaboration이다. 내가 처음 이 개념을 생각해낸 때가 기억난다. 지금은 와튼 스쿨 교수이며 당시 박사과정 학생이었던 마틴 하스Martine Haas와 나는 하버드 비즈니스 스쿨의 내 사무실에 있었다. 우리는 어느 대형 IT 컨설팅 회사의 182개 세일즈 팀에서 나온 데이터를 들여다보는 중이었다.[6] 센트라 컨설팅(가칭) 경영진은 부서 간 모든 벽을 허물어야 한다고 여겨 회사 소속 컨설턴트 1만 명을 50군데가 넘는 사무실에 퍼뜨려놓고 더 많은 지식을 공유하게 했다. 또 컨설턴트가 전문가를 찾고 과거 클라이언트의 프레젠테이션을 다운로드할 수 있도록 지식관리 시스템도 만들었다. 그리고 사무실끼리 협력할 경우 보상을 줬다. 회사에는 협업이라는 규범이 자리 잡았고, 경영진은 모든 벽을 허무는 데 성공했다.

이런 지식 공유 접근법이 실제로 도움이 되었는지 시험하기 위해 마틴과 나는 간단한 의문을 상정했다. '다른 사무실의 동료와 더 많이 협업한 세일즈 팀이 더 많은 클라이언트를 유치했는가?' 우리는 여러 요소가 포함된 데이터를 통계 모델에 넣고 돌렸다. 첫 번째 결과는 '아무 효과가 없다'였다. 우리는 어안이 벙벙하여 모니터만 노려보았다. 협업은 늘었는데 어떻게 아무 변화가 없을 수 있지?

　더 깊이 파고들어 보니 실제로 어떤 팀은 다른 사무실의 동료로부터 정보를 얻어서 클라이언트 유치에 성공했고, 또 어떤 팀은 그렇게 했는데도 유치에 실패했다. 흠, 이상했다. 똑같은 협업인데 전혀 다른 결과라니. 우리는 가능한 모든 설명을 검토해보았다. 팀원 수가 세일즈 결과에 영향을 준 것인가? 아니었다. 팀마다 마주치는 경쟁 상황이 달라서인가? 아니었다. 거래 규모가 달라서인가? 아니었다. 그러다가 우리는 클라이언트 유치의 성패를 가르는 데 실제로 영향을 미친 요인을 하나 발견했다. '경험.'

　그랬다. 당면한 주제에 대해서든 클라이언트가 속한 업계에 대해서든 경험이 아주 적은 팀에는 외부 조력이 많은 도움이 됐다. 그야 당연한 일 아닌가! 반면 경험이 아주 많은 팀의 경우 동료에게 어떤 도움을 받는 게 오히려 '마이너스'가 됐다. 도움을 더 많이 받을수록 오히려 유치 경쟁에서 이길 확률이 떨어졌다. 이런 팀은 귀중한 시간을 전문가를 찾는 데 썼고, 나중에는 그 전문가의 조언을 자신들의 자료에 통합시키려고 애썼다. 그러다 보면 오히려 충돌하는 내용이 생겨 뭔가 더 혼란스럽고 덜 효과적인 제안서가 만들어졌다. 이런 팀은 외부의 도움을 구할 뚜렷한 이유가 없는데도 '과다 협업'을 한 셈이다.

　똑똑하고 노련한 전문가들이 왜 필요하지도 않은 도움을 동료에게 구했을까? 컨설턴트 한 명 한 명을 인터뷰해보니 이유가 있었다. 컨설턴트들은 서로 협업해야 한다는 압박감을 느끼고 있었다. 그들은 이렇게 말했다. "이곳에는 협업을 해야 한다는 규범이 있어요." "도움을 청하지 않으면 오히려 나한테 불리할 수가 있어요." 그래서 뚜렷한 이유가 없을 때도 협업을 했다는 얘기다. 그들은 '열심히 일하라'는 옛날식 접근법을 협업에도 도입했고 지식을 얻어 자기 것에 통합시키기 위해 추가적인 노력을 들였다. 말하자면 협업의 질이 아니라 양을 목표로 삼은 셈이다. 그러니 오히려 성과가 나빠질 수밖에 없었다.[7]

이 책을 위해 실시한 조사에서 우리는 과다 협업 때문에 성과가 오히려 감소하는 사례를 수없이 봤다. 미네소타주에 있는 어느 소매업회사에서 마케팅 분석가로 일하는 서른 살 코너는 이렇게 불평했다. "다른 사업총괄 사람들이 저한테 자꾸만 사소한 도움을 요청해요. 그것 때문에 눈앞의 업무에 집중을 못 할 지경이에요." 그렇게 집중력이 흐트러지다 보니 오히려 코너는 상사를 실망시키게 됐다.[8]

적지도 많지도 않게

과소 협업이나 과다 협업 모두 최고의 성과를 내는 데 오히려 방해가 될 수 있다. 담벼락을 높이 쌓고 살면 포트다지 병원처럼 바람직하지 않은 상황에 놓일 수 있고, 담벼락을 다 부숴버리면 센트라 컨설팅처럼 지나친 협업이라는 정반대의 극단으로 사람들을 내몰 수 있다.

우리 연구에 따르면 두 극단적 형태의 협업 중간에 머무르는 방법이 있다. 나는 이것을 **원칙이 있는 협업**이라고 부른다. 먼저 협업을 언제 하고 언제 안 할지 가늠해본 다음, 사람들이 협업에 전념해 결과를 낼 수 있으며 기꺼이 그러기를 원할 때에만 협업하는 방법이다.

나는 전작인 《협업Collaboration》에서 원칙이 있는 협업을 장려하기 위해 리더가 조직(구조, 인센티브, 문화)을 디자인할 수 있는 방법에 관해 상세히 설명했다. 이번 장에서는 직급에 관계없이 **개인**이 성과를 향상시키기 위해 실천할 수 있는 '원칙이 있는 협업 규칙' 5가지를 설명한다.

우리가 5,000명을 조사한 결과, 원칙이 있는 협업을 실천하는 개인은 그러지 않는 사람들보다 훨씬 더 좋은 성과를 낼 가능성이 있었다. 원칙이 있는 협업에 능통한 사람은 원칙이 있는 협업에서 낮은 점수를 받은 사람보다 성과 순위에서 14퍼센트포인트 높은 위치를 차지할 가능성이 컸다.[9]

흥미롭게도 원칙이 있는 협업은 남성들보다 여성들에게 두 배나 많은 도움이 되었다. 왜 여성은 협업을 통해 훨씬 큰 도움을 얻는 걸까? 데이터를 보니 여성들 중에서는 신뢰를 구축하고 동기를 부여하고 공동 목표를 만들어내는 데 뛰어난 사람의 비율이 남성들 중에서보다 높았다. 자신의 팀 외부에서 정보를 찾는 능력이 뛰어난 사람도 여성이 더 많았다. 이런 차이는 이 책의 7가지 습관 중 두 번째로 뚜렷한 성별 간 차이다. 우리 연구를 보면 여성은 협업에 더 뛰어났고, 남성은 강력한 대변자가 되는 데 더 뛰어났다(5장 참고).

이런 성별 간 차이를 염두에 두고 이제 원칙이 있는 협업 규칙들이 왜 여성이나 남성이나 할 것 없이 더 좋은 결과를 내게 해주는지 살펴보자.

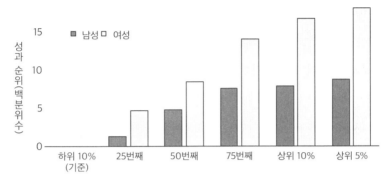

위 그래프는 원칙이 있는 협업이 성과에 미치는 영향을 보여준다. 예컨대 어떤 여성이 아무런 원칙이 없다가 (하위 10%) 원칙을 잘 세우게 되면(상위 5%) 성과 순위가 17백분위수 더 올라갈 가능성이 크다(예컨대 70백분위수에서 87백분위수로).

협업은 왜 하는가

2003년 마이크가 애질런트 테크놀로지의 화학분석 사업부에서 매니저로 근무한 지 18개월밖에 안 됐을 때의 일이다. 당시 애질런트 테크놀로지는 직원 1만 2,000명 규모의 대형 하이테크 기업이었다. 마이크의 사업부는 다양한 시장에서 사용되는 계측 장비를 개발하고 판매했는데, 그중에는 식품안전을 확인하기 위해 음식 오염 정도를 모니터링할 수 있는 복잡한 화학 테스트 장비도 있었다. '협업 문제'가 발생한 것은 액체 화학물질을 분석하는 'LC 트리플 쿼드LC triple quad'라는 제품 아이디어가 나오면서였다. 마이크의 사업부 세일즈 팀 직원들이 파악한 바에 따르면 식품 테스트 연구소들 사이에서 이 제품에 대한 수요가 엄청나다고 했다. 그러나 안타깝게도 애질런트에는 내놓을 만한 제품이 없었다. 우리 인터뷰에서 마이크는 부서 마케팅 팀 직원 한 명이 매주 마이크의 사무실 문을 두드리고는 머리를 빼꼼 내밀며 "우리는 트리플 쿼드를 언제 개발하나요?"라고 물었다고 했다.[10]

문제는 마이크의 사업부가 LC 트리플 쿼드를 자체 개발할 수 없었다는 점이다. 마이크는 식품 산업을 담당하는 세일즈 팀을 감독한 반면, LC 트리플 쿼드의 바탕이 되는 기술을 관장하는 것은 또 다른 사업부인 생명과학 사업부였다. 즉 LC 트리플 쿼드를 만들자는 아이디어는 나왔지만, 이 프로젝트는 고객도 기술도 손익에 대한 책임도 모두 각각인 두 사업부 사이에 끼어서 아무 진전을 보지 못하는 상태가 되었다(249쪽 그림 참고). LC 트리플 쿼드를 출시하려면 마이크는 동료인 칼, 그리고 칼이 관장하는 생명과학 사업부와 협업해야 했다. 마이크는 자기 사업부를 책임지고 있었지만 칼이나 생명과학 사업부에 대해서는 아무런 공식적인 권한이 없었다. 그래서 마이크는 조직의 경계를 넘어 작업하는 다른 사람들과 마찬가지로 생명과학 사업부가 자발적으로 협업에 나서게 할 방법을 찾아야 했다.

안타깝게도 칼과 생명과학 사업부가 LC 트리플 쿼드를 개발하지 않으려는 데는 충분히 그럴 만한 이유가 있었다. LC 트리플 쿼드는 옛날 기술로 인식됐다. 그래서 이 기술을 본인들의 시장인 제약 회사나 바이오기술 같은 생명과학 기업에 판매하기에는 이미 때늦은 상황이었다. 이들은 식품 테스트 같은 다른 시장에서 LC 트리플 쿼드에 대한 수요가 있는지는 알지 못했다. 그런 고객을 상대한 적이 없었기 때문이다. 그러니 생명과학 사업부의 입장에서 보면 이 기술을 판매하는 것은 비용도 많이 들고 별 소득도 없는 일이었다.

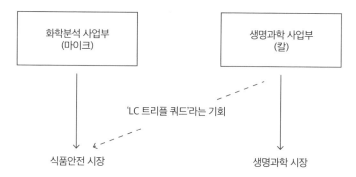

2003년 애질런트 테크놀로지의 상황: 두 사업부

LC 트리플 쿼드를 개발하려면 협업이 필요했다

생명과학 사업부의 참여를 확보하기 위해 마이크는 LC 트리플 쿼드의 확실한 사업성에 대한 논리를 만들었다. 그는 세일즈 팀에서 인원을 차출해 특정 식품안전 고객에 대한 데이터를 정리했다. 만약 사업성이 충분치 않다면 마이크는 이 제품을 포기할 생각이었다. 재무성과도 나지 않을 프로젝트를 추구할 이유는 전혀 없었다. 분석 결과 사업성은 충분한 것으로, 실은 아주 큰 것으로 밝혀졌다. 마이크는 LC 트리플 쿼드가 3년 내에 애질런트에 1억 5,000만 달러 이상의 매출을 올려줄 수 있을 것으로 추정했다. 만약 LC 트리플 쿼드를 환경이나 범죄 과학수사 같은 다른 시장에까지 판매할 수 있다면 기회는 더욱 커질 것이었다. 그리고 성장 중인 중국 시장까지 고려한다면 잠재적 시장 규모는 8년 내에 10억 달러가 될 수도 있었다.

이 숫자들을 손에 쥐고 마이크는 생명과학 사업부 사람들을 찾아가 참여를 부탁했다. 마이크는 말했다. "그냥 무시하지 말고 일단 제 설명부터 들어주세요. 생명과학에서는 LC 트리플 쿼드가 이미 성숙한 기술이라는 걸 잘 압니다. 하지만 중요한 점을 놓치고 계세요. 다른 시장이 이 기술을 채택하면서 시장 규모는 어마어마하게 커질 겁니다." 마이크는 생명과학 사업부에 자신이 계산한 숫자를 보여주었다. "사업성에 대한 확실한 시장 정보를 갖고 있어요." 마이크는 그렇게 주장하며 애질런트가 가진 지적 재산 및 기술적 노하우와 기존의 끈끈한 고객관계를 활용한다면 반드시 경쟁에서 이길 수 있다고 설명했다. 애질런트의 현장 팀들은 고객 및 고객의 니즈를 충분히 잘 이해하고 있었고 단 하나 빠진 것은 '제품'뿐이었다.

마이크는 생명과학 사업부의 흥미를 끄는 데 성공했다. 생명과학 사업부는 완전히 마음이 기운 것은 아니었지만, 생각지도 못한 10억 달러 규모의 신시장이라는 커다란 당근에 흔들렸다. 마이크는 이 책 5장에서 설명한 '강력한 대변자' 기술을 통해, 합리적 논증을 펴는 한편 '긍정적 감정'을 불러일으켰다. 마이크는 생명과학 사업부가 이 새로운 시장을 장악한다는 개념에 열광하게 만들었다.

마이크는 원칙이 있는 협업에서 가장 기초적인 첫 번째 단계를 이행했다. 분명하고 철저한 사업성을 설명해낸 것이다. 협업한다고 해서 모두에게 도움이 되는 것은 아니다. 어떤 협업을 선택할 때는 단 하나의 기준에 집중하면 된다. 바로 '가치'다. 함께 힘을 합쳐 한 가지 제품이나 서비스, 프로젝트 혹은 비용 절감 운동을 추진해서 얻는 이득이 무엇인가? 이 협업이 매출, 비용, 효율, 고객 만족, 서비스 질에 미치는 영향이 무엇인가? 2장에서 개인이 자신의 업무를 재설계함으로써 창출하는 가치를 평가해봐야 한다고 했다. 똑같은 논리가 여기에도 적용된다. 자신이 제안하는 협업이 가져올 가치를 분명하고 설득력 있게 표현하지 못한다면 상대방은 애질런트 생명과학 사업부가 처음에 보인 것과 똑같은 반응을 보일 것이다. 즉 '거절'할 것이다.

나는 여러 기업들의 협업을 연구하면서, 잠재적 협업을 위해 본능적으로 사업성부터 설명하는 사람이 거의 없다는 사실을 발견했다. 안타까운 일이다. 우리 연구를 보면 선택적 협업과 성과 사이에는 강한 연관성이 있다. 우리 데이터가 보여주듯 최고의 성과를 올리는 사람들은 사내 다른 곳에서 정보와 전문지식을 찾는다. **그러면서도 분명한 가치가 없을 때는 협업하지 않으려 한다.** 이 원칙을 따르는 면에서는 남녀 사이에 차이가 없었다. 양성 모두 '회사에 기여하는 가치가 확실하지 않은 목표나 이슈에 관해서는 협업 요청을 거절한다' 항목에서 17퍼센트의 사람들이 최고점을 받았다.

통신 회사 매장에서 일하는 서른아홉 살의 판매원 브렌다는 자신이 일하는 서남부 지역의 다른 7개 매장에 연락해서 새로 출시할 신제품에 대한 세일즈 조언을 얻곤 했다.[11] 시간이 지나면서 브렌다는 굳이 그런 조언을 구하지 않아도 될 때가 많다는 걸 깨달았다. 그래서 팀원이 다른 지역에 연락해보자고 할 때도 거절하는 경우가 늘었다. 브렌다는 앞서 말한 항목에서 최고점을 받았다. 그러나 브렌다가 동료들과 담 쌓고 지내는 건 아니었다. 브렌다는 '사내 다른 팀에서도 적극적으로 정보와 전문지식을 찾는다' 항목 역시 최고점을 받았다. 브렌다는 언제 협업하고 언제 거절할지를 잘 판별하게 된 것뿐이었다. 우리 조사에서 브렌다가 성과 최상위 6퍼센트 안에 들어간 것은 결코 우연이 아니다. 원칙이 있는 협업을 위해서는 잘못된 기회는 거절하고 확실한 가치를 생산할 협업 기회만 선택해야 한다.

프리미엄을 계산하라

제안받은 협업의 사업성을 얼마나 정확히 평가할 수 있는가? 다음은 내 연구 및 컨설팅 작업에서 도출된 공식인데 유용한 하나의 가이드가 될 수 있다.[12]

> 협업의 프리미엄 = 추진 시 이점 − 기회비용 − 협업비용

팀이나 부서의 경계를 넘어 작업할 때 얻을 수 있는 '프리미엄'을 최대한 정확히 계산하라. 반드시 협업의 이점과 비용을 '둘 다' 고려하라. 프리미엄이 플러스라면 협업을 진행해도 좋다. 프리미엄이 마이너스라면 협업을 진행해서는 안 된다.

애질런트의 생명과학 사업부 사람들 입장에서 보면 처음에 LC 트리플 쿼드 협업은 매력적이지 않았다. 식품 등 다른 시장까지 기회를 확장할 수 있는 이 협업은 1억 5,000만 달러짜리 기회(위 공식의 '추진 시 이점')였다. 그렇다면 생명과학 사업부는 즉시 이 협업에 뛰어들어야 했을까? 생명과학 사업부는 그러지 않았다. 그들은 회의적인 태도를 보였다. 이유가 뭘까?

생명과학 사업부는 이미 프로테오믹스proteomics(유전자와 관련된 세포 내 단백질의 기능 및 변화 등을 연구하는 학문 분야 − 옮긴이)라는 다른 기술 프로그램에 투자하기로 결정한 상태였다. 그들에게는 프로테오믹스와 LC 트리플 쿼드를 동시에 개발할 만한 자금이 없었다. '기회비용'을 만난 것이다. 그들은 '이 협업 프로젝트를 진행할 경우 포기해야 하는

이익이 무엇인가?'라는 질문에도 답해야 했다. 생명과학 사업부 입장에서는 LC 트리플 쿼드를 개발할 경우 프로테오믹스라는 유망한 프로그램을 포기하거나 연기해야 했다. LC 트리플 쿼드 개발에 바로 뛰어들기에는 기회비용이 너무 컸다.

처음에 마이크는 어떻게 반응해야 할지 몰랐다. 만약 애질런트가 몇 년 더 기다렸다가 LC 트리플 쿼드를 출시한다면 때늦을 것이다. 이미 경쟁자들이 기회를 잡았을 테니 말이다. 마이크는 어떻게든 생명과학 사업부의 기회비용을 낮춰줘야 했다. 그러지 않으면 생명과학 사업부는 이 프로젝트를 추진하지 않으려 할 것이다. 마이크는 예산을 검토하다가 해결책을 찾아냈다. 마이크의 사업부에 할당된 투자금 일부를 생명과학 사업부로 이전하면 생명과학 사업부는 두 프로젝트를 '동시에' 추진할 수 있었다. 그 돈이면 생명과학 사업부의 가장 심각한 기회비용이 없어지니 그들도 더 이상 다른 변명을 댈 수 없을 터였다.

하지만 그걸로 끝이 아니었다. 또 다른 문제가 나타났다. 바로 '협업 비용'이었다. 마이크는 자기 사업부와 생명과학 사업부 직원들이 과연 LC 트리플 쿼드 프로젝트에 헌신할 수 있을지 판단해야 했다. 생명과학 사업부 엔지니어 몇 명이 프로테오믹스 프로젝트에서 더 일하고 싶어 한다면 어떻게 할 것인가? 그들은 LC 트리플 쿼드에는 열성을 기울이지 않는 것 아닐까? 생명과학 사업부 관리자들은 또 얼마나 적극적으로 이 프로젝트를 위해 나서줄 것인가? 관리자가 엔지니어에게 LC 트리플 쿼드에는 시간을 절반밖에 할당해주지 않고 목표나 계획에 대해 트집을 잡기 시작하면 어떻게 하나? 내가 《협업》에도 썼듯이 협업비용이란 서로 다른 부서가 함께 작업함으로써 생기는 여러 번거

로움을 말한다. 여기에는 "목표에 대해 상대측과 실랑이를 벌이느라 들어가는 시간, 마찰을 해결하기 위해 필요한 노력, 이런 복잡함 때문에 생기는 온갖 불리한 결과들, 즉 시간 지연, 예산 초과, 품질 저하, 매출 감소" 등이 포함된다.[13] 앞으로 보겠지만 마이크는 이런 잠재적 협업비용을 최소화하기 위해 여러 조치를 취했다. 그는 3년 내에 1억 5,000만 달러라는 이점을 계산해 우호적인 협업 프리미엄을 만들어 냈으며, 기회비용을 낮추고 협업비용을 줄였다.

원칙이 있는 협업: 규칙 1

협업을 제안받았을 때는 반드시 '왜 하는지'에 대한 확실한 이유를 정리하라. 충분한 설득력이 없다면 추진하지 말고 거절하라.

크고 작은 협업 기회의 평가

마이크의 상황은 여러분이 일하면서 흔히 생각하던 협업과 다른 유의 것으로 보일 수도 있다. 마이크는 수십 명의 사람들이 포함되고 수백만 달러의 투자가 필요하며 잠재적으로 수억 달러의 매출이 발생할 수 있는 상당히 큰 사업 기회를 제안하고 있었다. 그런데 이보다 간단하고 규모도 작고 그래서 위험도 낮은 협업이라면 어떨까? 그럴 때도 여전히 협업의 프리미엄을 계산해보는 게 바람직하고 실용적일까?

물론이다. 정확한 수치를 알 수는 없다 하더라도 여전히 이 논리를 활용해서 10분만 계산해보면 협업을 할지 말지 판단할 수 있을 것이다.

다시 센트라 컨설팅으로 돌아가자. 잭 메이슨은 이 회사의 애틀랜타 사무실에서 경영 컨설턴트로 일했다. 그는 코카콜라의 SAP IT 시스템 일부와 관련해 자문을 제공하는 600만 달러짜리 계약을 따내기 위해 네 명으로 구성된 입찰팀에 속해 있었다.[14] 이 계약을 책임지는 센트라 컨설팅의 고위 임원은 메이슨과 다른 두 컨설턴트를 사무실로 불러서 자기들 넷이면 근사한 제안서를 만들기에 충분한 전문성을 갖고 있다고 말했다.

메이슨은 이 계약 유치에 많은 노력을 쏟아부었다. 그는 센트라 컨설팅 곳곳에 SAP와 관련해 방대한 경험을 가진 컨설턴트들이 있다는 사실을 잘 알고 있었다. 그들의 전문성을 활용하면 최고의 제안서를 만들 수 있을 거라 생각했다. 그는 해당 주제에 관한 전문가로 알려진 아홉 명의 동료에게 이메일을 보냈다. 각각 런던, 샌프란시스코, 뉴욕 사무실에 있던 동료 세 명이 직접 애틀랜타로 날아와 메이슨을 만나 주겠다고 했다. 메이슨은 담벼락이 사라진 새로운 문화에서 동료 셋이 기꺼이 도와주겠다고 하니 기쁜 마음이었다. 결과적으로 자신의 팀은 기가 막힌 제안서를 쓸 수 있을 것처럼 보였다.

그러나 안타깝게도 이 프로젝트는 얼마 안 가 궤도를 벗어나고 말았다. 세 명의 전문가는 SAP에 관해 잘 알고 있었다. 그리고 그걸 증명하기 위해 한껏 으스대며 나타났다. 이후 3주 동안 그들은 어떻게 하면 코카콜라에 최선의 제안서를 보낼 수 있을지 각기 다른 의견을 내놓았다. 런던에서 온 전문가는 저비용 중심으로 제안서를 써야 한다고 했다. 샌프란시스코에서 온 기술 전문가는 혁신에 초점을 맞춰야 한다고 주장했다. 뉴욕에서 온 전문가는 추가 서비스를 포함시켜야 한다고 우겼다. 토론은 과열됐다. 그 틈바구니에서 애틀랜타 사무실 소속인 메이슨의 팀 동료 둘은 외부 전문가 없이도 팀원들이 제안서를 쓰기에 충분한 지식을 갖고 있다며 툴툴거렸다. 귀중한 시간을 왜 이 외부 전문가들 의견을 듣는 데 써야 하는가? 그중 한 명은 이렇게 불평했다. "사공이 많으면 배가 산으로 가요."

충돌하는 여러 조언과 너무 많은 정보에 메이슨의 팀은 마감일까지 일관된 기획서를 만들어내지 못했다. 결국 최종 제안서를 본 담당 임원은 "여러 방법론이 뒤죽박죽 섞여 있다"고 평가했다. 당연히 이들은 계약을 따내지 못했다.

협업 프리미엄 공식을 가지고 위 사례를 분석해보자. 런던, 샌프란시스코, 뉴욕의 세 전문가로부터 도움을 구함으로써 애틀랜타 팀이 얻으려고 했던 건 뭘까? 많지 않다. 애틀랜타 팀은 이미 상당한 전문지식을 갖고 있었기 때문에 조언을 더 받는다고 해서 큰 이점이 있는 것은 아니었다. 그러면 기회비용은 어땠을까? 컸다. 애틀랜타 팀은 한정된 시간을 제안서에 쓰지 못하고 세 전문가와 소통하는 데 써버렸다. 협업비용은 어땠을까? 엄청났다. 세 전문가는 각자 다른 접근법을 주장해서 충돌을 빚었다. 그 결과 협업 프리미엄은 '마이너스'가 됐다.

만약 메이슨이 잠시 하던 일을 멈추고 10분만 이 논리를 생각해봤다면 외부 동료들에게 연락하지 않았을 것이다. 연락할 만한 충분한 이유가 없었다.

협업 프리미엄이 마이너스가 될 것 같으면 주저하지 말고 협업을 거부하라. 사내 다른 사람들이 그 협업 상대를 아무리 높게 평가해도 상관없다. 또 그 협업 상대를 내가 개인적으로 좋아하든, 내 상사가 회사 정책에 따라 협업을 장려하든, 아니면 처음에는 협업이 도움이 될 것 같았으나 나중에는 그렇지 않았든 상관없다. 압박감에 지지 말라. 참여를 거절하라.

반면에 협업할 만한 확실한 이유가 있다면 대수롭지 않게 접근하지 말고 협업에 올인하라. 협업을 실행하는 몇 안 되는 경우에는 그 효과를 최대로 만들라. 그러려면 뭐가 필요할지 이제부터 살펴보자.

협업 상대를 열광시켜라

누군가 나와 협업을 원하지 않는다면 이유가 뭘까? 한 가지 커다란 이유는 서로를 단결하게 해주는 공동 목표가 없기 때문이다. 글로벌 전문 서비스 기업 DNV의 사례를 한번 생각해보자. 사내에서 두 사업부 출신의 여섯 사람이 상당히 좋은 기회를 잡기 위해 협업 프로젝트를 만들었다. 첫 번째 사업부는 식품 기업의 공급망에 대장균 발생 위험을 낮출 수 있는 컨설팅 서비스를 제공했다. 두 번째 사업부는 식품 기업이 공급망의 청결 상태를 검증하면 인증서를 발행했다. 컨설팅 사업부와 인증 사업부는 완전히 독립된 조직으로 사업을 했고, 식품업계의 고객도 서로 달랐다. 그런데 이번 협업 프로젝트는 공동으로 고객에게 접근해 서로의 서비스를 교차 판매하는 게 목표였다. 즉 컨설팅 고객에게 인증 서비스를 팔고, 인증 고객에게 컨설팅 서비스를 팔려고 했다.[15] 계획대로 진행되기만 하면 두 사업부는 매출 합계가 50퍼센트나 증가할 것으로 예상됐다.

2년 뒤 협업 프로젝트는 실패했다. 이유가 뭘까? 크게는 서로 단결할 공동 목표가 없었기 때문이다. 팀원들이 협업 프로젝트를 이행하기 시작했을 때 컨설턴트들의 목표는 하나밖에 없었다. '컨설팅 매출을 극대화한다.' 인증 사업부도 자신들만의 목표가 있었다. '인증 매출을 극대화한다.' 그러니 새로 계약을 맺는 데 서로 별 도움이 안 됐다.

그렇다면 프로젝트 매니저들은 어떻게 해야 했을까? 서로 단결할 수 있는 확실한 목표를 분명하게 제시했어야 한다. 예컨대 "3년 내에 식품 분야에서 '통합' 시장 점유율을 50퍼센트 높인다"처럼 말이다. 이렇게 '공동' 목표가 있었다면 각 사업부의 세일즈 팀은 함께 시장을 장악하려고 열심히 일했을 것이다.

애질런트 테크놀로지의 마이크는 LC 트리플 쿼드와 관련해 그렇게 단결할 수 있는 목표를 분명히 제시했다. "3년 내에 매출을 0에서 1억 5,000만 달러로 높인다." 앞서 보았듯이 생명과학 사업부는 처음에 마이크의 아이디어를 거절했다. 생명과학 사업부 고객을 대상으로 올릴 수 있는 한정된 매출 기회만 고려했기 때문이다. 그러나 마이크의 확실한 목표는 생명과학이라는 작은 조각이 아니라 '전체 시장'을 겨냥한 것이었다. 더 포괄적인 이 목표가 두 사업부의 이해관계를 하나로 통합해줬다.

이렇듯 사람들을 하나로 통합하는 목표는 강력한 힘을 발휘한다. 공동의 이익을 위해 개별 이해관계를 접을 수 있게 되기 때문이다. 6장 (싸우고 결속하라)에서 팀원들을 결속하려면 팀 목표가 있어야 한다고 강조했다. 이런 목표는 협업 프로젝트에서 더더욱 중요하다. 왜냐하면 협업 프로젝트에 참여한 부서들은 심지어 목표가 서로 충돌할 수도 있기 때문이다.

우리 조사에는 '협업할 때 언제나 남들이 개별 어젠다가 아닌 공동 목표를 추구하게 한다'라는 항목이 있었다. 여기서 높은 점수를 받은 사람은 여성이 남성보다 많았다. 공동 목표를 세운 여성은 거의 절반에 가까웠지만(47퍼센트), 남성은 39퍼센트에 불과했다.

원칙이 있는 협업: 규칙 2

개인의 이기적 어젠다를 단념할 만큼 사람들이 열광하고 단결할 수 있는 목표를 세워라.

여러분은 두 손을 내저으며 이렇게 말할 수도 있다. "잠깐만요, 나는 사장이 아니거든요. 말단 직원이라고요. 딴 부서의 누구를 위해 목표를 세울 수 있는 입장이 아니에요!" 이런 반론을 자주 듣는다. 하지만 애질런트 테크놀로지의 마이크가 놓인 상황을 생각해보라. 그는 화학 사업과 생명과학 사업을 둘 다 관장하는 고위 경영자가 아니었다. 그는 다른 사업부에서 일하는 비슷한 입장의 동료를 '설득'해야 했다. 상대가 거절할 수도 있고, 실제로 처음에는 그랬다.

협업이란 나에게 공식적인 권한이 없는 사람과 함께 일하는 것이다. 그런 사람들을 열광시키고 동기를 부여하려면 마이크가 한 것처럼 사람들을 하나로 뭉칠 수 있는 확실한 목표를 제시해야 한다. 5장에서 강력한 대변자들도 비슷한 작전을 썼다. 이 작전은 사람들을 열광시켜서, 즉 그들의 감정을 자극해서 협업의 목표를 각자 부서의 어젠다보다 더 우선시하게 만드는 것이다.

하지만 기억하라. 사람들을 단결시키는 목표라고 해서 다 도움이 되는 것은 아니다. 내가 20여 년간 단결을 부르는 목표를 연구하고 조언해본 결과, 효과적인 목표가 되려면 4가지 특징이 있어야 한다. 공통적이고, 구체적이며, 측정 가능하고, 한계가 분명한 목표라야 한다. 아마도 역사상 가장 유명하고 가장 성공한 단결 목표는 케네디 대통령의 꿈이었을 것이다. 그는 1961년 연설에서 이렇게 밝혔다. "10년 내에 우리는 달에 사람을 내려놓고 다시 그를 지구로 안전하게 귀환시킬 겁니다." 이게 바로 '공동' 목표다. 그 프로젝트에 매달렸던 40만 명의 사람들(로켓·착륙선·우주복 등을 만든 사람들)은 이 목표를 달성하려면 협업해야 했다. 목표는 간단하고 구체적이었다. '달에 사람을 보낸다.' 목표는 또한 측정 가능했다. '사람들이 지구로 안전하게 돌아와야 미션이 끝난다.' 그리고 한계가 분명했다. '10년 내에.'

케네디의 '달 목표'와 대조적으로 당시 미국 항공우주국 책임자였던 제임스 웹James Webb이 원한 목표는 "우주에서의 탁월한 지위"였다.[16] 인공위성, 과학, 로켓, 달 착륙 등등을 모두 아우르는 목표였다. 웹의 목표는 수많은 기업들이 내세우는 목표와 비슷하게 들린다. '최고의 투자 은행' '1등 유통업체'처럼 말이다. 웹의 목표는 내가 말한 4가지 기준을 모두 위배한다. 예컨대 웹의 목표는 위성 엔지니어와 과학자가 하나로 뭉칠 수 있는 공동 목표가 아니었다. 내용이 애매모호해서 한 페이지짜리 설명이 필요했다. 측정할 수 있는 것도 아니었다('탁월함'은 대체 언제 달성되는가?). 마지막으로 마감 기일도 없었다(먼 미래의 언젠가?).

　어떤 목표가 이 4가지 특징을 가지려면 **애매모호한 것을 구체화**하는 게 핵심이다. "우리 목표는 전 세계 말라리아와 싸우는 것이다"라고 말하지 말고, "우리 목표는 20년 내에 말라리아 사망자가 0이 되는 것이다"라고 말하라. 그런 다음 국가별 사망자 수를 추적하면 된다.[17] "댈러스 기업들에 IT 솔루션을 제공하는 선두 기업이 되는 것"이라고 말하지 말고, "3년 내에 댈러스에서 시장 점유율 1등이 되는 것"이라고 말하라. "LC 트리플 쿼드의 매출 증가"라고 말하지 말고, "3년 내에 0에서 1억 5,000만 달러"라고 말하라.

무엇을 보상할 것인가

DNV에는 또 다른 문제가 있었다. 실적 인센티브 체계가 협업 프로젝트와 맞지 않는다는 점이었다. 인증 사업부는 인증 사업 실적에 따라, 컨설팅 사업부는 컨설팅 사업 실적에 따라 금전적 보상을 받았다. 제너럴일렉트릭에서 최고학습책임자Chief Learning Officer를 지냈던 스티브 커Steve Kerr는 'A를 보상하면서 B를 바란다'라는 멋진 제목의 글에서 이 문제를 요약했다.[18] 개별 업무에 보상하면서 협업을 바란다? 어림없는 소리다.

　애질런트 테크놀로지의 현장에 나가 있는 세일즈 팀은 LC 트리플 쿼드 제품을 아주 좋아했다. 식품·환경·범죄수사 분야 고객 그리고 중국 고객까지 이 제품을 아주 좋아했고 세일즈 팀은 이 제품을 팔면 자신들의 판매 실적이 되기 때문에 큰 보상을 받을 수 있었다. 반면 생명과학 사업부의 세일즈 팀은 어땠을까? 제약 회사나 바이오기술 기업에 이 제품을 팔아서 거둘 수 있는 매출은 아주 적었다. 그러니 보상도 못 받으면서 이 제품을 군이 개발할 이유가 없었다. 마이크도 이 문제를 인식하고 있었고 그에게는 해결책이 있었다. 마이크는 LC 트리플 쿼드에서 나오는 매출 '전액'을 생명과학 사업부의 이익 계정에 올리기로 했다. LC 트리플 쿼드가 식품 분야에서 판매되더라도 생명과학 사업부의 실적이 되는 셈이었다. 그러니 생명과학 사업부는 이 제품을 개발할 커다란 인센티브가 생겼다. 그리고 실제로 예상 매출이 얼마나 큰지 숫자를 본 생명과학 사업부는 크게 고무되었다.

이 사례로 마이크와 인터뷰를 나누면서 나는 그에게 물었다. "당신만 빼고 모든 사람이 인센티브를 받게 된 것 같은데요?" 그는 씩 웃으며 답했다. "제 입장에서 보면 정말 이타적인 행동이었죠." 그렇다. 마이크는 애질런트에 최선인 것을 최우선적으로 생각했다. 그러나 마이크에게는 LC 트리플 쿼드를 개발할 만한 다른 동기도 있었다. 마이크의 사업부는 궁극적으로 LC 트리플 쿼드 개발과 연계된 다른 제품도 개발하기를 바랐다. 마이크는 LC 트리플 쿼드가 장기 전략이 되는 것을 염두에 두고 있었던 것이다. 게다가 마이크의 상사는 이전에 마이크의 실적을 검토하면서 마이크가 사업부장 역할은 훌륭하게 해내고 있으나 큰 그림을 잘 보지 않는다고 지적했다. 상사는 이렇게 말했다. "당신은 너무 우물 안 개구리예요. 신임 사업부장들이 종종 그렇죠. 그래도 나는 당신이 회사 전체를 보고 좀 더 폭넓게 생각해줬으면 해요." LC 트리플 쿼드를 개발하는 것은 마이크가 회사 전체의 실적 향상에 이바지할 수 있는 한 방법이었다.

세 부문 즉 현장 세일즈 팀, 생명과학 사업부, 마이크의 사업부 모두에 동기를 부여할 수 있는 방향으로 인센티브가 정리됐다. 그러자 세 부문은 더욱 단결된 목표를 갖게 됐다. 할 수만 있다면, 사람들이 단결된 목표를 향해 노력을 쏟아부을 동기가 만들어지도록 보상 구조를 손보라. 우리 조사의 인센티브 조정 항목 '사내 협업자들이 자기를 도와줄 확실한 동기를 갖게 한다'에서는 여성이 남성보다 좀 더 뛰어난 모습을 보였다. 이 항목에서 높은 점수를 받은 여성은 34퍼센트, 남성은 29퍼센트였다. 그리고 예상대로 이 점수가 높은 사람은 성과도 더 뛰어났다.

그러나 인센티브를 짤 때는 조심해야 한다. 협업의 결과가 아닌 협업이라는 '활동' 자체에 보상하려는 경우가 있기 때문이다. 많은 관리자들이 TF나 위원회, 합동 출장처럼 협업 활동에 참여하는 것 자체를 주시한다. 그래서 직원들은 "해당 위원회 회의에 참석했음"이라고 보고한다. 하지만 활동 자체에 보상하면 얻는 것은 활동뿐이다. 수많은 협업 '활동'은 과다 협업으로 이어지고, 직원들의 업무시간이나 야근만 늘어난다. 활동 자체는 성과가 아니다. 중요한 것은 '결과'다.

원칙이 있는 협업: 규칙 3

협업 활동이 아니라 협업 결과에 대해 보상하라.

올인하라

마흔두 살의 태미는 캘리포니아주에 위치한 어느 트럭 회사의 총무팀
장으로 일한다. 우리와 가진 인터뷰에서 그녀는 회사가 예산을 짤 때
각 부서별 우선사항에 먼저 자금을 할당한 뒤에야 여러 부서의 협업
활동에 들어가는 인력과 비용을 고려한다고 했다.[19] "그쯤 되면 대부
분의 예산과 최고의 인력은 이미 할당이 끝난 후죠." 그러다 보니 트
럭 유지관리처럼 인사팀과 물류팀이 공동으로 노력해야 할 중요한 협
업 프로젝트는 등한시되는 일이 벌어졌다. 트럭 유지관리의 경우 핵심
인력은 파트타임으로 뽑았고 예산도 너무 빠듯해 결국 제대로 진행되
지 못했다.[20]

사람들은 자기 부서에서 반드시 해야 할 일부터 스케줄에 넣고, 남
는 시간(이를테면 '야근')을 협업 프로젝트에 할당하는 경우가 많다. 우
리 조사에서 어느 직원은 이렇게 말하기도 했다. "제일 중요한 문제는
시간을 내는 거죠. 다른 부서에 있는 누군가를 도와주는 건 언제나 우
리 부서 일보다는 우선순위에서 밀리니까요." 그 결과 협업 활동에 쓰
는 시간은 턱없이 부족해진다.

협업의 성공률을 극대화하려면 강제로라도 사람들이 협업 활동에
충분한 시간과 노력, 재정적 지원을 들이게 하는 메커니즘이 필요하다.

애질런트 테크놀로지의 마이크도 생명과학 사업부 파트너들이 LC
트리플 쿼드 개발에 '올인'해줄지 의문스러웠다. 프로테오믹스 프로젝
트가 계속 손짓하고 있다면 최고의 인력은 그쪽 프로젝트에 100퍼센
트 헌신할지도 몰랐다. 그렇다면 LC 트리플 쿼드 개발은 B팀이 맡을

테고 그나마 일부 시간만 쓸 수도 있었다. 이런 위험을 낮추기 위해 마이크는 생명과학 사업부에 프로테오믹스 전담팀과 LC 트리플 쿼드 전담팀을 별개의 두 팀으로 꾸려달라고 요구했다. 다음은 마이크의 말이다. "저도 제 인력의 일부를 LC 트리플 쿼드 전담팀으로 돌렸어요. 마케팅 인력 중에서도 최고인 친구, 그 왜, 매주 제 사무실에 머리를 들이밀고 언제 LC 트리플 쿼드를 개발하느냐고 묻던 그 친구를 할당했죠. 그리고 '이제부터는 이게 당신 일'이라고 말해줬어요."

마이크는 생명과학 사업부가 제안한 인력도 직접 검토하고 승인했다. "명단을 달라고 했어요. 모두 제가 잘 아는 인력이었기 때문에 LC 트리플 쿼드 전담팀에서 일할 인력을 제가 직접 골랐죠." 마이크는 또한 이 프로젝트에 할당된 인력이 100퍼센트 이 일에만 시간을 쓰도록 확실히 해뒀다. 마이크는 이렇게 말했다. "애질런트에 이런 말이 있어요. '사람이 파트타임이면 결과도 파트타임이다.'" 마이크는 LC 트리플 쿼드 팀이 필요한 만큼 자금도 확보할 수 있게 만들어줬다(앞서 말했듯이 마이크는 자기네 예산의 일부를 이 프로젝트 쪽으로 이관했다). 말하자면 마이크는 내가 '협업 시간 예산'이라고 부르는 것을 만들어낸 셈이었다. 협업 시간 예산에는 3가지가 필요하다. 시간(해당 프로젝트를 전담하는 사람 수), 기술(전담자들이 필요한 기술을 갖고 있을 것), 돈(해당 프로젝트에 할당되는 예산). 원칙이 있는 협업이 성공하려면 참여자들이 그에 필요한 시간을 내야 한다. 충분한 자원이 마련되지 않는다면 프로젝트 범위를 줄이거나 스케줄을 늘리거나 그도 안 되면 프로젝트 자체를 포기해야 한다. 자원이 충분하게 동원되지 못한 협업 프로젝트가 성공하는 사례는 드물다.

원칙이 있는 협업: 규칙 4

협업에 자원(시간, 기술, 돈)을 충분히 할당하라. 그게 불가능하면 규모를 줄이거나 프로젝트 자체를 폐기하라.

빨리 신뢰를 구축하라

협업할 때는 처음 보는 사람이나 잘 모르는 사람과 함께 일해야 할 때도 있다. 부서가 다르거나 지리적으로 떨어진 곳에 있는 사람들이 한데 모이기 때문이다. 이 말은 곧 신뢰가 부족하다는 뜻이다. 낯선 사람과는 신뢰를 구축할 틈이 없고, 겨우 얼굴만 아는 사이에 강한 유대관계가 생기지는 않는다. 심지어 협업에 대한 안 좋은 기억이라도 있다면 상대를 불신하게 될 수도 있다.

협업에서 신뢰는 핵심 이슈다. 신뢰가 뭘까? '동료가 내가 기대하는 질 높은 작업을 매번 제때 해내리라고 확신하는 것'이라고 정의할 수 있다.[21] 우리 조사를 보면 거의 절반(46퍼센트)이 협업할 때 신뢰가 부족하다고 답했다. 안타까운 일이다. 우리 조사 참여자들의 경우 협업자와 신뢰를 잘 키우는 사람이 성과도 훨씬 높았다('사내 협업자들과 신뢰를 구축하는 데 매우 뛰어나다' 항목과 성과 사이의 상관관계는 0.70으로 매우 높았다). 신뢰를 구축하는 측면에서는 여성이 남성보다 좀 더 뛰어났다. 매사추세츠주 워터타운에 있는 데이터 분석 회사에서 규제 자문으로 일하는 앤은 협업할 때 신뢰를 쌓기 위해 부단히 노력한다.

"제 사무실은 협업 상대들과 멀리 떨어져 있어요. 하지만 우리는 전화로 많은 시간을 보내죠. 유대관계와 신뢰를 구축하기 위해 제가 자주 찾아가 만나기도 하고요. 각자 자리에서 제 몫을 해주리라 믿어야 할 사람들에게 저는 실제로 신뢰를 갖고 있어요. 그리고 그분들도 급히 어떤 연락이나 결과가 필요할 때 저를 믿으면 된다는 걸 알고 있어요."[22]

파트너를 신뢰하지 않거나 나아가 크게 불신한다면 어떻게 해야 할까? 요즘처럼 모든 게 급박하게 돌아가는 업무 환경에서는 작업을 시작하기 전에 충분한 인간관계를 쌓을 시간이 없다. 그럴 경우 협업은 당연히 의도한 결과를 낼 수 없는 걸까? 전혀 아니다. 사례연구 결과, 신뢰를 빨리 구축하기 위해 활용할 수 있는 몇 가지 기술이 있었다.

우선은 신뢰가 그토록 부족한 '이유'부터 파악하는 것이다. 그 이유에 따라 관계 개선을 위한 몇 가지 구체적인 신뢰 증진법을 활용할 수 있다(268쪽 '원인에 따른 신뢰 증진법' 표 참고).

앞서 보았듯 애질런트 테크놀로지의 마이크는 협업 프로젝트를 적극적으로 받아들이지 않는 사람들이 있을지 걱정했다. 마이크는 생명과학 사업부의 수장인 칼이라면 한번 약속한 것을 믿을 수 있는 사람으로 여겼다. 문제는 칼 밑에서 일하는 사람들이었다. 마이크는 이렇게 말했다. "LC 트리플 쿼드를 개발하기로 한 우리 결정에 진심으로 동조하지 않는 사람들이 있었어요." 그래서 마이크와 칼은 LC 트리플 쿼드를 개발하기로 합의한 후에 공동 명의로 이메일을 보내 자신들의 결정을 자세히 설명하고 두 사람 모두 이 프로젝트에 매우 적극적이라는 사실을 알렸다. 이렇게 공개적으로 의사를 표현한 것은 두 리더

🔗 원인에 따른 신뢰 증진법

불신의 원인	신뢰 증진법
능력 부족 또는 자원 부족: 상대가 마감 시한까지 완성도 높은 작업을 해내기 위한 시간·기술·돈이 있는지 확실치 않다.	검증하라(예: 이력이나 과거 업적 자료 요구). 작은 것부터 시작하라(예: 파일럿 테스트).
불성실한 의도: 단결된 목표에 대한 상대의 결의 정도가 의심스럽다.	검증하라. 작은 것부터 시작하라. 공개적으로 약속을 받아라(예: 애질런트 테크놀로지에서 마이크가 보낸 이메일).
오해: 언제 어떻게 무슨 일을 해야 하는지 상대와 제대로 합의되지 않았을 수 있다.	합의 내용을 분명히 규명하고 교육하라(예: 애질런트 테크놀로지의 마이크는 생명과학 사업부에 시장 규모를 교육함).
이방인: 상대와 서로 잘 모르고 배경(부서, 기능 업무, 교육, 국적 등)도 다르다.	유대감을 형성하라(팀 훈련). 서로 더 잘 알 수 있게 개인 정보를 공유하라.

사이에 높은 신뢰가 구축되었음을 사람들에게 알리는 신호였다. 두 사람이 서로 신뢰한다면 그 밑에 있는 사람들도 모두 서로를 신뢰해야 했다.

마이크는 또한 생명과학 사업부가 협업 프로젝트에 B팀을 할당하지 않을지 걱정했다. 상대가 최고의 인력을 협업 프로젝트에 전담시켜줄 의향이 있는지 확신이 서지 않았다. 그래서 그는 생명과학 사업부가 100퍼센트 협업 프로젝트에만 임할 뛰어난 사람들을 LC 트리플 쿼드 프로젝트에 할당하는지 확인했다. 동시에 자신의 사업부에서도 똑같이 뛰어난 사람들을 할당해 생명과학 사업부가 이쪽의 능력에도 확신을 가질 수 있게 했다. 그러고 나니 양 사업부 모두 협업 프로젝트에 자원 할당이 충분하다고 신뢰할 수 있게 됐다. 마이크는 거기서 한

발 더 나아갔다. 그는 적합한 사람들이 100퍼센트 노력을 기울이고 프
로젝트가 계획대로 진척되고 있는지 확인하기 위해 엄격한 분기별 검
토회의를 실시했다.

원칙이 있는 협업: 규칙 5

상대에 대한 확신이 부족하다면 상황에 맞게 신뢰를 높일 방법을 강구
해서 얼른 신뢰 문제를 해결하라.

시간이 지나자 마이크의 사업부와 생명과학 사업부 사이의 신뢰는
단단해졌고 프로젝트는 성공했다. 협업을 시작한 지 2년 반 만에 애질
런트 테크놀로지는 전담 시장에 LC 트리플 쿼드를 출시했다. 3년 후
LC 트리플 쿼드는 연간 매출의 1억 5,000만 달러 이상을 책임지고 있
었다. 목표 달성이었다.

앞서 확인한 것처럼 LC 트리플 쿼드 개발을 추진한 마이크의 노력
은 원칙이 있는 협업의 5가지 규칙을 모두 보여준다. 먼저 그는 확실
한 사업성을 설명했다. 그리고 사업성이 충분치 않으면 계획을 버릴
준비도 얼마든지 되어 있었다. 그는 '3년 내에 0에서 1억 5,000만 달
러'라는 단결할 수 있는 목표를 제시했다. 또 모든 매출을 생명과학 사
업부에 할당하는 등 인센티브도 잘 정리했다. 그는 협업 프로젝트에
자원(시간, 기술, 돈)이 충분히 배정되게 했다. 그리고 공동 목표를 위해
협업 상대방이 적극 나설 수 있도록 여러 방법을 동원해 신뢰를 구축
했다. 이렇게 협업에 대해 원칙이 있는 접근법을 취함으로써 이 프로

젝트는 훌륭한 결과를 냈고, 마이크 본인에게도 좋은 결과를 가져왔다. 2009년 상사가 퇴직한 후 마이크는 그룹 회장으로 승진했다. 2015년 그는 애질런트 테크놀로지의 CEO가 됐다. 그렇다. 지금까지 얘기한 마이크가 바로 40억 달러가 넘는 연매출을 올리는 글로벌 기업의 CEO 마이크 맥멀런이다.

협업의 목표는 협업이 아니다

이번 장을 시작하면서 포트다지 병원의 의사와 간호사가 만성질환자인 톰 윌슨의 치료를 제대로 조율하지 못했다는 얘기를 했다. 하지만 이야기는 그걸로 끝이 아니다. 2012년 이 지역 의료 체계의 리더 세 사람이 한자리에 모였다. 유니티포인트 헬스UnityPoint Health CEO이자 회장인 수 톰슨Sue Thomson, 트리마크 의사 그룹Trimark Physicians Group 최고운영책임자 팸 할버슨Pam Halvorson, 트리니티 지역병원Trinity Regional Hospital 최고간호책임자 뎁 슈리버Deb Shriver가 그들이었다. 세 사람은 의사·간호사·간병인 등을 포함한 대규모 인력이 근본적으로 행동을 바꿀 수 있는 프로그램을 출범시켰다.[23]

이들은 가이드가 될 만한 협업 원칙이 없었음에도 우리가 말한 것과 똑같은 5가지 원칙을 적용했다. '추진할 이유가 무엇인가'(규칙 1)라는 논리를 통해 비용적으로나 환자에게나 큰 혜택이 될 만한 협업이 어떤 것일지 평가했다. 특히 '협업 프리미엄'이라는 기준을 가뿐히 통과한 분야가 있었는데 바로 윌슨처럼 여러 만성질환을 가진, 비용이 많이 드는 환자였다. 이들은 병원 예산에서도 큰 비중을 차지했고 재입원 비용도 높았다. 이런 유형의 환자를 좀 더 조율된 방식으로 치료한다면 상당한 비용 절약 효과와 함께 치료의 질도 개선할 수 있었다.

다음으로 트리마크와 트리니티에 속한 사람들은 '단결할 수 있는 목표'(규칙 2)를 세웠다. 패널티 수준 이하로 재입원율을 낮추자는 것이었다. 트리마크와 트리니티가 속한 정부 프로그램은 재입원율이 높을 경우 패널티가 있었다. 포트다지 병원은 재입원율이 아주 높아서 입원했던 환자의 11.3퍼센트가 다시 입원했다. 패널티 이하 수준을 목표로 정한 트리마크와 트리니티는 재입원 비용이 높다는 사실을 이해하고 재입원을 예방하도록 노력할 필요가 있었다. 게다가 양측에게는 동기가 되어줄 아주 확실한 '공통의 인센티브'(규칙 3)가 있었다. 재입원율을 낮추지 못하면 패널티를 내야 한다는 사실 말이다.

포트다지 병원 사람들은 '자원'(규칙 4)을 충분히 할당하려고 노력했다. 윌슨의 주치의 같은 의사들은 시간을 내서 협업 활동에 참여했고 병원은 부서와 관계없이 일할 조율 전담자를 채용했다. 그리고 협업을 원활하게 추진하기 위해 트리마크와 트리니티 직원들은 의사와 간호사, 전문 치료사뿐만 아니라 다른 병원·클리닉·요양병원·정신병원 등의 직원과 간병인까지 초청해 매주 회의를 열고 재입원 환자를 검토했다. 이런 회의를 통해 낯선 이들도 서로 알게 됐고 '신뢰'(규칙 5)를 구축해갔다.

원칙이 있는 협업 규칙을 잘 따라간 포트다지 병원 직원들은 2년 만에 재입원율을 11.3퍼센트에서 8.6퍼센트로 떨어뜨렸다. 연방정부의 요구 수준보다도 낮은 수준이었다. 톰 윌슨의 생활도 달라졌다. 지금 그에게는 자신을 챙겨주는 의사·간호사·사회복지사로 구성된 전담 팀이 있다. 팀원 모두 윌슨이 받는 치료의 질을 높이기 위해 노력한다. 방문 간호사는 매주 윌슨을 찾아 여러 수치를 체크하고 약 복용 상황을 점검해준다.

목적의식을 갖고 다 함께 협업한 덕분에 포트다지 병원 직원들은 치료의 비용은 낮추고 질은 높일 수 있었다. 또 그 덕분에 정반대의 부작용, 즉 과다한 조율이 이뤄질 가능성도 막을 수 있었다. 열심히 여러 가지를 조율하려다 보면 종종 협업의 진짜 가치와 목적에 대한 시각을 상실할 때가 있다. 우리는 협업은 많이 할수록 무조건 좋다고 생각한다. 더 많이 연락하고, 연결하고, 조율하는 게 성공의 핵심이라고 말이다. 하지만 이것은 잘못된 생각이다. 협업의 목적은 협업이 아니다. 성과를 높이는 것이다.

원칙이 있는 협업은, 전통적인 '근면성실' 사고방식을 벗어나 똑똑하게 일하려고 할 때 적용할 수 있는 7가지 습관의 마지막 내용이다. 뛰어난 성과를 내고 싶으면 나 자신의 중요한 일부를 희생해야 한다고 생각하게 만드는 것, 이게 옛날 사고방식에서 가장 비극적인 부분이다. 우리는 더 많은 업무를 맡고 더 많은 시간 일하는 대신에 가족이나 친구, 취미, 운동, 잠을 희생한다. 그러다 보면 머지않아 번아웃 상태가 되고 인간관계는 불만족스러워지며 건강에도 문제가 생긴다. 중요한 의문이 떠오른다.

똑똑하게 일하는 7가지 방법을 추구해서 최고의 성과를 내는 사람이 되는 게 혹시 나의 행복을 희생해야 한다는 뜻은 아닐까? 우리 조사 결과를 보면 그렇진 않았다. 하지만 사람들이 대개 꿈만 꾸는 것, '일도 잘하고 삶도 잘 사는 것'을 위해서는 추가 조치가 필요했다. 마지막 장에서는 그에 관해 알아보자.

❼
'콜라보'는 다 좋은가?

전통적 '근면성실' 패러다임
협업은 많이 할수록 좋다.

새로운 시각으로 '똑똑하게 일하는 법'
과다 협업은 과소 협업만큼이나 나쁘다. 부서 간 담벼락을 허물기만 해서는 안 된다. 효과적인 협업으로 성과를 내려면 다른 접근법, 즉 원칙이 있는 협업이 필요하다.

🌑 KEY POINT

• 조직도 개인도 두 문제로 고생하는 경우가 많다. 바로 과소 협업과 과다 협업이다. 다른 부서나 다른 팀과 대화가 너무 적은 사람이 있는가 하면 대화가 너무 많은 사람이 있다.

• 최고의 성과를 내는 사람은 과소 협업과 과다 협업의 두 극단을 피하기 위해 '원칙이 있는 협업'을 한다. 어떤 협업 활동에 참여하고 어떤 것은 거절할지 신중하게 선택하며 선택한 활동을 성공시키기 위해 구체적인 몇 가지 규칙을 따른다.

• 조사 결과, 원칙이 있는 협업을 하는 사람은 그러지 않는 사람보다 성과 순위에서 14퍼센트포인트 높은 곳에 위치했다. 여성이 남성보다 더 도움을 얻었다.

- 원칙이 있는 협업을 구성하는 '5가지 규칙'은 다음과 같다.

  1. 협업을 제안받았을 때는 반드시 '왜 하는지'에 대한 확실한 이유를 정리하라. 이 유가 의심스럽다면 거절하라.
  2. 협업자들이 이 프로젝트를 우선사항으로 생각할 만큼 열광하고 단결할 수 있는 목표를 세우라.
  3. 협업 활동이 아닌 협업 결과에 대해 보상하라.
  4. 협업에 자원(시간, 기술, 돈)을 충분히 할당하라. 그런 자원을 확보할 수 없다면 규 모를 줄이거나 프로젝트를 폐기하라.
  5. 파트너십에 신뢰 문제가 있다면 구체적 상황에 맞게끔 신뢰를 높일 방안을 빠르 게 찾아라.

3

워라밸의
고수

MASTERING YOUR WORK-LIFE

E R F O R M E R

최고의 성과를 내는 1%의 비밀

OUT·PER·FORM·ER

❽
일도 잘하고 삶도 잘 살자

왜 누군가는 일하면서 남들보다 좋은 성과를 낼까? 이 책에 소개한 연구조사는 바로 이 의문으로부터 시작됐다. 연구가 진행되고 이 질문에 대한 답이 점점 눈에 들어오면서 나는 한 가지 흥미로운 패턴을 눈치채기 시작했다. 우리가 인터뷰한 최고의 성과를 내는 사람들, 그러니까 이 책에서 말하는 습관을 모두 적극 받아들이고 있는 사람들은 업무에서의 성과 자체보다 훨씬 큰 혜택을 누리고 있다는 점이다. 그 사람들은 스트레스로 지쳐 떨어져나가는 일이 적었고, 더 균형 잡혀 있었고, 자기 일에 더 만족했다.

1장에서 작은 사업체를 운영하는 수전 비숍을 소개했다. 비숍은 고위직 헤드헌팅 업무를 하며 '일을 줄이고 집요하게 매달린다'는 원칙을 세웠다. 어떤 클라이언트와 프로젝트를 수락하고 어떤 것을 거절할지 엄격한 규칙을 적용했고, 맡기로 한 일에는 최선을 다했다. 비숍은 업무적으로 그리고 업무 '외적으로도' 자기 삶이 극적으로 좋아졌다고 했다. 업무 성과만 좋아진 게 아니라 더 적극적인 사람이 되고, 스스로 만족하며, 에너지를 얻고 있다고 했다.

비숍이 더 행복해졌다고 느낀 데는 일과 생활의 균형이 더 좋아진 덕분도 있었다. 스스로 세운 규칙을 적용하기 전에는 '워라밸' 수준이 본인 말마따나 "끔찍했다." 하지만 규칙을 세우고 나니 여전히 열심히 일하면서도 "어마어마한 짐을 던 기분"이라고 했다. 이제 그녀는 "싫어하는 클라이언트"를 상대할 필요도, 시간만 잡아먹는 작은 규모의 클라이언트를 받을 필요도 없었다. 비숍과 그 직원들은 미디어업계가 아닌 클라이언트를 위해 질 낮은 조사에 매달릴 필요가 없었다. 라디오 시티 뮤직홀 로켓츠Radio City Music Hall Rockettes의 경영자를 찾아준 것처럼 수익성 높은 프로젝트도 따낼 수 있었다. 비숍은 업무 외에 가족들을 챙길 수 있는 에너지도 생겼다. 9·11 테러로 딸의 약혼자가 갑자기 사망하는 일이 있었던 것이다. 나중에 비숍은 박사학위를 받았고, 경영대학원에서 학생들을 가르치는 제2의 커리어를 시작했다.

개인적 삶이 나아진 사람은 비숍만이 아니다. 2장에서 다룬 고등학교 교장 그레그 그린도 업무 재설계가 효과를 보면서 스트레스 수준이 확 떨어졌다고 말했다. 클린턴데일 고등학교에서 그레그 그린이 수업 모델을 바꾸기 전에 학교는 폐교 위기에 몰렸고 그는 "스트레스가 최대치까지" 달해 있었다. 그는 좌절하는 교사들을 관리하면서 자기 미래도 불확실하다고 느꼈으며, 잠을 설치고 여러 '건강 문제'까지 생겼다. 하지만 이 재설계 이후 그린은 다시 학교를 관리할 수 있다는 자신감이 생겼고 마음이 느긋해졌다. 학교 직원들도 마찬가지였다.

비숍이나 그린의 사례를 본 나는 일과 관련된 행복이 커지는 것과 7가지 습관 사이에 혹시 어떤 통계적 연관이 있진 않을까 궁금증이 생겼다. 실제로 그렇다면 엄청난 시사점이 있는 발견이었다. 어느 분야에서든 최고의 성과를 내기 위해서는 개인적 삶을 희생해야 하는 것처럼 보였기 때문이다. 흔히 최고가 되려면 미친 듯이 열심히 하고, 인내하고, 끝없이 연습하고, 장시간 일해야 한다고 생각한다. 그렇게 되면 당연히 휴가도 없고 배우자나 자녀에게도 소홀해지고 주말이나 휴가 중에도 컴퓨터 앞에 딱 붙어 있게 될 것이다. 사람들은 업무가 손쓰지 못할 수준으로 부풀어도 그대로 내버려두는 경향이 있다. 그러고는 개인적 삶이라는 외양이라도 유지하고자, 보호막을 둘러치려고 한다. 집에 가면 스마트폰을 꺼버리고, 자녀의 야구 경기를 볼 때는 이메일을 확인하지 않고, 어떤 날은 일찍 퇴근하기도 한다. 생활이 일에 다 파묻히는 것을 막기 위한 몸부림이다. 하지만 이런 방법은 모두 '증상'(너무 많이 일한 결과)을 치료하는 것이지, 근본 원인(일 자체)을 해결하지는 못한다.

만약 똑똑하게 일하는 7가지 습관이 일과 관련된 행복에도 이바지한다면, 일이 '문제'가 아닌 '해결책'의 일부가 될 수도 있다. 여러분은 똑똑하게 일함으로써 개인적 삶이 점점 사라지는 문제의 근본 원인을 공략할 수 있다. 먼저 가치를 극대화할 몇 안 되는 우선사항을 선택해서 거기에 필요한 능력을 마스터하는 데 집중적인 노력을 기울일 수 있다. 일에서 자기 내 열정을 목적의식과 일치시켜주는 활동을 찾아내고 선택할 수 있다. 자신의 노력을 지원하도록 상대를 설득할 수 있는 몇 가지 감화 작전, 영향력 작전을 주의 깊게 선택할 수 있다. 팀워크 회의는 더 적게 참석하면서도 참석하는 회의에서는 더 격렬한 토론을 유도해 더 좋은 해결책을 찾아낼 수 있다. 가치 있는 협업만 맡고 그렇지 않은 것은 거절할 수 있다. 일을 억제하려고 힘겹게 노력하다가 어쩔 수 없이 실패하면 불평을 늘어놓는 대신, 기저에 깔린 문제 즉 '일 자체'를 고쳐낼 수 있다.

7가지 습관과 행복 사이의 연관을 테스트하기 위해 우리는 행복의 척도를 만들었다. 정량조사에서는 사람들에게 구체적으로 일과 관련된 3가지 영역, 즉 일과 생활의 균형, 일로 인한 번아웃, 직무 만족도를 질문했다.[1] 그렇게 나온 수치를 분석한 결과 '7가지 습관을 익히는 것'은 실제로 '성과가 높아지는 것' 그리고 '일과 관련된 행복이 향상되는 것'과 상관관계가 있었다. 알고 보니 성과와 행복을 높이는 방법은 업무시간을 늘린 다음 사생활을 지탱하려고 지지벽을 세우는 게 아니었다. 해답은 '똑똑하게' 일하는 데 집중하는 것이었다. **일로부터 생활을 보호할 게 아니라, 일하는 방법을 개선해야 했다.**

그렇다면 7가지 습관은 여기서 정의한 개인의 행복을 얼마나 결정할까? 프롤로그에서 7가지 습관이 개인의 성과 차이를 무려 66퍼센트나 설명해준다고 했다. 인구통계 요소나 업무시간 같은 다른 요인 역시 성과에 영향을 미쳤다. 한편 7가지 습관은 조사 참여자의 일과 관련된 행복의 차이를 29퍼센트 설명해주었다. 7가지 습관이 성과만큼 행복에 영향력을 미치지 않는다는 것은 충분히 이해할 만하다. 일하고 있는 우리의 행복에 영향을 미치는 요소 중에는 업무 외적인 것이 여럿 있기 때문이다. 어디에 살고, 통근 시간이 얼마나 걸리고, 동료들과 유대관계가 얼마나 튼튼하고, 연봉은 얼마고, 상사의 관리 스타일이나 나의 건강은 어떻고 하는 게 모두 영향을 준다. 그런데도 29퍼센트라는 것은 상당히 높은 수치다. 데이터를 보면 7가지 습관을 완전히 익히는 것만으로도 워라밸과 일에 대한 열의, 직무 만족도를 상당히 높일 수 있었다.

그러나 한 가지 주의할 것이 있다. 7가지 습관이 우리가 정의한 행복을 향상시켜주기는 하지만 그중 몇 가지는 행복의 특정 측면을 오히려 저하시키는 것으로 드러났다. 행복을 최대화하려면 7가지 습관을 익히는 데만 애쓸 것이 아니라 3가지 추가적인 작전을 사용해 부작용이 생기는 것을 막아야 했다. 그러면 먼저 똑똑하게 일하는 7가지 습관이 행복에 어떤 영향을 미치는지 살펴본 후 정말로 일을 잘하기 위해 필요한 추가 작전이 뭔지 알아보자.

워라밸을 '정말로' 향상시키는 방법

7가지 습관이 워라밸 향상에 도움이 되는지를 측정하기 위해 우리는 하버드 비즈니스 스쿨의 레슬리 펄로 교수가 사용하는 방법을 활용했다.[2] 먼저 '업무적 필요 때문에 가족과 보내는 시간이나 개인 시간이 방해받는다' 항목에 대해 조사 참여자가 직접 7점(완전히 그렇다)에서 1점(전혀 아니다)까지 점수를 매기도록 했다. 오직 자기 자신만 평가할 수 있는 부분이므로 이 조사는 자가 보고 대상자인 2,000명에 한정했다

똑똑하게 일하면 워라밸이 향상된다

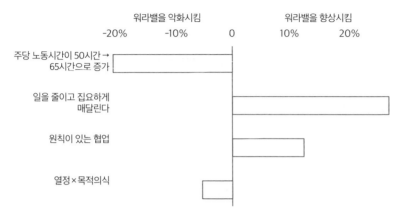

워라밸에 영향을 미치는 주요 습관

위 그래프는 2,000명에 대한 회귀분석 결과로 7가지 습관과 주당 노동시간이 워라밸에 미치는 영향을 예측한다. 영향은 '업무적 필요 때문에 가족과 보내는 시간이나 개인 시간이 방해받는다' 항목을 1~7점 척도로 측정했다. 7점이 '전혀 방해하지 않는다'를 의미하도록, 즉 '일과 개인적 삶 사이에 균형이 잘 이뤄진다'를 의미하도록 답변을 뒤집어 계산했다.

가로축의 플러스 점수는 워라밸이 향상되었음을, 마이너스 점수는 워라밸이 악화되었음을 의미한다. 그래프는 다른 습관이 평균이면서 각 습관이 열악한 수준(하위 10%)에서 뛰어난 수준(상위 10%)으로 바뀔 때의 효과를 나타낸다. 예컨대 '일을 줄이고 집요하게 매달린다'에 능숙한 사람은 워라밸 백분위 순위가 26퍼센트포인트 올라갈 가능성이 크다(예컨대 60백분위수에서 86백분위수로).

(조사 대상자 총 5,000명 중 나머지 3,000명은 상사 또는 부하가 평가했으므로 제외).

　데이터를 받아보니 예상대로 많은 사람들이 어려움을 겪고 있었다. 2,000명의 조사 참여자 중 거의 4분의 1(24퍼센트)이 업무 때문에 가족과 보내는 시간이나 개인 시간이 방해를 받는다는 진술에 '완전히' 또는 '현저히' 그렇다고 답했고, 이보다 많은 27퍼센트는 약간 그렇다고 답했다. 약 절반 정도(49퍼센트)가 워라밸 때문에 별로 또는 전혀 힘들지 않다고 답했다.

아니나 다를까 일을 많이 하는 사람들(주당 평균 노동시간이 50시간에서 65시간인 사람들) 다수가 업무 때문에 가족 시간이나 개인 시간에 방해를 받는다고 답했다. 업무시간이 그 정도 수준이면 이미 저녁이나 주말을 갉아먹기 시작한 것이다. 예컨대 주당 50시간을 일한다면 매일 9시간을 일하고 주말에 5시간을 일해야 하니 가족들과 좋은 시간을 보내기에 아주 빠듯한 정도다. 하지만 주당 65시간을 일한다면 가족과 보내는 시간은 거의 불가능하다.

2가지 습관이 워라밸을 향상시켜주는 것으로 나타났는데, 가장 눈에 띄는 것은 '일을 줄이고 집요하게 매달린다'였다. 업무 범위를 좁히고 덜 중요한 업무를 버리면 업무 외에 쓸 수 있는 시간이 만들어진다. '원칙이 있는 협업' 역시 워라밸을 향상시킬 수 있었다. 협업하는 사람들은 협업으로 받는 도움 덕분에 일을 줄일 수 있었다. 또 협업에 원칙이 있으면 불필요한 협업 팀에 들어가거나 야간 화상회의 등에 시달릴 필요가 없었다. 이들은 협업에 필요한 추가 시간을 최소화해서 일 때문에 개인적 삶이 곤란해질 위험을 줄였다.

분석 결과 놀라운 사실이 또 하나 있었다. 워라밸을 악화시키는 습관이 하나 있었는데, 바로 '일에 열정과 목적의식을 불어넣는 것'이었다. 많은 사람들이 일에 열정이 있으면 좋기만 할 거라고 생각하지만 조사 결과, 열정은 일과 생활의 경계를 유지하기 어렵게 했다.

우리 조사에 참여한 마흔세 살의 케이트가 있었다. 케이트는 오클라호마시티에 있는 광고판매 회사의 경영지원팀 사원으로, 자기 일을 무척 사랑했다.[3] 케이트는 열정과 목적의식에서 높은 점수를 기록했고, 거의 매일 출근하는 게 신난다고 말했다. 그녀는 일을 통해 배우는 것도 좋아했고, 세일즈 팀 직원들의 출장이나 보고서 등 서류 작업을 지원하면서 자신이 중요한 기여를 하고 있다고 느꼈다. 케이트는 모든 조사 참여자 가운데 성과 순위 11 백분위수 안에 들었다. 하지만 스스로 일과 생활의 균형이 형편없다고 평가했다. 거기에는 일이 너무 좋아서 집에 있을 때도 일 생각을 하는 탓도 있었다.

직원들의 몰입도(열정과 비슷한 개념)에 대한 이전 연구들에서도 열정이 높으면 일과 생활의 균형이 많이 무너지는 것을 볼 수 있다. 소방수, 헤어 디자이너, 교육자, 의료인, 은행인 등 미국의 성인 844명을 조사한 결과를 보면 직원 몰입도(직장에서의 활력·헌신·몰두 정도로 측정, '일할 때 나는 주위에 뭐가 있는지 모두 잊어버린다')가 높아지면 가족생활이 방해받는 것으로 나타났다('일 때문에 원하는 만큼 가족 활동에 참여하지 못한다').[4] 일에 너무 몰입하면 일과 생활의 균형이 깨진다.[5]

일에 열정을 느끼고 직무에 몰입하면 생활의 다른 부분에 소홀해질 수 있다. 업무에 너무 몰두한 나머지 퇴근시간 뒤에도 일하는 것이 습관이 될 수 있다. 정신을 차려보면 저녁 7시이고 집에 너무 늦게 도착해서 가족과 식사를 못 하는 식이다. 식사시간에 늦지 않더라도 일 생각을 하느라 가족에게 집중하지 못할 수도 있다. 또 특정 업무에 너무 집중한 나머지, 수면이나 운동의 우선순위가 밀릴 수도 있다.

번아웃을 막으려면

미국의 저명한 종합병원 메이오 클리닉Mayo Clinic은 번아웃을 "업무 스트레스의 일종으로 내 능력, 내 일의 가치에 대한 의구심과 결합되어 신체적·정신적·정서적 탈진 상태가 온 것"이라고 정의한다.[6] 이런 업무 스트레스는 직장에서 아주 흔하다. 우리는 자가 보고자 2,000명에게 업무와 관련한 번아웃 정도를 평가해달라고 물었다. 많은 사람들이 어느 정도 정신적·정서적 탈진을 경험하고 있었다. 번아웃을 느낀다는 진술에는 약 5분의 1(19퍼센트)이 '완전히' 또는 '현저히' 그렇다고 답했다. 또 4분의 1(25퍼센트)은 약간 그렇다고 답했으며, 나머지 56퍼센트는 번아웃을 '거의' 또는 '전혀' 느끼지 않는다고 답했다.

번아웃은 심각한 문제다. 연구에 따르면 번아웃은 심혈관계 질환이나 결혼생활의 불만족, 우울증과도 관련 있다고 한다.[7] 다행히 우리 연구를 보면 번아웃 확률을 낮출 수 있는 습관이 있었다. 일을 줄이고 집요하게 매달리면 지속적으로 처리하고 챙겨야 할 우선사항을 줄임으로써 직장에서 탈진하지 않을 수 있다. 마찬가지로 협업에 대해 원칙 있는 태도를 취하면 파트너십을 통해 더 적은 시간에 더 많이 이룰 수 있기 때문에 탈진 상태를 예방할 수 있다. 이 2가지 습관은 여러분이 직장에서 신체적·정신적으로 탈진하는 것을 막아준다.

번아웃의 또 다른 측면은 정서적 탈진이다. 메이오 클리닉의 정의에서도 보듯이 대인관계의 마찰이나 의미 상실 등을 통해 일을 스트레스로 느끼는 것도 번아웃을 유발할 수 있다. 똑똑하게 일하는 습관은 번아웃의 이런 정서적 측면도 조절해준다. 열정과 목적의식을 일치시키면 정서적 피로 예방에 도움이 된다. 열정과 목적의식을 경험하는 사람은 매일 하는 업무도 신나게 여기며 출근하고, 일에서 계속 더 깊은 의미를 찾아낸다. 2016년 우리가 그레그 그린 교장 및 교사들을 인

🔵 똑똑하게 일하면 번아웃이 줄어든다

직장에서 번아웃을 느끼는 데 영향을 미치는 주요 습관

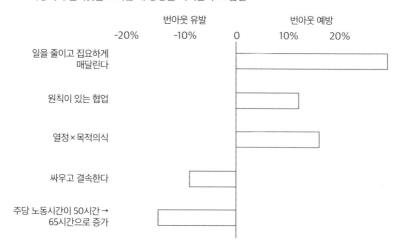

가로축은 조사 대상 2,000명 가운데 번아웃을 느끼는 순위의 백분율 변화를 나타낸다(회귀분석 결과). 그래프는 다른 습관이 평균이면서 각 습관이 열악한 수준(하위 10%)에서 뛰어난 수준(상위 10%)으로 바뀔 때의 효과를 나타낸다. 예컨대 '일을 줄이고 집요하게 매달린다'에 능숙한 사람은 '번아웃 예방' 백분위 순위가 29퍼센트포인트 올라갈 가능성이 크다(예컨대 60백분위수에서 89백분위수로).

터뷰해보니, 클린턴데일 고등학교에 '거꾸로 교실'을 실시하기 전과 마찬가지로 아직 그곳 선생님들은 열악한 환경에 놓인 학생들을 상대 하느라 어려움을 겪고 있었다. 하지만 이전에는 일을 하면 힘이 빠졌 던 반면, 이제는 오히려 일에서 에너지와 용기를 얻는다고 했다. 싸움 을 말리고 벌주는 대신, 학생들을 가르치는 데 더 많은 시간을 쓸 수 있게 된 덕분이기도 했다.

우리가 방문한 몇 시간 동안 그린 교장과 교사들은 '거꾸로 교실'에 관해 이야기하면서 새로운 기술을 시도하게 되어 흥분되며, 무엇보다 '거꾸로 교실'이 학생들에게 좋은 영향을 주고 있다고 말했다. 교사들은 깊은 열정과 목적의식을 느끼고 있었다. 여전히 열심히 일하고 더 많이 성취하면서도 번아웃은 더 적게 느끼고 있었다.

놀랍게도 우리의 7가지 습관 중 하나('싸우고 결속한다')는 번아웃 가능성을 오히려 높였다. 곰곰이 생각해보니 몇 가지 가능한 설명이 떠올랐다. 회의 때 격렬한 토론이 더 좋은 의사결정을 만들어낼지는 몰라도 사람을 지치게 할 수 있다. 얼굴을 찌푸리고 고개를 젓고 언성을 높이고 공격을 주고받을 것이기 때문이다. 연구에 따르면 훌륭한 정신적 싸움(과학자들이 '인지 갈등'이라고 부르는 것)은 종종 대인관계의 마찰이나 '정서적 갈등'을 동반한다고 한다.[8] 제조업·통신업·제약업·국방부 등에서 일하는 612명의 직원을 조사한 연구에 따르면, 인지 갈등(예컨대 '팀원들 사이에 아이디어의 차이로 토론하는 경우가 얼마나 자주 있는가')이 증가할 경우 대인 충돌, 분노, 긴장, 팀 내 경쟁 등으로 측정되는 정서적 갈등도 높아질 가능성이 컸다.[9] 동료들 사이의 마찰은 다시 번아웃을 유발할 수 있다.

직무 만족도를 높이는 방법

우리의 7가지 습관 중 4가지가 행복의 마지막 요소인 직무 만족도를 향상시켰다. 열정과 목적의식의 영향이 특히 컸다. 깊은 열정을 가지고 있고 강한 목적의식을 느끼는 사람은 그러지 않는 사람보다 자기 일에 크게 만족했다. 미국의 직장인 남녀 271명을 조사한 연구에 따르면, 자신의 직무에 강한 열정을 느끼는 사람은 직무에 훨씬 더 만족했

🔊 똑똑하게 일하면 직무 만족도가 향상된다

직무 만족도에 영향을 미치는 주요 습관

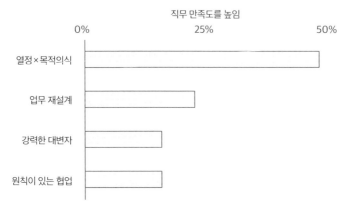

가로축은 조사 대상 2,000명 중에서 직무 만족도 백분위 순위의 증가폭을 나타낸다(회귀분석 결과). 그래프는 다른 습관이 평균이면서 각 습관이 열악한 수준(하위 10%)에서 뛰어난 수준(상위 10%)으로 바뀔 때의 효과를 나타낸다. 예컨대 '열정×목적의식'에 능숙한 사람은 직무 만족도 백분위 순위가 49퍼센트포인트 올라갈 가능성이 크다(예컨대 40백분위수에서 89백분위수로).

다.[10] 260명의 대학 직원을 조사한 또 다른 연구는 자기 일이 더 큰 훌륭한 일에 기여한다고 느끼는 사람('내 일이 세상에 좋은 변화를 가져온다는 사실을 알고 있다')들은 그러지 않는 사람보다 직무 만족도가 훨씬 큰 것으로 보고했다.

우리 조사를 보면 자신의 직무를 재설계한 사람들은 훨씬 큰 만족을 느꼈는데 아마도 더 가치 있는 활동에 종사할 수 있게 되었기 때문일 것이다. 아니면 자신의 역할을 재해석할 수 있는 자율성이나 재량권을 고맙게 여기는 것일 수도 있다.

전체적으로 우리가 분석한 내용을 보면 똑똑하게 일하는 습관은 종류에 따라 행복에 미치는 영향이 달랐다. 한두 가지 습관이 행복을 만들어내는 것도 아니었고, 긍정적인 영향만 있는 것도 아니었다. 따라

서 7가지 습관을 충분히 익히는 것만으로 훌륭한 성과가 나오고 행복
이 증진되지는 않을 것이다. 7가지 습관에도 능숙해져야 하지만, 동시
에 추가적으로 3가지 작전을 활용해야 일부 습관이 행복에 미치는 부
정적 영향을 완화할 수 있다.

시간배당

우선 자신의 시간관리법을 다시 생각하라. 7가지 습관은 스케줄에서
시간을 비워준다. 원칙을 가지고 협업 활동을 추진한다면 필요 없는
협업을 피할 수 있고 시간이 절약된다. 일을 줄이고 집요하게 매달리
면 몇 가지 핵심 과제에 노력을 집중할 수 있어 시간이 절약된다. 싸우
고 결속하면 후속 회의가 필요 없어 시간이 절약된다(생산적인 토론으로
첫 번째 회의에서 이미 신중한 결정을 내릴 수 있다). 지속적으로 피드백을
받는다면 더 적은 반복으로도 필요한 능력을 키울 수 있으니 시간이
절약된다. 업무를 재설계하면 같은 결과 혹은 더 좋은 결과를 효과적
으로 얻을 수 있어 또 한 번 시간이 절약된다.

이렇게 절약된 시간은 계속 쌓인다. 지난 2주간의 스케줄을 한번 확
인해보라. 위의 습관을 길렀다면 필요 없을 회의, 이메일 업무, 전화
통화, 과제를 모두 제거하라. 그러면 엄청난 시간이 생길 것이다! 나는
이렇게 확보된 시간을 7가지 습관이 만들어낸 '시간배당'이라고 생각
한다. 문제는 그렇게 배당받은 시간에 뭘 하느냐다.

두 선택지가 있다. 그렇게 남는 시간을 다시 일에 투자할 수도 있고,

일 외에 개인 시간이나 가족을 위한 시간으로 쓸 수도 있다. 이윤을 낸 기업이 있다고 하자. 그 돈을 다시 사업에 투자할 수도 있고 일부는 현금 배당으로 주주들에게 나눠줄 수도 있다. 여러분도 비슷한 처지다. 배당받은 시간의 '일부'를 다시 일에 투자해야 할 수도 있다. '일을 줄이고 집요하게 매달린다'는 습관을 실천하려면 몇 가지 선택한 분야에 집착하는 시간이 필요하기 때문이다. 어떤 사람은 배당받은 시간을 '전부' 다시 일에 써서 워라밸은 거의 누리지 못하기도 한다. 1장에 등장한 초밥 셰프 오노 지로는 일을 위해 산다. 그는 식당에 나갈 수 없는 휴무일을 오히려 싫어한다. 하지만 우리가 만난 다른 사람들은 배당받은 시간을 쪼개 그 일부는 개인적 삶에 사용했다.

수전 비숍은 '일을 줄이고 집요하게 매달린다'를 실천한 덕분에 상당한 시간배당을 받았다. 비숍은 어떤 클라이언트를 수락하고 어떤 클라이언트를 거절할지 규칙을 세운 덕분에 본인이 전문지식을 가진 분야의 일만 맡을 수 있었다. 그 결과 비숍과 직원들은 새로운 업계를 익히느라 써야 할 시간이 절약됐다. 비숍은 배당받은 시간을 모두 나머지 클라이언트를 위한 업무에 쏟을 수도 있었다. 하지만 비숍은 그 시간의 일부를 개인적 삶에 쏟았다. 딸 곁에 있어주고 학교로 돌아갔다.

5,000명이라는 대규모 표본을 조사해보니 일을 아주 잘하는 사람들은 대부분 배당받은 시간을 나눠 사용했다. 앞서 본 것처럼 '일을 줄이고 집요하게 매달린다'를 아주 잘하는 뛰어난 성과를 내는 사람들은 장시간 일하지 않았다. 그들은 실제로 일을 '할 때' 효과적으로 했다. 1장에서 본 것처럼 대체로 주당 노동시간이 50~55시간을 넘어가면 성과는 크게 더 나아지지 않았다.

하지만 전통적인 '근면성실' 사고방식은 뿌리 깊다. 사람들은 불필요한 회의에 모두 참석하고, 불필요한 협업에 응하며, 발표 자료를 이리저리 고치느라 더 많은 시간을 들여야 한다고 생각한다. 그런 함정에 빠지지 말라. 여러분은 '근면성실' 패턴을 깨버리고 분명한 한계를 정해야 한다. 뛰어난 결과를 내기 위해 집요하게 매달린다는 것은 일주일에 50~55시간 정도 일하고, 그 시간 동안 열정과 목적의식을 불어넣은 다음, 쉰다는 뜻이다. 그 밖에 남는 시간은 모두 '시간배당'이니 개인적으로 하고 싶은 일에 쏟아라.

열정을 잘 간수하라

일에 열정과 목적의식을 불어넣으면 직무 만족도는 올라가고 체감하는 번아웃은 줄어든다. 그러나 일과 생활의 균형은 오히려 악화될 수 있다. 이런 함정을 피하려면 열정을 잘 간수해야 한다. 적정한 시간을 일하고 있더라도 일에 대한 열정이 여가시간까지 스며들지 않게 하라. 친구와 저녁을 먹거나 자녀의 야구 경기를 보고 있는데 일 생각이 난다면 일에 대한 열정이 '지나친' 것이다. 일 생각을 하느라 밤잠을 이루기 어렵다면, 새벽 3시 욕실에서 이메일을 확인하고 있다면 직무에 대한 열정이 지나친 것이다.

물론 우리 조사에서 최고의 성과를 내는 사람들은 열정을 추구했다. 하지만 그들은 그런 열정을 좀 더 큰 시각에서 볼 줄 알았다. 머스크의 탕헤르 선적 터미널에서 수년간 작업을 재설계한 하르트무트 괴리츠는 업무 외 시간은 모두 세 자녀에게 혹은 스쿼시나 스쿠버다이빙 같은 취미생활에 쏟았다. 여가시간에 업무를 잊을 수 있는지 물었더니 그는 "당연하죠! 머릿속에서 재깍 가족 모드로 바뀝니다. 저는 그걸 아주 잘합니다"라고 했다. 그는 매일 아침 아들을 학교에 데려다주며 오후 5시쯤 퇴근하고 주말 근무는 어쩌다가 한다고 했다. 일주일에 70시간이나 80시간쯤 일할 수 있겠느냐고 물었더니, 이렇게 말했다. "저는 거절할 겁니다. 그러다간 죽을 테고, 일과 생활의 균형도 완전히 망가지겠죠." 여러분 역시 일에 지극히 열정적이면서도 자기 자신을 잡아먹히지 않을 수 있다.

개인적 감정을 섞지 말라(개싸움 하지 말라)

7가지 습관을 통해 충분한 행복의 혜택을 누리는 사람들은 일 때문에 생길 수 있는 '감정적 혼란'을 자제한다. 직장에서 정서적 마찰은 사람을 지치게 한다. 캘리포니아주 북부에 있는 어느 작은 사립병원 직원 52명을 조사한 연구에 따르면, 동료나 상사와 불쾌한 대화를 많이 경험한 간호사는 정서적으로 더 지쳐 있고 더 높은 수준의 번아웃을 겪었다.[11] 내성적이거나 마찰을 피하는 사람은 열띤 토론이 특히 부담스러울 수도 있다.

회의에서 '정신적' 싸움을 피하지는 말라. 그러나 싸울 때는 올바른 방식으로 싸우라. 6장에서 얘기한 바와 같이 팀 회의에서 싸울 때 개인적 감정을 섞지 말라. 나에게 날아오는 말을 개인적인 것으로 받아들이지 말라. 다른 사람이 흥분할 만한 말("바보 같은 생각이네요")을 하지 말라. 그렇게 독한 표현은 사람들을 화나게 한다.

마찬가지로 회의에서 다른 사람이 개인적 감정을 섞어 말하면 다시 제 방향을 찾을 수 있게 도움을 주라. 그럴 때 좋은 작전은 감정 섞인 '의견' 대신 개인과 무관한 '데이터, 사실, 숫자'를 강조하면서 더 객관적인 태도를 취하는 것이다. 또 하나 좋은 작전은 내 입장을 말하지 않고 '가정'을 써서 어떤 역할을 '자처'하며 말하는 방법이다("그냥 논의 자체를 위해 제가 반대를 한번 해볼게요"). 그러면 대인적 마찰을 줄일 수 있다. 싸움은 '아이디어'에 대한 것이어야지, 사람에 대한 것이면 안 된다. 올바르게 싸우면 토론의 질이 올라가고, 정서적 마찰은 가라앉으며, 더 만족스러울 것이다.

열심히 일하지 말고, 똑똑하게 일하라

7가지 습관과 추가적인 3가지 작전까지 이야기했으니 우리 조사를 통해 과학적으로 검증된 '성과와 행복을 높이는 법'은 모두 다뤘다. 훌륭한 무언가를 성취하려면 흔히들 강인한 '업무 윤리'나 지독한 '투지'가 필요하다고 생각한다. 누군가 슈퍼스타로 등극하면 그가 다른 모든 사람보다 열심히 일했을 거라 여긴다. 그러나 일정 한계를 넘어서까지 열심히 일하는 것, 즉 장시간 일하는 것이 더 나은 성과를 가져온다는 생각은 틀렸다. 최고의 성과를 내는 사람은 더 열심히 일하지 않는다. '더 똑똑하게' 일한다. 소수의 우선사항을 선택해 업무의 가치를 높이고 집중적인 노력을 한곳에 쏟아부어 뛰어난 성과를 내는 것이다.

이 책의 서두에서 '똑똑하게 일하라'는 말이 진부하다고 했다. 멍청하게 일하고 싶은 사람은 아무도 없기 때문이다. 하지만 우리가 본 것처럼 사람들은 '어떻게 하는 것'이 똑똑하게 일하는 것인지에 관한 분명한 틀을 갖고 있지 않다. '똑똑하게 일한다'는 말이 실제로 무슨 뜻인지 찬찬히 분석해본 적도 없고, 매일 뭘 어떻게 해야 하는지 구체적인 가이드를 갖고 있지도 않다. 7장까지는 바로 그런 '똑똑하게 일하는 법'의 틀을 제시했다.

나는 개인의 성과에 초점을 맞춰 이야기했지만, 일하는 방법을 개선하는 프로젝트는 거기서 끝나지 않는다. 여러분이 커리어를 쌓아 리더의 위치에 올랐을 때 주위를 한번 둘러보라. 우리 회사는 '똑똑하게 일하는 법'을 지원하고 있는가? 실제로 그렇지 못한 회사가 많다. 가치를 창출하는 최선의 방법이 아님에도 왜 병원 인턴은 24시간 연속 근무를 하고 있는가? 매킨지의 어떤 컨설턴트는 왜 일주일에 50시간이 아니라 70시간, 80시간 일하고 있는가? 보상에서 업무 프로세스, 채용과 승진 결정 방법에 이르기까지 우리가 다니는 회사의 거의 모든 것이 '근면성실' 사고방식을 뒷받침하고 있다. 리더는 아직도 '미친 듯이 열심히 일하라'는 사고방식을 고수하고 직원이 더 많은 노력을 쏟아붓기를 바란다. 그런 리더는 한계를 정하고 '똑똑하게' 일하는 직원을 칭찬하지 않는다. 그러나 안타까운 점은 더 열심히 일하라는 명령이 직원 전체의 성과를 감소시키고 재무 성과까지 오히려 떨어뜨린다는 점이다.

이 점을 제대로 간파한 리더도 있다. 페이스북 공동 설립자인 더스

틴 모스코비츠^{Dustin Moskovitz}는 역사상 가장 젊은 자수성가형 억만장자로 불린다. 그러나 그는 페이스북에서 보낸 시간을 반추하며 자신이 얼마나 과도한 시간을 투입했는지 한탄했다. 2015년 그는 블로그에 이렇게 썼다. "잠을 좀 더 자고 규칙적으로 운동했으면 좋았을걸 그랬다. 먹고 마시는 것을 좀 더 잘 선택했더라면 좋았을걸 그랬다. 가끔은 물보다 탄산수나 에너지드링크를 더 많이 마셨다. 시간을 좀 더 내서 다른 경험을 많이 했으면 좋았을걸 그랬다. 비로소 시간을 냈더니 그런 경험은 믿기지 않을 만큼 빠르게 나를 성장시켰다."[12]

이렇게 생각하는 사람도 있을 것이다. '그래, 저 사람은 그렇게 말할 수 있지. 저 사람이 그렇게 정신없이 달려서 오늘의 페이스북이 있는 거니까.' 하지만 모스코비츠의 결론은 그게 아니다. 그는 이렇게 말한다. "(삶의 다른 부분을 우선시했더라면) 더 효과적이었을 것이다. 더 좋은 리더가 됐을 테고 더 제대로 초점이 잡힌 직원이 됐을 것이다." 그는 이렇게 설명한다. "회사의 동료들과 별것 아닌 일로 덜 싸웠을 것이다. 좀 더 중심이 잡혀 있고 자기반성이 있었을 테니 말이다. 일이 잘못됐을 때도 덜 실망하고 덜 원망했을 것이다. 지엽적인 위기에 대응하느라 그렇게 많은 시간을 쏟지 않았을 것이다. 그러니까 나는 더 에너지넘쳤을 테고 그 에너지를 더 똑똑하게 썼을 것이다. (…) '그리고' 더 행복했을 것이다."

모스코비츠의 경험에서 무언가 배우길 바란다. 수많은 업종·직종·직급의 5,000명을 조사한 우리 연구에서도 뭔가를 배우길 바란다. 누구나 직장에서 아주 훌륭해질 수 있다. 인생에서도 아주 훌륭해질 수 있다. 열심히 일하지 말고 똑똑하게 일하면 된다. 핵심적인 7가지 습관에 집중하라. 그리고 행복을 늘려줄 3가지 작전에 집중하라. 무슨 뜻인지 충분히 이해하라. 7가지 습관을 나에게 맞게 활용하라. 7가지 습관을 완전히 익혀라. 그러면 성과는 향상될 것이고, 스트레스는 덜 받을 것이고, 더 만족하게 될 것이다. 그리고 어쩌면 언젠가는 아주 놀랍고 이상한 일이 벌어질지도 모른다. 회사의 그 누구보다 나은 성과를 내면서도 불가사의하게 매일 제때 퇴근하던 그 친구를 기억하는가? 내가 보스턴컨설팅그룹 런던 지부에서 일할 때 마주친, 프롤로그에서 말한 '나탈리' 말이다.

여러분이 바로 그 나탈리가 될 수 있다.

작은 변화로 큰 성과를

고등학교 2학년 때 나는 노르웨이 오슬로에 위치한 고향 마을에서 지역 대회 우승을 네 번이나 할 만큼 꽤 잘나가던 달리기 선수였다. 특히 기억에 남는 전국대회가 있다. 시작은 좋았다. 나는 1,600미터 계주에서 동메달을 땄다. 다음 날은 6,000미터 계주에 출전했다. 레이스 거의 내내 모든 게 순조로웠다. 나는 선두 그룹에 자리 잡았고, 마지막 바퀴를 알리는 종이 울렸다. 300미터 남았을 때 앞으로 치고 나갔다. 그 순간 다른 아이가 나를 앞질렀다. '별거 아냐.' 속으로 생각했다. 평소 나는 마지막 스프린트에 강했다. 그 아이 뒤에 자리 잡고 있다가 기회를 보면 된다고 생각했다. 45미터 남겨두고 나는 그를 앞질러 경기에 이길 것이다.

결승선이 다가오면서 나는 선두를 빼앗기 위해 속도를 냈다. 하지만 계산을 잘못해서 치고 나가는 시점이 너무 늦어지고 말았다. 그 아이를 따라잡으려고 했을 때 엄청난 역풍을 맞았다. 앞선 레이스에서 다리에 무리가 간 나머지 선두로 나설 만큼 힘이 남아 있지 않았다. 나는 결승선에 몸을 던졌다. 결승선 사진을 판독한 결과, 내가 100분의 2초

차이로 1등을 놓쳤다. 그때 내 기분은 당연히 은메달을 땄다기보다는 금메달을 놓친 기분이었다.

　이렇게 많은 세월이 지나 그때 일을 떠올리면 얼마나 작은 오산이 그런 결과의 차이를 낳았는지 아연할 정도다. 나는 아주 간발의 차이로 늦게 치고 나가는 바람에 1등을 놓쳤다. 스포츠에서는 이런 일이 비일비재하다. 농구의 자유투에서 아주 약간 톱스핀이 더 먹어서, 혹은 미식축구에서 와이드리시버가 몇 분의 1초 늦게 방향을 트는 바람에 하는 유의 실책이 어마어마한 결과의 차이를 가져온다. 하지만 과연 일에서도 그럴까? 이 책에 나오는 데이터와 사례가 보여주듯이 작은 행동의 변화가 결과에 어마어마한 영향을 미칠 수 있다. 나는 2장에서 아르키메데스를 인용했다. "나에게 설 자리와 충분히 긴 지렛대만 준다면 지구를 들어 보이겠다." 같은 장에서 언급한 선임 의사 마이클 베닉은 말하자면 '지구를 옮긴' 사람이다. 환자들이 밤에 숙면을 취할 수 있게 그가 취했던 행동은 병원 행정을 동원한 대대적인 혁신은 아니었다. 그는 그저 밤에 환자를 깨워서 혈액 샘플을 채취하려면 자신을 먼저 깨우라고 당직 간호사와 의사에게 일러두었을 뿐이다. 그리고 아무도 그를 깨우지 않았다. 이 작은 변화가 병원의 치료 방식을 바꿨고, 설문조사에서 '밤에 조용한지'를 묻는 항목에 환자들이 매긴 점수는 16백분위수에서 47백분위수로 극적으로 향상됐다. 아주 작은 지렛대가 대단한 결과를 가져온 예다.

　이런 통찰, 그러니까 아주 작은 변화가 대단한 결과를 낳을 수 있다는 이런 깨달음은 우리가 일하는 방식을 선택할 때도 많은 시사점을 준다. 성과를 올리기 위해 뭐 대단한 변화를 가해야 하는 것은 아니다.

작은 변화도 커다란 전환 못지않게 효과적일 수 있다. 우리에게도 희망이 있다는 뜻이다. 작은 것부터 시작하라. 그게 바로 '열심히' 말고 '똑똑하게' 일하는 방법이다.

이 책을 마무리하며 앞서 각 장에 나왔던 작은 변화 몇 가지를 강조하고 넘어가려 한다. 직장의 달인이 되기 위한 긴 여정을 시작할 여러분에게 꼭 필요한 변화가 될 것이다.

1장 '일을 줄이고 집요하게 매달려라'에서는 최고의 성과를 내는 사람들은 자신이 일할 몇 가지 핵심 분야를 선택하고, 그 선택한 분야에서 뛰어난 결과를 내기 위해 집요하게 매달린다는 점을 보았다. 그들은 '넓고 얕게'가 아니라 '좁고 깊게' 들어갔다. 물론 그 정도로 무언가에 집중하기 위해서는 때로 일의 상당 부분을 잘라내야 할 것이다. 그 잘라내는 것은 큰 프로젝트일 수도, 대형 고객일 수도, 심지어 어느 직장이 될 수도 있다. 하지만 작은 변화라도 하나씩 쌓이면 일을 줄이고 집요하게 매달리는 데 필요한 시간이 충분히 확보된다. 누군가 내 시간을 요구할 때 거절하는 것부터 시작하라. 스스로에게 선택의 여지를 남겨라. 다음번에 누가 나에게 무언가를 부탁하면 이렇게 대답하라. "생각 좀 해보고 내일 얘기해줄게요." 그런 다음 배우자나 동료에게 의견 반대자 역할을 좀 해달라고 부탁하라. 그 요청을 수락하면 왜 안 좋은가? 추가적인 업무를 맡는 게 왜 나에게 마이너스인가?

고위직 헤드헌팅 회사를 운영하는 수전 비숍처럼 해볼 수도 있다. 어떤 클라이언트('미디어 업계' '수수료 최소액 5만 달러 이상')는 수락하고, 어떤 클라이언트는 거절할지 미리 분명한 규칙을 정해두는 것이다. '내가 가지 않으면 안 되는 회의만 참석한다' 같은 규칙을 만들 수도 있다. 또 하나 우리가 시도할 수 있는 작은 변화는 '오컴의 면도날'을 적용해 내가 하지 않아도 되는 일을 잘라내는 것이다. 정말로 그 이메일에 답장하고, 파워포인트에 슬라이드를 굳이 추가하고, 회의 준비를 위한 사전회의를 갖고, 받은 전화에 꼭 회신해야 하는가? '모든' 일에는 시간이 걸린다. 그러니 아주 작은 일이라도 잘라낸다면 중요한 몇몇 핵심 영역에 초점을 맞추고 집요하게 매달릴 시간이 생길 것이다.

그렇다면 우리는 정확히 '어떤 일'에 집중하고 매달려야 할까? 모든 업무가 동등하지는 않다. 다른 업무보다 훨씬 큰 영향을 미치는 업무가 있다. 2장 '업무를 재설계하라'에서 보았듯이 말이다. 우리가 찾아낸 답은 가치를 창출하는 활동은 더 많이 하고, 그러지 않는 일은 거절하거나 중단할 수 있게 업무를 재설계하는 것이다. 가치 창출과 목표는 다르다. 아무도 읽지 않는(창출 가치 '0') 분기별 보고서를 제때 내기만 하던(목표 달성) 휴렛팩커드 매니저를 기억할 것이다. 반면 디트로이트 클린턴데일고등학교의 그레그 그린 교장은 교수법을 완전히 뒤집어서 학생들이 공부하게 했고 어마어마한 가치를 창출했다.

그러면 이렇게 말할 사람도 있을 것이다. "그건 작은 변화가 아니잖아요! 엄청난 변화라고요!" 사실이다. 하지만 그린 교장도 처음에는 작은 변화로 시작했다. 그는 먼저 한 학급을 대상으로 작은 실험을 했고, 그런 다음 새로운 수업 모델이 옳다는 확신이 생길 때까지 조금씩 실험 규모를 키워갔다. 여러분도 작게 시작하면 된다. 작지만 의미 있는 재설계를 늘 조금씩 찾아보면 된다. 가치 없는 활동(예컨대 아무도 읽지 않는 보고서를 작성하는 것)에 쓰는 시간을 줄일 방법을 하나만 찾아내라. 그리고 가치를 창출하는 활동(예컨대 고객 전화에 더 빨리 회신하는 것)

을 늘려라. 달력에서 지난 2주간 내 일정을 돌아보는 것부터 시작하라. 훌륭한 가치를 창출했다고 생각하는 항목에는 동그라미를 치고, 가치를 거의 창출하지 못한 활동은 줄을 그어 없애라. 이후 다음 2주간 일정에도 똑같은 표시를 해보라. 스스로에게 맞서라. 아까 지워버린 항목 가운데 다음 주에도 마찬가지일 것은 과감히 삭제하라!

영향력 있는 활동에 집중하게 되었다면 3장에서 본 것처럼 '순환학습'을 적용해 그 활동을 조금씩 개선하라. 병원의 식품영양 책임자였던 브리트니 개빈의 사례를 기억할 것이다. 순환학습은 작은 변화를 만들어내고 시간이 지나면 이것이 큰 영향을 미친다. 일하는 방식을 조금만 바꿔보고, 결과를 측정하고, 그에 대한 피드백을 받고, 접근법을 수정하라. 이게 바로 개선의 선순환이다. 처음 시작할 때는 리스크를 낮춰라. 제품 설명을 바꿔보려는 판매원이라면 별로 중요하지 않은 고객을 만났을 때부터 설명을 바꿔보라. 그런 다음 효과를 관찰하고 조금 더 고치면 된다. 그렇게 시간이 지나면 세일즈 솜씨가 크게 향상되어 있을 것이다.

이렇게 집중적인 노력을 지속적으로 기울이려면 대단한 결의가 필요하다. 어떻게 해야 동기부여를 할 수 있을까? 4장 '열정×목적의식'에서처럼 최고의 성과를 내는 사람은 자신의 열정과 강한 목적의식을 십분 활용해서 에너지를 얻는다. 호텔 안내원 준비에브 귀에는 자신의 열정('사람들과 교감하는 게 정말 좋아요')을 목적의식(호텔 투숙객을 돌보고 도와주는 것)과 일치시키고 있었다. 준비에브는 일하는 모든 시간에 에너지를 쏟아부었고 당연히 성과도 아주 뛰어났다. 흔히 사람들은 준비에브가 이룬 것 같은 성과를 이루려면 인생에 큰 변화를 만들어야 한다고 생각한다. 지금 하는 일을 그만두고 열정과 목적의식을 동시에 줄 수 있는 새로운 커리어를 찾아야 한다고 말이다. 하지만 실제로는 그렇지 않다. 작은 변화로도 일에 열정을 확장시킬 수 있다. 창의적 열정을 활용할 수 있는 새로운 프로젝트에 합류하라. 만일 경쟁이나 승리에 열정이 있다면 제품 설명 경진대회처럼 경쟁적인 상황을 찾아보라. 교육 워크숍에 참석해 개인적 성장에 대한 갈증을 풀라. 일에 열광하게 만드는 동료와 더 자주 점심을 함께하라. 더 많은 목적의식이 필요하다면 팀이나 회사를 위해 가치를 창출할 수 있는 작은 방법을 찾아보라. 나에게 의미 있는 과제를 찾아라. 이번 주에는 몇 분 시간을 내서, 어쩌면 나도 모르게 스스로 이미 기여하고 있는 방법을 반추해보라. 회사가 지지하는 사회적 대의에 더 적극적으로 참여하라. 그렇게 하면 한 걸음 한 걸음 직장에서 열정과 목적의식을 높일 수 있을 것이다.

이 책 후반부에서는 남들과 함께 일하는 법을 집중적으로 살펴보았다. 이때도 우리는 일하는 방법에서 작은 변화를 만들 수 있다. 5장에서 본 것처럼 최고의 성과를 내는 사람들은 '강력한 대변자'였다. 그들은 사람들의 '감정'을 자극해 감화했다. 강력한 대변자는 카리스마에 의존하는 게 아니라 영리한 작전을 썼다. 유명 셰프 제이미 올리버는 지방으로 출렁거리는 거대한 산을 만들어 부모들이 아이 식습관을 개선하도록 설득했다. 애질런트 테크놀로지의 경영자 제이컵 타이슨은 자사 제품 덕분에 생명을 건진 젊은 암 환자의 심금을 울리는 영상을 재생해서, 가만히 앉아 있던 경영자들을 흥분시켰다. 강력한 감정을 일깨워 사람들을 감화할 수 있는 창의적 방법을 찾아보라. 같은 호텔에서 일하는 동료들이 고객 서비스에 좀 더 집중하기를 바란다면 옐프 웹사이트에 가서 고객이 남긴 부정적 댓글("안내 데스크의 직원이 예의도 없고 키를 잘못 줬어요. 안내 직원이 전화를 주겠다더니 끝내 연락도 없었어요")을 찾아 프린트해서 나눠주라. 감정(죄책감, 혐오, 분노, 좌절)의 불꽃이 튈 테고 동료들은 개선이 필요하다고 납득할 것이다.

강력한 대변자는 또한 '똑똑한 투지'를 보여 저항을 피해 갔다. 똑똑한 투지란 반대를 피할 수 있도록 맞춤식 작전을 전개하는 것(똑똑한)과 어려움에 직면해도 굴하지 않는 것(투지)을 말한다. 로렌차 파세티는 볼피 푸드를 공격한 이탈리아의 강력한 프로슈토 조합에 똑똑한 투지를 이용해 맞섰다. 파세티는 시간을 갖고 조합의 걱정을 이해했으며 그런 통찰을 바탕으로 영리한 전략을 짜서 상대가 공격을 철회하게 했다. 똑똑한 투지를 발휘하고 싶다면 내가 필요로 하는 것을 지지해주는 동료와 그러지 않는 동료가 누구인지 알아내라. 그리고 상대의 어젠다는 무엇일지 최대한 추측해 종이에 적어보라. 상대의 관점에서 문제를 이해하도록 노력하라(인지적 공감). 그런 다음 상대의 저항을 극복할 수 있는 영향력 작전을 한두 가지 계획하라. 이런 작은 움직임이 여러분의 어젠다를 더 강력하게 대변해줄 것이다.

남들과 더 잘 일할 수 있는 또 다른 방법은 제구실을 못하고 있는 그 많은 회의를 개조하는 것이다. 여러분이 단순한 회의 참여자든 운영자든 더 잘 '싸우고 결속'할 수 있도록 작은 단계를 실천하라(6장). 식기세척기용 세제를 제조하는 세계 1위 기업 레킷벤키저의 사례에서 얻은 교훈을 기억하라. 회의에서 팀원들이 잘 '싸운다'는 것은 토론을 하고, 대안을 고려하고, 서로 이의를 제기하고, 소수 의견에도 귀 기울인다는 뜻이다. 결속하는 팀의 팀원들은 (본인이 반대했더라도) 결정된 사안을 자기 것으로 인정하고 실현하기 위해 최선을 다한다. 다음 회의 때는 이런 작은 단계들을 실천해보라. 귀를 잘 기울이기 위해 노력하라(스마트폰은 치워두라). 나의 반대 의견을 또박또박 잘 표현하라. 동료에게 반대 입장에서 함께 논쟁해달라고 부탁하라. 말이 없는 동료가 입을 열게 하라. 남들에게 내 생각을 말하기보다 좋은 질문을 내놓아라. 그다음에는 결속을 다져야 한다. 동의하지 않더라도 결정된 사안은 지지해야 한다고 스스로 다짐하라. 동료들에게도 같은 행동을 부탁하라. 이게 능숙해지면 회의가 더 생산적으로 변화한다. 그리고 좋은 소식은 이렇게 되면 회의 수가 줄어든다는 점이다!

조직의 경계를 넘어 사람들과 '원칙 있는 협업'을 진행하기 위한 작은 단계도 있다(7장). 포트다지 병원의 의사·간호사·관리자들은 과다 협업을 피하면서 환자 치료를 더 잘 조율하기 위해 응급실과 외래병동, 입원병동에 사이에 협업하는 방법을 바꾸었다. 그 결과 건강관리의 비용은 낮추고 치료의 질은 높이는 인상적인 성과를 얻었다. 다음 주에는 불필요한 협업(듣고만 있는 늦은 밤의 전화회의) 세 건을 거절하는 것을 본인의 도전 과제로 삼아보라. 협업을 거절한다고 해서 팀워크가 부족한 사람이 되는 것은 아니다. 여러분은 그저 시간을 최적화해서 사용한 것뿐이다. 협업을 하기로 결정했다면 더 잘하라. 협업을 하게 되면 매번 몇 분만 시간을 내어 공동 목표가 무엇인지 확인해보라. 하나의 공동 목표가 있는가? 그렇다면 그 목표를 적어서 공유하고 모든 협업자가 집중할 수 있게 하라. 만약 공동 목표가 없다면 다음 회의 때는 시간을 좀 내어 공동 목표가 될 만한 게 뭐가 있을지 규명해보라.

이 책에서 똑똑하게 일하는 방법을 구성하는 7가지 습관은 모두 작은 것부터 시작할 수 있다. 작은 방법을 골라 몇 가지 연습 삼아 실천해보라. 회사에서 승진을 노리는 젊은 직장인이라면 순환학습을 이용해 한 번에 하나씩 능력을 향상시킬 수 있을 것이다. 예컨대 우선순위를 정하고 더 잘 '거절'하는 능력을 향상시키면 어떨까? 시간이 지나면 제대로 된 업무를 제대로 된 방식으로 한 덕분에 업무시간이 줄어들었음을 깨닫게 될 것이다. 그러면 업무 외에 쓸 수 있는 시간이 늘어나 워라밸을 더 잘 누리고, 번아웃을 경험할 가능성도 줄어들고, 직무 만족도도 높아질 것이다(8장).

작은 단계를 이야기하다 보니 어느새 이 책의 주제로 되돌아왔다. 누구나 일을 그냥 잘하는 수준이 아니라 훌륭하게 해낼 수 있는 잠재력을 갖고 있다. 전문가들은 최고의 성과를 내는 사람에게 재능이나 노력, 운이 따랐다고 생각한다. 이런 것도 어느 정도 역할을 하는 것은 사실이지만, 우리 조사 결과를 보면 우월한 성과를 내는 사람은 매일 실천하는 7가지 원칙이 있다는 통계적 연관성이 드러난다. 이 말은 곧 누구나 최고의 성과를 낼 수 있다는 뜻이다. 미친 듯이 일만 해야 하거나 천재여야 하거나 남다른 행운을 만나야 하는 게 아니다. 시간이 지나면 똑똑하게 일하는 법에도 훨씬 더 능숙해질 수 있다. 작은 방법으로 시작해 계속 실천해나간다면 언제가 여러분도 업계에서 금메달을 딸 수 있을 것이다. 그리고 멋진 인생을 살게 될 것이다.

부록
조사 개요

여기서는 우리가 5,000명의 관리자와 직원을 어떻게 조사했는지 그 방법을 상세히 설명하고, 7가지 요인으로 구성된 분석틀을 마련한 과정을 밝힌다. 기술적 통계 용어도 일부 나오지만, 대체로 통계 지식이 없는 사람도 읽을 수 있도록 썼다.

먼저 이번 연구의 설계와 수행을 도와준 몇몇 분에게 인사말을 전하고 싶다. 보스턴 리서치 테크놀로지Boston Research Technologies의 워런 코미어Warren Cormier, 로버트 타페트Robert Tafet, 데이비드 볼페David Volpe는 설문조사 항목을 설계하고 인구통계 표본을 추출하는 작업을 도와주었다. 코네티컷대학교의 에머리터스 제임스 와트Emeritus James Watt 교수가 통계분석을 맡았고, 나나 폰 베르누트Nana von Bernuth가 분석 작업 및 후속 인터뷰를 수행했다. 그 밖에 도움을 준 많은 분들에게 감사드린다.

1. 분석틀

조직이론 연구자들은 오랫동안 개인의 직무, 개인과 직무의 관계를 다방면으로 연구해왔다. 리처드 스콧Richard Scott 교수의 책 《기업과 조직Organizations and Organizing》(2016년 공동 저자인 제럴드 데이비스^{Gerald Davis} 교수의 개정판이 새로 나왔다), 리처드 해크먼^{Richard Hackman}이라든가 그레그 올덤^{Greg Oldham} 교수의 직무설계 이론 등이 고전적 설명에 해당한다. 1960년대와 1970년대 초창기 연구의 주된 관심사는 단조로운 공장이나 사무실에서 일하는 직원들에게 어떻게 하면 동기를 부여하고 능률을 높일 수 있는가였다. 그래서 직무 충실화, 직무 확대, 직무 다양성, 로테이션 등을 제안했다.

그러나 현대 '지식 노동자'들에게 부각되는 측면은 좀 다르다. 일의 성격이 폭넓게 변화해왔기 때문이다. 많은 기업들이 엄격히 정형화된 지휘 통제 구조를 탈피해 비공식 조직의 역할이 중요한, 보다 분권화된 형태로 변화했다. 그러면서 팀워크나 협업 같은 관계 요소가 직무의 중요한 측면이 됐다. 또 직무·과제·능력의 변화 속도가 빨라지면서 학자들은 새로운 능력을 배우고 향상시키는 과정에도 큰 관심을 갖게 됐다. 동기 요소 역시 변화를 겪었다. 초창기 학자들은 공장 노동자들의 직무가 너무 지루하거나 반복적이지 않게 만들려고 했다. 하지만 요즘 학자들은 업무의 다른 측면에 눈을 돌리는데, 특히 '업무를 의미 있다고 생각하는지' 같은 무형적이고 내적인 측면에 관심이 많다.

이런 발전상에 비추어 나는 새로운 분석틀을 짰다. 직무설계에 관한 초창기 아이디어에 기반을 두면서도, 새로운 3가지 트렌드(관계, 학습, 새로운 동기 요소)를 결합시킨 내용이었다. 그러자 크게 4가지 카테고리가 생겼다. 즉 해야 하는 일의 내용(직무설계), 시간이 지나면서 능력을 개발할 방법(학습), 노력을 발휘할 이유(동기), 일하면서 소통해야 할 사람(관계)이다. 간단한 말로 표현해보면 일의 내용^{what}, 방법^{how}, 이유^{why}, 주체^{who}라 할 수 있다.

진행 과정은 다음과 같았다. 먼저 위 4가지 카테고리를 이용해 성과에 영향을 미치는 업무 습관으로 볼 수 있는 8개 아이디어를 정리했다(예컨대 '집중'이라는 아이디어). 다음에는 이런 아이디어를 가지고 300명을 대상으로 파일럿 조사를 실시하고, 수많은 사례연구 및 인터뷰를 검토했다. 여기서 알게 된 내용을 바탕으로 해당 아이디어를 수정하고 구체적인 가설로 바꾸었다. 이때 성과로 이어지는 요인과 관련해 추가적으로 알게 된 사실을 반영했다(예컨대 '집중'이라는 말로는 불충분했고 더 구체화시킬 필요가 있었다. 뒤에서 설명). 또 파일럿 조사 결과로 통계적 요인 분석을 해보니 8개 아이디어 중 2개(영향력, 변화의 주도자)가 실제로는 하나의 개념이었다. 그래서 둘을 하나로 합쳤고(강력한 대변자), 우리가 생각해볼 수 있는 성과 요인은 7가지가 되었다. 요컨대 우리 연구 과정은 그때그때 발견되는 내용에 따라 계속 수정되었고, 처음에는 포괄적 아이디어로 시작했으나 나중에는 처음과 달라진 구체적 가설들을 손에 쥐게 되었다.

1.1 직무설계 카테고리(일의 '내용')

왜 어떤 사람은 다른 사람보다 일을 더 잘하는지 알고 싶은가? 그렇다면 가장 먼저 직무설계가 근본적으로 다르지는 않은지 점검해봐야 한다. 앞서 말했듯이 초창기 학자들이 논의했던 직무설계의 여러 측면 중에는 과업 다양성이나 직무 확대가 있었다. 학자들은 이 2가지가 사람들에게 동기를 부여하고 직무 만족도를 높인다고 봤다. 최근 들어 학자들은 현대 지식 노동이라는 맥락에서 과업의 특성을 검토하고 있다. 지식 노동의 기본 이슈는 단조로움이 아니라 정보와 업무 과부하다. 학자들은 컨설턴트 같은 지식 노동자가 업무의 절대적 양뿐만 아니라 과업의 세분화와 분산 때문에 과중한 업무에 시달린다고 말한다.[1] 그래서 학자들은 '직무 범위'의 역할을 조사해봤다. 사람들이 얼마나 많은 혹은 적은 과업을 선택하고 추구하는지, 목표와 책임은 어디까지인지 조사한 것이다. 학자들은 사람들이 업무에 집중하지 못한다는 사실을 알아냈고,[2] 멀티태스킹이 실은 업무의 빠른 전환에 지나지 않으며 효율적이지 않다는 사실을 밝혔다.[3] 할로웰 Edward M. Hallowell의 《하버드 집중력 혁명Driven to Distraction at Work》(2015)이나 골먼의 《포커스Focus》(2013), 맥커운Greg Mckeown의 《에센셜리즘Essentialism》(2014)처럼 인기를 끈 책들은 이런 연구 트렌드에 따라 집중이 필요하다고 주장했다(업무 활동의 범위를 좁혀야 한다고 주장).

직무 범위는 효과적인 직무 수행에 영향을 미칠 가능성이 크다. 그래서 우리는 직무설계 중 '범위'라는 측면을 연구의 핵심 요소로 넣었다. 여기서 직무 범위란 몇 가지 핵심 우선사항에 어디까지 집중할 수 있느냐를 의미한다. 집중을 많이 할수록 직무 범위는 좁아진다.

프롤로그와 1장에서 설명했듯이 300명을 대상으로 한 파일럿 조사와 수많은 사례연구 결과, 우리는 이 부분에서 놀라운 사실을 발견했다. 예를 들어 '집중'은 단순히 몇 가지 과업을 '선택'만 하는 게 아니었다. 집중에는 그 선택한 과업에서 탁월한 결과를 내기 위해 어마어마한 노력을 기울이는 것('매달리는 것')까지 포함됐다. 처음에 갖고 있던 집중(선택)에 대한 생각을 300명 파일럿 조사로 테스트한 우리는 파일럿 조사에서 나온 결과와 사례연구를 더 깊이 파고들었고, 그 결과 이 '매달리는 부분'(노력)을 가설에 포함시켜야 함을 알 수 있었다. 그렇게 해서 파일럿 이후 5,000명을 대상으로 한 조사에서 검증할 첫 번째 원칙 내지는 가설이 만들어졌다.

보기1 일을 줄이고(몇 개의 핵심 우선사항에 초점을 맞추고) 집요하게 매달리는(선택한 중점 분야에서 대단한 노력을 기울이는) 사람은 그러지 않는 사람보다 직장에서 더 좋은 성과를 낼 것이다.

이 습관을 가설 형태로 기술한 점에 유의하기 바란다. 조사를 진행할 경우 데이터가 위 가설을 뒷받침하지 않을 가능성도 얼마든지 있었다. 실제로 일을 '늘리는'(집중하지 않고 많은 과업을 맡는) 사람이 더 많은 것을 성취해서 더 나은 성과를 내는 것도 얼마든지 가능했다.

우리가 두 번째로 분석한 직무설계의 특징은 과업 및 직무 목표의 범위와 그 변경에 관련된 부분이다. 해크먼이나 올덤의 초창기 연구처럼 직무설계에 관한 중요 연구에서도 이 부분을 핵심 요소로 보았다. 연구자들은 노동자의 성과와 만족을 극대화하는 방향으로 과업이나 직무 목표를 바꿀 수 있다고 생각했고, 직무를 더 좋은 방향으로 '설계'하는 것도 가능하다고 봤다. 이렇게 되자 개인의 성과를 가장 크게 향상시킬 수 있는 과업이나 직무 목표는 어떤 종류인가 하는 문제가 대두됐다.

사례연구에서 우리는 특히 효과가 좋았던 직무 재설계 사례들을 분석하다가 하나의 공통점을 발견했다. 잘된 직무 재설계는 개인이 직무를 통해 창출하는 '가치'를 증가시키고 있었다(2장 참고). '가치'라는 개념은 예전 직무설계 문헌에 나오는 '과업 중요성'이라는 개념과도 부분적으로 연결된다. 과업 중요성이란 어느 직무가 중요성을 갖는 결과물을 어디까지 내놓을 수 있는가 하는 의미다.

더 많은 가치를 창출하도록 개인의 직무를 재설계할 수 있다는 아이디어는 직무나 경영 혁신에 관한 최근 연구와도 일맥상통한다. 예컨대 줄리언 버킨쇼Julian Birkinshaw의 《경영 재창조Reinventing Management》(2012), 토머스 멀론Thomas Malone의 《노동의 미래The Future of Work》(2004), 린다 그래튼Lynda Gratton의 《일의 미래The Shift》(2011) 등은 개인과 팀이 핵심 과업을 혁신할 수 있는 방법을 설명한다.

그래서 직무설계와 관련해 우리가 두 번째로 테스트한 가설은 다음과 같다.

가설 2 직무를 재설계하여 더 많은 가치를 창출할 새로운 기회를 만들어 낸 사람은 그러지 않은 사람보다 직장에서 더 좋은 성과를 낼 것이다.

1.2 지속적 학습(일의 '방법')

이 카테고리에 영향을 준 연구는 크게 두 갈래로 나눌 수 있다. 먼저 조직 이론에서는 수십 년 전에 벌써 조직 학습 및 팀 학습이라는 개념이 나타났다.[4] 스탠과 페르묄런(2013)은 학습 주기 과정을 설명했고, 다른 학자들은 학습 곡선을 검토했다.[5] 그러나 대부분의 연구는 조직 수준 혹은 팀 수준의 분석이었다.

두 번째 연구 방향은 개인의 전문지식 습득에 초점을 맞춘 심리학자들의 연구다. 에릭슨(1993) 등은 이 책 3장에서 설명한 의식적 연습 이론을 내놓았다. 한 가지 능력을 마스터하려면 1만 시간의 연습이 필요하다는 유명한 개념이 바로 이 연구에서 나왔다. 그러나 에릭슨과 동료들은 의식적 연습에 2가지가 필요하다고 강조한다. 하나는 수많은 반복(시간)이고, 다른 하나는 의식적 노력(코치의 피드백을 포함한 학습의 질)이다. 그러나 이 분야 연구는 기업 직원이 하는 일이 아니라 주로 스포츠, 공연예술, 철자법 대회, 기억력 테스트 등을 다뤘다.

우리는 이 분야의 방대한 연구 결과, 그리고 여러 연구를 통해 증명된 학습과 성과 사이의 강한 연관성을 고려해 학습이라는 카테고리도 연구에 포함하기로 했다.

그러나 우리가 사례연구 및 파일럿 조사를 통해 발견한 내용에 따르면 직장에서 개인 수준의 학습이란 에릭슨이 말하는 의식적 연습과는 차이가 있었다. 그러니까 조직 수준에서의 연구와 개인 수준에서의 연구는 있었으나 일에 대한 연구는 없었던 셈이다. 우리는 이 2가지 연구 흐름을 결합하기로 하고, '개별 직원 수준에서 학습의 질'을 연구하기로 했다. 그렇게 해서 다음과 같은 세 번째 가설이 나왔다.

가설 3) 학습의 질에 초점을 맞추는 사람(새로운 것을 시도하고, 스스로 일하는 방식을 반성하고, 도움이 되는 피드백을 받아보고, 실패를 통해 배우는 사람)은 그러지 않는 사람보다 직장에서 더 좋은 성과를 낼 것이다.

많은 이들에게 큰 영향을 주었던 제임스 마치James March 교수의 논문 〈조직 학습에서 탐구와 개발Exploration and Exploitation in Organizational Learning〉을 보면, 개인이든 조직이든 일하는 방식을 대대적으로 재설계하고(탐구) 지속적으로 개선해야만(개발) 살아남고 번창할 수 있다.[6] 우리 연구도 2가지를 모두 다루었다. 업무 재설계는 탐구와 관련되고(가설 2), 개선은 순환학습이라는 형태로 개발과 관련된다(가설 3).

1.3 동기 측면(일의 '이유')

조직행동 연구는 오랫동안 직원의 동기부여에 초점을 맞춰왔다. 허즈버그 Frederick Herzberg(1966)의 동기-위생 이론 같은 고전적 설명이 그 대표적인 경우다. 직원의 동기부여에 관한 그 많은 이론을 이 책에 다 언급할 수는 없다. 하지만 최근 학자들 사이에 큰 트렌드는 금전적 보상과 직무설계를 뛰어넘어, 의미나 목적성이 있는 업무, 내재적 동기부여 같은 보다 무형적인 측면에 주목하고 있다. 또 직장에서 노력을 발휘할 동기 요인으로서 열정이나 참여의 역할에도 관심을 기울인다.[7] 이들의 기본적 주장 중에 '직무 적합성 이론'이 있다. 열정과 목적의식을 체감할 수 있는 일을 찾아내는 사람이 더 많은 노력을 기울이고, 성과도 더 좋다는 이론이다. '잡 크래프팅job crafting'이라는 대안을 내놓는 학자들도 있다. 잡 크래프팅은 더 많은 열정과 목적의식을 경험하기 위해 개인이 기존 직무를 보완하는 것이다.[8]

최근 연구들이 열정과 목적의식이라는 개념을 중시하는 점을 감안해, 우리는 이 부분도 연구에 포함했다. 4장에서 자세히 설명한 바와 같이 사례연구와 파일럿 조사를 해보니 '좋아하는 일을 하는 것'(열정)이 성과에 미치는 영향은 그렇게 단순하지 않았다. 때로는 열정이 형편없는 결과를 낳기도 했다. 우리는 최고의 성과가 나오는 것은 개인의 욕망(열정)이 자기 자신을 넘어선 무언가에 기여할 수 있는 능력(목적의식)과 일치될 때라는 사실을 알게 됐다.

가설 4 높은 수준의 열정과 목적의식을 경험하는('열정×목적의식') 사람은 그러지 않는 사람보다 직장에서 더 좋은 성과를 낼 것이다.

4장에서 자세히 설명한 바와 같이 '목적의식'에는 여러 측면이 있고, 그중 '사회에 대한 기여'와 '회사 및 동료에 대한 기여'도 있다(가치 창출). 후자는 해크먼과 올덤의 직무설계 이론에서 일부 파생되었다. 두 사람의 이론에서 '과업 중요성'은 자신이 하는 일이 동료나 조직에 중요하다고 '인식'하는 정도를 나타낸다.

1.4 관계 측면(일의 '주체')

감화와 영향력　요즘 눈에 띄게 늘고 있는 연구가 있다. 직장에서 직원들이 서로 어떻게 관계를 맺고 영향력 작전이나 감화 작전, 사내 정치를 활용하는지, 또 반대를 극복하기 위해 고집이나 투지를 어떻게 발휘하는지에 관한 연구다. 이런 흐름은 오늘날 직장에서 개인이 무언가를 이루려면 "남들과 함께 또는 남들을 극복하고 일을 해내는 능력"이 필요하다는 인식에서 나왔다. 즉 일을 완수하려면 개인은 다른 사람의 지원이나 도움, 전문지식, 정보, 정치적 비호 등을 요청해서 얻어내야 한다. 이들 연구를 모두 단일한 흐름이라고 말하기는 어렵지만, '지지'라는 이름 아래 하나로 묶어도 크게 무리는 없을 것이다. 기본적으로는 이들 연구 모두 같은 측면에 주목하고 있기 때문이다. '타인으로부터 지원을 얻어내는 개인의 능력' 말이다.

첫째, '영향력'을 강조하는 사조는 대부분 로버트 치알디니[Robert Cialdini] 교수의 연구와 밀접히 관련된다. 그의 연구는 《설득의 심리학[Influence]》(2008)에 요약돼 있는데, 지원을 얻어내고 동료 압박을 이용하는 등 교활한 영향력 작전을 사용하는 개인이 더 많은 지원을 얻어낸다는 것이다.[9]

둘째, 제프리 페퍼 교수의 '힘과 정치'를 주장하는 학파도 밀접한 관련이 있다. 이 학파는 개인이 직장의 정치적 지형을 잘 읽어야 하고, 적을 끌어들이는 것 같은 교활한 정치 작전을 사용해야 자신에게 필요한 지원을 얻어낼 수 있다고 말한다.[10]

셋째, '투지'를 강조하는 학파는 심리학자 앤절라 더크워스 교수와 관련된다. 이들은 직원들이 장기적 목표를 향한 개인의 끈기와 열정 덕분에 장애물이나 반대를 극복하고 성과를 향상시킬 수 있다고 주장한다.[11]

5장에서 나는 이들 아이디어를 통합해 '똑똑한 투지'라는 개념을 만들었다. 그리고 성과를 설명하려면 더크워스의 투지 개념과 페퍼 및 치알디니의 정치적 영향력 작전을 '결합'해야 한다고 주장했다.

학자들은 또 설득의 정서적 측면도 점검했다. 타인의 정서에 호소하는 개인은 변화를 만들어내고 자신이 추진하는 일에 대한 지원을 얻어낼 가능성이 더 높다.[12] 이 연구는 변화 주도에 대한 연구와도 관련된다.[13] 그 핵심 아이디어는 타인의 정서를 자극해 감화하는 사람은 자신이 추진하는 일에 더 많은 지원을 얻어낼 수 있다는 내용이다.

나는 이렇게 다양한 측면을 '지지 습관'이라는 일반적 개념으로 통합해 아래와 같이 강력한 대변자 가설을 만들었다.

> 가설5 남들을 감화하고 똑똑한 투지를 전개할 수 있는 사람은 그렇지 않은 사람보다 직장에서 더 좋은 성과를 낼 것이다.

처음에 나는 이 부분에 관한 습관이 2가지인 줄 알았다. 감화 내지는 투지에 관한 것(지지) 하나, 정치적 변화를 이용하는 작전(변화의 주도자) 하나. 만약 그랬다면 똑똑하게 일하는 방법은 7가지가 아니라 8가지가 됐을 것이다. 하지만 300명을 대상으로 한 파일럿 조사 결과를 경험적으로 분석해보니(요인 분석) 2가지는 유사한 요소였고, 나는 둘을 하나로 합쳤다. 그도 그럴 것이 5장에서 얘기한 이언 텔퍼드처럼 조직이 변화를 수용하도록 정치 작전을 이용하는 '변화의 주도자'는 그 변화를 관철시키기 위해 단순한 투지뿐만 아니라 영향력 및 감화 작전(지지)에도 크게 의존할 수밖에 없을 것이다.

팀워크 지난 20년간 조직행동 연구를 크게 발전시킨 원동력을 하나 꼽으라면 단연 '팀워크'다. 조직 내에 팀워크가 부상하면서 그에 대한 연구 또한 강조되어왔다. 이런 흐름에서 팀의 설계에 관심을 갖는 사람들도 있다. 리처드 해크먼이 제시한 팀워크 5요소 모델(2002)은 지금까지도 팀을 조직할 때 널리 이용된다. 그러나 이 책은 전체 팀 설계가 아닌 개인의 성과를 다루기 때문에 해크먼의 종합적 연구 내용을 모두 포함하지는 않았다. 대신에 팀원을 누구로 할 것인가(구성)와 팀 환경에서의 행동에 초점을 맞춘 부분은 포함했다. 이 부분과 관련해 집단 갈등에 초점을 맞춘 연구가 무척 많다.[14] 이들 연구가 수십 년간 조사해 내린 결론을 요약하면, 재능 있는 사람들로 구성된 다양성이 있는 팀, 특히 이슈를 잘 토론할 수 있고 일단 노선이 정해진 후에는 헌신적으로 실천할 수 있는 사람들로 구성된 팀이 여타의 팀보다 훨씬 좋은 성과를 낸다고 한다.[15] 따라서 팀장이든 팀원이든 개인에게 핵심적인 이슈는 관점의 다양성(단순한 능력의 차이뿐만 아니라 배경의 차이)을 증진하고, 토론하며, 헌신하는 것이다. 6장에서 상세히 설명한 바와 같이 이것은 쉬운 과제가 아니다. 팀은 '집단사고' 같은 역기능을 불러일으키는 행동이나 역학관계에 빠지기 일쑤다.[16]

우리는 사례연구, 특히 6장에서 상세히 다룬 레킷벤키저를 통해 이런 생각을 더 날카롭게 다듬었고, '싸우고 결속하라'는 말로 그 내용을 종합했다. 싸움이 일어나려면 다양성과 올바른 가치관 및 태도를 가진 재능 있는 개인들이 집단 내에서 격렬한 토론을 가져야 한다. 또 결속하려면 하나의 행동을 결정하고 거기에 헌신해야 한다. 우리가 세운 가설은 아래와 같다.

가설 6 싸우고 결속하는 팀장이나 팀원은 그러지 않는 사람보다 직장에서 더 좋은 성과를 낼 것이다.

협업 최근 들어서 협업은 팀워크만큼이나 중요한 주제가 됐다. 두 주제 모두 업무에서 엄밀한 개인의 측면이 아니라 관계 측면을 더 많이 연구하려고 하는 학계의 큰 트렌드의 일부다. 협업은 팀워크와 다르다. 팀워크는 부서 내가 되었든 여러 기능 부서 사이가 되었든 '안정된 팀'에 초점을 맞추는 반면, 협업은 여러 팀과 부서에 걸친 '임시 프로젝트'나 비공식 지식 공유를 중심으로 조직된 '일시적 활동'이다. 당연히 둘 사이에는 회색 지대가 존재하지만, 개념적으로 둘은 구분된다. 둘 다 예외는 있겠으나 대부분의 직원에게 매우 중요한 활동이고, 우리 조사에 따르면 대부분의 개인이 팀워크와 협업 모두에 빈번히 참여하고 있다.

7장에서 상세히 설명한 바와 같이 협업에는 많은 문제가 있으나, 여기서 다시 반복하지는 않겠다. 연구 결과를 보면 알 수 있듯이 일부 개인이나 팀은 협업이 부족하거나 과도하다.[17] 따라서 중요한 것은 직원들이 '원칙이 있는 협업'에 참여하는 것이다. 그러려면 가치가 높은 활동만 협업하고 다른 활동은 단호히 거절할 수 있는 규칙이 필요하다. 그리고 선별 후에는 협업이 잘 실천될 수 있게 공동 목표를 찾고 신뢰를 쌓고 협업에 동기를 부여하고 필요한 자원을 온전히 지원하는 활동이 필요하다.

가설7 원칙이 있는 협업을 실천하는 사람은 그러지 않는 사람보다 직장에서 더 좋은 성과를 낼 것이다.

이렇게 7가지로 구성된 분석틀은 기존 연구가 직무 성과에 결정적인 영향을 미치는 것으로 정리한 핵심 카테고리를 기본으로 했다. 거기에는 직무설계(직무 범위와 재설계), 동기부여, 학습, 지지, 협업 등이 포함된다. 우리가 이들 카테고리에 초점을 맞춘 것은 기존 연구에서 이를 중요하게 보았기 때문이지만, 우리 연구는 기존에 알아낸 사항을 넘어서는 데까지 확대됐다. 300명을 대상으로 파일럿 조사를 진행하고 수많은 사례연구를 분석한 결과, 기존에 나온 기본적 내용에 덧붙여야 할 혹은 그와는 좀 차이가 있는 여러 측면이 발견됐다. 왜 누구는 훌륭한 성과를 내고 누구는 그러지 못하는가를 설명하는 데 큰 차이가 생길 수 있는 새로운 측면들이었다. 이를테면 몇 가지에 초점을 맞추는 선택 자체만으로는 부족하고 집요하게 매달려야 한다는 점, 개인은 대부분의 업무 상황에서 의식적 연습을 할 수 있다는 점(3장에 나오는 것 같은 몇 가지 요령을 활용해야 한다), 열정을 따라가는 게 위험할 수도 있고 목적과 열정을 일치시켜야 한다는 점, 직장에서 단순한 투지를 넘어 똑똑한 투지를 발휘해야 한다는 점, 팀 내에서 특정한 종류의 싸움은 좋은 일이라는 점, 협업을 많이 한다고 해서 반드시 좋은 것은 아니고 원칙이 있는 협업이 필요하다는 점 등이다. 이런 추가적 측면은 단순히 괜찮은 성과를 내는 사람과 훌륭한 성과를 내는 사람 사이의 차이를 이해하는 데 결정적이었다.

이렇게 7가지 가설이 '똑똑하게 일하는 법'이라는 이론을 만들어냈다. 똑똑하게 일한다는 것은 몇 가지 활동만 골라서 그것을 목표로 집중적인 노력을 기울임으로써 업무의 가치를 극대화하는 것이다. 첫째, 똑똑하게 일하는 사람은 높은 가치를 창출하는 몇 개의 활동을 선별한다. 업무를 재설계하고(가설 2), 일을 줄이고 집요하게 매달린다(가설 1). 협업은 몇 가지만 골라서 하고 나머지는 거절한다(가설 7).

둘째, 똑똑하게 일하는 사람은 선택한 활동을 목표로 집중적인 노력을 기울인다. 이런 사람은 열정과 목적의식을 활용해 어마어마한 크기의 동기를 부여한다(가설 4). 이런 동기부여는 급여 같은 외적 요인에 의존하는 것보다 효과적이다. 그런 다음 그들은 생산적으로 일하기 위해 여러 노력을 동원한다. 질 높은 순환학습을 통해 업무를 개선하고(가설 3), 팀 회의는 집중적이면서도 효과적으로 실시한다(가설 6). 협업을 제대로 실행하고(가설 7), 목표를 향해 노력을 집중시킨다(가설 1의 '집요하게 매달린다' 부분). 일의 효율과 결과의 질을 높일 수 있게 업무를 재설계하고(가설 2), 타인이 나의 업무를 지원하도록 설득과 감화를 활용한다(가설 5).

결론적으로 이 이론은 전통적인 '근면성실' 혹은 '일 늘리기' 방식과는 다른 일하기 방식을 상정한다. 전통적 방식에서는 최대한 많은 책임을 맡아야 더 많은 일을 해낼 수 있다고 생각했고(몇 가지 과업만 선택하는 것과는 정반대), 가능할지도 의문스러운 그 많은 일을 해내기 위해 말도 안 되는 긴 시간 동안 일했다(몇 가지 과업을 목표로 집중적인 노력을 기울임으로써 탁월한 결과를 만들어내는 것과 정반대).

무엇보다 우리 이론은 테스트를 통해 검증이 가능한 내용이었다. 여기 설명된 7가지 가설이 개인 성과의 상당 부분을 설명할 수 있는가, 없는가? 이 가설대로 일하는 사람은 오랜 시간 일하면서 많은 책임을 떠맡는 '근면 성실' 방식의 사람보다 더 나은 성과를 내는가? 조사 개요의 남은 부분에서는 우리의 가설과 분석틀을 어떤 식으로 검증했는지 상세히 설명한다.

2. 5,000명을 대상으로 한 조사

2.1 정량조사의 주된 목적

정량조사를 실시한 목적은 위에서 말한 7가지(처음에는 8가지) 요인이 개인의 업무 성과 및 행복 지수에 미치는 영향을 검증하기 위해서였다. 각 요인의 영향력을 분석하기 위해 우리는 회귀분석, 구조방정식 모델링SEM 등 통계기법을 이용했다. 통계조사의 주된 목적은 특정 행동을 보고하는 사람의 비율을 측정하는 것(예컨대 '회의 때 격렬한 논쟁을 벌인다고 보고한 사람은 x퍼센트이다')이 아니라, 7가지 요인에서 높은 점수를 받은 사람은 업무 성과나 행복이 개선될 것으로 예견할 수 있는지를 테스트해보는 것 이었다. 그렇기 때문에 이 조사는 단순한 설문조사가 아니라 분석 연구의 일부다.

2.2 조사 대상 선별

처음에 우리는 미국뿐만 아니라 유럽·아시아·라틴아메리카에 거주하며 대기업·중소기업·비영리단체·정부기관·병원·교육기관 등에서 일하는 사람을 포함한 대규모 조사를 고려했다. 이런 데이터까지 포함할 수 있다면 좋았겠지만 막상 그렇게 하려니 연구가 아주 복잡해지는 문제가 있었다(예컨대 설문 항목을 각 언어로 번역해야 하고 조직 유형에 따라 설문 항목도 변형해야 했다). 그래서 우리는 1장에서 설명한 '오컴의 면도날'을 적용했다. 우리의 분석틀을 검증하려고 할 때 '반드시' 테스트해야 할 대상자는 누구인가? 우리는 다음과 같은 기준을 충족하는 직원을 대상자로 삼기로 했다.

- 미국에서 일할 것
- 영리기업에서 일할 것
- 2,000명 이상 규모의 기업에서 일할 것
- 상시 근무자일 것(주당 30시간 이상 근무)

우리는 중간 이상 규모의 안정적인 기업에서 일하는 사람들을 대상으로 분석틀을 검증했다. 이 조건에서 분석틀이 옳은 것으로 검증된다면 다른 조직 환경(예컨대 대규모 정부기관)에도 적용될 거라고 보았다. 물론 이번 조사에서는 그 부분까지 검증하지는 못했다.

우리는 대표성 있는 표본을 얻기 위해 설문 대상자를 여러 산업에 걸쳐 분산시켰다(뒤에서 설명).

그리고 설문 응답자 총 5,000명을 세 종류의 하위 표본으로 나누었다.

a. 자가 보고(2,000명)
b. 상사를 평가(1,500명)
c. 부하 직원을 평가(1,500명)

본인이 되었건, 상사나 부하 직원이 되었건 응답자는 단 한 사람만 평가해 점수를 매겼다. 우리 조사는 평가를 받는 사람('평가 대상자')에 관한 것이지, 평가자 혹은 응답자(자가 보고가 아닐 경우)에 대한 조사는 아니었다. 똑같은 사람을 대상으로 세 명이 각각 다른 점수를 주는 게 아니라, 조사 방식이 세 가지였다.

부하 직원을 평가하는 경우 상사는 우리가 미리 정해놓은 세 명의 부하 직원 유형(성과 상위자, 중위자, 하위자) 중 한 명을 선택해야 했다. 상사가 늘 최고의 성과를 내는 부하 직원만 고르는 일이 없도록 하기 위해서였다.

우리가 세 종류의 설문조사를 실시한 이유는 학자들이 '귀인 편향attribution bias'이라고 부르는 것에 빠지는 위험을 최소화하기 위해서였다. 귀인 편향은 응답자가 자신을 최대한 멋있게 보이려고 할 때 자주 나타난다. 우리 조사는 익명 방식이었지만 응답자, 특히 '자가 보고'를 하는 응답자의 경우 여전히 귀인 편향에 빠질 수 있었다. 나머지 두 경우는 그보다는 귀인 편향이 발생할 가능성이 낮았다. 나를 평가하는 게 아니라 내가 아는 다른 사람을 평가할 경우에는 굳이 평가 대상자를 좋게 보여줄 필요가 없기 때문이다.

우리가 5,000명을 대상으로 설문조사를 실시하기로 한 것은 세 범주 및 서로 다른 업계에서 충분한 표본을 확보하기 위해서였다.

2.3 측정 척도

7가지 습관 처음에 우리는 8가지 습관을 측정하기 위해 수많은 설문 항목을 개발했다(기억하겠지만 당초 분석틀에서는 습관이 7가지가 아니라 8가지였다). 그런 다음 300명의 파일럿 조사 데이터를 가지고 각 항목을 검토했다. 이 분석 내용에 따라 8가지 습관을 적절히 측정하는 항목은 유지하고, 애매하거나 잘못된 의미를 도출하는 항목은 배제했다.

일부 항목은 척도 사용으로 인한 편향을 피하려고 뒤집어 표현했다(부정적 표현 사용). 응답자가 설문에 제시된 수많은 항목에 그냥 높음(혹은 낮음)이라고 표시하는 경우가 있기 때문이다. 예컨대 '일을 줄이고 집요하게 매달린다'를 측정하기 위한 항목 중 하나는 '종종 너무 많은 방향으로 끌려다닌다'라고 쓰기도 했다. 그런 다음 분석을 하기 전에 설문 항목을 뒤집어서 통계분석적으로는 긍정의 문장이 되게 만들었다.

응답자는 평가 대상자에 대해 1점에서 7점 척도를 사용해 점수를 주었다(설문 목록은 표 1 참고).

학계의 관례에 맞춰 우리는 각 척도에 대해 복수의 항목을 사용했고, 각 항목은 똑같은 내용을 살짝 표현만 바꾼 형태였다. 예컨대 '시간과 노력을 몇 개의 핵심 사항에 집중시키는 능력이 부족하다'와 '종종 너무 많은 방향으로 끌려다닌다'는 '일을 줄인다'를 조금씩 다른 방식으로 측정한 것이다. 이렇게 복수의 척도를 사용하면 응답자가 하나의 항목을 어떻게 해석하느냐에 크게 좌우되지 않기 때문에 측정 신뢰도가 훨씬 높아진다. 하나의 내용에 대한 여러 항목의 내적 통일성은 크론바흐 알파$^{\text{Cronbach Alpha}}$ 통계량을 가지고 측정했다. 크론바흐 알파 통계량은 하나의 척도에 속하는 여러 항목이 서로 완전히 다른 수치를 내놓는 일 없이 같은 방향으로 움직이는지, 일관되게 변화하는지를 측정해준다. 크론바흐 알파 계수가 0.7 이상이면 훌륭한 것으로 본다. 7가지 습관의 척도는 모두 이 기준을 충족했다.

척도 중에는 2가지 내용을 측정하는 경우도 있었다. 예컨대 '일을 줄이고 집요하게 매달린다'라는 습관은 '일을 줄인다'와 '집요하게 매달린다'

를 모두 포함했다. 1장에서 이야기한 것처럼 이 2가지에 서로 다른 점수를 주는 것도 가능했다. 필요할 때는 추가 분석을 통해 한 가지 습관의 기초가 되는 두 측면을 분리해서 바라보기도 했다.

정량 점수를 보완하기 위해 우리는 정성定性평가도 요구했다. '일을 줄인다'라는 습관과 관련해서는 주관식 질문을 2개 마련했다. "(당신, 부하 직원, 상사가) 업무를 간소화하고 집중하기 어려워지는 핵심 요인은 무엇입니까?" "(당신, 부하 직원, 상사가) 업무를 간소화하고 집중하기 쉬워지는 핵심 요인은 무엇입니까?" 또 이렇게도 물어보았다. "(당신, 부하 직원, 상사가) 회사에 기여하는 가치에 관해 간략히 설명해주세요."

처음에 우리는 7가지 습관이 서로 얼마나 확연히 구분되는지 보려고 '주성분 분석Principal Components factor analysis'을 실시했다. 그 결과 습관 중 일부가 실제로는 같거나 유사한 요소임을 알게 됐다. 파일럿 데이터를 이용해서 처음 분석을 돌렸을 때는 딱 맞는 요인을 가리키지 않는 항목이 꽤 많이 발견됐고, 그런 항목은 덜어냈다. 또 '강력한 대변자' 영역에 속하는 '지지'와 '변화의 주도자' 관련 항목 중 다수가 같은 요인을 가리키고 유사한 내용을 표현한다는 사실도 알게 됐다. 그래서 우리는 '지지'와 '변화의 주도자'를 하나로 합쳤고 요인은 총 8가지에서 7가지로 줄어들었다. 마지막으로 요인 분석을 해보니 이 7가지 내용의 측정치는 서로 구분됐고, 일의 서로 다른 측면을 측정한다는 사실을 알 수 있었다.

우리는 각 습관의 최종 변수를 산출하고자 각 항목에 대한 주성분 분석에서 나온 요인 계수 가중치를 사용했다. 요인 점수는 7가지 측면별로 각 응답자의 설문 답변에 가중치를 부여해 더함으로써 계산했다.[18]

도출된 요인 점수는 평균이 0.0이며 표준 편차가 1.0인 표준점수다. 예컨대 '일을 줄이고 집요하게 매달린다'의 경우 표 1에 나오는 5개 항목을 각각 사용해 '일을 줄이고 집요하게 매달린다'라는 습관의 표준점수를 계산했다.

성과 척도   우리는 하나의 설문 항목에 의존하고 싶지 않아서 4개 질문으

🔀 척도별 사용 답변 목록

완전히 그렇다 7	현저히 그렇다 6	약간 그렇다 5	보통 이다 4	약간 아니다 3	거의 아니다 2	전혀 아니다 1

🔀 표 1. 똑똑하게 일하는 7가지 방법

습관	항목	크론바흐 알파**
일을 줄이고 집요하게 매달린다	1. 해야 할 일의 종류와 양이 아무리 많아도 핵심 우선사항에 집중하는 능력이 매우 뛰어나다 2. 시간과 노력을 몇 개의 핵심 사항에 집중시키는 능력이 부족하다 (뒤집어 표현) 3. 종종 너무 많은 방향으로 끌려다닌다 (뒤집어 표현) 4. 필요 이상으로 문제를 복잡하게 만드는 버릇이 있는 듯하다 (뒤집어 표현) 5. 직무에 노력을 많이 투입한다 설명: 1~4번 항목은 '일을 줄인다', 5번 항목은 '집요하게 매달린다'를 측정.	0.80
업무를 재설계한다	1. 새로운 활동, 새로운 프로젝트, 새로운 일하기 방식 등 업무에서 새로운 기회를 창출한다 2. 기업 실적의 가치를 높일 수 있게 직무를 재창조한다 3. 전형적인 것이 아닌 보다 큰 무언가를 추구하기 위해 업무를 재정의한다 4. 커다란 영향력을 미치기 위해 직무에서 뭔가 큰일을 해내려고 고군분투한다 5. 업무 영역을 개척해서 정말로 크고 영향력 있는 무언가를 하고 있다 설명: 1~3번 항목은 일반적인 '재설계', 4~5번 항목은 '가치(영향력)'를 측정.	0.93

328

습관	항목	크론바흐 알파**
순환학습	1. 자기가 가장 잘 안다고 생각하지 않는다 2. 대체로 호기심이 아주 많은 사람이다 3. 종종 새로운 방법을 시도해 효과가 있는지 본다 4. 실험을 많이 한다: 작은 규모로 먼저 시도해보고 효과가 있으면 규모를 키운다 5. 배우고 개선하기 위해 일하는 방식을 끊임없이 변화시킨다 6. 더 잘하기 위해 자신이 일하는 방식을 끊임없이 반성하고 변화를 준다 7. 똑같은 실수를 하지 않도록 실패로부터 배우는 데 뛰어나다 설명: 1~2번 항목은 '학습 태도', 3~5번 항목은 '새로운 방식 시도', 6~7번 항목은 '피드백 및 수정'을 측정.	0.89
열정×목적의식 (열정과 목적의식을 일치시킨다)	1. 자기 업무에 극도로 열정적이다 2. 회사에 많은 가치를 기여한다 3. 내 일이 단순히 돈 버는 것을 넘어 사회에 기여한다고 느낀다 설명: 2번 항목은 목적의 피라미드에서 가장 아래쪽(가치)을 측정. 3번 항목은 남들이 알 수 없는 느낌을 측정하므로 자가 보고자(2,000명)의 설문 항목에만 포함.	0.80
강력한 대변자	1. 남들을 감화하는 데 매우 뛰어나다 2. 사람들에게 일에 대한 열정을 불어넣는 데 매우 뛰어나다 3. 자주 감정을 활용해 사람들이 일에 흥미를 느끼게 한다 4. 어떤 장애물을 만나든 본인의 목표를 부단히 추구한다 5. 차질이 생겨도 굴하지 않고 계속 나아간다 6. 사람들을 동원해 아주 효과적으로 변화를 만들어낸다* 7. 동료 압박을 이용해 사람들을 변화시킨다* 8. 영향력 있는 사람들 중에서 변화에 동조하는 사람을 찾아내 다른 사람들에게까지 영향을 주게 만든다* 설명: 1~3번 항목은 감화를, 4~8번 항목은 똑똑한 투지(인지적 공감에 관한 진술은 생략한 척도)를 측정. *항목은 '변화의 주도자' 척도(8번째 요인)에서 결합된 것임.	0.86
싸우고 결속한다	1. 팀 토론이 활발해지게 만든다 2. 회의에서 사람들이 편안하게 발언할 수 있는 분위기를 조성하는 데 매우 뛰어나다 3. 아주 능력 있고 재능 있는 사람들을 팀원으로 잘 영입한다 4. 딱 맞는 능력뿐만 아니라 올바른 태도와 가치관을 가진 사람들을 팀원으로 뽑는 능력이 뛰어나다	0.93

	5. 일단 결정되면 모두가 받아들이게 한다 6. 결정된 사항이 사내 정치 때문에 실행에 방해받지 않도록 심혈을 기울인다 7. 적정 시간 동안은 토론을 장려하지만 의견이 하나로 모이지 않으면 직접 결정을 내린다 설명: 1~4번 항목은 '싸운다'(3~4번 항목은 '싸운다'의 일부로 다양성이 있는 팀을 구성하는 능력)를, 5~7번 항목은 '결속한다'를 측정.	
원칙이 있는 협업	1. 사내 다른 팀에서도 적극적으로 정보와 전문지식을 찾는다 2. 자신의 팀원이 아닌 사람들에게도 자주 도움을 준다 3. 목표를 달성하기 위해 아주 효과적으로 사내 여러 그룹과 함께 일한다 4. 확실한 이유가 없을 때는 팀 외 사람들과 결코 협업하지 않는다 5. 회사에 기여하는 가치가 확실하지 않은 목표나 이슈에 관해서는 협업 요청을 거절한다 6. 사내 협업자들과 신뢰를 구축하는 데 매우 뛰어나다 7. 사내 협업자들이 자기를 도와줄 확실한 동기를 갖게 한다 8. 협업할 때 언제나 남들이 개별 어젠다가 아닌 공동 목표를 추구하게 한다 설명: 1~3번 항목은 '활동', 4~5번 항목은 '거절의 규칙', 6~8번 항목은 '협업의 질'을 측정.	0.80

** 크론바흐 알파는 0.0에서 1.0 사이의 범위를 가지며 값이 클수록 해당 습관을 측정하는 항목의 신뢰도가 높음을 나타냄.

로 구성된 성과 지수를 만들었다. 우리는 각 질문에 서로 다른 4가지 포맷을 적용했다. 표 2에서 보듯이 이 척도에 대한 크론바흐 알파는 0.92(매우 좋음)이었다. 성과에 대한 단일한 표준점수를 만들 때에도 7가지 요인 점수를 만들 때와 마찬가지로 주성분 분석을 사용했다.

(해석에 도움을 주려고 수행한 추가 분석에서 우리는 성과에 대한 요인 점수를 5,000명의 자료에 대한 백분위 분포도상의 위치로 표시했다. 이를 통해 예컨대 습관 변수의 40백분위수에서 50백분위수로 옮겨가면 성과 변수에서 해당 습관이 어떻게 움직이는지 그 영향력을 분석할 수 있었다. 이 분석을 이용해 각 장에서

효과의 크기를 설명했다.)

그 4개 성과 질문은 아래와 같다.

질문1 동료 그룹과 비교해 직장에서 이 사람의 성과 수준을 표시하세요.

1. 최하위 0~10백분위수(최악)

2. 11~20

3. 21~30

4. 31~40

5. 41~50

6. 51~60

7. 61~70

8. 71~80

9. 81~90

10. 최상위 91~100백분위수(최고)

질문2 동료 그룹과 비교해 이 사람의 성과를 가장 잘 설명하는 카테고리는 어느 것입니까?

독보적임 동료들 중에서 최고의 성과를 내는 사람이 분명함　　7

뛰어남 지속적으로 동료들보다 훨씬 나은 성과를 내고 있음　　6

확실히 평균 이상임 지속적으로 동료들보다 나은 성과를 내고 있음 5

평균 성과 수준이 동료들 중 중간에 해당함　　4

확실히 평균 이하임 동료들보다 못한 성과를 내는 경우가 많음　　3

부족함 지속적으로 동료들보다 훨씬 못한 성과를 내고 있음　　2

매우 부족함 동료들 중에서 최악의 성과를 내는 사람 중 한 명임　　1

질문 3~4 아래 진술에 얼마나 동의합니까?

완전히 그렇다 7	현저히 그렇다 6	약간 그렇다 5	보통 이다 4	약간 아니다 3	거의 아니다 2	전혀 아니다 1

질문 3 이 사람은 직장에서 탁월한 성과를 내고 있음

질문 4 이 사람은 매우 질 높은 업무를 해내고 있음

표 2. 성과 요인

척도	항목	크론바흐 알파**
성과	1. 동료 그룹과 비교했을 때 최고의 성과 2. 동료 그룹과 비교했을 때 직장에서 비슷한 성과 3. 직장에서 탁월한 성과를 냄 4. 매우 질 높은 업무를 해내고 있음	0.92

** 크론바흐 알파는 0.0에서 1.0 사이의 범위를 가지며 값이 클수록 해당 습관을 측정하는 항목의 신뢰도가 높음을 나타냄.

행복 척도 행복 척도는 워라벨, 번아웃 수준, 직무 만족도라는 3가지 요소를 종합한 척도다. 3가지 요소를 결합해 하나의 척도로 보고 행복을 측정하기도 했지만, 3가지 각각에 대한 분석도 진행했다(8장 참고). 이렇게 아주 개인적인 경험을 부하 직원이나 상사가 평가할 수는 없기 때문에 자가 보고자(2,000명)의 데이터만 사용한 점에 유의 바란다.

⚙ 표 3. 행복 요인

완전히 그렇다 7	현저히 그렇다 6	약간 그렇다 5	보통 이다 4	약간 아니다 3	거의 아니다 2	전혀 아니다 1

척도	측정값	항목	크론바흐 알파**
행복	워라밸	1. 업무적 필요 때문에 가족과 보내는 시간이나 개인 시간이 방해받는다 (뒤집어 표현)	0.92
	번아웃	2. 직장에서 번아웃 상태라고 느낀다(뒤집어 표현)	
	직무 만족도	3. 내가 실제로 하는 업무는 그 자체로 보람 있다	
	직무 만족도	4. 내 직무에 매우 만족한다	

** 크론바흐 알파는 0.0에서 1.0 사이의 범위를 가지며 값이 클수록 해당 습관을 측정하는 항목의 신뢰도가 높음을 나타냄.

다른 변수 우리는 평가를 받는 사람이 일하는 업계도 파악했다(표 4). 표본에는 여러 업계가 고루 포함되어 있다. 또 평가자에게 평가 대상의 부서나 역할을 가장 잘 표현하는 말을 골라달라고 한 결과(표 5), 또한 고루 포함되어 있었다. 표 6을 보면 성별, 연령, 근속기간, 기업 규모, 직무 수준 등이 고르게 섞여 있는 것을 알 수 있다.

마지막으로 우리는 갤럽이 직무 적합성 측정에 사용하는 스트렝스파인더 2.0 방식을 활용해 평가받는 사람의 강점이 그의 직무와 어울리는지 핵심 질문을 7점(완전히 그렇다)에서 1점(전혀 아니다) 척도로 질문했다. "이 사람의 현재 직무는 매일 그가 가장 잘하는 일을 할 수 있게 해주나요?" 우리는 열정과 목적의식을 추가적으로 분석할 때 이 척도를 사용했다('3.2 행복 예측' 마지막 항목 참고).

표 4. 업계 분류

항목	백분율
제조	15.7
보험, 부동산을 포함한 금융 서비스	14.0
소매업	11.1
IT	8.2
제약 및 바이오기술을 포함한 헬스케어	5.7
운수	5.7
소비자 제품 및 서비스	5.0
통신	4.7
에너지	3.1
수도, 전기, 가스	1.9
의료 서비스	1.8
산업용 제품 및 서비스	1.7
건설	1.0
자재	0.5
기타	19.9
N = 4,964	100.0%

표 5. 부서 또는 역할

항목	백분율
회계/재무	7.6
행정	4.3
광고/미디어/홍보	0.7
컨설턴트	2.1
사업개발	0.4
소비자 서비스/소매	7.1
디자인 & 기술	1.1
의사/간호사/간병인/복지사	0.4
교육 & 훈련	1.4
엔지니어링	7.3
일반관리	3.9
인사관리	4.8
정보관리	1.5
IT	7.4
법무	1.6
물류 & 유통	1.8
마케팅	2.6
운영/프로젝트 관리	9.6
기획	1.1
생산	3.4
구매	1.6
품질 보증	3.4
R&D	3.6
세일즈	9.2
총무	1.5
기타	10.6
총계	100.0%

표 6. 여러 변수에 따른 표본 분포

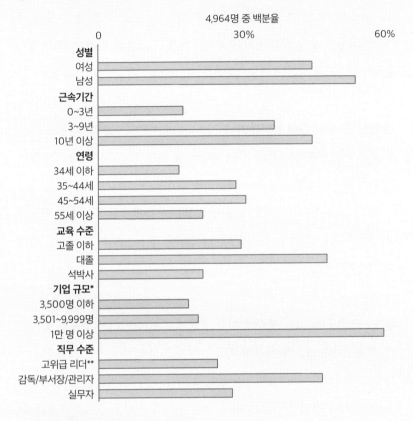

4,964명 중 백분율

* 기업 규모는 직원 수를 나타내며, 소규모 기업도 보충 자료로 포함했다.
** 고위급 리더: CEO, 부사장, 지배인

2.4 데이터 수집

파일럿 조사　미국 내 직원들의 데이터베이스를 사용하는 데이터 서비스 회사를 이용했다. 파일럿 조사에서는 300명의 자가보고 설문지를 수집했다. 파일럿 조사의 목적은 가설과 설문 항목을 가다듬기 위함이었다.

본조사 동일 데이터 서비스 회사를 이용해 5,000명(파일럿 조사에 포함된 사람은 배제)의 데이터를 수집했다. 2,000명의 자가 보고, 1,500명의 상사 평가, 1,500명의 부하 직원 평가를 수집하는 것이 목표였다. 최종 4,964명의 유용한 설문지를 얻었다(이 책의 본문에서는 반올림해서 n=5,000으로 표기).[19]

사례연구를 위한 전화 인터뷰(N=51) 51명의 설문 응답자를 대상으로 추가 전화 인터뷰를 진행했다. 특정 습관에서 높은 점수를 기록한 사람들을 골랐다. 통화 내용은 녹음하여 녹취록을 작성했다. 인터뷰를 통해 이 사람이 업무 중 어떤 활동을 함으로써 특정 설문 항목에서 높은 점수를 얻었는지 정성적 통찰을 얻을 수 있었다. 책 전반에 걸쳐 이들의 데이터를 사례로 제시했다(이름과 상세 정보는 변경을 가함).

추가 사례연구(N=72) 추가로 설문 표본에 포함되지 않은 사례도 조사했다. 설문조사의 척도를 참고해 해당 인물이 특정 습관에서 높은 점수를 기록할지 결정했다. 해당 습관에서 좋은 평가를 받기 위해 그들이 어떤 행동을 했는지 더 깊이 알아보기 위해 정성 인터뷰 조사를 실시했다. 이들의 사례도 책 전반에 걸쳐 소개했다.

3. 주요 결과

3.1. 성과 예측력

7가지 습관의 주된 효과를 계산하기 위해 7가지 요인 점수의 합계를 가지고 '7가지 요인의 결합 점수'라는 변수를 만들었다. 물론 7가지 습관에서 높은 점수를 기록했다고 해서 모든 사람의 성과가 좋았던 것은 아니지만, 압도적 다수는 성과 역시 훌륭했다. 또 성과가 높은 사람이라고 해서 반드시 7가지 요인 점수가 높은 것은 아니었다. 프롤로그 및 여기 나오는 상관관계도는 두 변수의 분포를 보여준다.

본조사에서 우리는 '최소 제곱 회귀분석least square regression analysis'을 사용했

개인의 성과 향상

7가지 습관이 개인의 성과에 미치는 긍정적 영향

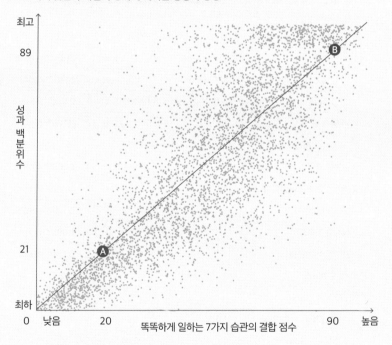

이 그래프의 4,964개 점은 우리 조사에 참여한 사람들을 나타내며 하나의 패턴을 보여준다. 그래프에 표시된 직선은 7가지 습관이 다 함께 개인의 성과에 미칠 영향을 회귀분석이라는 통계기법으로 예측한 것이다. 7가지 습관에서 낮은 점수를 기록한 사람(그래프의 A지점)은 성과도 평범할 가능성이 크다. 7가지 습관에서 높은 점수를 기록한 사람(그래프의 B지점)은 탁월한 성과를 낼 가능성이 크다(자세한 내용은 부록 '조사 개요' 참고).

다. (예측 척도들 사이에 상관관계가 일부 있기는 했다. 즉 '다중공선성'이 있었다. 하지만 모든 습관 변수는 각 변수의 독립적 영향을 분리할 수 있는 수준이었다.)

표 7은 회귀분석의 주요 결과를 보여준다. 모델 1은 통제변수의 영향을 보여준다. 모델 2는 주당 평균 노동시간을 추가했고, 뒤에서 설명할 곡선 효과를 통제하기 위해 노동시간의 제곱 항을 입력했다.[20] 이 두 변수를 정리한 표는 2장에 나와 있다.

🌊 표 7. 성과 (모든 응답자, N = 4964)

변수	모델 1	모델 2	모델 3
표준화 회귀계수, 베타 (괄호는 t-stat)			
연령(년)	0.003 (0.189)	−0.006 (−0.401)	−0.002 (−0.311)
성별	−0.063*** (−4.487)	−0.083*** (−6.086)	−0.014** (−1.980)
근속기간	0.074*** (4.909)	0.054*** (3.687)	0.043*** (5.583)
교육(년)	0.176*** (12.586)	0.132*** (9.595)	0.032*** (4.343)
주당 노동시간		0.910*** (9.521)	0.128*** (2.541)
노동시간 제곱		−0.687*** (−7.207)	−0.089* (−1.788)
업무 재설계			0.063*** (4.671)
일을 줄이고 집요하게 매달린다			0.276*** (27.544)
강력한 대변자			0.109*** (7.437)
싸우고 결속한다			0.063*** (4.303)
원칙이 있는 협업			0.134*** (9.316)
순환학습			0.153*** (11.784)
열정×목적의식			0.194*** (14.886)
결정계수	0.04	0.10	0.76
결정계수의 변화		0.06	0.66
N	4,964	4,964	4,964

빠진 정보가 있는 설문이 6개 있었다.
***p<0.001, **p<0.05, *p<0.10

모델 3은 거기에 7가지 습관을 추가해 통제변수와 노동시간의 영향을 고려한 상태에서 이들 변수의 영향을 보여주었다. 7개의 변수 모두 $p < 0.001$ 수준일 때(통계적으로 매우 유의미하다는 뜻) 성과 예측 측면에서 유의미한 긍정적 영향력을 보여주었다.

또한 표 7은 각 모델에서 설명된 성과의 분산(결정계수)이 점증하는 모습을 보여준다. 통제변수는 성과 점수의 분산 중 4퍼센트만을 설명할 뿐이다. 통제변수의 영향력을 제거하고 나면 노동시간과 관련된 두 변수가 추가적으로 6퍼센트를 설명한다. 그러고 나면 7가지 습관은 추가적으로 0.66의 결정계수 변화를 보여준다. 이 말은 곧 7가지 습관이 표본에서 통제변수와 노동시간의 영향을 제거한 후 성과 총변량의 66퍼센트를 설명한다는 뜻이다. 24퍼센트의 잔차 분산은 이 모델에서는 설명되지 않으며 측정되지 않은 다른 변수들의 영향이다.

통제변수 중에서는 교육 이수, 근속기간 증가, 여성일 경우가 성과 점수를 더 높일 것으로 예측했다. 노동시간 증가도 곡선 형태로 더 높은 성과를 예측하게 했다(2장 설명 참고).

계수로 설명해보면 7가지 습관 요인의 표준화된 효과 총합은 베타 가중치의 총계인 0.99다. 이 말은 곧 가상의 사례에서 7가지 습관의 요인 점수가 동시에 1표준편차씩 증가하면 통제변수 및 노동시간 변수의 영향력과는 무관하게 성과가 0.99표준편차 증가한다는 뜻이다. (여기서 거의 일대일 비율이 되는 것은 우연이다.) 이것은 상당한 영향력이며 노동시간이나 기타 통제변수의 영향력보다 훨씬 큰 값이다.

전체적으로 이 통계분석은 이 책의 중심 주장을 강력히 뒷받침한다. '똑똑하게 일하는 7가지 방법'의 점수가 높을수록 성과도 높을 가능성이 크다.

📈 표 8. 긍정적 워라밸 예측변수(자가 보고자, N=2,000)

변수	표준화 회귀계수, 베타 (괄호는 t-stat)
연령(년)	0.058** (2.548)
성별	0.011 (0.531)
근속기간	−0.050** (−2.213)
교육(년)	−0.052** (−2.510)
주당 노동시간	−0.945** (−6.383)
노동시간 제곱	0.621** (4.205)
업무 재설계	0.032 (1.088)
일을 줄이고 집요하게 매달린다	0.221** (10.051)
강력한 대변자	−0.030 (−0.965)
싸우고 결속한다	−0.046 (−1.475)
원칙이 있는 협업	0.083** (2.738)
순환학습	−0.002 (−0.061)
열정×목적의식	0.055* (−1.930)
N	2,000

***p<0.001, **p<0.05, *p<0.10

3.2 행복 예측

워라밸 예측(자가 보고자, N=2,000) 표 8은 워라밸 결과를 보여준다. 즉 '업무적 필요 때문에 가족과 보내는 시간이나 개인 시간이 방해받는다' 점수를 뒤집은 것이다. 그 결과 중요한 영향이 드러났다. '일을 줄이고 집요하게 매달린다'와 '원칙이 있는 협업'은 연령 증가만큼이나 중요한 긍정적 예측변수였다. 반면에 노동시간, 근속기간, 열정과 목적의식은 8장에서 자세히 설명한 것처럼 부정적 예측변수였다.

📈 표 9. 낮은 번아웃 예측변수(자가 보고자, N=2,000)

변수	표준화 회귀계수, 베타 (괄호는 t-stat)
연령(년)	0.096*** (4.155)
성별	0.087*** (4.068)
근속기간	−0.110*** (−4.835)
교육(년)	−0.028 (−1.307)
주당 노동시간	−0.621*** (−4.127)
노동시간 제곱	0.478** (3.182)
업무 재설계	0.094** (3.117)
일을 줄이고 집요하게 매달린다	0.227*** (10.136)
강력한 대변자	0.006** (0.181)
싸우고 결속한다	−0.070** (−2.227)
원칙이 있는 협업	0.098** (3.175)
순환학습	−0.026 (−0.934)
열정×목적의식	0.097** (3.341)
N	2,000

***p<0.001, **p<0.05, *p<0.10

번아웃 예측(자가 보고자, N=2,000)   표 9의 모델은 번아웃 가능성이 낮음을 예측한다. 즉 번아웃을 느낀다는 설문 항목의 반대다. 유의미하고 긍정적인 영향은 다음과 같았다. '일을 줄이고 집요하게 매달린다' '열정×목적의식' '업무 재설계' '원칙이 있는 협업'은 번아웃 가능성을 낮췄다. 연령이 높아지거나 남성인 경우도 마찬가지였다. 반면 '싸우고 결속한다', 장시간 노동, 근속기간의 증가는 번아웃 위험을 높였다.

직무 만족도 예측(자가 보고자, N=2,000)   표 10의 모델은 직무 만족도를 예측한다. 유의미한 영향은 다음과 같았다. '업무 재설계' '강력한 대변자' '원칙이 있는 협업' '열정과 목적의식'은 모두 긍정적인 직무 만족도를 예측했다. 노동시간은 직무 만족도에 유의미한 영향이 없었다. 응답자의 연령이 높아지면 직무 만족도가 증가했다. '열정×목적의식'은 매우 강한 예측변수로 유의미한 다른 예측변수들보다 두 배 이상 영향력이 있었다.

노동시간과 성과 사이의 관계 분석　2장에서 설명했던 분석을 보면 노동시간과 성과 사이에 ∩ 형태의 관계가 있음을 알 수 있다. 노동시간의 측정은 응답자에게 평가 대상자가 지난 6개월 동안 평균 몇 시간 일했는지를 묻는 방식으로 진행했다. 자가 보고자는 스스로 측정한 수치였다.

물론 이 수치는 주관적 측정이다. 사람들이 노동시간을 과대평가했을 가능성도 크다. 하지만 그런 사실이 이 분석의 주요 결론을 바꿔놓지는 못한다. 말하자면 체계적 과대평가가 있어서 최고점이 65시간보다 왼쪽으로 이동해 약간 낮아질 수는 있겠지만 ∩ 형태 관계가 있다는 사실 자체는 변함이 없다는 얘기다.

노동시간과 성과 사이의 이 비선형적 관계를 이렇게 표현하게 된 것은 여러 시행착오를 겪은 후였다. 첫 번째 테스트에서는 둘 사이에 단순 선형 관계(일을 더 많이 하면 성과가 더 좋아지는 관계)가 있는지, 혹은 노동시간과 성과가 비선형적(체감적 혹은 정점 이후에 반전)으로 관련되어 있는지 알아보려고 했다.[21]

노동시간의 제곱을 예측변수로 추가해보고 나서야 ∩ 형태가 단순한 직선보다 성과를 훨씬 더 잘 예측함을 알 수 있었다. 이 모양을 이차 모델이라고 하는데 예측값이 최고점까지는 증가하다가 다시 떨어지는 경우를 말

📈 표 10. 직무 만족도 예측(자가 보고자, N=2,000)

변수	표준화 회귀계수, 베타 (괄호는 t-stat)
연령(년)	0.067** (3.364)
성별	0.008 (0.444)
근속기간	−0.012 (−0.611)
교육(년)	−0.024 (−1.311)
주당 노동시간	−0.003 (−0.022)
노동시간 제곱	−0.029 (−0.219)
업무 재설계	0.199*** (7.589)
일을 줄이고 집요하게 매달린다	−0.008 (−0.392)
강력한 대변자	0.0712** (2.598)
싸우고 결속한다	−0.052* (−1.908)
원칙이 있는 협업	0.061** (2.285)
순환학습	0.024 (1.013)
열정×목적의식	0.392*** (15.559)
N	2,000

***$p<0.001$, **$p<0.05$, *$p<0.10$

한다.[22]

하지만 최고점 이후 성과가 떨어질 때는 단순한 제곱함수의 포물선보다 느리게 떨어졌다. 해결책은 두 함수를 데이터에 맞추는 것이었다. 즉 낮은 값의 예측변수들을 위한 함수 하나, 높은 값의 예측변수들을 위한 함수 하나를 찾아서 매듭점knot이라고 하는 예측변수에서 둘을 결합시키는 것이다. 이것을 스플라인 핏spline fit이라고 부른다.[23]

매듭점 값은 50시간에서 70시간 사이의 범위에서 이차함수의 최고점 근처 값들을 테스트해서 알아냈다. 예측 오류가 가장 낮으면서 데이터에 잘 들어맞는 함수는 매듭점 값이 65시간인 경우였다. 30시간에서 65시간 구간의 예측 함수는 결합시킨 이차함수였고, 그다음 65시간에서 90시간 구간의 함수는 선형 함수로 표현했다. 그 결과 노동시간과 성과 예측 사이의 오류를 최소화하는 것으로 나온 스플라인 핏이 '오렌지 쥐어짜기' 그래프 같은 모양이었다. 이 분석 내용은 2장의 해당 항목에서 설명했다.

노동시간에 따른 함수 곡선이 왜 점점 완만해진 후 감소하는지 이유를 찾기 위해 우리는 추가 분석을 실시했다. 성과 항목 가운데 하나, 즉 업무의 질('매우 질 높은 업무를 해내고 있음') 항목을 분리한 후 그래도 여전히 같은 답이 나오는지 알아보았다. 노동시간이 극히 길어지면 전체적인 업

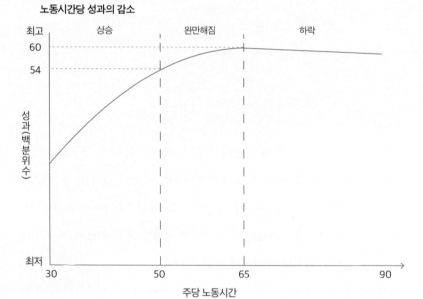

🔵 오렌지 쥐어짜기

노동시간당 성과의 감소

* 4,964명에 대한 회귀분석에 기초함.

무의 질이 떨어지는 것은 아닐까? 분석해보니 실제로 그랬다. 대략 주당 50시간까지는 노동시간이 늘어나면 작업의 질도 올라갔다. 50시간에서 65시간 사이에는 여전히 업무의 질이 상승했지만 속도가 느렸다. 65시간을 넘어가자 위 그래프에서 성과 백분위가 그랬던 것처럼 업무의 질이 감소했다. 따라서 ∩ 형태 곡선이 만들어진 진짜 원인은 아주 긴 시간 일했을 때 업무의 질이 떨어지기 때문(아마도 오류 발생 빈도 증가)일 수 있다. 그게 전체적인 업무 성과의 하락으로 이어진 것이다.

열정이 노동시간·노력·성과에 미치는 영향에 대한 추가 분석　4장에서 설명한 것처럼 열정과 목적의식이 노동시간을 많이 늘리지는 않으며(고작 7시간 증가), 오히려 노동시간당 '노력'을 증가시키는 것으로 나타났다. 개인의 총 노력을 구성하는 요소로는 2가지를 생각해볼 수 있다.

일에 들이는 총 노력 = 노동시간×시간당 노력

노동시간이 미치는 영향을 제거하면(통계 용어로는 '통제'하면) 시간당 노력이 미치는 영향을 분리해낼 수 있다. 4장에서 설명한 것처럼 열정과 목적의식은 개인이 직장에서 더 많은 에너지를 내게 하고, 이것이 '노동시간당 노력의 증가'로 이어진다.

우리는 구조방정식 모델링이라는 통계기법을 이용해 이처럼 다양한 노력의 영향을 해부해보았다. 구조방정식 모델링은 변수들 사이에 가상의 인과관계 흐름을 모델로 만들어서 그 가상 모델을 실제 데이터에 견주어 테스트함으로써 해당 인과관계 흐름이 타당한 설명인지를 살펴보는 것이

346

다. 인과관계를 증명하는 것은 아니지만, 타당하지 않은 모델은 기각할 수 있는 통계적 증거를 제공한다.[24]

다음 그림은 이론적으로 정당화할 수 있는 수많은 모델을 테스트한 결과 나온 모델이다(대부분의 모델은 구조방정식 모델링 분석 후 타당하지 않은 것으로 기각되었다). 데이터와도 아주 잘 맞고 오류가 0.3퍼센트밖에 되지 않는 아주 훌륭한 모델이다. 이 오류가 임의적 오류일 확률(p=0.37)은 일반적으로 말하는 '훌륭하다'는 기준을 훨씬 상회한다. 이 모델은 열정과 목적의식, 노동시간, 성과 사이의 관계에 대한 타당한 설명이다.

그림의 화살표는 변수 간 영향력의 방향을 나타낸다. 화살표 옆 숫자는 경로계수다. 경로계수는 영향력의 강도를 추정한 것으로 -1.0(완벽한 부의 관계)에서 0.0(영향 없음), 1.0(완벽한 정의 관계)까지의 범위를 가진다.

첫째, 이 모델에서 열정을 일으키는 것은 무엇인가? 그림이 보여주듯이 핵심 변수는 '스트렝스파인더'식 직무 적합성이다('매일 내가 가장 잘하는 일을 할 기회'). 이게 열정을 일으킨다. 충분히 이해가 가는 설명이다. 사람들은 타고난 강점을 활용하는 직무에 열정을 느낀다.

둘째, 열정과 목적의식이 높으면 노동시간은 약간 증가(0.08)할 것으로 예측됐지만, 직무에 쏟는 노력은 훨씬 크게 증가(0.81)하는 것으로 예측됐다('직무에 노력을 많이 투입한다'). 이렇게 노력을 더 많이 하는 것은 노동시간이 살짝 증가(0.22)하는 것과도 관련 있으나, 노동시간의 이런 증가와 성과 사이의 관계는 미미(0.03)하다. 성과를 예측하는 측면에서는 노동시간보다는 '열정 및 목적의식'(0.49)과 '노력'(0.30)이 훨씬 더 강한 힘을 발휘했다.

이런 분석으로부터 (장시간 근무를 통한 노력과는 별개로) 정해진 노동시

⊗ 직무 적합성, 열정, 노동시간과 성과 예측

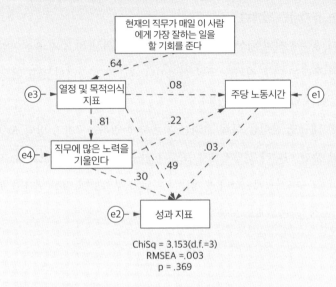

ChiSq = 3.153(d.f.=3)
RMSEA =.003
p = .369

간 동안에는 열정과 목적의식이 노력을 불러일으키는 주된 동인이라고 결론 내릴 수 있다.

4. 장점과 한계

4.1 이 방법의 장점

모든 연구 방법에는 장점과 한계가 있고 우리 연구도 예외는 아니다. 먼저 장점을 보면, 4,964명의 관리자와 직원이라는 대량 표본(본문에서는 반올림해서 5,000명으로 표시했다)을 사용한 데서 여러 이점이 따랐다. 첫째, 표본 규모가 크기 때문에 분석틀을 통계적으로 검증하고 그것이 성과 및 행복에 미치는 영향을 보여줄 수 있었다. 이것은 통계적으로 철저히 확인해도 여전히 유지되는 결과다.

둘째, 통계조사의 대상이 된 응답자들이 여러 회사 및 업계 출신이었다. 덕분에 우리는 연구 결과를 몇몇 산업이나 직종에 한정하지 않고 더 많은 사람들에게 일반화할 수 있었다.

이번 대규모 분석을 통해 우리는 똑똑하게 일하는 7가지 방법 모델을 검증할 뿐만 아니라 경험적으로 도출된 연구의 틀을 제공함으로써, 그동안 이용할 수 있는 데이터나 통계분석 자료가 부족했던 업무 생산성 분야의 여러 책 및 논문에도 도움을 줄 수 있었다.

4.2 한계

'대량 표본이냐, 깊이 있는 통찰이냐.' 우리 연구의 한계를 살펴보면 먼저 설문 항목이 조사 참가자 각각에 대해 깊이 있는 정보를 주지는 못한다는 문제가 있다. 이것은 어쩔 수 없는 대가관계다. 조사에 참여한 사람이 많을 수록(통계 검정은 더 쉬워지는 반면), 그 한 사람 한 사람에 대한 정보의 깊이는 줄어들 수밖에 없다. 내가 깊이보다 크기를 선택한 이유는 확실한 통계 검정을 위해서였다. 그리고 이 한계를 보완하기 위해 우리는 120건의 사례연구 인터뷰를 실시해 더 깊이 있는 정보를 얻었다.

'동일방법 편의 오류.' 또 다른 한계는 우리가 결과물(성과 및 행복)과 투입물(7가지 또는 8가지 습관)을 측정할 때 둘 다 설문조사를 이용했다는 점이다. 학계에서는 이것을 '동일방법 편의 오류common methods problem'라고 부른다. 투입 정보와 결과값을 둘 다 응답자가 작성할 경우 편향이 발생할 수 있다. 예컨대 평가를 작성하는 상사가 평가 대상자인 부하 직원을 개인적으로 좋아할 경우 입력변수와 결과변수 둘 다에 높은 점수를 줄 수가 있다.

이 문제를 다소나마 완화해보려고 우리는 몇 개의 조치를 취했다. a) 구체적인 행동을 물었다(예컨대 '이 사람은 직무에 노력을 많이 투입한다'). b) 성과에 대한 질문이 다른 질문에 편향을 일으키지 않도록 성과 질문은 제일 마지막 부분에서 따로 물었다. c) 전체 설문을 '성과 평가'가 아니라 '업무 습관'에 관한 것으로 설정함으로써, 응답자가 답변할 때마다 평가 대상의 전반적 성과를 떠올리는 경향을 완화시켰다. 이런 몇 가지 노력은 효과가 있었던 것으로 보인다. 우리 데이터에서는 변수들 사이에 부의 상관관계가 많이 발견됐다. 응답자가 모든 항목에서 높은 점수(평가 대상자를 좋아해서) 혹은 낮은 점수(평가 대상자를 싫어해서)를 주었다면 결코 일어날 수 없는 일이다. 그래서 나는 우리가 유의미한 동일방법 편의 오류는 피해갔다고 어느 정도 자신하는 바다.

'역인과관계.' 이런 종류의 연구에서 또 하나 제기되는 문제는 역인과관계 가능성이다. 예컨대 '일을 줄이고 집요하게 매달린다'가 더 높은 성과를 예견하는지 테스트한다고 하자. 이 진술은 원인과 결과를 말한 것이다. 사람들이 일을 줄임으로써 성과가 더 좋아진다는 뜻이다. 하지만 인과관계는 그 반대일 수도 있다. 다시 말해 그 사람은 성과가 높기 때문에 '일을 줄이고 집요하게 매달리는' 것일 수도 있다. 이런 역인과관계는 얼마든지 가능하다. 이 문제를 풀기 위해서는 1년 이상의 기간 동안 장기적으로 습관의 변화가 성과에 미치는 영향을 측정하는 수밖에 없다.

그러나 이 문제도 어느 정도 대응책은 있다. 일부 역인과관계는 이론적 타당성이 떨어지기 때문이다. 예컨대 성과가 높다고 해서 누군가가 일을 줄일 것 같지는 않다. 오히려 성과가 높으면 상사가 일을 더 많이 시켜서 일을 더 많이 할 수도 있다. 그리고 인터뷰에서 얻은 진술도 우리가 모델에서 예측한 방향으로 인과관계가 흐른다는 사실을 뒷받침해준다. 예컨대 사람들은 우선순위를 잘 정하는 능력이 있으면(일을 줄이면) 성과가 더 높아지는 데 도움이 된다고 말한다.

게다가 일부의 역인과관계는 이 책의 중심 주장(7가지 요인이 성과를 높인다는 주장)과 양립 가능하다. 양방향의 인과관계가 공존할 수 있기 때문이다. 한 예로 열정이 있으면 성과가 좋아지고 그러면 더 큰 열정이 생겨서 다시 성과가 더 좋아지는 식으로 선순환이 일어날 수 있다.

'결정론적 시각.' 마지막 이슈는 확률 대 결정론의 문제다. 이 책에서 제시하는 모델은 7가지 요인이 성과를 '결정'한다고 말하는 게 아니다. '결정'이라는 말이 '보장'을 뜻한다면 말이다. 업무 생산성에서 '보장'되는 것은 아무것도 없다. 우리가 할 수 있는 얘기는 '7가지 습관을 실천하면 하는 만큼 성과가 좋아질 가능성이 훨씬 높다'는 사실뿐이다. 이것은 확률이지 확언은 아니다. 7가지 습관에서 매우 높은 점수를 받았음에도 성과가 좋지 않은 사람은 늘 있을 수 있다. 4,964명의 데이터를 표시한 프롤로그 및 부록 3.1의 그래프(337쪽)가 바로 그런 사례를 보여준다. 그래프를 보면 7가지 습관에서 매우 높은 점수를 기록했으나 성과가 좋지 않은 사람들이 있다(그래프의 오른쪽 아래). 이들이 좋은 성과를 내지 못한 데는 다른 이유가 있을 수 있다. 마찬가지로 극히 훌륭한 실적을 냈으나 7가지 습관을 실천하지 않은 사람들도 있다(그래프의 왼쪽 위). 이런 특이한 사람들이 말해주듯이 7가지 요인을 중심으로 한 우리 주장이 성공으로 가는 유일한 길은 아니다.

　결론적으로 우리 연구는 이 책에서 말하는 똑똑하게 일하는 법을 실천
하면 일에서 최고의 성과를 낼 가능성이 월등히 높아진다는 사실을 확연
히 보여준다.

주

프롤로그. 아웃퍼포머의 비결

1   Jim Collins and Morten T. Hansen, *Great by Choice: Uncertainty, Chaos and Luck—Why Some Thrive Despite Them All* (New York: HarperBusiness, 2011); Jim Collins, *Good to Great: Why Some Companies Make the Leap ... and Others Don't* (New York: HarperBusiness, 2001).

2   Ed Michaels, Helen Handfield-Jones, and Beth Axelrod, *The War for Talent* (Boston: Harvard Business Review Press, 2001).

3   Tom Rath, *StrengthsFinder 2.0* (New York: Gallup Press, 2007); Marcus Buckingham, *Now, Discover Your Strengths* (New York: Gallup Press, 2001).

4   예컨대 Anders K. Ericsson and Robert Pool, *Peak: Secrets from the New Science of Expertise* (New York: Houghton Mifflin Harcourt, 2016); Geoff Colvin, *Talent Is Overrated: What Really Separates World-Class Performers from Everybody Else* (New York: Portfolio, 2008); Daniel Coyle, *The Talent Code: Greatness Isn't Born. It's Grown* (Bantam, 2009).

5   Angela L. Duckworth, *Grit: The Power of Passion and Perseverance* (New York: Scribner, 2016).

6   예컨대 〈식스티 미니츠〉와 《배니티 페어》에서 공동으로 실시한 설문조사 결과를 보면, 사람들은 새로운 직원을 채용할 때 '열심히 일하는 것'을 두 번째로 중요한 요소로 꼽았다. 가장 중요한 요소는 '정직', 세 번째로 중요한 요소는 '지능'이었다. 해당 설문 내용은 다음과 같다. "새로운 직원을 채용한다면 다음 여러 자질 가운데 어느 것이 가장 중요하다고 생각하십니까?—보기: 지능, 열심히 일하는 것, 성격, 경험, 정직." "The 60 Minutes/Vanity Fair Poll," *Vanity Fair*, January 2010, accessed May 29, 2017,

http://www.vanityfair.com/magazine/2010/03/60-minutes-poll-201003.

7 '1만 시간의 연습'이라는 아이디어는 말콤 글래드웰의 책《아웃라이어》를 통해 널리 알려졌다. Malcolm Gladwell, *Outliers: The Story of Success* (New York: Little, Brown & Company, 2008).

8 우리 통계분석 결과를 보면 남성은 '강력한 대변자' 습관에서, 여성은 '원칙이 있는 협업' 습관에서 남녀 평균보다 더 큰 도움을 받았다. 우리가 실시한 회귀분석 모델에 따르면 이 차이는 통계적으로 유의미한 결과다(New York: Back Bay Books, 2011).

9 이 숫자는 회귀분석에서 나온 결정계수를 의미하는데, 회귀분석 결과에 7가지 요인을 추가했을 때 설명되는 변량이다. 상세한 내용은 부록 '조사 개요' 참고.

10 Audre Biciunaite, "Economic Growth and Life Expectancy: Do Wealthier Countries Live Longer?" *Euromonitor International*, March 14, 2014, accessed June 22, 2017. http://blog.euromonitor.com/2014/03/economic-growth-and-life-expectancy-do-wealthier-countries-live-longer.html. 이 연구는 흡연과 기대 수명 사이에 -0.42의 상관성이 있음을 보여주었다. 이 말은 상관계수가 0.18이라는 뜻이고 우리 회귀분석 결과와도 어느 정도 양립 가능한 결과다.

11 PK, "The Older You Get, the More Discipline Helps Your Net Worth,", Don't Quit Your Day Job, March 11, 2016, accessed June 22, 2017, https://dqydj.com/correlation-of-wealth-and-income-by-age 전 연령대 평균을 계산. 또한 다음을 참고. PK, "Income Is Not Net Worth: The Raw Data," Don't Quit Your Day Job, March 11, 2016, accessed June 22, 2017, https://dqydj.com/income-is-not-net-worth-the-raw-data.

12 내가 '불과'하다고 강조한 것은 그의 3점슛 성공률이 너무나 놀랍기 때문이다. "Stephen Curry," NBA, accessed October 12, 2016, http://www.nba.com/players/stephen/curry/201939. 물론 이런 비교는 반드시 옳다고 할 수는 없다. 우리의 조사 결과는 (회귀분석에서 나온 결정계수를 가지고) 사람들 사이의 편차를 보여주는 반면, 커리의 수치는 단순한 성공률 통계이기 때문이다. 그래도 비교해보는 것은 의미가 있을 것이다.

13 Stephen R. Covey, *The 7 Habits of Highly Effective People: Powerful Lessons in Personal Change* (New York: Simon & Schuster, 2013).

14 예컨대 다음을 참고. Samuel Melamed, Arie Shirom, Sharon Toker, Shlomo Berliner, and Itzhak Shapira, "Burnout and Risk of Cardiovascular Disease: Evidence, Possible Causal Paths, and Promising Research Directions," *Psychological Bulletin 132*, no. 3 (2006): 327-353. 이 주제에 관한 더 자세한 조사는 8장 참고.

1. 일을 줄이고 집요하게 매달려라

1   노르웨이어를 번역. 희곡《브랑Brand》 중에서. 노르웨이어를 영어로 번역한 버전이 여러 개 되지만, 나는 이 번역을 가장 좋아한다. 노르웨이어 원문은 다음과 같다. "Det som du er, vær fullt og helt, og ikke stykkevis og delt."

2   Diana Preston, *A First Rate Tragedy: Captain Scott's Antarctic Expeditions* (London: Constable, paperback ed., 1999), pp. 83-84.

3   Caroline Alexander, "The Race to the South Pole," *National Geographic*, September 2011.

4   Length of Terra Nova: Peter Rejcek, "Shipwreck: Remains of Scott's vessel Terra Nova found off Greenland coast," *Antarctic Sun*, August 24, 2012, updated August 29, 2012, accessed May 27, 2017, https://antarcticsun.usap.gov/features/contenthandler.cfm?id=2725; length of Fram: Roald Amundsen, *The South Pole: An Account of the Norwegian Antarctic Expedition in the Fram, 1910-1912* (New York: Cooper Square Press, 2000): 437; budget Scott: "Robert Falcon Scott 1868-1912: The TERRA NOVA Expedition 1910-13," accessed May 27, 2017, http://www.south-pole.com/p0000090.htm; budget Amundsen: Roland Huntford, *Scott and Amundsen: The Last Place on Earth* (New York: Modern Library, 1999): 200 and 245; crew Scott: David Robson, "The Scott Expedition: How Science Gained the Pole Position," *Telegraph*, June 21, 2011, accessed May 27, 2017, http://www.telegraph.co.uk/news/science/science-news/8587530/The-Scott-expedition-how-science-gained-the-pole-position.html; crew Amundsen: Roald Amundsen, *The South Pole: An Account of the Norwegian Antarctic Expedition in the Fram, 1910-1912* (New York: Cooper Square Press, 2000), p. 392.

5   "Greenland Dog," Dogbreedslist, accessed February 20, 2017, http://www.dogbreedslist.info/all-dog-breeds/Greenland-Dog.html#.VvgRjMtf0dUand "Siberian Husky - lat-Lying Outer," Pet Paw, accessed February 20, 2017, www.petpaw.com.au/breeds/siberian-husky.

6   Roland Huntford, "The Last Place on Earth," p. 209에서 인용.

7   Ibid., p. 279.

8   Ibid., p. 309.

9   Ibid., p. 407.

10   예컨대 다음을 참고. Ibid., p. 412.

11   Daniel Goleman, *Focus: The Hidden Driver of Excellence* (New York: HarperCollins, 2013); Stephen R. Covey, *The 7 Habits of Highly Effective People: Powerful Lessons*

in Personal Change (New York: Simon & Schuster, 2013).

12 이 결과는 '일을 줄이고 집요하게 매달린다' 항목에서 상위 10퍼센트의 사람들을 하위 10퍼센트의 사람들과 비교한 수치다. 예측치는 다른 변수들('일을 줄이고 집요하게 매달린다'를 제외한 변수들)을 평균치로 고정해놓고 회귀분석을 실시해 얻은 결과다. 해석의 편의를 위해서 표준점수를 백분율로 치환했다.

13 이 책에서 조사 참여자의 사례는 이름 및 세부 사항을 변경했다. 예컨대 '마리아'나 '캐시'는 실명이 아니다.

14 Susan Bishop, "The Strategic Power of Saying No," *Harvard Business Review 77*, no. 6 (1999): 50-61. 이 이야기에 나오는 인용문 및 데이터는 수전 비숍과의 인터뷰 외에도 《하버드 비즈니스 리뷰》의 해당 기사 작성자 두 명을 인터뷰한 내용을 바탕으로 했다.

15 우리는 비숍에게 사후적으로 두 시점(스트레스를 받았던 해당 시점 및 이후 시점)에 대한 설문 점수를 각각 작성해달라고 부탁했다.

16 Herbert A. Simon, "Designing Organizations for an Information-Rich World," in *Computers, Communication, and the Public Interest*, ed. Martin Greenberger (Baltimore: Johns Hopkins Press, 1971), pp. 40-41.

17 특히 멀티태스킹을 8퍼센트 줄이면 완료 기간이 3퍼센트 향상되는 것으로 추정되었다(사건 종결 기간이 줄어듦). 해당 연구진은 다음과 같이 말했다. "신규 사건(127건)의 분포가 평균일 때 분기당 신규 사건이 10건 줄어들면(8퍼센트 감소) 할당된 사건의 지속 기간은 8.6일 감소한다(평균 290일에서 3퍼센트 향상)." 이 결과에서 추론해보면, 수치를 8퍼센트에서 50퍼센트로 여섯 배 확대할 경우, 결과치도 3퍼센트에서 19퍼센트로(거의 20퍼센트) 여섯 배 커질 것이다. Decio Coviello, Andrea Ichino, and Nicola Persico, "The Inefficiency of Worker Time Use," *Journal of the European Economic Association 13*, no. 5 (2015): 906-947. 또한 Andrew O'Connell, "The Pros and Cons of Doing One Thing at a Time," *Harvard Business Review*, January 20, 2015 참고.

18 Joshua S. Rubinstein, David E. Meyer, and Jeffrey E. Evans, "Executive Control of Cognitive Processes in Task Switching," *Journal of Experimental Psychology: Human Perception and Performance 27*, no. 4 (2001): 763-797. 복잡한 수학 문제를 풀고 있는 학생들이 다른 일을 번갈아 해야 할 경우 문제를 푸는 시간이 훨씬 더 길어졌다. 마이어에 따르면 멀티태스킹으로 일 처리 속도가 40퍼센트나 줄어들 수 있다고 한다.

19 "2 photos for Sukiyabashi Jiro," Yelp, last modified January 22, 2016, http://www.yelp.com/biz_photos/%E3%81%99%E3%81%8D%E3%82%84%E3%81%B0%E3%81%97%E6%AC%A1%E9%83%8E-%E4%B8%AD%E5%A4%AE%E5%8C%BA?select=AVt9FtTaOvRic25kRNptCA&reviewid=INi0Hf2mbjYnVTe6OdDPiw.

20 Jiro Ono, *Jiro Dreams of Sushi*, directed by David Gelb (New York: Magnolia Home Entertainment, DVD: 2012). 영화 제작 당시 오노 지로는 86세였다.

356

21 이 연구를 시작할 때만 해도 나는 업무에 '집요하게 매달리는' 측면을 잘 이해하지 못
했다. 나는 동료 마틴 하스와 함께 집중의 이점을 다룬 논문 한 편을《계간 경영학》
에 발표했다. 우리는 대형 경영 컨설팅 회사에서 일하는 43개 그룹을 조사했는데, 회
사의 지식 경영 데이터베이스에 글을 적게 발표한 팀일수록 오히려 이용자들의 클릭
을 더 많이 받은 사실을 발견했다. 우리는 해당 집필진이 클릭을 더 많이 받은 것은 글
의 완성도에 대한 평판이 더 좋았기 때문이라고 결론 내렸다. 우리는 이것을 "일을 줄
여서 더 많이 하는" 전략이라고 불렀으나, '집요하게 매달린다'라는 중요한 측면은 눈
치채지 못했다. 지로의 초밥집과 아문센의 남극 탐험을 연구한 이후 나는 당시의 연
구를 다시 꺼내보았다. 그리고 집중을 통해 더 나은 결과를 냈던 컨설턴트들이 완성
도에 대해서도 집요하게 매달렸다는 사실을 발견했다. 그들은 업로드한 모든 문서
를 꼼꼼히 검토한 후 많은 문서를 배제했다. 그중에는 제출한 문서의 80퍼센트를 배
제한 그룹도 있었다. Morten Hansen and Martine Haas, "Competing for Attention
in Knowledge Markets: Electronic Document Dissemination in a Management
Consulting Company," *Administrative Science Quarterly 46* (2001): 1-28.

22 Ernest Hemingway, "A Man's Credo," *Playboy 10*, no. 1 (1963): 120.

23 "Nail-Biting Allowed: Alfred Hitchcock's 10 Most Memorable Scenes," Time, November
16, 2011, accessed March 4, 2017, http://entertainment.time.com/2012/11/19/
spellbinder-hitchcocks-10-most-memorable-scenes/slide/the-shower-scene-in-
psycho/.

24 Fred Whelan and Gladys Stone, "James Dyson: How Persistence Leads to Success,"
Huffington Post, December 15, 2009.

25 우리는 부하 직원을 평가하는 상사뿐만 아니라 상사를 평가하는 부하 직원에게도 같
은 질문을 했다.

26 이 사례는 해당 수간호사와의 인터뷰 및 이전에 출판된 문서를 바탕으로 했다. 이름은
모두 변경했다.

27 '오컴의 면도날'은 종종 다른 식으로 표기하여 그의 이름과 다를 때도 있다.

28 다음과 같이 약간 다른 방식으로 인용될 때도 있다. "완벽함이 달성되는 것은 더 이상
추가할 게 없을 때가 아니라 더 이상 뺄 게 남아 있지 않을 때이다." 이 구절은 루이
갈랑티에르Lewis Galantière가 1967년 영역한 생텍쥐페리의 책《인간의 대지》(1939)에서 인
용했다.

29 '간단한 규칙'에 관한 훌륭한 아이디어를 찾는다면 다음을 참고. Donald Sull and
Kathleen M. Eisenhardt, *Simple Rules: How to Thrive in a Complex World* (London:
John Murray Publishers, 2015).

30 해당 실험에는 똑똑한 MIT 학생들이 피실험자로 참여했다. 학생들은 3가지 색깔의
문(파란색, 녹색, 빨간색)을 클릭하면 돈을 벌 수 있는 컴퓨터 게임을 했는데, 첫 번째 클

릭으로 문이 열리고 학생들은 내부를 클릭하여 돈을 벌었다. 대부분의 학생들은 클릭을 할 때마다 녹색 문이 더 많은 돈을 벌게 해준다는 사실을 알게 됐다. 게임은 총 100번의 클릭으로 이뤄졌기 때문에 처음에 3가지 옵션을 모두 들여다본 후(위험 회피) 계속 녹색 문을 클릭하는 게(집중) 옳은 전략이었다. 그런데 유혹이 있었다. 녹색 방에 들어가면 다른 방으로 통하는 문들이 사라지기 시작했다. 옵션이 서서히 사라졌고 옵션을 유지하는 유일한 방법은 되돌아가서 파란 문과 빨간색 문을 다시 클릭하는 것뿐이었다. 녹색 문이 최선이라는 사실을 알았다면 빨간색 문이나 파란색 문에는 더 이상 신경을 쓰지 않아야 할 것이다. 하지만 실상은 그렇게 진행되지 않았다! 피실험자들은 계속 문들을 왔다 갔다 하여 클릭 수를 낭비하면서 빨간색 문과 파란색 문을 살려두고 싶어 했다. Jiwoong Shin and Dan Ariely, "Keeping Doors Open: The Effect of Unavailability on Incentives to Keep Options Viable," *Management Science 50*, no. 5 (May 2004): 575-586.

31   Dan Ariely, *Predictably Irrational: The Hidden Forces That Shape Our Decisions* (New York: HarperCollins, 2008), p. 354.

32   Adam Grant, *Originals: How Non-Conformists Move the World* (New York: Viking, 2016).

33   Jim Collins and Morten T. Hansen, *Great by Choice: Uncertainty, Chaos and Luck— Why Some Thrive Despite Them All* (New York: HarperBusiness, 2011).

34   금융 의사결정 과정의 포트폴리오 이론이 말해주듯이, 지금 가진 옵션의 결과에 대한 불확실성이 클 경우는 어느 하나의 옵션이 최고로 밝혀지겠다는 확신이 설 때까지 위험을 회피하는 과정이 필요하다. 확신이 서고 나면 해당 옵션을 선택하고 올인하여 탁월한 성과가 나오도록 집요하게 매달려야 한다.

35   Sue Shellenbarger, "What to Do When Co-Workers Won't Leave You Alone," *Wall Street Journal*, blog, September 11, 2013, http://blogs.wsj.com/atwork/2013/09/11/ what-to-do-when-co-workers-wont-leave-you-alone.

36   '안 된다'고 말할 때는 반드시 문화적 측면을 고려해야 한다. Erin Meyer, "Negotiating Across Cultures," HBR Video, February 25, 2016, https://hbr.org/video/4773888 299001/negotiating-across-cultures.

37   이름과 세부 사항은 변경했다.

2. 업무를 재설계하라

1   나오미 시합 나이Naomi Shihab Nye는 팔레스타인계 미국인인 시인이다. Poetry Foundation, last modified 2010, accessed February 20, 2017, https://www.poetryfoundation.org/poems- and-poets/poets/detail/naomi-shihab-nye.

2   우리는 이 사례를 조사하기 위해 2014년부터 2016년까지 그레그 그린을 총 세 번 인터뷰했다. 2016년에는 우리 프로젝트의 세 사람이 클린턴데일 고등학교를 방문해 그곳에서 하루를 보내며 두 학급의 수업을 참관했고, 그레그 그린 외 관리자 두 명 및 교사 두 명을 인터뷰하고 학생 다섯 명과도 인터뷰를 가졌다. 클린턴데일 고등학교 사례는 미디어에서도 다룬 바 있다. 다음을 참고. A segment in *NewsHour* at PBS: http://www.pbs.org/newshour/rundown/what-does-a-flipped-classroom-look-like-2/.

3   Leslie A. Perlow and Jessica L. Porter, "Making Time Off Predictable—I and Required," *Harvard Business Review 87*, no. 10 (2009): 102-109.

4   Sylvia Ann Hewlett and Carolyn Buck Luce, "Extreme Jobs: The Dangerous Allure of the 70-Hour Workweek," *Harvard Business Review 48*, no. 12 (2006): 49-59.

5   우리는 조사에 참여한 사람들에게 노동시간을 직접 기입하도록 했다. 분명 편향이 있을 테고, 아마 본인이 근무한 시간보다 더 많은 시간을 써냈을 것이다. 실제로 그랬다면 우리 그래프에서 정점은 65시간보다 약간 왼쪽으로 옮겨가서 예컨대 55시간이 될 수도 있을 것이다. 그러나 모든 참가자가 노동시간을 과대평가하거나 과소평가했다면 그래프 곡선의 모양 자체는 바뀌지 않을 것이다.

6   이게 전혀 말이 안 된다고 생각하는 사람도 있을 수 있다. 일주일에 65시간 이상 일한다면 분명히 일을 좀 더 하게 되기 때문이다. 아주 생산적이지는 않을지 모르나, 그래도 업무를 추가로 하고 있지 않은가? 이런 논리는 업무를 순차적으로 보기 때문에 나오는 얘기다. 저녁에 업무시간을 늘리면 일을 추가로 한다는 생각 말이다. 그러나 이런 순차적 시각은 2가지 이유에서 문제가 있다. 첫째, 밤에 몇 시간 더 일한다면 업무의 질이 떨어져서 낮에 한 일의 가치까지 손상시킬지 모른다. 소프트웨어에 에러가 생기면 프로그램 전체가 망가지는 것처럼 말이다. 둘째, 밤늦게 몇 시간을 더 일한다면 피곤해질 것이기 때문에 다음 날 일을 더 잘할 수 있는 능력을 손상시킨다. 따라서 잔업은 이후 업무 생산성을 떨어뜨린다.

7   John Pencavel, "The Productivity of Working Hours," *Economic Journal 125*, no. 589 (2015): 2052-2076.

8   이름과 세부 사항은 변경했다.

9   이 표를 제공해준 짐 콜린스에게 감사드린다.

10   OECD는 다음과 같이 밝히고 있다. "노동 생산성은 산출물의 양(GDP 혹은 GVP_{Gross Value Added})과 투입물의 양 사이의 비율을 의미한다. 노동생산성 = 산출물의 양/투입물의 양." 다음을 참고. Rebecca Freeman, "Labour Productivity Indicators: Comparison of Two OECD Databases, Productivity Differentials & the Balassa-Samuelson Effect," OECD, July 2008, accessed August 3, 2015, http://www.oecd.org/std/labour-stats/41354425.pdf.

11   http://www.maersk.com/en/the-maersk-group/about-us#stream_2_ctl00_header.

12   2015년과 2016년에 하르트무트 괴리츠를 인터뷰한 결과를 바탕으로 작성한 사례다.

13   좀 더 정확히 설명하면 탕헤르 터미널의 스루풋은 업계 표준인 20피트 컨테이너로 환산했을 때 130만 개였다.

14   이런 구별은 피터 드러커의 구분법을 일부 참고한 것이다. 피터 드러커는 경영이란 '일을 제대로 하는 것'이고, 리더십이란 '옳은 일을 하는 것'이라고 말했다. 다음을 참고. https://www.goodreads.com/author/quotes/12008.Peter_F_Drucker (accessed August 27, 2017). 그는《피터 드러커의 자기경영노트》에서 경영자가 해야 할 일은 "옳은 일을 완수하는 것"이라고 말했다. '옳은 일을 하는 것'의 앞부분과 유사한 내용이다. 그렇다면 '옳은 일'이 무엇인지 정의가 필요한데, 이 책에서 정의하는 것처럼 '큰 가치'를 창출하는 일이 될 것이다. Peter Drucker, *The Effective Executive: The Definitive Guide to Getting the Right Things Done* (New York: HarperBusiness, 2006).

15   Gina Kolata, "Doctors Strive to Do Less Harm by Inattentive Care," *New York Times*, February 17, 2017, accessed June 23, 2017, https://www.nytimes.com/2015/02/18/health/doctors-strive-to-do-less-harm-by-inattentive-care.html?_r=0.

16   '작은 재설계'라는 개념은 '넛지nudge'라는 아이디어와도 비슷하다.《넛지》라는 책에서 리처드 탈러Richard Thaler와 캐스 선스타인Cass Sunstein은 작은 변화, 고작 넛지 정도로도 놀랄 만큼 큰 효과를 거둘 수 있다고 밝힌다. Richard Thaler and Cass Sunstein, *Nudge: Improving Decisions About Health, Wealth, and Happiness* (New York: Penguin Books, 2009).

17   Allen C. Bluedorn, Daniel B. Turban, and Mary Sue Love, "The Effects of Stand-Up and Sit-Down Meeting Formats on Meeting Outcomes," *Journal of Applied Psychology 84*, no. 2 (1999): 277-285. 2014년《사회심리 및 성격학》저널에 발표된 또 다른 연구도 있다. 워싱턴대학교 세인트루이스 캠퍼스의 연구진은 동일 프로젝트에 협업하는 집단이 서서 회의를 진행할 경우 앉아서 할 때보다 눈에 띄게 몰입도가 늘어나고 영역권에 대한 주장은 줄어든다고 보고했다. Andrew P. Knight and Markus Baer, "Get Up, Stand Up: The Effects of a Non-Sedentary Workspace on Information Elaboration and Group Performance," *Social Psychological and Personality Science 5*, no. 8 (2014): 910-917.

18   Alex "Sandy" Pentland, "The New Science of Building Great Teams," *Harvard Business Review 90*, no. 4 (2012): 60-70.

19   이름과 세부 사항은 변경했다.

20   Josh Linkner, "Is Your Company Selling Aspirin, or Vitamins?" *FastCompany*, March 27, 2012, accessed February 18, 2017, http://www.fastcompany.com/1826271/your-company-selling-aspirin-or-vitamins.

21   댄 핑크의 TED 강연 동영상은 1,800만 건의 조회수를 기록했다. 해당 영상에서 댄

핑크는 카를 둥커Karl Duncker가 1945년에 실시한 '촛불 실험'을 설명한다. 이 실험에서 연구진은 사람들에게 초 하나와 압정 한 통, 성냥 몇 개를 나눠주고, 초를 벽에 붙이되 촛농이 바닥에 떨어지지 않게 하라고 주문한다. 그러면 사람들은 압정으로 초를 벽에 붙여보려고도 하고, 초의 한쪽 면에만 불을 붙여 초를 벽에 딱 붙여보려고도 하지만 어느 쪽도 효과는 없다. 결국 사람들은 새로운 방법을 발견하는데, 압정으로 압정 통을 벽에 고정시켜 임시 촛대를 만드는 방법이다. 압정 통을 압정을 담는 용도로만 보는 것이 바로 이 실험에서는 '기능적 고착'이다. Dan Pink, "The Puzzle of Motivation," TED video, July 2009, https://www.ted.com/talks/dan_pink_on_motivation.

22   Tom Coens and Mary Jenkins, *Abolishing Performance Appraisals: Why They Backfire and What to Do Instead* (San Francisco: Berrett-Koehler, 2000), p. 35.

23   Michael Moran, The British Regulatory State: High Modernism and Hyper-Innovation (New York: Oxford University Press, 2007), pp. 38-66.

3. 순환학습을 실천하라

1   https://www.brainyquote.com/quotes/quotes/w/williampol163253.html. Accessed August 27, 2017.

2   The Dan Plan, accessed February 20, 2017, http://thedanplan.com/about/.

3   www.thedanplan.com.

4   "How Do You Stack Up?" Golf Digest, March 17, 2014, accessed February 21, 2017, http://www.golfdigest.com/story/comparing-your-handicap-index.

5   "Men's Handicap Index® Statistics," USGA, accessed February 27, 2017, http://www.usga.org/Handicapping/handicap-index-statistics/mens-handicap-index-statistics-d24e6096.html, and "Golf Participation in the U.S.," National Golf Foundation, accessed February 27, 2017, http://www.ngf.org/pages/golf-participation-us.

6   의식적 연습에 대한 상세한 정의는 K. 앤더스 에릭슨과 로버트 풀의 《피크》를 참고. Anders K. Ericsson and Robert Pool, *Peak: Secrets from the New Science of Expertise* (New York: Houghton Mifflin Harcourt, 2016), pp. 98-99.

7   http://thedanplan.com/statistics-2/.

8   1950년대 및 1960년대 일본과 1980년대 미국에서 W. 에드워즈 데밍W. Edwards Deming 같은 전문가들은 '계획-실행-확인-행동'이라는 제조 및 프로세스 향상 사이클을 주장했다. 기획자들이 무엇이 효과가 있는지를 체계적으로 관리하고 개선 기회를 찾을 수 있도록 돕는 방법이었다. 이런 노력으로 시작된 것이 '조직 학습' 운동이다. 기업들

은 조직학습을 통해 프로세스에 새로운 측면을 가미함으로써 실적을 향상시킬 수 있는 방법을 열심히 찾고 있다. 이 과정에서 생겨난 것이 '품질 엔지니어' 혹은 '식스 시그마' 전문가라고 부르는 기업 내 특수직이다. 그러나 전문가가 아니라 직원들이 직접 개선 노력을 책임져야 하는 수많은 업무에는 이런 활동이 전파되지 못했다. "DSA Cycle," W. Edwards Deming Institute, accessed February 21, 2017, https://deming. org/management-system/pdsacycle 참고.

9   흥미롭게도 우리 조사에서 학습을 성과로 연결시키는 측면에서는 여성이 남성보다 더 성공적이었다. 학습에 능숙한 여성은 그렇지 않은 여성에 비해 성과 백분위 순위에서 21퍼센트포인트나 훌쩍 뛰어올랐다. 반면에 남성들은 13퍼센트포인트 상승에 그쳤다. (우리는 여성과 남성 각각에 대해 회귀분석을 실시했다. 추정 계수의 차이는 모델에 따라 유의미한 경우도 있고 아닌 경우도 있었다. 따라서 남성과 여성 사이에 뚜렷한 차이를 밝히려고 이 분석 결과를 사용하는 것은 아니다. 비슷한 행태를 보인 습관이 2가지 더 있었다. 남성들은 '강력한 대변자' 습관을 실천할 때 큰 이득을 본 반면에 여성들은 '원칙이 있는 협업'을 실천했을 때 도움을 더 많이 받았다.) 왜 이런 차이가 생기는지는 우리 데이터를 통해 드러나지 않았으나 몇 가지 데이터를 이용해 추측해볼 수는 있다. '배우고 개선하기 위해 일하는 방식을 끊임없이 변화시킨다' 항목에서 높은 점수를 기록한 비율이 남성은 24퍼센트에 불과한 반면 여성은 33퍼센트에 달했다. 따라서 여성이 남성보다 학습에 더 많은 노력을 기울이는 것으로 보인다.
      또한 여성은 실패에서 더 손쉽게 배우기 때문에 더 많은 개선을 보인 것일 수도 있다. '똑같은 실수를 하지 않도록 실패로부터 배우는 데 뛰어나다' 항목에서 높은 점수를 차지한 비율 역시 여성(56퍼센트)이 남성(48퍼센트)보다는 조금 더 높았다. 실수에서 배우는 사람들은 일하는 방식에 수정을 가하고 그 결과 더 좋은 성과를 올린다. 따라서 실패에 관한 이 항목에서 높은 점수를 차지한 사람들이 성과 점수 역시 높은 것은 어쩌면 당연하다고 하겠다.

10   이 수치는 다른 변수는 평균 수준(50백분위수)으로 고정해둔 채, 학습 점수에서 상위 10퍼센트를 차지한 사람들을 하위 10퍼센트의 사람들과 비교해서 얻은 결과다.

11   우리는 브리트니와 전화 인터뷰를 여러 번 가졌고, 브리트니는 이메일 문의에도 여러 번 답해주었다. 학습과 성과 점수는 브리트니의 상사가 매긴 것이다.

12   Lucy Kellaway, "Endless Digital Feedback Will Make Us Needy and Unkind," *Financial Times*, March 8, 2015, accessed February 21, 2017, http://www.ft.com/ cms/s/0/2476806e-c32c-11e4-9c27-00144feab7de.html#axzz3sQcCuhC4.

13   Mihaela Stan and Freek Vermeulen, "Selection at the Gate: Difficult Cases, Spillovers, and Organizational Learning," *Organization Science 24*, no. 3 (2013): 796-812.

14   이름과 세부 사항은 변경했다.

15   여기서 낮은 점수란 7점 만점에 4점 이하, 높은 점수란 7점을 말한다.

16   Mads A. Andersen, VG TV interview with Magnus Carlsen, December 21, 2013, translated from Norwegian by author, accessed February 21, 2017, http://www.vgtv. no/#!/video/75947/intervjuet-magnus-carlsen.

17   Carol Dweck, *Mindset: The New Psychology of Success* (Random House, 2007).

18   Charles T. Clotfelter, Helen F. Ladd, and Jacob L. Vigdor, "Teacher Credentials and Student Achievement in High School: A Cross-Subject Analysis with Student Fixed Effects," NBER Working Paper No. 13617, November 2007, last revision March 2008.

19   물론 이 교사들이 실제로 교실에서 수업을 한 시간이 얼마인지는 알 수 없다. 27년 경력의 교사들도 실제로 가르친 시간은 그보다 훨씬 적을 수도 있다. 그러나 교수 활동 자체와 교수 능력의 개선은 단지 교실에서 이루어지는 활동만을 가리키는 것은 아니다. 거기에는 교수 계획을 짜고, 숙제를 봐주는 것 등이 모두 포함된다. 노동청 주관의 어느 연구에 따르면 교사들은 주당 40시간 정도를 일한다고 한다. Jill Hare, "When, Where, and How Much Do U.S. Teachers Work?" Teaching.monster.com, accessed February 17, 2017, http://teaching.monster.com/careers/articles/4039-when-where-and-how-much-do-us-teachers-work. 그래서 교사들에게 연간 3개월의 휴가를 준다고 가정하더라도 '40주×40시간=연간 1,600시간'이 되고, 이것을 다시 27년으로 곱하면 4만 3,400시간의 수업 경험이 계산된다.

20   Herbert A. Simon, "Rational Choice and the Structure of the Environment," *Psychological Review 63*, no. 2 (1956): 129-138.

21   K. Anders Ericsson, "The Influence of Experience and Deliberate Practice on the Development of Superior Expert Performance," in *Cambridge Handbook of Expertise and Expert Performance*, ed. K. Anders Ericsson, Neil Charness, Paul J. Feltovich, and Robert R. Hoffman (Cambridge: Cambridge University Press, 2006): 685-706.

22   여기서 '최고의 성과를 낸 사람들'이란 성과 순위 상위 10퍼센트를 말한다. 그리고 '성과가 좋지 못한 사람'이란 평균 이하의 성과를 낸 사람들을 말한다. '끊임없이 검토'란 이 항목에서 7점 만점에 6점 이상을 받았다는 의미다.

23   업무에서 이런 파괴적 혁신 추세는 시장에서 제품 기술의 파괴적 혁신 추세와 비슷하다. 하버드 비즈니스 스쿨의 클레이턴 크리스텐슨Clayton Christensen 교수의 '파괴적 혁신' 이론에 따르면 새로운 기술이 나타나 훨씬 더 저렴한 비용으로 독특한 솔루션을 제공할 때 파괴적 혁신이 일어난다. 이런 종류의 혁신은 처음에는 하잘것없지만 수정되고 개선되면서 현재의 기술 이상으로 발전하고 그것을 넘어서게 된다. 개인용 컴퓨터를 예로 들어보면 처음 PC가 등장했을 때는 '구식' 메인프레임 컴퓨터에 비해 장난감 수준이었지만, 결국에는 메인프레임 컴퓨터를 추월했다. 사례와 관련해서는 다음을 참고. Clayton Christensen, Michael E. Raynor, and Rory McDonald, "What Is Disruptive Innovation?" *Harvard Business Review 93*, no. 12 (2015): 44-53.

24   Amy C. Edmondson, Richard M. Bohmer, and Gary P. Pisano, "Disrupted Routines: Team Learning and New Technology Implementation in Hospitals," *Administrative Science Quarterly 46* (2001): 685-716.

25   "2가지 모두를 통달"했다는 뜻은 재설계와 순환학습 모두 상위 10퍼센트 안에 들었다는 뜻이다. "둘 다 이행하지 않은" 사람들은 양쪽 습관 모두 중간값 이하였다는 뜻이다.

4. 열정×목적의식

1   2002년 5월 18일 남아프리카공화국 요하네스버그 랜드버그의 월터 시술루 홀에서 열린 월터 시술루Walter Sisulu의 90번째 생일 파티에서 한 말. *Nelson Mandela by Himself: The Authorised Book of Quotations*, https://www.nelsonmandela.org/content/page/selected-quotes, accessed December 16, 2014.

2   "Oprah Talks to Graduates About Feelings, Failure and Finding Happiness," *Stanford Report*, June 15, 2008, accessed 10 February 2017, http://news.stanford.edu/news/2008/june18/como-061808.html.

3   Matt Tenney, "Why Empowering Employees to Be Compassionate Is Great for Business," *Huffington Post*, September 6, 2016.

4   Emma Jacobs, "Kill the Passion for Work," *Financial Times*, May 13, 2015.

5   Caitlin Riegel, "The Key to Success: Loving What You Do," *Huffington Post*, Blog, last modified January 18, 2017, accessed February 21, 2017, http://www.huffingtonpost.com/caitlin-riegel/the-key-to-success-loving_b_8998760.html.

6   Rob Wile, "Marc Andreessen Gives the Career Advice That Nobody Wants to Hear," *Business Insider*, May 27, 2014.

7   David Sobel, "I Never Should Have Followed My Dreams," *Salon*, September 1, 2014, accessed February 23, 2017, http://www.salon.com/2014/09/01/i_never_should_have_followed_my_dreams/.

8   2014년 5월 24일 마하리시경영대학교에서 열린 짐 캐리의 졸업축하 연설에서 발췌. Maharishi University of Management, accessed February 23, 2017, https://www.mum.edu/whats-happening/graduation-2014/full-jim-carrey-address-video-and-transcript/.

9   열정은 미하이 칙센트미하이가 말하는 '몰입'과도 연관된다. 몰입이란 어떤 활동에 완전히 빠져들어 모든 에너지를 쏟으며 즐기는 상태를 말한다. Mihaly Csikszentmihalyi, *Flow: The Psychology of Optimal Experience* (New York: Harper & Row, 1990).

10 목적의식과 열정에 대한 이런 시각은 2015년 4월 11일 〈뉴욕 타임스〉에 실린 "도덕적 버킷 리스트The Moral Bucket List"에서 데이비드 브룩스David Brooks가 제안한 시각과도 닮아 있다. 그는 이렇게 말했다. "졸업축하 연설을 하는 사람들은 늘 젊은이들에게 자신의 열정을 따르라고 말한다. 자기 자신에게 진실해져라. 이것은 삶의 시작도 끝도 자기 자신이라고 보는 시각이다. 그러나 내면의 빛을 찾는 사람들은 '나는 삶에서 무엇을 바라는가?'가 아니라 '삶이 나에게 무엇을 바라는가?'를 질문함으로써 자신의 소명을 찾아간다. 그들은 '어떻게 하면 나의 타고난 재능을 세상의 절실한 필요에 일치시킬 수 있을까?'라고 묻는다."

11 테레사와 매리언의 사례에서 이름과 세부 사항을 변경했다.

12 다른 모든 요인과 변수는 평균으로 가정하고 '열정×목적의식'에서 상위 10퍼센트를 차지한 사람과 하위 10퍼센트를 차지한 사람들을 대조한 결과다.

13 우리 데이터에도 그렇게 긴 시간 일하는 사람들이 있었지만, 그들 중에도 열정이 없는 사람들이 존재했다. 우리 데이터에서 70시간 이상 일하는 사람들만 추려서 볼 경우, 매우 열정적인 사람들은 주당 75시간 일한 반면 열정적이지 않은 사람들은 76시간 일했다. 따라서 의미 있는 차이라고는 할 수 없다.

14 열정이 낮은 사람이 주당 7시간을 추가로 일할 경우 성과 순위는 1.5퍼센트 상승할 것으로 예측됐다.

15 Les Clefs d'Or, www.lesclefsdor.org. Accessed October 29, 2017.

16 바이얼릿 호, 제제 웡, 이채훈은 열정이 조화를 이루면 집중과 몰입을 통해 더 높은 성과를 낼 수 있다고 말했다. Violet Ho, Sze-Sze Wong, and Chay Hoon Lee, "A Tale of Passion: Linking Job Passion and Cognitive Engagement to Employee Work Performance," *Journal of Management Studies 48*, no. 1 (2011): 26-47.

17 "저는 일에 완전히 몰두해요." 할 때의 몰두는 미하이 칙센트미하이가 《몰입》에서 말하는 '몰입'과 유사하다.

18 Rebecca J. Rosen, "What Jobs Do People Find Most Meaningful?," *Atlantic*, June 24, 2014.

19 Shana Lebowitz, "A Yale Professor Explains How to Turn a Boring Job into a Meaningful Career," *Business Insider*, December 1, 2015, accessed February 23, 2017, http://uk.businessinsider.com/turn-a-boring-job-into-a-meaningful-career-job-crafting-2015-12?r=US&IR=T.

20 이 사례는 저자가 직접 버즈올과 여러 번 인터뷰한 결과를 바탕으로 작성했다. 또한 다음의 인시아드 비즈니스 스쿨의 사례 연구도 참고했다. Morten Hansen, Michelle Rogan, Dickson Louie, and Nana von Bernuth, "Corporate Entrepreneurship: Steven Birdsall at SAP," Case 6022 (Fontainebleau: INSEAD, December, 2013).

21 다음을 참고. Patricia Chen, Phoebe C. Ellsworth, and Norbert Schwarz, "Finding a Fit or Developing It: Implicit Theories About Achieving Passion for Work," *Personality and Social Psychology Bulletin 41*, no. 10 (2015): 1411-1424.

22 이런 측면은 인간의 기본적 욕망 중 하나다. 다음을 참고. Paul R. Lawrence and Nitin Nohria, *Drive: How Human Nature Shapes Our Choices* (San Francisco: Jossey-Bass, 2002).

23 이름과 세부 사항은 변경했다.

24 Tom Rath, *StrengthsFinder 2.0* (New York: Gallup Press, 2007). 우리는 열정과 성과에 관한 스트렝스파인더의 핵심 질문("매일 내가 가장 잘하는 일을 할 기회를 준다")의 영향에 대해서도 분석을 실시했다(부록의 3.2 마지막 항목 참고). 그 결과 스트렝스파인더가 말하는 직무 적합성은 열정을 통해 '간접적으로' 성과에 영향을 미쳤다. 다시 말해 성과의 동인은 직무 적합성이 아니라 열정이었다. 직무 적합성은 오직 열정에만 영향을 주었다.

25 우리 연구에서 자신의 일이 "매일 가장 잘하는 일을 하도록" 해준다고 보고한 사람들은 열정이 훨씬 높았다(이 부분과 관련해 상세한 내용은 부록 참고). 어느 기술에 능통해지면 그 기술에 열정이 생긴다는 아이디어와 관련해서는 다음을 참고. Cal Newport, *So Good They Can't Ignore You: Why Skills Trump Passion In The Quest For Work You Love* (New York: Grand Central Publishing, 2012).

26 https://www.nytimes.com/2014/03/03/business/in-general-motors-recalls-inaction-and-trail-of-fatal-crashes.html?_r=0. 〈뉴욕 타임스〉에 따르면 사고가 났을 때 로즈는 음주 운전에 과속 중이었다는 사실도 간과해서는 안 된다. 그렇다고 해도 로즈의 죽음은 에어백이 터지지 않은 것과 관계가 있다.

27 Chris Isidore, "Death Toll for GM Ignition Switch: 124," CNN Money, December 10, 2015, accessed February 23, 2017, http://money.cnn.com/2015/12/10/news/companies/gm-recall-ignition-switch-death-toll.

28 기업 내부적으로는 '성과'이지만 외부에는 해가 되는 사례는 수없이 많다. 그러나 이런 구분이 분명하지 않은 영역도 존재한다. 비만에 영향을 주는 버거를 판매하는 맥도날드 매장의 매니저는 강한 목적의식을 느낄 수 있을까? 설탕이 많이 든 코카콜라 제품이 당뇨병에 영향을 준다면 코카콜라 공장 감독자는 목적의식을 가질 수 있을까? 비판자들은 이들 기업이 사람들에게 피해를 준다고 얘기하지만, 옹호자들은 이들 기업이 소비자가 원하는 제품을 파는 것이라고 주장한다.

29 J. Stuart Bunderson and Jeffrey A. Thompson, "The Call of the Wild: Zookeepers, Callings, and the Dual Edges of Deeply Meaningful Work," *Administrative Science Quarterly 54* (2009): 32-57.

30 이름과 신상 정보는 변경했다.

31 Amy Wrzesniwski, Jane E. Dutton, and Gelaye Debebe, "Interpersonal Sensemaking

and the Meaning of Work," *Research in Organizational Behavior 25* (2003): 93-135.

32   Atul Gawande, "The Bell Curve," *The New Yorker* (December 6, 2004); Aimee Swartz, "Beating Cystic Fibrosis," *Atlantic*, September 27, 2013.

33   Chris Van Gorder, *The Front-Line Leader: Building a High-Performance Organization from the Ground Up* (San Francisco: Jossey-Bass, 2015).

5. 강력한 대변자

1   Quote Investigator: Exploring Origins of Quotations, last modified April 6, 2014, http://quoteinvestigator.com/2014/04/06/they-feel.

2   이 사례와 관련된 정보는 에폭시 사업에 관한 IMD의 사례연구(Bala Chakravarthy and Hans Huber, "Internal Entrepreneurship at the Dow Chemical Co.," Case 1117, Lausanne: IMD, July 2003), 이언 텔퍼드와의 네 번의 인터뷰, 전직 직원 세 명(Isabelle Lomba, John Everett, Arantxa Olivares)과의 인터뷰에서 나온 것이다.

3   Bala Chakravarthy and Hans Huber, "Internal Entrepreneurship at the Dow Chemical Co.," Case 1117 (Lausanne: IMD, July 2003).

4   Ibid.

5   "IBM CEO Study: Command & Control Meets Collaboration," May 22, 2012, http://www-03.ibm.com/press/us/en/pressrelease/37793.wss.

6   이 점과 관련해서는 변화에 관한 다음을 참고. John Kotter and Dan, *The Heart of Change: Real-Life Stories of How People Change Their Organizations* (Boston: Harvard Business Review Press, 2012); Chip Heath and Dan Heath, *Switch: How to Change Things When Change Is Hard* (New York: Crown Business, 2010).

7   카리스마의 역할에 관해서는 다음을 참고. Joyce Bono and Remus Ilies, "Charisma, Positive Emotions, and Mood Contagion," *Leadership Quarterly 17*, no. 4 (2006): 317-334. 리더의 카리스마와 성과의 상관관계는 좀 더 복잡하다. Bradley R. Agle, Nandu J. Nagarajan, Jeffrey A. Sonnenfeld, and Dhinu Srinivasan, "Does CEO Charisma matter? An Empirical Analysis of the Relationships Among Organizational Performance, Environmental Uncertainty, and Top Management Team Perceptions of CEO Charisma," *Academy of Management Journal 49*, no. 1 (2006): 161-174.

8   Angela L. Duckworth and Christopher Peterson, "Grit: Perseverance and Passion for Long-Term Goals," *Journal of Personality and Social Psychology 92*, no. 6 (2007): 1087-1101.

9   이 결과는 강력한 대변자 점수를 높게 받은 사람(상위 5퍼센트)과 낮게 받은 사람(하위

5퍼센트)을 비교한 것이다. 다른 변수들은 고정해놓고 '강력한 대변자' 점수가 성과에 미치는 영향을 회귀분석으로 예측했다.

10   Amy J. C. Cuddy, Peter Glick, and Anna Beninger, "The Dynamics of Warmth and Competence Judgments, and Their Outcomes in Organizations," *Research in Organizational Behavior 31* (2011): 73-98. 프랭크 플린(Frank Flynn) 스탠퍼드대학교 경영대학원 교수가 실리콘밸리의 유명한 벤처 자본가 하이디 로이젠Heidi Roizen(www. heidiroizen.com)의 사례를 가지고 실시한 실험이 있다. 그는 수업을 듣는 학생 절반에게는 '하이디'의 스토리를 읽게 하고, 나머지 절반에게는 주인공 이름을 '하워드'로 바꾼 사례를 읽게 했다. 학생들은 하이디와 하워드를 똑같이 유능하다고 평가했지만, 하워드를 더 호감이 가는 동료라고 생각했다. 학생들은 하이디가 이기적인 사람이며 "내가 채용하거나 혹은 그 밑에서 일하고 싶지 않은 사람"이라고 보았다. 이런 결과가 말해주듯이 직장에서 여성은 유능하거나 호감이 간다는 평가는 받아도, 둘 다라는 평가를 받지는 않는다. 플린은 이렇게 적었다. "젠더 연구자라면 동의하겠지만, 이런 결과는 학생들이 하이디의 공격적인 성격을 매우 싫어하기 때문인 것으로 보인다. 하이디가 적극적이라고 생각하는 학생일수록 그녀에 대해 혹독한 평가를 내렸다." "Gender-Related Material in the New Core Curriculum," Stanford Graduate School of Business, January 1, 2007, accessed February 24, 2017, http://www.gsb.stanford. edu/stanford-gsb-experience/news-history/gender-related-material-new-core-curriculum.

11   이 주제에 관한 연구 결과들을 검토한 로리 러드먼 교수와 줄리 펠런 교수는 직장에서 유능한 여성이 이런 범주화로 말미암아 반발에 부딪힐 수 있다고 결론 내렸다. "여성이 리더의 자리에 오르려면 스스로 자신감 있고, 적극적이고, 경쟁력 있는 사람으로 나타내야 하지만, 실제로 그랬을 때는 사회적으로나 경제적으로 보복을 당할 위험이 있다." Laurie A. Rudman and Julie E. Phelan, "Backlash Effects for Disconfirming Gender Stereotypes in Organizations," *Research in Organizational Behavior 28* (2008): 61-79.

12   Mark C. Bolino and William H. Turnley, "Counternormative Impression Management, Likeability, and Performance Ratings: The Use of Intimidation in an Organizational Setting," *Journal of Organizational Behavior 24*, no. 2 (2003): 237-250.

13   Jonah Berger, *Contagious: Why Things Catch On* (New York: Simon & Schuster, 2016).

14   Jonah A. Berger and Katherine L. Milkman, "What Makes Online Content Viral?" *Journal of Marketing Research 49*, no. 2 (2012): 192-205.

15   이름과 일부 세부 사항은 변경했다.

16   2008년 11월 발표된 기사에서 마이크 스토브는 헌팅턴을 미국에서 가장 "뚱뚱하고 건강하지 못한" 도시라고 명명했다. Mike Stobbe, "Appalachian Town Shrugs at Poorest Health Ranking," *Herald-Dispatch*, November 16, 2008, accessed February

24, 2017, http://www.herald-dispatch.com/news/appalachian-town-shrugs-at-poorest-health-ranking/article_c50a30c5-f55c-5a3a-8fad-2285c119e104.html. 이런 주장은 2006년 미국 질병통제예방센터Centers for Disease Control and Prevention에서 발표한 자료에 근거한 것이다.

17　헌팅턴의 2005년(34.2퍼센트), 2006년(45.3퍼센트), 2007년(34.2퍼센트) 비만율. Laura Wilcox, "Huntington Area Labeled as Nation's Most Unhealthy," *Herald-Dispatch*, November 16, 2008.

18　Jane Black, "Jamie Oliver Improves Huntington, W.Va.'s Eating Habits," *Washington Post*, April 21, 2010.

19　이름과 국가, 기타 세부 사항은 변경했다.

20　디즈니의 사례를 포함해 기업의 목적과 관련된 이런 생각을 잘 설명한 책으로는 다음을 참고. Jim Collins and Jerry I. Porras, *Built to Last* (New York: HarperCollins, 1994).

21　이 사례는 애질런트 테크놀로지의 허락 하에 게재했다.

22　"At Age 22, DNA Sequencing Put My Cancer on Pause," video with Corey Wood, accessed February 24, 2017, http://www.forbes.com/video/3930262661001. 이 영상은 유튜브에서도 볼 수 있다. https://www.youtube.com/watch?v=G1ZLyGW8rKY.

23　우리는 지루한 업무를 목적의식과 연결시키는 말단 직원이나 고위 매니저를 상당수 발견했다.

24　이름과 세부 사항은 변경했다.

25　Adam M. Grant, Elizabeth M. Campbell, Grace Chen, Keenan Cottone, David Lapedis, and Karen Lee, "Impact and the Art of Motivation Maintenance: The Effects of Contact with Beneficiaries on Persistence Behavior," *Organizational Behavior and Human Decision Processes 103* (2007): 53-67.

26　Vibeke Venema, "The Indian Sanitary Pad Revolutionary," BBC News, March 4, 2014, accessed June 23, 2017, http://www.bbc.com/news/magazine-26260978. 또한 다음을 참고. "Launch Pad," by Yudhijit Bhattacharjee, *New York Times Magazine*, November 10, 2016; *Menstrual Man*, a film by Amit Virmani, Coup Production, 2013.

27　볼피 푸드에 관한 부분은 로렌차 파세티를 직접 인터뷰한 세라 켈로그Sarah Kellogg의 도움을 받아 작성되었다. 볼피 및 파세티에 관한 모든 데이터는 이 인터뷰를 기초로 한 것이다.

28　Adam Gerace, Andrew Day, Sharon Casey, and Philip Mohr, "An Exploratory Investigation of the Process of Perspective Taking in Interpersonal Situations," *Journal of Relationships Research 4*, no. e6 (2013): 1-12.

29   Jeffrey Pfeffer, *Power: Why Some People Have It and Others Don't* (New York: HarperCollins, 2010), p. 53.

30   존슨 대통령이 정말로 이 말을 했는지, 저널리스트 데이비드 핼버스탬이 존슨 대통령의 말을 인용하거나 살짝 바꾼 것인지는 분명하지 않다. 어쩔 수 없이 미국 연방수사국FBI 국장 J. 에드거 후버J. Edgar Hoover를 해고해야 했던 존슨 대통령의 어려움을 나타낸 표현이다. David Halberstam, "The Vantage Point: Perspectives of the Presidency 1963-1969. By Lyndon Baines Johnson. Illustrated. 636 pp. New York: Holt, Rinehart and Winston. $15," *New York Times*, October 31, 1971.

31   https://en.wikipedia.org/wiki/Menstrual_Man.

6. 싸우고 결속하라

1   https://en.wikiquote.org/wiki/Cyrus_the_Great.

2   Frank Kappel, "BOP Invasion First Hand Account —May 1961," Cuban Information Archives, May 29, 1961, Dade County OCB file #153-D, accessed December 18, 2014, http://cuban-exile.com/doc_026-050/doc0041.html.

3   데이비드 핼버스탬은 《최고의 인재들》이라는 책을 썼다. 여기서 '최고의 인재'란 케네디 행정부 구성원들을 가리킨다. 이 책은 1960년부터 1965년 사이 베트남 전쟁을 집중적으로 다루고 있다. David Halberstam, *The Best and the Brightest* (New York: Ballantine Books, 1992). 피그스만 침공 작전과 관련해 가장 훌륭한 설명 중 하나는 짐 레이싱어의 다음 책이다. Jim Rasinger, *The Brilliant Disaster: JFK, Castro, and America's Doomed Invasion of Cuba's Bay of Pigs* (New York: Scribner, 2012). 최근에 공개된 정보들까지 포함해 이전 설명보다 더 정확한 설명을 제시한다.

4   Arthur Schlesinger, Jr., *A Thousand Days: John F. Kennedy in the White House* (New York: Mariner Books, 2002).

5   Ibid.

6   토머스 만과 맥조지 번디의 인용은 다음의 자료에서 인용. Piero Gleijeses, "Ships in the Night: The CIA, the White House and the Bay of Pigs," *Journal of Latin American Studies 27*, no. 1 (February 1995): 1-42, Cambridge University Press.

7   Michael A. Roberto, *Why Great Leaders Don't Take Yes for an Answer: Managing for Conflict and Consensus* (Upper Saddle River, NJ: Wharton School Publishing, 2005), p. 40.

8   Schlesinger, *A Thousand Days*.

9   Elise Keith, "55 Million: A Fresh Look at the Number, Effectiveness, and Cost of Meetings in the U.S.," Lucid Meetings Blogs, December 4, 2015, accessed February 24,

2017, http://blog.lucidmeetings.com/blog/fresh-look-number-effectiveness-cost-meetings-in-us.

10   "Survey Finds Workers Average Only Three Productive Days per Week," Microsoft, March 15, 2005, accessed February 24, 2017, http://news.microsoft.com/2005/03/15/survey-finds-workers-average-only-three-productive-days-per-week/#sm.0000w67 27617qoer8zudfzhklx956#zkx63Uq1t9OW2X20.97.

11   Minda Zetlin, "17 Percent of Employees Would Rather Watch Paint Dry than Attend Meetings," *Inc.*, January 30, 2015, accessed February 23, 2017, http://www.inc.com/minda-zetlin/17-percent-of-employees-would-rather-watch-paint-dry-than-attend-team-meetings.html.

12   이름과 세부 사항은 변경했다.

13   Morten T. Hansen, Herminia Ibarra, and Urs Peyer, "The Best-Performing CEOs in the World," *Harvard Business Review* (2013); and Morten T. Hansen, Herminia Ibarra, and Urs Peyer, "The Best-Performing CEOs in the World," *Harvard Business Review* (2010).

14   Morten T. Hansen, Herminia Ibarra, and Nana von Bernuth, "Transforming Reckitt Benckiser," Case 5686 (Fontainebleau: INSEAD, April 2011).

15   Bart Becht, "Building a Company of Global Entrepreneurs, "My RB Opportunity Blog," June 18, 2010.

16   에어 윅 프레시매틱 사례와 관련해서는 세라 섀넌의 다음 글 참고. Sarah Shannon, "Britain' Reckitt Benckiser Goes Shopping," *Bloomberg Businessweek*, July 29, 2010, accessed June 23, 2017, https://www.bloomberg.com/news/articles/2010-07-29/britains-reckitt-benckiser-goes-shopping.

17   "Leadership Principles," Amazon, accessed February 24, 2017, https://www.amazon.jobs/principles.

18   Shana Lebowitz, "One of the Most Influential Silicon Valley Investors Reveals How His Firm Decides Whether to Back a Company," *Business Insider*, June 2, 2016, accessed February 24, 2017, http://uk.businessinsider.com/how-andreessen-horowitz-decides-to-back-a-company-2016-6?r=US&IR=T.

19   Katherine Phillips, "How Diversity Makes Us Smarter," *Scientific American*, October 1, 2014.

20   Scott E. Page, *The Difference: How the Power of Diversity Creates Better Groups, Firms, Schools, and Societies* (Princeton: Princeton University Press, 2007).

21   Schlesinger, *A Thousand Days*.

22   Morten T. Hansen, Herminia Ibarra, and Nana von Bernuth, "Transforming Reckitt Benckiser," Case 5686 (Fontainebleau: INSEAD, April 2011).

23   건서의 사례에서 이름과 세부 사항은 변경했다.

24   2014년 11월 12일 저자가 직접 돌프 판덴브링크를 인터뷰했다.

25   Amy C. Edmondson and Kathryn Roloff, "Leveraging Diversity Through Psychological Safety," *Rotman Magazine* (Fall, 2009): 47-51.

26   2015년 1월 16일 저자가 판덴브링크와 이메일 교환을 통해 인터뷰한 내용.

27   Susan Cain, *Quiet: The Power of Introverts in a World That Can't Stop Talking* (New York: Broadway Books, 2013).

28   태미와 도널드의 사례에서 이름과 세부 사항은 변경했다.

29   다음에서 인용. Richard M. Bissell Jr., *Reflections of a Cold Warrior: From Yalta to the Bay of Pigs* (New Haven: Yale University Press, 1996). 또한 다음을 참고. H. Bradford Westerfield, "A Key Player Looks Back," May 8, 2007, last updated August 3, 2011, https://www.cia.gov/library/center-for-the-study-of-intelligence/kent-csi/vol42no5/html/v42i5a09p.htm.

30   컬럼비아호 참사에 관한 정보는 다음 자료에서 인용. Richard Bohmer, Laura Feldman, Erika Ferlins, Amy C. Edmondson, and Michael Roberto, "Columbia's Final Mission," Case 304-090 (Boston: Harvard Business School, April 2004). 뒤에 붙인 인용 문구는 이 자료가 재구성한 상황에서 인용.

31   Scott Plous, *The Psychology of Judgment and Decision Making* (New York: McGraw-Hill, 1993), p. 233.

32   이 대화는 다음 자료의 에필로그 "목소리를 내라speaking up" 부분에 나온다. Richard Bohmer, Laura Feldman, Erika Ferlins, Amy C. Edmondson, and Michael Roberto, "Columbia's Final Mission: A Multimedia Case," Teaching Note 305-033 (Boston: Harvard Business School, June 2005, revised January 2010).

33   Youchi Cohen-Charash and Paul E. Spector, "The Role of Justice in Organizations: A Meta-analysis," *Organizational Behavior and Human Decision Processes 86*, no. 2 (2001): 278-321.

34   이 사례의 이름과 세부 사항은 변경했다.

35   다음 영상에서 인용. "1994 Bulls Knicks Game 3 Buzzer Beating Game Winner (The Story Behind)," Sole Records, accessed December 18, 2014, https://www.youtube.com/watch?feature=player_detailpage&v=c7SbG-8Bvgk.

36   Doug Sibor, "The 50 Most Unsportsmanlike Acts in Sports History," *Complex*, July 5,

2013.

37 다음 책에서 인용. Phil Jackson and Hugh Delehanty, *Eleven Rings* (New York: Penguin Books, 2014).

38 이름과 신상 정보는 변경했다.

39 이 사례에서 업종은 변경했다.

40 David Breashears, Morten T. Hansen, Ludo van der Heyden, and Elin Williams, "Tragedy on Everest," Case 5519 (Fontainebleau: INSEAD, September 2014).

7. '콜라보'는 다 좋은가?

1 Amy C. Edmondson, Ashley-Kay Fryer, and Morten T. Hansen, "Transforming Care at UnityPoint Health—Fort Dodge,"Case 615-052 (Boston: Harvard Business School, March 2015).

2 다음을 참고. Fred G. Donini-Lenhoff and Hannah L. Hedrick, "Growth of Specialization in Graduate Medical Education," *JAMA: The Journal of the American Medical Association 284*, no. 10 (2000): 1284-1289; "Specialty and Subspecialty Certificates," ABMS, accessed May 29, 2017, http://www.abms.org/member-boards/specialty-subspecialty-certificates/.

3 Laurie Barclay, "Better Handoffs Cut Medical Errors 30% in Multicenter Trial," Medscape, November 6, 2014, citing Amy J. Starmer, Nancy D. Spector, Rajendu Srivastava et al., "Changes in Medical Errors after Implementation of a Handoff Program," *New England Journal of Medicine* 371 (2014): 1803-1812.

4 담벼락을 허무는 것에 관한 경영학 문헌은 넘쳐난다. 유명 교수들이 언급한 몇 가지 사례만 예를 들면 다음과 같다. Vijay Govindarajan, "The First Two Steps Toward Breaking Down Silos in Your Organization," *Harvard Business Review*, August 9, 2011, accessed February 24, 2017, https://hbr.org/2011/08/the-first-two-steps-toward-breaking-down-silos/; Ranjay Gulati, "Silo Busting: How to Execute on the Promise of Customer Focus," *Harvard Business Review 85*, no. 5 (2007): 98-108; Kotter International, Contributor, "Leadership Tips for Cross-Silo Success," *Forbes*, April 15, 2013, accessed February 24, 2017, http://www.forbes.com/sites/johnkotter/2013/04/15/leadership-tips-for-cross-silo-success/#6749fa2a6718. 이 주제에 관한 서적도 나와 있다. Heidi K. Gardner, *Smart Collaboration: How Professionals and Their Firms Succeed by Breaking Down Silos* (Boston: Harvard Business Review Press, 2017); Gillian Tett, *The Silo Effect: The Peril of Expertise and the Promise of Breaking Down Barriers* (New York: Simon & Schuster, 2015).

5   제너럴일렉트릭 1990년 연례보고서를 인용한 다음의 자료에서 인용. Larry Hirschhorn and Thomas Gilmore, "The New Boundaries of the 'Boundaryless' Company," *Harvard Business Review 70*, no. 3 (1992): 104-115.

6   해당 결과는 다음 자료에서 인용. Martine R. Haas and Morten T. Hansen, "When Using Knowledge Can Hurt Performance: The Value of Organizational Capabilities in a Management Consulting Company," *Strategic Management Journal 26* (2005): 1-24.

7   과다 협업을 문제시하는 시각이 이상해 보일 수도 있다. 하지만 이에 대한 근거는 확고하다. 세 교수 롭 크로스, 렙 리벨, 애덤 그랜트는 수많은 기업에서 협업 활동이 50퍼센트가 증가한 것을 발견했다. 《포천Fortune》 선정 500대 기업'을 대상으로 이들이 실시한 설문조사에 따르면, 직원 다섯 명 가운데 세 명은 협업 요청에 대응해야 하는 시간이 줄기를 바라고 있었다. Rob Cross, Reb Rebele, and Adam Grant, "Collaborative Overload," *Harvard Business Review 94*, no. 1 (2016): 74-79.

8   이름과 세부 사항은 변경했다.

9   이 분석은 다른 변수는 모두 평균치로 고정해두고 상위 10퍼센트를 하위 10퍼센트와 비교한 결과다.

10 저자는 LC 트리플 쿼드 사례연구를 위해서 마이크 맥멀런과 여러 번 이메일로 인터뷰를 진행했다. 이 책의 내용은 애질런트 테크놀로지에서 게재를 허락한 사항이다.

11 이름과 세부 사항은 변경했다.

12 내가 이 공식을 처음으로 제시한 것은 나의 책 《협업》에서이고, 이후 수많은 경영자 교육 수업 및 컨설팅 과제에 적용하여 큰 효과를 보았다. Morten T. Hansen, *Collaboration: How Leaders Avoid the Traps, Build Common Ground, and Reap Big Results* (Boston: Harvard Business Press, 2009), p. 41.

13 Ibid.

14 이름과 세부 사항은 변경했다.

15 DNV는 자체 컨설팅 서비스에 대해서는 인증서를 발행할 수 없었기 때문에 잠재적으로 이해충돌의 가능성은 있었지만, 이 사례는 이런 제3자 이해충돌 가능성까지 염두에 두고 해당 경우를 계산에서 제외했다. Morten T. Hansen, "Transforming DNV: From Silos to Disciplined Collaboration Across Business Units—Food Business in 2005," Case 5458 (Fontainebleau: INSEAD, August 2007).

16 "Transcript of presidential meeting in the cabinet room of the White House; Topic: supplemental appropriations for the National Aeronautics and Space Administration (NASA), 21 November 1962," accessed December 18, 2014, http://history.nasa.gov/JFK-Webbconv/pages/transcript.pdf. 이 대화록은 2001년 처음으로 공개되었다.

Andrew Chaikin, "White House Tapes Shed Light on JFK Space Race Legend," *Space & Science*, August 22, 2001.

17   예컨대 비영리단체 '말라리아 노 모어^{Malaria No More}'의 웹페이지 참고. "Malaria No More," accessed April 15, 2016, https://www.malarianomore.org.

18   Steven Kerr, "On the Folly of Rewarding A, While Hoping for B," *The Academy of Management Executive 9*, no. 1 (1995): 7-14.

19   이름과 세부 사항은 변경했다.

20   이름과 세부 사항은 변경했다.

21   학술연구에서 신뢰에 대한 개관은 다음 자료 참고. Roderick Kramer, *Organizational Trust: A Reader* (New York: Oxford Management Readers, 2006).

22   이름과 세부 사항은 변경했다.

23   더 상세한 내용은 다음을 참고. Amy C. Edmondson, Ashley-Kay Fryer, and Morten T. Hansen, "Transforming Care at UnityPoint Health—Fort Dodge," Case 615-052 (Boston: Harvard Business School, March 2015).

8. 일도 잘하고 삶도 잘 살자

1   물론 행복에는 신체적 건강과 행복감, 의미 있는 인간관계, 삶의 목적에 대한 인식 등 등 많은 측면이 있다. 그러나 행복을 측정하기에는 일과 생활의 균형, 일로 인한 번아 웃, 직무 만족도가 가장 유망한 기준으로 보였다. 행복의 수많은 영역 중에서 이것들 이야말로 개인의 직장 경험과 가장 직접적인 관계가 있었다.

2   2013년 6월 4일 저자가 직접 대화한 내용.

3   이름과 지역에 관한 세부 사항은 변경했다.

4   Jonathon R. B. Halbesleben, Harvey Jaron, and Mark C. Bolino "Too Engaged? A Conservation of Resources View of the Relationship Between Work Engagement and Work Interference with Family," *Journal of Applied Psychology 94*, no. 6 (2009): 1452-1465.

5   Lewis Garrad and Tomas Chamorro-Premuzic, "The Dark Side of High Employee Engagement," *Harvard Business Review*, August 16, 2016, accessed February 24, 2017, https://hbr.org/2016/08/the-dark-side-of-high-employee-engagement.

6   Mayo Clinic Staff, "Job Burnout: How to Spot It and Take Action," September 17, 2015, accessed February 24, 2017, http://www.mayoclinic.org/healthy-lifestyle/adult-health/in-depth/burnout/art-20046642.

7   Samuel Melamed, Arie Shirom, Sharon Toker, Shlomo Berliner, and Itzhak Shapira, "Burnout and Risk of Cardiovascular Disease: Evidence, Possible Causal Paths, and Promising Research Directions," *Psychological Bulletin 132*, no. 3 (2006): 327-353; Ronald J. Burke and Esther R. Greenglass, "Hospital Restructuring, Work-Family Conflict and Psychological Burnout Among Nursing Staff," *Psychology and Health 16*, no. 5 (2001): 583-594; Armita Golkar, Emilia Johansson, Maki Kasahara, Walter Osika, Aleksander Perski, and Ivanca Savic, "The Influence of Work-Related Chronic Stress on the Regulation of Emotion and on Functional Connectivity in the Brain," *PLoS One 9*, no. 9 (2014), doi: 10.1371/journal.pone0104550; Sharon Toker and Michal Biron, "Job Burnout and Depression: Unraveling Their Temporal Relationship and Considering the Role of Physical Activity," *Journal of Applied Psychology 97*, no. 3 (2012): 699-710.

8   예컨대 다음을 참고. Kathleen M. Eisenhardt and Mark J. Zbaracki, "Strategic Decision Making," *Strategic Management Journal 13*, no. 52 (1992): 17-37; Allen C. Amason, "Distinguishing the Effects of Functional and Dysfunctional Conflict on Strategic Decision Making: Resolving a Paradox for Top Management Teams," *Academy of Managers Journal 39* (1996): 123-148.

9   Ann C. Mooney, Patricia J. Holahan, and Allen C. Amason, "Don't Take It Personally: Exploring Cognitive Conflict as Mediator of Effective Conflict," *Journal of Management Studies 44*, no. 5 (2007): 733-758.

10   271명의 직장인을 조사한 한 연구에 따르면 일에 대한 높은 열정은 직업 만족도와 높은 상관관계(0.82)를 가졌다. 370명의 대학교 직원을 조사한 또 다른 연구에 따르면 자신의 업무가 더 큰 대의에 기여한다고 느끼는 사람들은 직무 만족도를 훨씬 크게 느꼈다. Patricia Chen, Phoebe C. Ellsworth, and Norbert Schwarz, "Finding a Fit or Developing It: Implicit Theories About Achieving Passion for Work," *Personality and Social Psychology Bulletin 41*, no. 10 (2015): 1411-1424; Michael F. Steger, Bryan J. Dik, and Ryan D. Duffy, "Measuring Meaningful Work: The Work and Meaning Inventory," *Journal of Career Assessment 20*, no. 3 (2012): 322-337.

11   Michael P. Leiter and Christina Maslach, "The Impact of Interpersonal Environment on Burnout and Organizational Commitment," *Journal of Organizational Behavior 9*, no. 4 (1988): 297-308.

12   Dustin Moskovitz, "Work Hard, Live Well," Building Asana, August 19, 2015, accessed February 24, 2017, https://medium.com/building-asana/work-hard-live-well-ead679cb506d#.c0k0etr2a.

부록. 조사 개요

1 　예컨대 Heidi K. Gardner, "Performance Pressure as a Double-edged Sword," *Administrative Science Quarterly 57*, no. 1 (2012): 1-46; Erin Reid, "Embracing, Passing, Revealing, and the Ideal Worker Image: How People Navigate Expected and Experienced Professional Identities," *Organization Science 26*, no. 4 (2015): 997-1017.

2 　예컨대 Edward M. Hallowell, *Driven to Distraction at Work: How to Focus and Be More Productive* (Boston: Harvard Business Review Press, 2014).

3 　예컨대 Joshua S. Rubinstein, David E. Meyer, and Jeffrey E. Evans, "Executive Control of Cognitive Processes in Task Switching," *Journal of Experimental Psychology: Human Perception and Performance 27*, no. 4 (2001): 763-797; Decio Coviello, Andrea Ichino, and Nicola Persico, "The Inefficiency of Worker Time Use," *Journal of the European Economic Association 13*, no. 5 (2015): 906-947.

4 　예컨대 Chris Argyris and Donald A. Schön, *Organizational Learning. A Theory of Action Perspective*, Reading: Addison Wesley, 1978; Linda Argote and Dennis Epple, "Learning Curves in Manufacturing," *Science 247*, no. 4945 (1990): 920-924; Amy C. Edmondson, "Psychological Safety and Learning Behavior in Work Teams," *Administrative Science Quarterly 44*, no. 2 (1999): 350-383; Cristina Gibson and Freek Vermeulen, "A Healthy Divide: Subgroups as a Stimulus for Team Learning Behavior." *Administrative Science Quarterly 48*, no. 2 (2003): 202-239.

5 　Mihaela Stan and Freek Vermeulen, "Selection at the Gate: Difficult Cases, Spillovers, and Organizational Learning," *Organization Science 24*, no. 3 (2013): 796-812; Linda Argote and Dennis Epple, "Learning Curves in Manufacturing," *Science 247*, no. 4945 (1990).

6 　James G. March, "Exploration and Exploitation in Organizational Learning," *Organization Science 2*, no. 1 (1991): 71-87.

7 　예컨대 Teresa M. Amabile and Steven J. Kramer, "The Power of Small Wins," *Harvard Business Review 89*, no. 5 (2011): 70-80; Adam Grant, *Give and Take: Why Helping Others Drives Our Success* (New York: Viking, 2013); Justin M. Berg, Jane E. Dutton, and Amy Wrzesniewski, "Job Crafting and Meaningful Work" in *Purpose and Meaning in the Workplace*, Ed. Bryan J. Dik, Zinta S. Byrne, and Michael F. Steger (Washington, DC: American Psychological Association, 2013), pp. 81-104.

8 　Berg, Dutton, and Wrzesniewski, "Job Crafting and Meaningful Work" (2013).

9 　Robert B. Cialdini, *Influence: The Psychology of Persuasion* (New York: HarperCollins, 2006).

10   Jeffrey Pfeffer, *Power: Why Some People Have It and Others Don't* (New York: HarperCollins, 2010).

11   Angela L. Duckworth, *Grit: The Power of Passion and Perseverance* (New York: Scribner, 2016).

12   예컨대 Chip Heath and Dan Heath, *Switch: How to Change Things When Change Is Hard* (New York: Crown Business, 2010).

13   John P. Kotter, *Leading Change* (Boston: Harvard Business Press), 1996.

14   예컨대 Frank R. C. de Wit, Lindred L. Greer, and Karen A. Jehn, "The Paradox of Intragroup Conflict: A Meta-Analysis," *Journal of Applied Psychology 97*, no. 2 (2012): 360-390.

15   Allen C. Amason, "Distinguishing the Effects of Functional and Dysfunctional Conflict on Strategic Decision Making: Resolving a Paradox for Top Management Teams," *Academy of Management 39*, no. 1 (1996): 123-148; Amy C. Edmondson, "Psychological Safety and Learning Behavior in Work Teams" (1999).

16   Irving L. Janis, *Groupthink: Psychological Studies of Policy Decisions and Fiascoes* (New York: Houghton Mifflin, 1983).

17   Martine R. Haas and Morten T. Hansen, "When Using Knowledge Can Hurt Performance: An Empirical Test of Competitive Bidding in a Management Consulting Company," *Strategic Management Journal 26* (2005): 1-24; Rob Cross, and Andrew Parker, *The Hidden Power of Social Networks: Understanding How Work Really Gets Done in Organizations* (Boston: Harvard Business Review Press, 2004); Rob Cross, Reb Rebele, and Adam Grant, "Collaborative Overload," *Harvard Business Review 94*, no. 1 (2016): 74-79; Heidi K. Gardner, *Smart Collaboration: How Professionals and Their Firms Succeed by Breaking Down Silos* (Boston: Harvard Business Review Press, 2017).

18   해당 측면에서 각 항목에 대한 표준점수(Z점수)의 가중합계다. 각 항목에 대한 가중치는 해당 항목의 값과 결과로 나온 요인 점수 사이의 상관성을 극대화하도록 계산했다. 이는 해당 측면으로 대표되는 일반적 콘셉트를 측정하기 위한 최적 조합의 항목을 나타낸다.

19   4,964명의 응답자 중에는 일부 항목에 대한 답변이 불완전한 경우도 있었다. 회귀 모델에 사용할 완전한 답변지의 개수는 N=4,958이었다.

20   이 두 변수는 공차값이 너무 낮아서 직선 효과와 이차곡선 효과를 분리해서 해석할 수 없었다. 우리는 그냥 두 변수를 한 쌍으로 이용해서 노동시간이라는 단일의 구성요소를 나타내고 통제했다.

21 우리는 다항회귀모형을 사용했고 적절한 차수는 평균오차제곱을 이용해 선택했다. 이를 위해 한 단계 진행할 때마다 예측변수의 제곱횟수를 올려서 더해주었다. 쉽게 말해 첫 번째 모델은 "x는 직선 형태로 y를 예측한다"(선형 모델)고 말했다면, 그다음 단계 모델은 "x2(U자 형태의 포물선)를 추가한 다음, 오차가 줄어드는지 본다"고 말하는 식이었다. 더 이상 예측력이 개선될 수 없을 때까지 이 과정을 계속했다.

22 이차함수의 정점을 지나 노동시간이 많을 때 곡선의 감소 비율을 테스트했더니, 이차함수 모델이 예측하는 감소 속도는 실제로 데이터에서 드러나는 것보다 훨씬 더 빨랐다. 따라서 최대치에 도달한 이후 성과 감소는 이차함수가 아니라 선형함수에 해당했다.

23 수학적으로 더 상세한 설명은 다음을 참고. John Pencavel, "The Productivity of Working Hours," *Economic Journal 125*, no. 589 (2015): 2052-2076.

24 어느 모델을 타당하다고 인정하는 기준은 근사평균제곱근오차[RMSEA]와 유의성 검정(전통적인 p값)이다. RMSEA는 모델 내 변수쌍들 사이의 모든 상관관계에서 예측값과 실제값 사이의 평균오차이다. 해당 값이 작을수록 모델은 데이터와 더 잘 일치한다. RMSEA가 낮다는 말은 모델이 예측하는 상관관계가 모델에서 발견되는 실제 상관관계와 일치한다는 뜻이다. 전통적으로 어느 모델이 타당하다고 인정하기 위한 RMSEA 값은 '5퍼센트 이하'다.

p값은 예측된 상관관계와 실제 상관관계 사이의 오차가 가설로 세운 인과관계의 오류 때문이 아니라 임의잡음[random noise] 때문일 확률이다. 전통적인 가설 검증에서는 p값이 낮아야 하고 흔히 $p < 0.05$가 될 모델을 찾는데, 이 말은 결과치가 우연히 나올 확률이 거의 없다는 뜻이다. 구조방정식 모델링에서는 이 논리를 역으로 적용한다. p값이 높으면 예측된 상관관계와 실제 상관관계 사이의 차이가 부정확한 모델 구조 때문이 아니라 우연적 효과일 가능성이 크다는 뜻이 된다.

구조방정식 모델링에서 흔히 사용하는 타당한 모델의 기준은 $p > 0.05$이다. 이 값은 자유롭게 변할 수 있는 이들 값의 수(자유도)에 따라 예측된 상관값과 실제 상관값의 차이를 요약해주는 카이제곱통계량을 통해 계산된다.

참고문헌

Agle, Bradley R., Nandu J. Nagarajan, Jeffrey A. Sonnenfeld, and Dhinu Srinivasan. "Does CEO Charisma Matter? An Empirical Analysis of the Relationships Among Organizational Performance, Environmental Uncertainty, and Top Management Team Perceptions of CEO Charisma." *Academy of Management Journal 49*, no. 1 (2006): 161-174.

Alexander, Caroline. "The Race to the South Pole." *National Geographic*, September 2011.

Amabile, Teresa M., and Steven J. Kramer. "The Power of Small Wins." *Harvard Business Review 89*, no. 5 (2011): 70-80.

Amason, Allen C. "Distinguishing the Effects of Functional and Dysfunctional Conflict on Strategic Decision Making: Resolving a Paradox for Top Management Teams." *Academy of Management 39*, no. 1 (1996): 123-148.

Amundsen, Roald. *The South Pole: An Account of the Norwegian Antarctic Expedition in the Fram, 1910-1912*. New York: Cooper Square Press, 2000.

Argote, Linda, and Dennis Epple. "Learning Curves in Manufacturing." *Science 247*, no. 4945 (1990): 920-924.

Argyris, Chris, and Donald A. SchÖn. *Organizational Learning. A Theory of Action Perspective*. Reading: Addison Wesley, 1978.

Ariely, Dan. *Predictably Irrational: The Hidden Forces That Shape Our Decisions.* New York: HarperCollins, 2008.

Barclay, Laurie. "Better Handoffs Cut Medical Errors 30% in Multicenter Trial." *Medscape*, November 6, 2014.

Berg, Justin M., Jane E. Dutton, and Amy Wrzesniewski. "Job Crafting and Meaningful Work" in *Purpose and Meaning in the Workplace*. Ed. Bryan J. Dik, Zinta S. Byrne, and Michael F. Steger. Washington, DC: American Psychological Association, 2013, pp. 81-104.

Berger, Jonah A. *Contagious: Why Things Catch On*. New York: Simon & Schuster, 2016.

Berger, Jonah A., and Katherine L. Milkman. "What Makes Online Content Viral?" *Journal of Marketing Research 49*, no. 2 (2012): 192-205.

Biciunaite, Audre. "Economic Growth and Life Expectancy: Do Wealthier Countries Live Longer?" *Euromonitor International*, March 14, 2014. Accessed June 22, 2017, http://blog.euromonitor.com/2014/03/economicgrowth-and-life-expectancy-do-wealthier-countries-live-longer.html.

Birkinshaw, Julian. *Reinventing Management: Smarter Choices for Getting Work Done*. San Francisco: Jossey-Bass, 2012.

Bishop, Susan. "The Strategic Power of Saying No." *Harvard Business Review 77*, no. 6 (1999): 50-61.

Bissel, Richard M. Jr. *Reflections of a Cold Warrior: From Yalta to the Bay of Pigs*. New Haven: Yale University Press, 1996.

Black, Jane. "Jamie Oliver Improves Huntington, W.Va.'s Eating Habits." *Washington Post*, April 21, 2010.

Bluedorn, Allen C., Daniel B. Turban, and Mary Sue Love. "The Effects of Stand-Up and Sit-Down Meeting Formats on Meeting Outcomes." *Journal of Applied Psychology 84*, no. 2 (1999): 277-285.

Bohmer, Richard, Laura Feldman, Erika Ferlins, Amy C. Edmondson, and Michael Roberto. "*Columbia*'s Final Mission." Case 304-090. Boston: Harvard Business School, April 2004.

Bolino, Mark C., and William H. Turnley. "Counternormative Impression Management, Likeability, and Performance Ratings: The Use of Intimidation in an Organizational Setting." *Journal of Organizational Behavior 24*, no. 2 (2003): 237-250.

Bono, Joyce E., and Remus Ilies. "Charisma, Positive Emotions, and Mood Contagion." *Leadership Quarterly 17*, no. 4 (2006): 317-334.

Breashears, David, Morten T. Hansen, Ludo Van der Heyden, and Elin Williams. "Tragedy on Everest." Case 5519 (Fontainebleau: INSEAD, September 2014).

Breen, Richard, and Inkwan Chung. "Income Inequality and Education." *Sociological Science 2* (2015): 454-477.

Brennan, Paul, et al. "High Cumulative Risk of Lung Cancer Death among Smokers and Nonsmokers in Central and Eastern Europe." *American Journal of Epidemiology 164*, no. 12 (2006): 1233-1241.

Buckingham, Marcus. *Now, Discover your Strengths*. New York: Gallup Press, 2001.

Bunderson, J. Stuart, and Jeffrey A. Thompson. "The Call of the Wild: Zookeepers, Callings, and the Dual Edges of Deeply Meaningful Work." *Administrative Science Quarterly 54* (2009): 32-57.

Burke, Ronald J., and Esther R. Greenglass. "Hospital Restructuring, Work-Family Conflict and Psychological Burnout Among Nursing Staff." *Psychology and Health 16*, no. 5 (2001): 583-594.

Cain, Susan. *Quiet: The Power of Introverts in a World That Can't Stop Talking*. New York: Broadway Books, 2013.

Chaikin, Andrew. "White House Tapes Shed Light on JFK Space Race Legend." *Space & Science*, August 22, 2001.

Chakravarthy, Bala, and Hans Huber. "Internal Entrepreneurship at the Dow Chemical Co." Case 1117. Lausanne: IMD, July 2003.

Chen, Patricia, Phoebe C. Ellsworth, and Norbert Schwarz. "Finding a Fit or Developing It: Implicit Theories About Achieving Passion for Work." *Personality and Social Psychology Bulletin 41*, no. 10 (2015): 1411-1424.

Christensen, Clayton, Michael E. Raynor, and Rory McDonald. "What Is Disruptive Innovation?" *Harvard Business Review 93*, no. 12 (2015): 44-53.

Cialdini, Robert B. *Influence: The Psychology of Persuasion*. New York: HarperCollins, 2006.

Clotfelter, Charles T., Helen F. Ladd, and Jacob L. Vigdor. "Teacher Credentials and Student Achievement in High School: A Cross-Subject Analysis with Student Fixed Effects." *NBER Working Paper No. 13617*, November 2007, last revision March 2008.

Coens, Tom, and Mary Jenkins. *Abolishing Performance Appraisals: Why They Backfire and What to Do Instead*. San Francisco: Berrett-Koehler, 2000.

Cohen-Charash, Youchi, and Paul E. Spector. "The Role of Justice in Organizations: A Meta-analysis." *Organizational Behavior and Human Decision Processes 86*, no. 2 (2001): 278-321.

Collins, Jim. *Good to Great: Why Some Companies Make the Leap … and Others Don't*. New York: HarperBusiness, 2001.

Collins, Jim, and Morten T. Hansen. *Great by Choice: Uncertainty, Chaos and Luck—Why Some Thrive Despite Them All*. New York: HarperBusiness, 2011.

Collins, Jim, and Jerry I. Porras. *Built to Last*. New York: HarperCollins, 1994.

Colvin, Geoff. *Talent Is Overrated: What Really Separates World-Class Performers from Everybody Else*. New York: Portfolio, 2008.

Covey, Stephen R. *The 7 Habits of Highly Effective People: Powerful Lessons in Personal Change*. New York: Simon & Schuster, 2013.

Coviello, Decio, Andrea Ichino, and Nicola Persico. "The Inefficiency of Worker Time Use." *Journal of the European Economic Association 13*, no. 5 (2015): 906-947.

Coyle, Daniel. *The Talent Code: Greatness Isn't Born. It's Grown*. New York: Bantam, 2009.

Cross, Rob, and Andrew Parker. *The Hidden Power of Social Networks: Understanding How Work Really Gets Done in Organizations*. Boston: Harvard Business Review Press, 2004.

Cross, Rob, Reb Rebele, and Adam Grant. "Collaborative Overload." *Harvard Business*

Review 94, no. 1 (2016): 74-79.

Crveni17. "1994 Bulls Knicks Game 3 Buzzer Beating Game Winner (The Story Behind)." Sole Records. Posted August 20, 2011. https://www.youtube.com/watch?feature=player_detailpage&v=c7SbG-8Bvgk.

Csikszentmihalyi, Mihaly. *Flow: The Psychology of Optimal Experience*. New York: Harper & Row, 1990.

Cuddy, Amy J. C., Peter Glick, and Anna Beninger. "The Dynamics of Warmth and Competence Judgments, and Their Outcomes in Organizations." *Research in Organizational Behavior 31* (2011): 73-98.

De Saint-Exupéry, Antoine. *Terre des Hommes* (1939). Trans. Lewis Galantiere. *Wind, Sand and Stars*. New York: Harcourt Brace & Company, 1967.

De Wit, Frank R. C., Lindred L. Greer, and Karen A. Jehn. "The Paradox of Intragroup Conflict: A Meta-Analysis." *Journal of Applied Psychology 97*, no. 2 (2012): 360-390.

Donini-Lenhoff, Fred G., and Hannah L. Hedrick. "Growth of Specialization in Graduate Medical Education." *JAMA: The Journal of the American Medical Association 284*, no. 10 (2000): 1284-1289.

Drucker, Peter. *The Effective Executive: The Definitive Guide to Getting the Right Things Done*. New York: HarperBusiness, 2006.

Duckworth, Angela L. *Grit: The Power of Passion and Perseverance*. New York: Scribner, 2016.

Duckworth, Angela L., and Christopher Peterson. "Grit: Perseverance and Passion for Long-Term Goals." *Journal of Personality and Social Psychology 92*, no. 6 (2007): 1087-1101.

Dweck, Carol. *Mindset: The New Psychology of Success*. New York: Random House, 2007.

Edmondson, Amy C. "Psychological Safety and Learning Behavior in Work Teams." *Administrative Science Quarterly 44*, no. 2 (1999): 350-383.

Edmondson, Amy C., Richard M. Bohmer, and Gary P. Pisano. "Disrupted Routines: Team Learning and New Technology Implementation in Hospitals." *Administrative Science Quarterly 46* (2001): 685-716.

Edmondson, Amy C., and Kathryn Roloff. "Leveraging Diversity Through Psychological Safety." *Rotman Magazine* (Fall 2009): 47-51.

Edmondson, Amy C., Ashley-Kay Fryer, and Morten T. Hansen. "Transforming Care at UnityPoint Health—Fort Dodge." Case 615-052. Boston: Harvard Business School, March 2015.

Eisenhardt, Kathleen M., and Mark J. Zbaracki. "Strategic Decision Making." *Strategic Management Journal 13*, no. 52 (1992): 17-37.

Ericsson, K. Anders, Ralf Th. Krampe, and Clemens Tesch-Roemer. "The role of deliberate practice in the acquisition of expert performance." *Psychological Review 100* (1993): 363-406.

Ericsson, K. Anders. "The Influence of Experience and Deliberate Practice on the Development of Superior Expert Performance." In Cambridge Handbook of Expertise and Expert Performance, edited by K. Anders Ericsson, Neil Charness, Paul J. Feltovich, and Robert R. Hoffman, 685-70. Cambridge: Cambridge University Press, 2006.

Ericsson, K. Anders, and Robert Pool. *Peak: Secrets from the New Science of Expertise*. New York: Houghton Mifflin Harcourt, 2016.

Forbes Healthcare Summit 2014. "At Age 22, DNA Sequencing Put My Cancer on Pause." Forbes Video. December 15, 2014. https://www.forbes.com/video/3930262661001.

Freeman, Rebecca. "Labour Productivity Indicators: Comparison of two OECD Databases, Productivity Differentials & The Balassa-Samuelson Effect." OECD, July 2008. Accessed August 3, 2015. http://www.oecd.org/std/labour-stats/41354425.pdf.

Gardner, Heidi K. "Performance Pressure as a Double-edged Sword." *Administrative Science Quarterly 57*, no. 1 (2012): 1-46.

Gardner, Heidi K. *Smart Collaboration: How Professionals and Their Firms Succeed by Breaking Down Silos*. Boston: Harvard Business Review Press, 2017.

Garrad, Lewis, and Tomas Chamorro-Premuzic. "The Dark Side of High Employee Engagement." *Harvard Business Review*, August 16, 2016. Accessed February 24, 2017. https://hbr.org/2016/08/the-dark-side-of-high-employee-engagement.

Gawande, Atul. "The Bell Curve." *The New Yorker*, December 6, 2004.

Gelb, David. *Jiro Dreams of Sushi*. New York: Magnolia Home Entertainment: 2012. DVD.

Gerace, Adam, Andrew Day, Sharon Casey, and Philip Mohr. "An Exploratory Investigation of the Process of Perspective Taking in Interpersonal Situations." *Journal of Relationships Research 4*, no. e6 (2013): 1-12.

Gibson, Cristina, and Freek Vermeulen. "A Healthy Divide: Subgroups as a Stimulus for Team Learning Behavior." *Administrative Science Quarterly 48*, no. 2 (2003): 202-239.

Gladwell, Malcolm. *Outliers: The Story of Success*. New York: Little, Brown & Company, 2008.

Gleijeses, Piero. "Ships in the Night: The CIA, the White House and the Bay of Pigs." *Journal of Latin American Studies 27*, no. 1 (February 1995): 1-42.

Goleman, Daniel. *Focus: The Hidden Driver of Excellence*. New York: HarperCollins, 2013.

Golkar, Armita, Emilia Johansson, Maki Kasahara, Walter Osika, Aleksander Perski, and Ivanca Savic. "The Influence of Work-Related Chronic Stress on the Regulation of Emotion and on Functional Connectivity in the Brain." *PLoS One 9*, no. 9 (2014). doi: 10.1371/journal.pone0104550.

Govindarajan, Vijay. "The First Two Steps Toward Breaking Down Silos in Your Organization." *Harvard Business Review*, August 9, 2011. Accessed February 24, 2017. https://hbr.org/2011/08/the-first-two-steps-toward-breaking-down-silos/.

Grant, Adam. *Give and Take: Why Helping Others Drives Our Success*. New York: Viking,

2013.

Grant, Adam. *Originals: How Non-Conformists Move the World*. New York: Viking, 2016.

Grant, Adam M., Elizabeth M. Campbell, Grace Chen, Keenan Cottone, David Lapedis, and Karen Lee. "Impact and the Art of Motivation Maintenance: The Effects of Contact with Beneficiaries on Persistence Behavior." *Organizational Behavior and Human Decision Processes 103* (2007): 53-67.

Gratton, Lynda. *The Shift: The Future of Work Is Already Here*. New York: HarperCollins, 2011.

Gulati, Ranjay. "Silo Busting: How to Execute on the Promise of Customer Focus." *Harvard Business Review 85*, no. 5 (2007): 98-108.

Haas, Martine R., and Morten T. Hansen. "Competing for Attention in Knowledge Markets: Electronic Document Dissemination in a Management Consulting Company." *Administrative Science Quarterly 46* (2001): 1-28.

Haas, Martine R. and Morten T. Hansen. "When Using Knowledge Can Hurt Performance: An Empirical Test of Competitive Bidding in a Management Consulting Company." *Strategic Management Journal 26* (2005): 1-24.

Hackman, J. Richard. *Leading Teams: Setting the Stage for Great Performances*. Boston: Harvard Business Press, 2002.

Hackman, J. Richard, and Greg R. Oldham. "Motivation through the Design of Work: Test of a Theory." *Organizational Behavior and Human Performance 16*, no. 2 (1976): 250-279.

Halberstam, David. "The Vantage Point: Perspectives of the Presidency 1963-1969. By Lyndon Baines Johnson. Illustrated. 636 pp. New York: Holt, Rinehart and Winston. $15." *New York Times*, October 31, 1971.

Halberstam, David. *The Best and the Brightest*. New York: Ballantine Books, 1992.

Halbesleben, Jonathon R. B., Harvey Jaron, and Mark C. Bolino. "Too Engaged? A Conservation of Resources View of the Relationship Between Work Engagement and Work Interference with Family." *Journal of Applied Psychology 94*, no. 6 (2009): 1452-1465.

Hansen, Morten T. "Transforming DNV: From Silos to Disciplined Collaboration Across Business Units—Food Business in 2005." Case 5458. Fontainebleau: INSEAD, August 2007.

Hansen, Morten T. *Collaboration: How Leaders Avoid the Traps, Build Common Ground, and Reap Big Results*. Boston: Harvard Business Press, 2009.

Hansen, Morten T., Herminia Ibarra, and Nana von Bernuth. "Transforming Reckitt Benckiser." Case 5686. Fontainebleau: INSEAD, April 2011.

Hansen, Morten T., Herminia Ibarra, and Urs Peyer. "The Best-Performing CEOs in the World." *Harvard Business Review 88*, no. 1 (2010): 104-113.

Hansen, Morten T., Herminia Ibarra, and Urs Peyer. "The Best-Performing CEOs in the World." *Harvard Business Review 91*, no. 1/2 (2013): 81-95.

Hansen, Morten T., Michelle Rogan, Dickson Louie, and Nana von Bernuth. "Corporate Entrepreneurship: Steven Birdsall at SAP." Case 6022. Fontainebleau: INSEAD, December 2013.

Heath, Chip, and Dan Heath. *Switch: How to Change Things When Change Is Hard*. New York: Crown Business, 2010.

Hemingway, Ernest. "A Man's Credo." *Playboy 10*, no. 1 (1963): 120-124.

Herzberg, Frederick. *Work and the Nature of Man*. Cleveland: World Publishing Company, 1966.

Hewlett, Sylvia Ann, and Carolyn Buck Luce. "Extreme Jobs: The Dangerous Allure of the 70-Hour Workweek." *Harvard Business Review 48*, no. 12 (2006): 49-59.

Hirschhorn, Larry, and Thomas Gilmore. "The New Boundaries of the 'Boundaryless' Company." *Harvard Business Review 70*, no. 3 (1992): 104-115.

Ho, Violet, Sze-Sze Wong, and Chay Hoon Lee. "A Tale of Passion: Linking Job Passion and Cognitive Engagement to Employee Work Performance." *Journal of Management Studies 48*, no. 1 (2011): 26-47.

Huntford, Roland. *Scott and Amundsen: The Last Place on Earth*. New York: Modern Library, 1999.

Isidore, Chris. "Death Toll for GM Ignition Switch: 124." CNN Money, December 10, 2015. Accessed February 23, 2017. http://money.cnn.com/2015/12/10/news/companies/gm-recall-ignition-switch-death-toll.

Jacobs, Emma. "Kill the Passion for Work." *Financial Times*, May 13, 2015.

Janis, Irving L. *Groupthink: Psychological Studies of Policy Decisions and Fiascoes*. New York: Houghton Mifflin, 1983.

Kappel, Frank. "Bop Invasion First Hand Account — May 1961." Cuban Information Archives, May 29, 1961. Dade County OCB file #153-D. Accessed December 18, 2014. http://cuban-exile.com/doc_026-050/doc0041.html.

Kellaway, Lucy. "And the Golden Flannel of the Year Award Goes to ..." *Financial Times*, January 4, 2015.

Kellaway, Lucy. "Endless Digital Feedback Will Make Us Needy and Unkind." *Financial Times*, March 8, 2015.

Kerr, Stephen. "On the Folly of Rewarding A, While Hoping for B." *The Academy of Management Executive 9*, no. 1 (1995): 7-14.

Knight, Andrew P., and Markus Baer. "Get Up, Stand Up: The Effects of a Non-Sedentary Workspace on Information Elaboration and Group Performance." *Social Psychological and Personality Science 5*, no. 8 (2014): 910-917.

Kolata, Gina. "Doctors Strive to Do Less Harm by Inattentive Care," *New York Times*,

February 17, 2017. Accessed June 23, 2017. https://www.nytimes.com/2015/02/18/health/doctors-strive-to-do-less-harm-by-inattentive-care.html?_r=0.

Kotter, John P. *Leading Change*. Boston: Harvard Business Press, 1996.

Kotter, John P., and Dan S. Cohen. *The Heart of Change: Real-life Stories of How People Change Their Organizations*. Boston: Harvard Business Review Press, 2012.

Kramer, Roderick. *Organizational Trust: A Reader*. New York: Oxford Management Readers, 2006.

Lawrence, Paul R., and Nitin Nohria. *Drive: How Human Nature Shapes Our Choices*. San Francisco: Jossey-Bass, 2002.

Lebowitz, Shana. "A Yale Professor Explains How to Turn a Boring Job into a Meaningful Career." *Business Insider*, December 1, 2015. Accessed February 23, 2017. http://uk.businessinsider.com/turn-a-boring-job-into-a-meaningful-career-job-crafting-2015-12?r=US&IR=T.

Lebowitz, Shana. "One of the Most Influential Silicon Valley Investors Reveals How His Firm Decides Whether to Back a Company." *Business Insider*, June 2, 2016. Accessed February 24, 2017. http://uk.businessinsider.com/how-andreessen-horowitz-decides-to-back-a-company-2016-6?r=US&IR=T.

Leiter, Michael P., and Christina Maslach. "The Impact of Interpersonal Environment on Burnout and Organizational Commitment." *Journal of Organizational Behavior 9*, no. 4 (1988): 297-308.

Linkner, Josh. "Is Your Company Selling Aspirin, or Vitamins?" *FastCompany*, March 27, 2012. Accessed February 18, 2017. http://www.fastcompany.com/1826271/your-company-selling-aspirin-or-vitamins.

Malone, Thomas W. *The Future of Work: How the New Order of Business Will Shape Your Organization, Your Management Style and Your Life*. Boston: Harvard Business Review Press, 2004.

March, James G. "Exploration and Exploitation in Organizational Learning." *Organization Science 2*, no. 1 (1991): 71-87.

McKeown, Greg. *Essentialism: The Disciplined Pursuit of Less*. New York: Crown Business, 2014.

Melamed, Samuel, Arie Shirom, Sharon Toker, Shlomo Berliner, and Itzhak Shapira. "Burnout and Risk of Cardiovascular Disease: Evidence, Possible Causal Paths, and Promising Research Directions." *Psychological Bulletin 132*, no. 3 (2006): 327-353.

Meyer, Erin. "Negotiating Across Cultures." HBR Video, February 25, 2016. https://hbr.org/video/4773888299001/negotiating-across-cultures.

Michaels, Ed, Helen Handfield-Jones, and Beth Axelrod. *The War for Talent*. Boston: Harvard Business Review Press, 2001.

Mooney, Ann C., Patricia J. Holahan, and Allen C. Amason. "Don't Take It Personally:

Exploring Cognitive Conflict as Mediator of Effective Conflict." *Journal of Management Studies 44*, no. 5 (2007): 733-758.

Moran, Michael. *The British Regulatory State: High Modernism and Hyper-Innovation*. New York: Oxford University Press, 2007.

Newport, Cal. *So Good They Can't Ignore You: Why Skills Trump Passion in the Quest for Work You Love*. New York: Grand Central Publishing, 2012.

O'Connell, Andrew. "The Pros and Cons of Doing One Thing at a Time." *Harvard Business Review*, January 20, 2015.

Page, Scott E. *The Difference: How the Power of Diversity Creates Better Groups, Firms, Schools, and Societies*. Princeton: Princeton University Press, 2007.

Pencavel, John. "The Productivity of Working Hours." *Economic Journal 125*, no. 589 (2015): 2052-2076.

Pentland, Alex Sandy. "The New Science of Building Great Teams." *Harvard Business Review 90*, no. 4 (2012): 60-70.

Perlow, Leslie A., and Jessica L. Porter. "Making Time Off Predictable—and Required." *Harvard Business Review 87*, no. 10 (2009): 102-109.

Pfeffer, Jeffrey. *Power: Why Some People Have It and Others Don't*. New York: HarperCollins, 2010.

Phillips, Katherine. "How Diversity Makes Us Smarter." *Scientific American*, October 1, 2014.

Pink, Dan. "The Puzzle of Motivation." TED Video, July 2009. https://www.ted.com/talks/dan_pink_on_motivation.

Plous, Scott. *The Psychology of Judgment and Decision Making*. New York: McGraw-Hill, 1993.

Preston, Diana. *A First Rate Tragedy: Captain Scott's Antarctic Expeditions*. London: Constable, paperback ed., 1999.

Rasinger, Jim. *The Brilliant Disaster: JFK, Castro, and America's Doomed Invasion of Cuba's Bay of Pigs*. New York: Scribner, 2012.

Rath, Tom. *StrengthsFinder 2.0*. New York: Gallup Press, 2007.

Reid, Erin. "Embracing, Passing, Revealing, and the Ideal Worker Image: How People Navigate Expected and Experienced Professional Identities." *Organization Science 26*, no. 4 (2015): 997-1017.

Rejcek, Peter. "Shipwreck: Remains of Scott's Vessel Terra Nova Found off Greenland Coast." *Antarctic Sun*, August 24, 2012, updated August 29, 2012. Accessed May 27, 2017. https://antarcticsun.usap.gov/features/contenthandler.cfm?id=2725.

Roberto, Michael A. *Why Great Leaders Don't Take Yes for an Answer: Managing for Conflict and Consensus*. Upper Saddle River: Wharton School Publishing, 2005.

Robson, David. "The Scott Expedition: How Science Gained the Pole Position." *Telegraph*,

June 21, 2011. Accessed May 27, 2017. http://www.telegraph.co.uk/news/science/science-news/8587530/The-Scott-expedition-how-science-gained-the-pole-position.html.

Rosen, Rebecca J. "What Jobs Do People Find Most Meaningful?" *Atlantic*, June 24, 2014.

Rubinstein, Joshua S., David E. Meyer, and Jeffrey E. Evans. "Executive Control of Cognitive Processes in Task Switching." *Journal of Experimental Psychology: Human Perception and Performance 27*, no. 4 (2001): 763-797.

Rudman, Laurie A., and Julie E. Phelan. "Backlash Effects for Disconfirming Gender Stereotypes in Organizations." *Research in Organizational Behavior 28* (2008): 61-79.

Schlesinger, Arthur M., Jr. *Thousand Days: John F. Kennedy in the White House*. New York: Mariner Books, 2002.

Scott, W. Richard, and Gerald F. Davis. *Organizations and Organizing: Rational, Natural, and Open Systems Perspectives*. New York: Routledge, 2016.

Shannon, Sarah. "Britain's Reckitt Benckiser Goes Shopping." *Bloomberg Businessweek*, July 29, 2010. Accessed June 23, 2017. https://www.bloomberg.com/news/articles/2010-07-29/britains-reckitt-benckiser-goes-shopping.

Shin, Jiwoong, and Dan Ariely. "Keeping Doors Open: The Effect of Unavailability on Incentives to Keep Options Viable." *Management Science 50*, no. 5 (May 2004): 575-586.

Simon, Herbert A. "Rational Choice and the Structure of the Environment." *Psychological Review 63*, no. 2 (1956): 129-138.

Simon, Herbert A. "Designing Organizations for an Information-Rich World." In *Computers, Communication, and the Public Interest*, edited by Martin Greenberger, 40-41. Baltimore: Johns Hopkins University Press, 1971.

Sobel, David. "I Never Should Have Followed my Dreams." *Salon*, September 1, 2014. Accessed February 23, 2017. http://www.salon.com/2014/09/01/i_never_should_have_followed_my_dreams.

Sobh, Rana, and Brett Martin. "Hoped-for Selves and Feared Selves: How Positive and Negative Reference Values in Self-Regulation Moderate Consumer Goal-Directed Efforts." *European Advances in Consumer Research 8* (2008): 350-352.

Stan, Mihaela, and Freek Vermeulen. "Selection at the Gate: Difficult Cases, Spillovers, and Organizational Learning." *Organization Science 24*, no. 3 (2013): 796-812.

Starmer, Amy J., Nancy D. Spector, Rajendu Srivastava, et al. "Changes in Medical Errors after Implementation of a Handoff Program." *New England Journal of Medicine 371* (2014): 1803-1812.

Steger, Michael F., Bryan J. Dik, and Ryan D. Duffy. "Measuring Meaningful Work: The Work and Meaning Inventory." *Journal of Career Assessment 20*, no. 3 (2012): 322-337.

Stobbe, Mike. "Appalachian Town Shrugs at Poorest Health Ranking." *Herald-Dispatch*, November 16, 2008. Accessed February 24, 2017. http://www.herald-dispatch.com/news/appalachian-town-shrugs-at-poorest-health-ranking/article_c50a30c5-f55c-5a3a-8fad-2285c119e104.html.

Sull, Donald, and Kathleen M. Eisenhardt. *Simple Rules: How to Thrive in a Complex World*. London: John Murray Publishers, 2015.

Swartz, Aimee. "Beating Cystic Fibrosis." *Atlantic*, September 27, 2013.

Tenney, Matt. "Why Empowering Employees to Be Compassionate Is Great for Business." *Huffington Post*, September 6, 2016.

Tett, Gilian. *The Silo Effect: The Peril of Expertise and the Promise of Breaking Down Barriers*. New York: Simon & Schuster, 2015.

Thaler, Richard, and Cass Sunstein. *Nudge: Improving Decisions About Health, Wealth, and Happiness*. New York: Penguin Books, 2009.

Tichy, Noel, and Ram Charan. "Speed, Simplicity, Self-Confidence: An Interview with Jack Welch." *Harvard Business Review 67*, no. 5 (1989): 112-120.

Toker, Sharon, and Michal Biron. "Job Burnout and Depression: Unraveling Their Temporal Relationship and Considering the Role of Physical Activity." *Journal of Applied Psychology 97*, no. 3 (2012): 699-710.

Toussaint, John, and Roger A. Gerard. *On the Mend: Revolutionizing Healthcare to Save Lives and Transform the Industry*. Cambridge: Lean Enterprise Institute, 2010.

Van Gorder, Chris. *The Front-Line Leader: Building a High-Performance Organization from the Ground Up*. San Francisco: Jossey-Bass, 2015.

Venema, Vibeke. "The Indian Sanitary Pad Revolutionary." *BBC News*, March 4, 2014. Accessed June 23, 2017. http://www.bbc.com/news/magazine-26260978.

Whelan, Fred, and Gladys Stone. "James Dyson: How Persistence Leads to Success." *Huffington Post*, December 15, 2009.

Wilcox, Laura. "Huntington Area Labeled as Nation's Most Unhealthy." *Herald-Dispatch*, November 16, 2008.

Wile, Rob. "Marc Andreessen Gives the Career Advice That Nobody Wants to Hear." *Business Insider*, May 27, 2014.

Wrzesniewski, Amy, Jane E. Dutton, and Gelaye Debebe. "Interpersonal Sensemaking and the Meaning of Work." *Research in Organizational Behavior 25* (2003): 93-135.

Zetlin, Minda. "17 Percent of Employees Would Rather Watch Paint Dry than Attend Meetings." *Inc*. January 30, 2015. Accessed February 23, 2017. http://www.inc.com/minda-zetlin/17-percent-of-employees-would-rather-watch-paint-dry-than-attend-team-meetings.html.

감사의 말

이번 연구를 진행하고 이 책을 집필하는 과정에서 많은 분들이 지원과 도움을 아끼지 않았다. 설문조사와 사례연구, 지문 작성 등 다방면에서 도움을 준 분들이 있다. 루시 버비오, 토머스 보이드, 필립 브래덕, 워런 코미어, 쉬리쉬 다르, 케이티 핀들리, 레이철 고스텐호퍼, 제임스 고든, 안드레아 이키노, 미셸 코색, 이페이 류, 데이브 파우네스쿠, 찰리 샤우브, 스테파니 스나이프, 라자르 스토이코비치, 로버트 타페트, 존 투생, 데이비드 볼페, 제임스 와트, 앤디 영, 이상 모두에게 감사드린다.

또한 이번 사례연구를 위해서 귀한 시간을 내준 분들이 있다. 에스펜 악데스테인, 클라우디아 바흐, 바트 베흐트, 스티븐 버즈올, 수전 비숍, 마리클레르 블랙번, 칼 블레이크, 데이비드 브리시어즈, 마거릿 브리, 클레이 콜드웰, 프레디 개스퍼스, 빌 다비도, 안드레아 도슨, 알레한드라 데오베소, 마시밀리아노 도티, 존 에버렛, 로랑 파라치, 호베르투 푸나리, 브리트니 개빈, 하르트무트 괴리츠, 도미니크 그라우, 테리

그로트, 준비에브 귀에, 이언 허친슨, 리즈 존스, 오퍼 콜턴, 이자벨 롬바, 댄 매클로플린, 마이크 맥멀런, 드미트리 멜닉, 사이먼 내시, 아란차 올리바레스, 로렌차 파세티, 가르 스테이로, 이언 텔퍼드, 돌프 판덴브링크, 보르 비켄, 이상 모든 분에게도 고마움을 표하고 싶다.

그 밖에 5,000명 설문조사 이후 우리가 인터뷰를 진행했으나 실명을 밝히지 않았던 분들에게도 감사드린다. 또 클린턴데일고등학교의 그레그 그린 교장 선생님을 비롯해 우리가 방문했을 때 인터뷰에 응해주었던 멜러니 카길, 렌 루언다우스키, 데이브 신들러, 롭 타운젠드 등 선생님들과 데스먼드 크립스, 이마니 무어, 아이작 반 에쿠어트, 페이스 영, 디오냐 윌리엄스 외 학생들에게도 감사드린다. 빌 리버, 팸 할버슨, 뎁 슈리버, 수 톰슨 외 유니티포인트 헬스(포트다지)에서 병원의 사례연구를 위해 인터뷰에 응해준 모든 분에게도 감사드린다.

이 책의 초고를 읽고 귀중한 조언을 해준 론 애드너, 오스발 비엘란, 필립 브래덕, 알렉스 부댁, 버틸 채퓨스, 짐 콜린스, 패트릭 포스, 찰스 풀러, 요세프 고렉, 보리스 그로이스버그, 에길 한센, 메리앤 한센, 칩히스, 허마이니아 아이바라, 엘링 카게, 데이비드 강, 프랭크 케첨, 맛스 레데르하우센, 카리스타 루미네어, 맥 매클래런, 비르게르 망누스, 데이비드 루빈, 제프리 페퍼, 톰 래스, 아르네 셀비크, 짐 필스, 조엘 포돌니, 피터 심스, 돈 설, 시셀 순버에게도 감사드린다.

더불어 에이미 에드먼슨, 신시아 엠리치, K. 앤더스 에릭슨, 애슐리 케이 프라이어, 캐서린 루이스, 레슬리 펄로, 제이슨 스테픈, 루도 반데어헤이든, 프리크 푀르멜런 등 이 책의 콘셉트나 사례에 관해 유용한 통찰 및 정보를 준 교수와 작업을 함께 해준 학교 동료에게도 감사드린다.

이 책의 집필과 편집 과정에 도움을 준 넬 케이시, 크레이그 굿, 코니 헤일, 세라 켈로그, 에밀리 루스, 댄 라이언스 등에게도 감사드린다. 세스 슐먼 및 마크 딩클먼에게 특히 고마움을 전한다. 세스의 도움이 지대했다.

지난 5년간 캘리포니아대학교 버클리캠퍼스에서 내 수업을 들었던 많은 학생들, 그리고 여러 기업의 경영자들은 이 책의 초기 아이디어 및 여러 내용을 접할 기회가 있었다. 그들의 반응 및 토론 내용이 좋은 책을 만드는 데 큰 도움이 되었다.

나의 출판 대리인 크리스티 플레처와 플레처앤컴퍼니Fletcher & Company 의 많은 직원들에게도 큰 신세를 졌는데 이 자리를 빌려 감사드린다. 크리스티는 일찍부터 이 책의 아이디어를 신뢰해주었고 원고의 방향을 잡고 수정하는 데 수차례 많은 도움을 주었다. 나중에는 실비 그린버그가 합류하여 이 책이 출판될 수 있도록 큰 도움을 주었다.

출판사 대표 존 카프에게도 거듭 감사하다는 인사를 전하고, 책임편집자였던 벤 뢰년에게도 고마움을 전한다. 벤의 예리한 지적과 편집 덕분에 더 좋은 책이 나올 수 있었다. 이 책이 나올 수 있도록 많은 도움을 주었던 래리 휴스, 아마르 데올, 데이나 트로커, 제시카 브린, 리처드 로어, 마리 플로리오를 비롯해 출판사 사이먼앤슈스터Simon & Schuster의 여러 직원분들에게도 감사하다.

책의 출간과 마케팅을 도와준 분들도 빼놓을 수 없다. 타깃마케팅디지털Target Marketing Digital의 켄 길렛 및 직원들과 포티어PR Fortier Public Relations 의 마크 포티어 및 파멜라 피터슨에게도 큰 고마움을 전한다.

싱커스50^{Thinkers50} 설립자 스튜어트 크레이너 및 데스 디어러브, 그리고 짐 콜린스, 캐럴 드웩, 애덤 그랜트, 칩 히스, 허마이니아 아이바라에게도 깊은 감사를 전하고 싶다. 이 책을 읽고 지지와 성원을 보내준 분들이다.

프로젝트 매니저이자 오랫동안 나와 협업하고 있는 나나 폰 베르누트는 따로 언급하지 않을 수 없다. 이 프로젝트에서 수많은 원고를 편집하고 단서를 좇아간 과정 곳곳에 그녀의 노력이 배어 있다. 그녀의 귀한 아이디어와 노고에 이루 말로 표현하기 힘든 감사의 마음을 전하는 바다.

마지막으로 사랑하는 내 가족, 두 딸 알렉산드라와 줄리아, 아내 헬레네가 없었다면 이 프로젝트를 완성하지 못했을 것이다. 가족들은 이 책을 쓰느라 많은 시간을 빼앗긴 나를 이해해주었고 내 마음에 든든한 지원군이 되어주었다. 아내는 수없이 새로 쓴 원고들을 모두 읽고 의견을 주었을 뿐만 아니라 기타 여러 작업에도 발 벗고 나서서 도와주었다. 가슴 깊이 가족들에게 고마움을 표한다.

찾아보기